国債のすべて

三菱ＵＦＪ銀行　資金証券部　著

改訂版

その実像と最新ALMによるリスクマネジメント

一般社団法人 金融財政事情研究会

改訂版　はじめに

　2012年10月に出版した『国債のすべて』は、日本の金融機関や市場参加者、とりわけ銀行のALM運営（Asset Liability Management：バランスシート上の資産・負債に内在するリスクの総合的な管理・運営）に従事する若手の方々を中心に、多くの皆様が参考にされているとお聞きしており、あらためて感謝申し上げたい。

　初版が出版されて以来10年を超える月日が流れ、国債を取り巻く環境も大きく変化した。なかでも、2012年末に812兆円だった国債の発行残高[※1]は、2024年末には1,173兆円に達している。

　この間、日本銀行の金融政策も大きく変遷した。2013年4月には、量的・質的金融緩和の導入に伴い国債の買入れ等が大幅に拡大された。2016年1月には、金融機関が日本銀行に保有する当座預金の一部に対する適用金利を▲0.1％とするマイナス金利政策が導入された。さらには、同年9月、マイナス金利政策によって歪みが生じた国債の年限別利回り（イールドカーブ）を適切な水準に維持するために、長期金利にも誘導目標を設定するイールドカーブ・コントロールが導入される等、「非伝統的」な金融政策、いわゆる異次元緩和政策が強化されていった。

　その後、複数回にわたるイールドカーブ・コントロールの運用の見直しを経て、日本銀行は、物価安定の目標について、持続的・安定的な実現が見通せるとして、2024年3月、マイナス金利政策の解除と、イールドカーブ・コントロールの枠組を撤廃することを決定した。すなわち、10年超にわたった「非伝統的」な異次元緩和政策はようやく終焉を迎え、短期市場金利の誘導目標のもとで金融市場調節方針に沿った運営を行う「伝統的」な金融政策への回帰が実現された。さらに、同年7月には無担保コールレート（オーバーナイト物）の誘導目標が＋0.25％程度に、2025年1月には＋0.50％程度へと

引き上げられ、いよいよ日本の金融市場は17年ぶりに、「金利ある世界」へと、金融政策の正常化に向けて動き始める歴史的な転換局面を迎えるに至っている。

この間、銀行（預金取扱機関）による国債の保有状況も大きく変わった。まず、銀行の貸出残高[※2]が約400兆円から約600兆円へと増加したが、預金残高も約600兆円から約1,000兆円へとそれ以上に増加した。その結果、預金が貸出を上回る預超の規模は、約200兆円から約400兆円へと大幅に拡大した。その異次元緩和政策のもとで、銀行が保有する国債残高は、約400兆円から約100兆円へと大幅に減少すると同時に、銀行に対する金融規制も強化され、特にIRRBB（Interest Rate Risk in the Banking Book：銀行勘定の金利リスク）規制やレバレッジ比率規制等によって、銀行は国債を保有しがたい状況に陥ってきている。したがって、国債の発行残高が依然として基調的に減少しにくい状況が続くなかにおいて、まさに金融政策が正常化へ転じた今、国債の安定消化を考えていくうえでは、長期間にわたる異次元緩和政策の過程において、国債の最大保有者となった日本銀行に代わる新たな保有主体を見出していくことも重要となろう。

このような、金融環境の大きな構造変化にかんがみると、今般、国債投資を含む銀行ALM運営の実態について、新しい題材を加えてあらためてお示しする時期であると考え、本書を約12年ぶりに改訂することとした。以下にて、主な改訂箇所をお示しする。

まず、序章では、銀行を含めた国債投資に携わる方々が認識すべき点として、国債および銀行ALM運営が抱える課題について整理し、3点を指摘した。特に金融政策が正常化していく局面においては、その2点目としてあげた、銀行における国債投資に関する評価損益のコントロールが、ガバナンスを含めた態勢構築も含めて、よりいっそう重要となろう。

第1章では、2012年以降に国債を取り巻く環境がどのように変化したかを加筆するとともに、情報も更新した。なかでも、日本銀行による異次元緩和

政策が長期間にわたって継続したことによる副作用として、金利が本来果たすべき、「ハードルレート機能」と「シグナリング機能」が十分に発揮されていない点に力点を置いた。

第2章では、日本の財政と国債に関連する情報を更新した。政府が国債を大量に発行する一方で、日本銀行が異次元の金融緩和政策を通じて、その大半を保有するに至った構造をどのようにとらえるべきか、統合政府のバランスシートから考察している。

第3章では、2022年9月に英国で発生した「トラスショック」等について加筆した。当時、トラス首相が打ち出した財源の裏付けのない大型の減税策に端を発し、英国金利の急騰（英国債価格の暴落）やポンドの下落を招く等、市場の厳しい洗礼を浴びる事態が顕在化した。日本は、英国とは異なって経常収支が黒字の状態にあり、国債の国内保有比率も高いことから、当時の英国と同様のショックが日本で直ちに起こる可能性は低い。しかしながら、日本も引き続き大幅な財政赤字の状態が解消されにくいと見込まれるとともに、国内における国債の安定消化に対してもまったく懸念がないとは言い切れない。今後、仮に保有主体の多様化が不可避となり、その手段として、たとえば海外投資家の保有比率を高めていくことも想定される場合には、教訓とすべき点が相応にあると考える。

第4章では、日本の国債リスクと安定消化の課題を再考した。異次元緩和政策以降に国債の保有構造が大きく変化した状況をふまえ、あらためて財政状況、金融政策の正常化、銀行を中心とした国債保有主体の消化余力等を念頭に置いて、今後の国債の安定消化に向けた方向性や手段等について整理した。また、万一顕在化すれば国債の安定消化等にも大きく影響を与えるであろう、国債の格下げについても取り上げた。

第5章では、銀行における国債投資について新たな題材を加えた。特に「金利ある世界」へと転換し、金融政策の正常化とともに金利が上昇していく過程においては、保有する国債の評価損益のコントロールが重要になって

改訂版　はじめに　iii

くる。弊行は、これまで、先んじて「金利ある世界」に転じていた外国債等への投資において、金利上昇時に有効なベア型ファンドを活用した評価損益コントロールや、「満期保有目的債券」区分の勘定を用いて評価損失による資本影響を軽減する等の手段を講じてきた経緯があり、今後、日本においても、国債への投資を検討していくうえで一つの参考になるものと考える。また、昨今の海外での外貨貸出の伸びに対応して、安定した外貨調達を行うことも重要な経営課題のひとつとなるなか、国債を活用した外貨調達市場が大きく発展してきていること等から、日本の銀行が実際にどのように保有する国債を活用して外貨を調達しているのか、についても加筆した。

第6章では、銀行ALM運営における国債投資とリスク管理について加筆した。リーマン・ショック以降に導入された各種の資本規制や流動性規制は、銀行が国債を保有するうえで今後、大きな制約となる可能性があるため、これらの影響をあらためて整理した。また、銀行等では、ALM運営に関して定期的に審議する会議体（例：「ALM委員会」等）が大きな役割を果たしているのに加えて、預貸運営の詳細に焦点を当てた会議体（例：「バランスシートマネジメント会議」等）での審議の重要性も増していることから、それらの運営について加筆した。さらに、2023年に惹起した米国シリコンバレー銀行等の破綻を契機として、預金の質をいかに計測するかの重要性があらためて高まっていることもふまえ、銀行ALM運営におけるコア預金の概念を再整理し、最新の計測手法のひとつであるヴィンテージ・モデルの概略を説明するとともに、AIを活用した資金繰り予測の最新手法等も掲載した。

以上のとおり、初版でお示しした国債についての包括的・網羅的な内容に加えて、最新の国債投資や銀行ALM運営の実務に関する内容を盛り込むこととなった。なお、初版と同様に、やや難解な専門書のような内容と、比較的平易な教科書のような内容が混在してしまっている部分もあること等から、やや読みにくい箇所があること、また、日常業務を遂行しながらの執筆作業であったがゆえに、全体の構成や内容の一部に重複や不整合な点がある

こと等も否めないと思われる。しかしながら、われわれ銀行のALM部署が引き続き、国債の本質的な課題に真摯に向き合いながら、安定的かつ円滑な国債の消化と流通に貢献することを使命とし、日々の実務上、どのような課題認識や問題意識をもちつつ、国債をはじめとする金融市場と対峙してALM運営に取り組んでいるのか等について、あらためてご理解をいただくことで、何卒ご容赦賜わりたい。

今回の出版にあたり分担執筆したのは、三菱UFJ銀行資金証券部の大橋俊也、林堯、中島卓也、古川翔平、小林優浩、山﨑幸子、江頭勇人、魚崎洋史、鬼澤拓也、飯島慶貴、御子柴典大、後藤浩太郎、赤木皓道である。

本書の改訂をご相談させていただき、全面的なご協力をいただいた一般社団法人金融財政事情研究会の西田侑加氏には、心から感謝申し上げたい。

最後に、執筆者一同を代表し、まさに日本の金融市場が「金利ある世界」へと、金融政策の正常化に向けて動き始める歴史的な転換局面を迎えるなか、本書が、国債関連の業務や銀行等金融機関のALM運営に携わる方々をはじめ、皆様にとって少しでもお役に立てれば、幸甚である。

2025年2月

三菱UFJ銀行　取締役専務執行役員 市場部門長

関　浩之

※1　財務省
※2　日本銀行　日本銀行統計データ

はじめに

　平成23年11月に株式会社きんざいから国債のテキストブック執筆の話をいただいた。きんざいグループが出版する国債テキストブックとしては、昭和54年11月に財務省（旧大蔵省）が執筆を担当されて以来の出版であるという。

　昭和50年代といえば、国債の大量償還への対応が国債管理政策上の重要な課題となり、国債の流動化や発行形態の多様化が進み、債券流通市場が急速に拡大した時期である。昭和60年には国債のフルディーリングが認可され、先物取引やオプション取引の開始、債券貸借市場の創設などインフラ整備を通じて、わが国金融市場において技術革新的な動きが広がった。

　国債は高い信用力と流動性を有しており、金融機関のALMにとって国債投資は単なる資金運用のみならず、資金調達や流動性リスク管理の側面においても重要性が高い。また、金融政策運営という観点からも、国債を担保とした資金供給オペレーションが金融調節手段の中核的な役割を果たしており、近年では国債買入れによるベースマネー増加を企図とした量的緩和政策が新たな政策手段として確立されている。その他、国債利回りが金融市場全体の指標金利として位置づけられるなど、まさに国債は現代における金融フレームワークの原点であるといえよう。しかし、その一方で、欧州債務危機で顕現化した国債の信用リスク（ソブリンリスク）への対応や超低金利時代における運用効率の向上やリスク管理の高度化など新たな課題も生じている。

　本書を執筆するにあたり、単なる国債や財政構造に関する基礎知識や歴史の整理にとどまらず、実務的な立場から銀行における国債投資やリスク管理の実態を示し、さらには国債管理政策や財政・金融政策のポリシーミックスへの提言まで踏み込んでいる。ある意味、テキストブックの領域を超えている面があるかもしれない。しかし、それは前著の『国債』出版以降、国債が

金融における重要性を高めるとともに、多くの金融市場において影響度を増しており、金融機関・市場参加者の一員として国債の本質的課題と真摯に向き合っている使命感の表れとしてご容赦いただきたい。

本書では、まず序章として日本国債と銀行ALM運営を総括する。国債の起源、経済的意義、政策的意義などを俯瞰したうえで、財政・金融政策のポリシーミックスについて考察する。さらに銀行における国債運用を資金循環の構造変化や財政要因の視点から分析し、運用手法やリスク管理における課題を整理する。

中央銀行による国債購入は、金融政策の観点からは流動性供給や金利政策の補完的な位置づけと整理される半面、マクロのポリシーミックスという観点では、財政政策と金融政策との一体的な運営ととらえられる。前者については、中央銀行が金融政策の範疇を超えた財政ファイナンスに踏み込めば、国債のリスク・プレミアムが上昇し、長期国債利回りが不安定化する可能性がある。一方、後者については、デフレ型不況の深刻化による民間需要の低迷を、公共部門がかわって支える構図が長期化した場合に浮上しやすい議論である。本編では、①米国で採用された国債価格支持政策、アコード（政策協定）、オペレーション・ツイスト、②英国のラドクリフ委員会報告と量的規制による流動性コントロールなど英米の過去の事例を考察し、総合的な国債管理政策に向けた日本版アコードを提示する。

ソブリンリスクについては、対外債権債務や経常収支の状況によって顕現化する度合いが違い、日本やドイツ、中国など経常黒字国かつ純債権国は一般的にソブリンリスクが低いとされる。しかし、日本の場合は、少子高齢化や産業空洞化を背景に財政収支の赤字構造が定着しており、中長期的なソブリンリスクが懸念される状況にある。対応可能な財政再建の道筋をつけることも重要だが、財政緊縮や増税の痛みを和らげる成長戦略の推進が必要である。ベンチャー企業の創業力を高めて新しい資金需要を掘り起こし、日本の潜在成長力を高めることこそが、日本国債のソブリンリスクを低下させる根

本的な対応策にほかならない。

　銀行における国債運用拡大の背景には、資金循環の変化（家計・企業部門の資金余剰vs政府部門の資金不足）やバランスシートの構造変化（貸超→預超）がある。預超構造の定着や超低金利時代の長期化が展望されるなかで、銀行の国債運用は資金運用の効率化とリスク管理の高度化を同時に求められる。具体的には、①預貸金の動態分析と金利予測に基づき、バランスシート全体の金利リスクをプロアクティブにコントロールするALM運営の体制整備、②金利シナリオや預金・貸出の将来予測に基づくNII（Net Interest Income）やEaR（Earning at Risk）など動態的な金利リスク管理手法の検討、③市場変動に派生するさまざまなリスク要素を制約要件とした最適化ポートフォリオモデルの構築とリスク・リターンの最適化に基づく効率的な債券ポートフォリオ運営、④日本の財政リスクが顕在化した場合のストレスシナリオ策定および予兆管理、リスク階層別の事前対応策の検討などを当面の課題として指摘したい。

　本編については、第１章で日本国債発行の歴史を振り返る。日本で最初に発行された国債は、明治３年にロンドンで募集された英国ポンド建ての外国公債（九分利付）であった。明治５年には国内債が発行されるが、当時は旧幕府諸藩の累積的債務継承や政府紙幣の回収が国債発行の目的であった。その後、日本銀行の開業や整理公債条例の公布を経て明治39年に国債に関する法律（国債法）が制定され、以降、日本国債は同法に基づき発行されることになる。大正から昭和初期にかけては、大正バブルや関東大震災、金融恐慌、世界恐慌と激動の時代を迎えるなか、日本経済は高橋財政のリフレーション政策によって立ち直るも、戦時下に突入し、巨額の政府債務と日銀の国債引受け（引受国債の市中売却）、そして日本銀行条例の改正（日本銀行券の最高発行限度額の弾力的変更）を受けてハイパーインフレーションが発生した。その間の国債発行と消化状況を史実に従って整理する。本章後半では戦後の国債管理政策について整理する。終戦直後は太平洋戦争時の裁量的財政

運営がインフレを引き起こしたとの反省から、財政均衡主義を土台とする財政法が制定された。国債発行が再開されるのは日本経済の高度成長が曲がり角を迎えた昭和40年である。昭和40年代の国債発行は建設国債を主体に緩やかに累増したが、国債依存度は10％前後に止まっていた。しかし、２度の石油危機による景気悪化から税収が大幅に落ち込み、昭和50年代以降は国債の大量発行時代に突入する。同時に国債の大量償還への対応が国債管理政策上の重要な課題となり、国債発行の多様化や国債の流動化も進む。個人向けの国債消化促進、引受国債の売却制限緩和、国債流通市場の改革などである。平成時代に入るとバブル経済の崩壊による影響が深刻化し、日本経済は平成不況と呼ばれる長期不況に入り、構造的な財政赤字および政府債務残高の増加が定着する。国債発行残高が累積的に増加するなかで、①国債発行の多様化、②国債市場の流動性向上、③市場との対話などの国債市場制度改革が急速に進んだ。また、平成16年７月からは債務管理リポートが毎年発行されるようになり、国の債務管理と公的債務の状況が対外的に公表されることで、財政再建に向けた国民的意識が高まっている。

　第２章では、わが国の財政と国債との関係を解説する。複雑な予算制度について一般会計予算、特別会計予算、政府関係機関予算、財政投融資計画について概観し、予算編成、予算審議、予算執行、決算のプロセスについて解説する。公債依存度（歳入に占める公債金の割合）は1990年代以降、上昇傾向をたどり、平成24年度予算では49.0％に達したほか、当初予算において昭和21年度以来初めて公債金が税収を上回った。資産・債務のバランスでみても、国の財政状態は悪化傾向をたどっている。一般会計・特別会計の合算ベースの債務超過額は、平成10年度末に134兆円であったが、拡大基調が続き、平成17年度末には290兆円に達した。平成18〜19年度にはいったん拡大に歯止めがかかったものの、平成20年度以降は債務超過が急速に拡大した。国の債務超過額は、平成21年度末までの11年間で３倍近くに増加している。さらに本章では財政関係データの国際比較を行う。政府債務の国際比較で

はじめに　ix

は、名目GDP対比の政府総債務残高を参照する手法が一般的であるが、日本は主要国のなかで突出して高く、ほぼ一貫して増加基調にあるため、政府債務の持続可能性という点で警戒されやすい状況にある。

第3章では、海外の国債市場と欧州ソブリン危機について考察する。世界最大の国債市場を有する米国では、短期国債（Treasury Bills）、中期国債（Treasury Notes）、長期国債（Treasury Bonds）、インフレ連動債（TIPS）が各々高い市場流動性を有しているほか、非市場性国債として個人投資家向けに米国貯蓄証券（U.S. Saving Bonds）がある。その他、英国、ドイツ、中国の国債市場についても概観する。一方、欧州ソブリン危機は、ギリシャに端を発し南欧諸国へと拡散した連鎖的な債務・金融危機であるが、底流には欧州統合における重層化、複層化する構造問題がある。

欧州ソブリン危機の日本国債への影響は限定的に止まっている。この背景には①国内の超過資金余剰が国債消化を支えている、②累積的な経常収支黒字や巨額の対外純資産が為替市場で恒常的な円高圧力をかけている、③デフレ経済の長期化を受けて実質金利が高止まりしている、④日銀の量的緩和政策が需給・金利両面から国債利回りに低下圧力をかけているなどの要因があげられる。マクロバランスの論理に基づけば、財政赤字や政府債務残高が急増しても、それを上回る民間貯蓄超過や民間金融資産超過が存在していれば、財政リスクは自国内で吸収され、通貨下落や長期金利上昇は顕現化しない。しかし、経済の発展段階や人口動態の変化を勘案すると、今後も経常収支黒字が中長期的に持続するかは確信できない。国際収支のプロダクトサイクル説に基づけば、日本は貿易で稼ぐ「未成熟の債権国」から年金生活の「成熟した債権国」に移行しつつある。もっとも、経常収支が赤字に転換し、日本の財政赤字の対外ファイナンスが拡大し始めたとしても、直ちに日本国債に大きな影響が出る可能性は小さい。その理由は、日本国債の対外依存度は一桁台であり、先進主要国の3割から5割程度に比べて非常に低い。ソブリン危機に見舞われた南欧諸国の対外債務依存度は、ギリシャの91%をはじ

め、おおむね50％を超えていた。海外要因を受けやすくなるのは、一般に海外投資家の保有シェアが３割程度まで上昇する局面である。日本国債の対外依存度がその水準に近づくには、経常収支赤字後も相応の年数を要するとみられ、引き続き国内要因のバイアス（ホームバイアス）がかかりやすい状況に大きな変化はないと考えられる。

第４章は、日本の国債リスクと国債安定消化への課題について考察する。前章で指摘した国債の安定消化を支えている国内のマネーフローや中長期的な財政リスクをより詳細に分析する。わが国の財政は、今後抜本的な改革が行われない限り、国債発行額が累増していく可能性が高い。一方で、国内の資金余剰構造は、盤石とはいえない環境にある。少子高齢化や産業空洞化を背景に経常収支黒字が縮小傾向にあり、先行き高齢化によって家計の貯蓄率がマイナスに転ずる可能性が展望されるからである。海外投資家が日本国債を購入する場合、格付けによってはBIS規制上のリスク性資産となる可能性や為替リスクを考慮し、国内投資家よりも高い利回りを求めるため、海外保有比率の高まりは国債利回りの上昇要因となる。また、国債市場における海外投資家のプレゼンスが高まる結果、財政の先行き懸念を強めるイベントに対して国債価格が敏感に反応しやすくなることには警戒を要する。こうした事態を回避するには、①消費税を含めた税制改革による歳入増、②景気拡大による税収自然増をもたらす成長戦略の推進、③社会保障費を中心とする歳出増大の抑制、④政府が財政再建に向けた強い姿勢を示すことによる市場の信認維持の四つの施策を推進していくことが必要である。

一方で、資産・負債バランスの変化から、経常収支が赤字化に向かった場合の国債格下げプロセスを考察する。スタンダード・アンド・プアーズ（S&P）社による日本国債の格付けは、平成24年５月初時点でAA－であるが、これがAに格下げされた場合（現状比２段階格下げ）、外貨調達コストが上昇する可能性もあるが、全体として市場への影響はおおむね軽微に止まるとみられる。これは、A格以上は「信用力の高い」格付けであり、資金取引や運

用取引に大きな制約がかかる段階ではないからである。一方、BBB格に格下げされた場合には（現状比5段階格下げ）、投資家（特に海外投資家）の国債運用や資金取引に相応の影響が生ずる可能性があり、ジャパンプレミアムの発生を受けてトリプル安が強まる危険性には注意を要する。

　第5章は、金融機関における国債運用について、基礎的な知識を解説したうえで、投資決定プロセスや運用の実務を説明する。まず国債投資を行ううえで重要な判断要素となる利回りや変動要因を整理し、次に価格変動リスク（ボラティリティ）やデュレーション、コンベキシティ、イールドカーブの形状変化などについて考察する。金融機関が債券運用を行ううえで考慮しなければならない基本的要素には安全性、流動性、資金量、収益性、リスク管理、金融制度がある。ポートフォリオ運用の目的や方針を明確にしたうえで、これを充足すべく実際の運用計画を策定し、定期的に運用のパフォーマンスを評価する。運用手法については、金利予測や投資タイミングなど主観的な判断を入れずに投資リスクを極力抑制するパッシブ運用（バイアンドホールド型運用、インデックス型運用、デディケーション型運用）や、金利予測等に基づいてリスク量の水準を積極的に変化させるアクティブ運用（デュレーション戦略、ポートフォリオ・銘柄の入替戦略）を説明する。その他、ポートフォリオ運用の実務として、銘柄選択（銘柄間格差をとらえた運用や銘柄分散）、債券先物やオプションを活用したヘッジ戦略を紹介する。なお、本章では、国債ポートフォリオ運用実務の理解度を高めていただくために具体例をいくつかのコラムにして掲載している。

　第6章は、銀行ALMにおける国債投資とリスク管理について詳細に解説する。戦後に国債発行が再開された昭和40年を起点として、銀行ALM業務の変遷について整理する。ALMとはAsset & Liability Managementの略称であり、一般的には「資産・負債の総合管理・運営」ととらえられている。国債投資という観点でみれば、金融機関だけではなく、一般の企業も国債投資を行っている。しかし、一般企業の国債投資は、資金化が可能な流動資産

や余剰資金の一時的な運用が目的であるのに対して、金融機関は、資金循環における家計・企業の資金余剰と政府の資金不足を仲介する形でバランスシート上に国債を保有する必然性があるほか、総合的な資産・負債管理のもとで、金利リスクや流動性リスクのコントロール手段として国債投資を行っている。かつて銀行ALMにおいて国債投資は余資運用という位置づけであったが、貸出・ローン残高の減少および変動金利化によって、資産サイドの金利リスク量が低減しており、バランスシート全体の金利リスクコントロールの手段として、国債投資を活用する動きが広がっている。銀行ALMの国債投資において考慮すべき項目として、①期間収益の極大化、②リスクの制約条件、③金利シナリオ、④経常資産負債（預金・貸出）動向、⑤資金流動性リスク、⑥市場流動性リスク、⑦税務リスク、⑧IRの観点を取り上げる。

　銀行ALMにおける金利リスク管理指標は、時価変動をベースに考えるものが主流であり、機動的な操作（Tactics）の基となる金利感応度を示すもの（GPS：グリッドポイントセンシティビティ、BPV：ベーシスポイントバリュー）と、中期的な経営戦略（Strategy）の基となる資本リスクに関連するもの（VaR、割当資本）に大別できる。また、近年では、新しい金利リスク管理手法としてNII（Net Interest Income）やEaR（Earning at Risk）といったインカムアプローチの必要性が高まっている。NIIとは、一定期間におけるネット資金収益シミュレーションのことであり、①期間損益の概念がバンキング勘定のリスク管理には必要であること、②わかりやすく、時系列比較や他行比較などもしやすい指標であること、③バンキング勘定の中長期的な資金収益の安定化を目的とした運営スタイルにフィットする指標であることを理由に、欧米の主要行の多くでVaRにかわるバンキング勘定の金利リスク管理指標として採用されている。ただし、NIIは想定外のシナリオが実現した場合のリスクには対応できず、またシナリオに恣意性が相応に存在するため、客観的な統計量として処理できないといった弱点を有している。こうした弱点を補完する金利リスク分析手法（管理指標）がEaRである。EaRは、金利モ

デル等を用いて客観的な金利パスを多数発生させたときの、期間損益（NII）の統計的な特性を把握する手法で、ワースト値（下位1％点・下位5％点など）そのものや中央値とワースト値の乖離額などが管理指標として用いられる。

　プロアクティブな銀行ALM運営を目指すためには、将来の金利予測による国債投資およびスワップによる金利リスクコントロールだけでなく、預金・貸出の残高や金利期間（デュレーション）構成などのバランスシート予測を高度化する体制を構築することが重要である。本章では、預金の滞留性分析としてヴィンテージモデルや貸出動態分析とマクロ経済分析の融合、住宅ローンの繰上げ返済予測として比例ハザードモデルなどを紹介し、具体的なバランスシート予測プロセスを明示する。また、株式の減損リスク対応としての国債運用（株式と国債の一体投資運営）も銀行ALMにおける新たなリスクコントロール手法として紹介する。

　最後に、日本のソブリンリスクに対する銀行ALMの対応について言及する。現下の欧州債務危機にかんがみれば、わが国においても財政危機深刻化による大幅なソブリン格下げ等に見舞われた場合の国債ポートフォリオの影響度分析や事前対応策の検討を行うことは、重要なリスク管理である。具体的には、通常の金利上昇シナリオの想定範囲を超える金利急騰（国債急落）のシナリオ、いわゆる"ストレスシナリオ"を常に用意しておくことが重要である。一方で、ストレスシナリオは想定外の事象を前提とするため、すべて実証的・論証的に設定することはむずかしい。そこで国債格下げから銀行のバランスシート毀損までのシナリオを構築し、マーケットおよび自行の国債損益等への影響を段階的に試算するのが現実的である。

　以上が本書の概要である。国債に関する包括的・網羅的なアプローチに加えて、国債投資や銀行ALMの実践に関して詳細な解説を盛り込んだため、専門書とテキストブックが混在化してしまった感は否めない。しかし、きんざいグループが33年ぶりに出版する国債のテキストブックであることに加え

て、われわれ金融機関のALM部署が国債の本質的課題に真摯に向き合い、安定かつ円滑な国債消化、流通へ貢献することを使命としている点をご理解いただき、ご容赦いただきたい。

本書の出版にあたり分担執筆したのは、三菱東京UFJ銀行円貨資金証券部の内田和人、大橋俊也、西井謙一、青山広木、信上滋、松井康一郎、上野義明、田上貴伸、根本佳明、鬼頭真人、小田尚志、石丸伸二、そして同行企画部経済調査室の髙山真の諸氏である。その他、企画部経済調査室にはデータ提供等で多大なご協力をいただいた。また、本書の出版をご相談いただき、全面的な協力をいただいた株式会社きんざいの出版センター部長である西野弘幸氏には心から感謝申し上げたい。

多忙な日常業務を抱えながらの執筆であったため、記述に一部重複が生じている点や全体の構成や内容に不適切な点があることを否定できないことは、なにとぞお許しいただきたい。なお、文中意見にわたる部分はすべて執筆者の私見であることをお断りしておきたい。

末筆ながら、執筆者一同を代表して、本書が国債業務や金融機関のALMに携わる方々や学者、金融専門家の皆様にとって、少しでもお役に立てれば、幸甚である。

平成24年8月

三菱東京UFJ銀行　執行役員　円貨資金証券部長

内田　和人

【改訂版：著者】

大橋　俊也（担当：第6章）
資金証券部　バランスシート運営Gr. 上席調査役

林　尭（担当：序、第5、6章）
資金証券部　トレジャリー統括室 上席調査役

中島　卓也（担当：序章）
資金証券部　トレジャリー統括室 上席調査役

古川　翔平（担当：第1、5章）
資金証券部　円貨ALM操作Gr. 上席調査役

小林　優浩（担当：第3、5章）
資金証券部　外貨ALM操作Gr. 上席調査役

山﨑　幸子（担当：第5章）
資金証券部　円貨ALM操作Gr. 調査役

江頭　勇人（担当：第5章）
資金証券部　バランスシート運営Gr. 調査役

魚崎　洋史（担当：第6章）
資金証券部　バランスシート運営Gr. 調査役

鬼澤　拓也（担当：第2、4章）
資金証券部　外貨ALM操作Gr. 調査役

飯島　慶貴（担当：第5、6章）
資金証券部　外貨ALM操作Gr. 調査役

御子柴　典大（担当：第2章）
資金証券部　トレジャリー統括室 調査役

後藤　浩太郎（担当：第3、5章）
資金証券部　外貨ALM操作Gr. 調査役

赤木　皓道（担当：第1、5章）
資金証券部　円貨ALM操作Gr. 調査役

【初版：著者（肩書当時）】

内田　和人（担当：序、第 1 、3 、4 、6 章）
執行役員　円貨資金証券部長

大橋　俊也（担当：第 6 章）
円貨資金証券部　ALM戦略Gr. 上席調査役

西井　謙一（担当：第 1 章）
円貨資金証券部　ALM企画Gr. 上席調査役

青山　広木（担当：第 6 章）
円貨資金証券部　ALM戦略Gr. 上席調査役

信上　滋（担当：第 6 章）
円貨資金証券部　ALM操作Gr. 上席調査役

松井　康一郎（担当：第 5 章）
円貨資金証券部　ALM操作Gr. 上席調査役

上野　義明（担当：第 5 章）
円貨資金証券部　ALM操作Gr. 上席調査役

田上　貴伸（担当：第 6 章）
円貨資金証券部　ALM戦略Gr. 上席調査役

根本　佳明（担当：第 5 章）
円貨資金証券部　ALM企画Gr. 上席調査役

鬼頭　真人（担当：第 5 章）
円貨資金証券部　ALM操作Gr. 上席調査役

小田　尚志（担当：第 2 、4 章）
円貨資金証券部　ALM戦略Gr. 調査役

高山　真（担当：第2、4章）
企画部　経済調査室 調査役

石丸　伸二（担当：第1、3章）
円貨資金証券部　ALM戦略Gr.

初版：著者

目　次

序　章　日本国債および銀行ALM運営の課題

01　日本国債の課題〜日本のソブリンリスク〜　2
1　日本の財政リスクと対外収支・対外資産負債の現状　　　　　　　　4
2　日本国債の格下リスク　　　　　　　　　　　　　　　　　　　　6

02　日本における環境変化　8
1　資金循環の構造変化　　　　　　　　　　　　　　　　　　　　　8
2　銀行の資金収益力　　　　　　　　　　　　　　　　　　　　　　15
3　銀行のバランスシートの構造変化　　　　　　　　　　　　　　　20

03　銀行ALM運営における課題　22

第1章　日本国債の概要

01　日本国債発行の歴史　30
1　最初の日本国債発行は外貨建て　　　　　　　　　　　　　　　　30
2　日本初の国内債発行　　　　　　　　　　　　　　　　　　　　　31
3　松方財政と日本銀行設立　　　　　　　　　　　　　　　　　　　32
4　整理公債条例公布により、近代的な公債制度へ　　　　　　　　　32

5	日露戦争勃発と外国公債の募集	33
6	国債法の制定	33
7	大正バブルから昭和金融恐慌	34
8	金解禁と世界恐慌	36
9	欧州における金融危機と世界経済のブロック化	37
10	高橋蔵相とリフレーション政策	38
11	国際情勢の緊迫化と巨額の軍事予算	41
12	巨額の政府債務と日本銀行による国債引受け	43
13	日本銀行条例の改正とハイパーインフレーション	46

02　戦後の国債管理政策の変遷　48

1	財政法の制定（戦後の財政均衡主義）	48
2	国債発行の再開	49
3	シンジケート団・資金運用部による国債引受けと日本銀行の国債無条件買入れ	52
4	国債の大量発行時代の到来	53
5	国債発行形式の多様化	55
6	金融機関による引受国債の売却制限緩和	55
7	銀行法改正と債券流通市場の拡大	57
8	国債の大量償還と借換債の発行	58
9	バブル経済による財政状況の一時的改善	59
10	度重なる危機における急激な財政赤字拡大と国債発行の累増	60
11	アベノミクスの始まりと異次元緩和の導入	64
12	パンデミック下における世界経済の混乱とインフレーションの進行	65
13	金融政策の正常化に向けた道程	66
14	国債市場制度改革の進展	69
15	その他	76

03　国債の種類　79

1	国債発行における根拠法	79
2	固定利付国債	82
3	割引国債	83

| **4** 変動利付国債 | 83 |
| **5** 物価連動国債 | 84 |

04 国債市場特別参加者制度　84

05 国債の発行　86

1 発行方式	86
2 流動性供給入札	88
3 発行事務	89

06 国債の流通市場　89

1 店頭取引	90
2 取引所取引	90
3 国債取引の決済	91
4 フェイル慣行	92
5 国債の発行日前取引	93
6 債券先物取引	93
7 ストリップス債	97
8 債券現先取引と債券貸借取引	97

07 国債の償還　100

1 国債整理基金特別会計	100
2 減債制度	102
3 買入消却	109

08 市場との対話　110

| **1** 財務省による市場との対話 | 110 |
| **2** 日本銀行による市場との対話 | 111 |

第2章 日本の財政と国債

01 日本の予算制度　116

1 予算とは　　　　　　　　　　　　　　　　116
2 予算の種類　　　　　　　　　　　　　　　116
3 予算プロセス　　　　　　　　　　　　　　117
4 歳　　入　　　　　　　　　　　　　　　　122
5 歳　　出　　　　　　　　　　　　　　　　132
6 特別会計　　　　　　　　　　　　　　　　151
7 財政投融資　　　　　　　　　　　　　　　160
8 予算トピックス　　　　　　　　　　　　　161

02 日本の財政状況と国債　163

1 財政収支　　　　　　　　　　　　　　　　163
2 プライマリー・バランス　　　　　　　　　166
3 国債発行額と国債残高　　　　　　　　　　168
4 広義の政府債務　　　　　　　　　　　　　171
5 国のバランスシート　　　　　　　　　　　175
6 政府の財政健全化目標　　　　　　　　　　179
7 経済財政の中長期試算　　　　　　　　　　181
8 国債トピックス　　　　　　　　　　　　　184

03 財政状況の国際比較　191

1 政府総債務残高　　　　　　　　　　　　　191
2 財政収支　　　　　　　　　　　　　　　　193
3 プライマリー・バランス　　　　　　　　　194
4 国民負担率　　　　　　　　　　　　　　　195

目　次　xxiii

第 3 章 海外の国債市場とソブリンリスク

01 米国の国債　200

1 国債の種類と発行方式	200
2 国債の流通市場	202
3 公開市場操作	202
4 米国四半期調達計画	202

02 英国の国債　208

1 国債の種類・発行方式・流通市場	208

03 ドイツの国債　210

1 国債の種類・発行方式・流通市場	210

04 フランスの国債　211

1 国債の種類・発行方式・流通市場	211

05 中国の国債　212

1 国債の種類と発行方式	212
2 国債の流通市場	213

06 欧州ソブリン危機の発生と経緯　214

1 欧州ソブリン危機	214
2 重層化・複層化していた構造問題	216
3 欧州ソブリン危機の日本国債への影響	220

07　英国債務問題　222

1　2022年英国保守党党首選に端を発した英国債務問題　222

第4章　国債の安定消化への課題と日本の国債リスク

01　日本のマネーフローの変化　230

1　1980年代前半までのマネーフロー（資金循環）　230
2　1980年代後半から1990年代初頭までのマネーフロー　230
3　1990年代のマネーフロー　231
4　2000年代以降のマネーフロー　232

02　資金循環からみた国債消化　234

03　国債の安定消化への展望　237

1　国債発行額・残高の先行き展望　237
2　国債の消化構造の変化と展望　239
3　国債の安定消化に向けた方向性・手段　245

04　国債の格下げによる影響　248

1　ソブリンリスクの顕在化　248
2　ソブリン格付けの評価とリスク事象　248
3　国債の格下げ時の影響　256

第5章 銀行における国債運用と国債の活用

01 国債の投資利回り 262

1 国債投資の利回りについて 262
2 国債利回りの変動要因 266

02 国債投資の金利リスク 268

1 利回りと債券価格の関係 269
2 デュレーション 270
3 コンベクシティ 271
4 ボラティリティ 272

03 イールドカーブと銘柄間スプレッド 274

1 イールドカーブの形状と変化 275
2 イールドカーブの決定要因 275
3 景気・物価・金融政策とイールドカーブ変化 277
4 銘柄間スプレッド 277

04 国債ポートフォリオ運用 286

1 債券ポートフォリオ運用のサイクル 286
2 債券ポートフォリオ運用の実践 290

05 国債ポートフォリオ運用の応用 300

1 銘柄選択 300
2 債券先物を利用したヘッジ戦略 302
3 オプションを利用したヘッジ戦略 304

4	イールドカーブの形状変化を利用した戦略	318
5	金利スワップを利用したヘッジ戦略	320
6	投資信託（ファンド）を利用したヘッジ戦略	323
7	国債の保有目的区分	324

06　資金調達手段としての国債の活用　326

1	日本銀行の適格担保	326
2	債券レポ取引（現金担保付債券貸借取引・新現先）	326

07　外貨調達手段としての国債の活用　328

1	国債を利用した外貨調達手段	328
2	クロスカレンシー・レポ取引	329
3	コラテラル・スワップ取引	330
4	マージン・コール（値洗い）	331
5	ヘアカット	333
6	ダウングレード・トリガー条項と国債格下げ時の外貨調達への影響	333

第6章　銀行ALM運営における国債投資とリスク管理

01　銀行ALM運営と国債投資の変遷　338

1	昭和40年代（1965〜1974年）〜国債発行再開期	338
2	昭和50年代（1975〜1984年）〜石油危機以降の大量発行時代	339
3	昭和60年代（1985〜1988年）〜国債ディーリング業務開始による市場の活性化	341
4	1990年代〜バブル崩壊以降の国債保有残高増加	342
5	2000年以降〜時価会計導入から "VaRショック" へ	344

6	"VaRショック"以降～国債運用スタンスとリスク管理の再構築	345
7	"リーマン・ショック"以降～預超幅拡大を受け、銀行ALM運営における重点項目や優先順位が変化	346
8	異次元緩和政策導入以降～預超幅拡大継続も、投資妙味低下により国債投資を削減	349
9	新型コロナウイルス感染症の拡大以降～国債の増発と預超幅のさらなる拡大	351
10	2022年からの欧米における金融引締め以降～金利・流動性リスク管理の重要性の再認識	353
11	日本銀行の金融政策の正常化開始～金利ある世界の銀行ALM運営	359

02 銀行におけるALM運営体制　361

1	銀行のALM運営とは	361
2	銀行ALM運営のプロセス	372
3	預貸運営のプロセス	376

03 国債投資のリスク評価　378

1	銀行ALM運営における金利リスク管理・収益性評価	378
2	国債市場全体のリスク	387

04 銀行ALM運営高度化への取組み　389

1	金利シナリオの高度化・精緻化	389
2	バランスシートの将来予測	399
3	コア預金の認定	409
4	NII（Net Interest Income）・EaR（Earning at Risk）分析の強化	418
5	国債と株式の一体投資運営	432
6	ソブリンリスクのモニタリング	437
7	資金繰り予測の高度化～AI手法を活用した事例	438

索　引　449

Column 目次

Column 1	アモチ・アキュム	279
Column 2	日本銀行が保有する国債の銘柄別残高	281
Column 3	需給分析	296
Column 4	需給動向チェックに重要な国債入札	299
Column 5	ガンマトレードと相場水準	317
Column 6	異次元緩和がもたらしたアセット・スワップ・スプレッドの変遷	321
Column 7	国債を活用した外貨調達スキーム構築までの流れ	334

序　章

日本国債および
銀行ALM運営の課題

01

日本国債の課題〜日本のソブリンリスク〜

　2020年以降、新型コロナウイルス感染症の拡大は、世界経済に甚大な影響をもたらし、諸外国でもその対策として経済対策等を打ち出した。それに伴い、各国とも財政支出が増加することとあわせて、資金調達額が増加し、国債発行計画の変更や国債増発を余儀なくされた。一方、2021年度以降は日本の一般政府債務残高はグロスベースで名目GDP比率の約2.5倍超で推移しており、米国や欧州各国が同時期において、おおむね約1.5倍以下で推移していることをふまえると、先進国間で日本の債務残高が突出していることは明らかである。歴史を振り返ると日本の構造的な財政悪化は、バブル崩壊後の1990年から始まった。図表1は、日本の財政歳出入の推移をみたものであ

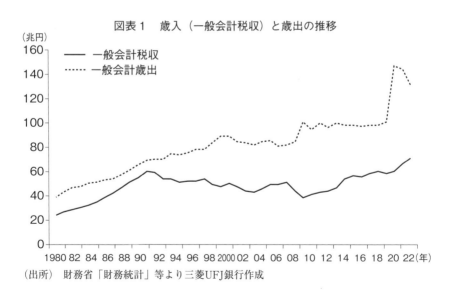

図表1　歳入（一般会計税収）と歳出の推移
（出所）財務省「財政統計」等より三菱UFJ銀行作成

2　序章　日本国債および銀行ALM運営の課題

る。歳出入は1980年（昭和55年）以降、石油危機等による経済対策（建設国債発行）を受けて、歳出が歳入を上回る傾向が継続していたが、単年度の財政収支の赤字は抑制気味に推移していた。それが大きく変化したのが、1990年以降である。歳出が引き続き増加傾向をたどる一方、歳入はデフレーション（デフレ）進行により減少傾向に転じ、財政収支の赤字構造が定着した。

　歳出入の中身をみてみると（図表2）、歳出面では社会保障関係費、国債費、地方交付税交付金の3大項目が突出している。特に足元で急増しているのが、社会保障関係費である。高齢化により年金・医療費の年間の自然増加額は、2010年度に初めて1兆円を突破した。厚生労働省による将来の人口動態予測によれば、高齢化率（65歳以上の人口割合）は今後も上昇する見込みであり、年金・医療費の増加傾向は継続することが想定される。一方、歳入は根幹をなす租税・印紙収入が1990年の60兆円をピークに漸減傾向にあった

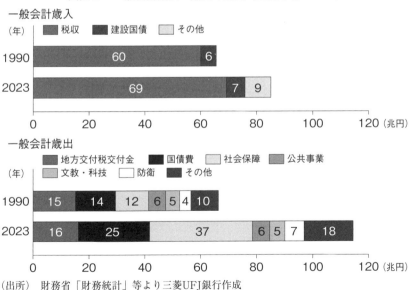

図表2　一般会計歳入・歳出の変化（当初予算ベース）

（出所）　財務省「財務統計」等より三菱UFJ銀行作成

が、2014年に消費税率が5％から8％、2019年に8％から10％に引き上げられたことや、好調な企業業績に支えられ法人税収が伸びたことを受け、一般会計税収は上昇基調に転じている。

　歳入は伸びたものの、大幅な歳出の増加をまかなうことはできず、財政赤字は拡大している。こうした財政赤字の拡大が看過された要因として財政法の問題が指摘されている。日本の財政法は、世界でも特異な60年償還ルールを規定している。当初は、建設国債のみに適用されていたが、財政状況が厳しくなるにつれ、1980年代半ばには赤字国債を含む借換債に適用されることになった。むろん、赤字国債の発行に関しては、特例公債法により毎年、国会の承認を得る必要があるが、いったん発行が承認されると60年償還ルールのもとで累積化してしまう。たとえば、1990年度には建設国債残高が102兆円、特例国債残高（赤字国債）は65兆円だったものが、2023年度には、建設国債残高が294兆円、特例国債残高が769兆円と、この間の特例国債残高の増加額は704兆円に及ぶ。返済原資の裏付けのない特例国債が普通国債残高（建設国債、特例国債および復興債）の約72％を占めており、特例国債の累増によって日本の長期債務残高が膨れ上がっているといえる。

■ 日本の財政リスクと対外収支・対外資産負債の現状

　日本の財政リスクは認識されているものの、目前に迫る現実的な危機として意識されていない。過去、財政危機を経験した中南米や欧州の一部の国では、通貨危機や急激なインフレーション（インフレ）が起きた。これらの国々はおおむね外資依存型の経済発展を志向する発展途上国が多く、対外債務依存度が高い。ソブリンリスク（国や国家に対する信用リスク）の高まりによって自国通貨が下落すると債務負担が急増し、それが本格的な通貨危機、債務危機を引き起こすというリスクを抱えていた。これに対して、日本の場合は、経常収支黒字国であることに加えて、対外純資産を潤沢に保有しているため、財政リスクが通貨安に直結するという単純な図式にはならない。実

際、対外資産負債残高の推移をみてみると、2023年末時点で対外資産残高は1,488兆円、対外負債残高は1,017兆円、その差である対外純資産残高は471兆円と世界最大の対外純資産国である（図表3）。また、経常収支については、2023年度で25兆円の黒字であり過去最大の黒字額を記録している。内訳をみてみると、貿易・サービス収支は2008年のリーマン・ショック以降、黒字幅が大きく縮小した一方で、第一次所得収支は直接投資による黒字が拡大し、経常収支を支える存在となっている（図表4）。

このように対外純資産および経常収支がともに黒字である日本は対外支払能力を十分に有しているといえるが、国内の投資需要が減少するなかで政府の借入れが膨張するという、いわば国内不均衡が際立っており、国際収支が変調をきたした場合（経常収支の赤字化など）、他の経常黒字国に比べてソブリンリスクが高まりやすくなる可能性は否定できない。なお、戦後において戦時補償債務の打ち切りや外貨建て国債のデフォルトが発生している。

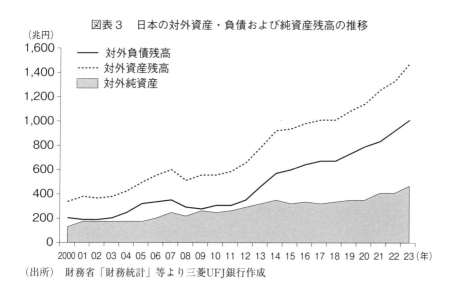

図表3　日本の対外資産・負債および純資産残高の推移

（出所）　財務省「財務統計」等より三菱UFJ銀行作成

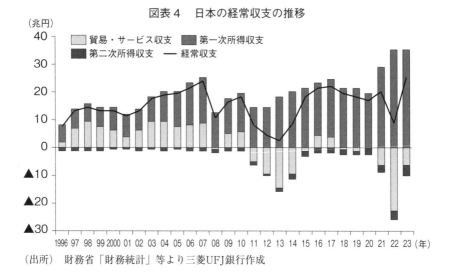

 一般的に政府債務の返済は原則として徴税権の行使によって実施されることになるが、アダム・スミスは、「政府債務がある水準まで蓄積したとき、公正な手段で全額が返済された事例は一つもない」（『国富論（下）』日本経済新聞社、2007年）と政府債務増大の危険性を指摘している。そこではイタリアのジェノヴァ、ヴェネツィア、スペイン、オランダの例を取り上げ、国債発行に過度に依存した財政ファイナンスのもとでは、国が弱体化する点に警鐘を鳴らしている。また、経済成長の観点では、人口動態等の見通しをふまえると潜在成長率の上昇はむずかしいことが想定され、経済成長に伴う税収増のみに依存せず財政規律について考えていくことも重要である。

2 日本国債の格下リスク

 国際的な格付機関は足元、日本国債に対する格付けを据え置いている（図表5）。中長期的な財政リスクを指摘しつつも、格下げを保留している要因

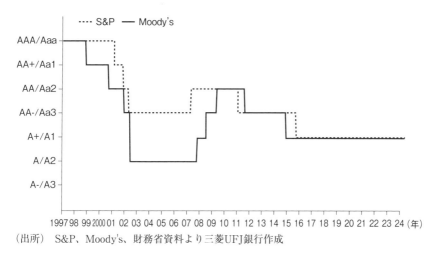

図表5　日本国債の格付けの推移

（出所）　S&P、Moody's、財務省資料より三菱UFJ銀行作成

は主に3つあるとみられている。①日本は行財政改革や増税など財政改善の選択肢を有している、②国債の国内消化比率が約9割（除く短期国債）と高く国債の対外依存度が低い、③日本は経常黒字国であり、潤沢な対外純資産を保有している、などである。

　しかし、中長期的には、高齢化の進行などによって日本の資産・負債構造が変化し、前述した要因が崩れる可能性がある。たとえば、高齢化の進行によって家計の貯蓄率がマイナスに転じると、家計の預金が減少する可能性があり、その場合、預金の見合いとして保有している国内の預金取扱機関の国債保有量が減少し、②の条件が崩れる。また、家計の貯蓄率がマイナスに転じると、先行き経常黒字の減少と対外純資産の取崩しにつながることから、③の条件に厳しい見方がなされる。その場合、残された条件は①の財政再建であり、抜本的な行財政改革の着実な推進とともに経済成長戦略の実施によって、債務の持続可能性を高めることが日本国債の格付けを維持させる唯

一の選択肢となる。

　ソブリンリスクは単に財政のリファイナンスの持続可能性だけの問題ではない。日本経済の先行き懸念が強まり、米ドルや欧州通貨などの外貨の調達にも影響が出てくる。実際、1998年の日本の金融危機時に日本国債が格下げされたときには、株価が下落すると同時に外貨を調達する際にジャパンプレミアム（日本の金融機関が海外の金融市場から資金調達する際に上乗せされるコスト）が一段と上昇する事態が起きた。当時は金融システムを立て直すことで、ジャパンプレミアムは解消したが、今後は財政リスクが原因となるため、大幅な歳出削減や断続的な増税など相当に痛みを伴う政策を迫られるおそれがある。日本の財政赤字は、少子高齢化を背景とする社会保障関係費の増大という構造的な原因もあり、財政健全化への道のりは容易ではない。行政改革、社会保障改革、税制改革、経済成長戦略を同時に敢行し、財政再建に向けて粘り強く取り組む必要があるだろう。

02

日本における環境変化

■ 資金循環の構造変化

　日本の資金循環をみると、2000年以降は家計と企業（民間非金融法人企業）が資金余剰（貯蓄額が投資額を上回る）であるのに対して、政府（一般政府）と海外が資金不足（投資額が貯蓄額を上回る）となっている（図表6）。企業は、バブル崩壊後の設備投資の抑制やリストラ等によるコスト抑制による手元資金流動性の確保、近年では企業収益の改善により、一貫して資金余剰な状態が継続している。家計に関しても、資金余剰が継続している。特に2020

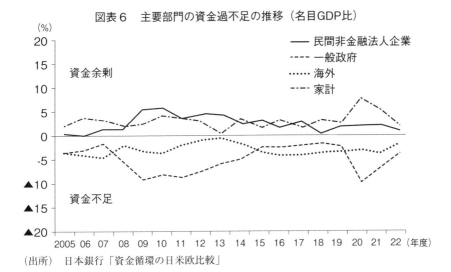

年に発生した新型コロナウイルス感染症に対する政府の大規模な財政支出に伴い、家計における資金余剰の拡大、政府による資金不足の拡大がみてとれる。

　この結果、資金余剰主体と資金不足主体の資金フローを仲介する銀行のバランスシートも大きく変化している。2000年以降、家計や企業の資金余剰を背景に、銀行の預金は増加した（図表7）。他方で、貸出に関しては企業を中心に資金需要が高まらず、預金が貸出を上回る「預超」状態は、拡大の一途をたどっている。

　特に銀行の円貨バランスシートが、貸出が預金を上回る「貸超」状態から「預超」状態に転じ、預超構造が継続した結果、銀行のALM運営の主目的は、低利かつ安定的な預金を中心とした資金調達から、預超によって生じた資金をいかに効率的に運用するかの資金運用へと変化した。一定の金利リスク（本書では、国債を中心とするため、金利変動リスクや価格変動リスクを便宜上金

2　日本における環境変化　9

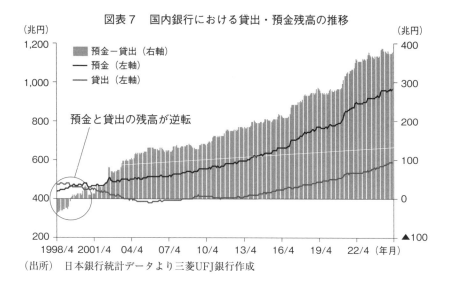

図表7　国内銀行における貸出・預金残高の推移

（出所）　日本銀行統計データより三菱UFJ銀行作成

利リスクと呼ぶ）のもとで、金利デリバティブの活用や有価証券運用により財務収益の底上げを図る資金運用を強化する動きが広がった。たとえば、金利デリバティブの活用については、キャッシュフローのヘッジとしてヘッジ会計を適用した運用がある。ただし、ヘッジ対象を限定したうえでの運用となるうえ、ヘッジ取引を開始して以降、ヘッジ対象とヘッジ手段の損益が高い程度で相殺されるか、ヘッジ対象のキャッシュフローが固定され、その変動が回避される状態が引き続き認められるかなど、ヘッジ手段の効果を定期的に確認する管理態勢が必要となる。そのため、管理面や資金効率性を勘案すると、預超に対応する資金運用の金利リスクコントロールとしては、国債を中心とする有価証券運用が有効であると考えられていた。

　もとより、滞留性がきわめて不透明な預金部分については、流出に備えるためにもバッファーアセットとしての価値があるもので運用せざるをえない（資金換金性の高い資産への投資）。市場流動性（換金性）が高く、日本銀行の

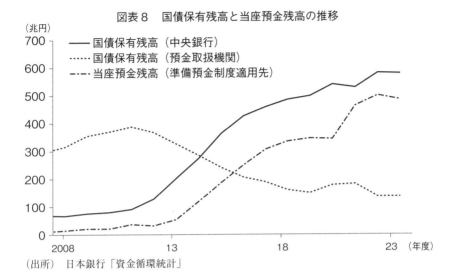

図表8　国債保有残高と当座預金残高の推移

(出所)　日本銀行「資金循環統計」

適格担保として資金調達が可能となり、かつ価格変動リスクが限定的な資産として国債が対象となり、国債を預超対策の運用資産と位置づけている銀行が多かった。

　その後、2013年に日本銀行による「量的・質的金融緩和」政策が導入されて以降は、日本銀行による大量の国債買入れに伴い、国債の保有主体は銀行から日本銀行へと移り、かわりに銀行が日本銀行に保有する当座預金残高が増加した（図表8）。2016年に日本銀行がマイナス金利政策を導入した以降は、一時10年債の利回りがマイナスに転じるなど、資金効率の観点からも国債投資に対する妙味が薄れ、銀行の預超対策としての運用資産は、主に国債から当座預金へと移った。

　このように資金循環の変化（家計・企業の資金余剰と政府の資金不足）と銀行ALM運営における預超対応としての有価証券運用、その後の日本銀行による「量的・質的金融緩和」政策の導入が相まって、国債消化が安定的に行

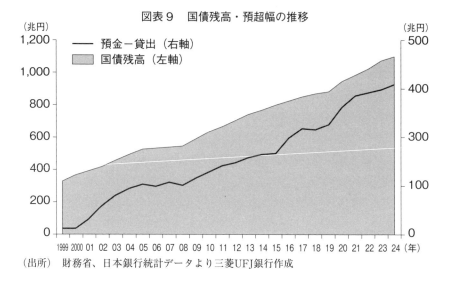
図表9　国債残高・預超幅の推移
（出所）　財務省、日本銀行統計データより三菱UFJ銀行作成

われている。

　図表9は、国債発行残高と国内銀行の預超状態の推移をみたものだが、両者はほぼ一致した動きを示していることが確認できる。別の見方をすると、国債発行の増加が預超拡大の要因になっているともいえる。以下では、その点に関して財政要因と金融機関の預貸バランス（預金－貸出）との関係をもう少し詳しくみてみる。

a　財政要因と預貸バランス

　政府が公共投資や減税など財政支出を行う場合、その資金は政府預金から民間銀行の預金へ振り替えられ、同時に日本銀行当座預金を増加させることになる。つまり、財政支出を行った金額と同額分、民間銀行の預金は増加し、貸出動態に変化がないとすると、預貸バランスを拡大させることになる。逆に、政府が増税など財政受入れを行う場合、その資金は民間銀行の預金が減少するとともに、政府預金へ振り替えられ、同時に日本銀行当座預金

図表10 マネーフローストラクチャー（民間銀行の国債保有要因）

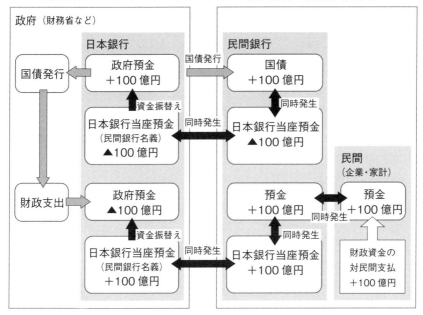

（出所）　三菱UFJ銀行

が減少する。つまり財政受入れを行った金額と同額分、民間銀行の預金は減少し、貸出動態に変化がないとすると、預貸バランスを縮小させることになる。このように、貸出動態に変化がないとすると、銀行ALM運営にとって財政支出（公共投資・減税）は預貸バランスの拡大要因、財政受入（増税・社会保険料徴収）は預貸バランスの縮小要因となる。これは、公共投資や減税が実施された場合、それが投資需要や消費需要の呼び水効果（信用創造効果）につながらないと、財政支出が預金増加となって民間銀行の預超構造を拡大させる結果となり、その預超部分は国債投資によって消化されることになる。一方、増税や社会保険料の引上げが実施された場合は、民間からの資金

2　日本における環境変化　13

図表11　マネーフローストラクチャー（日本銀行による国債買入要因）

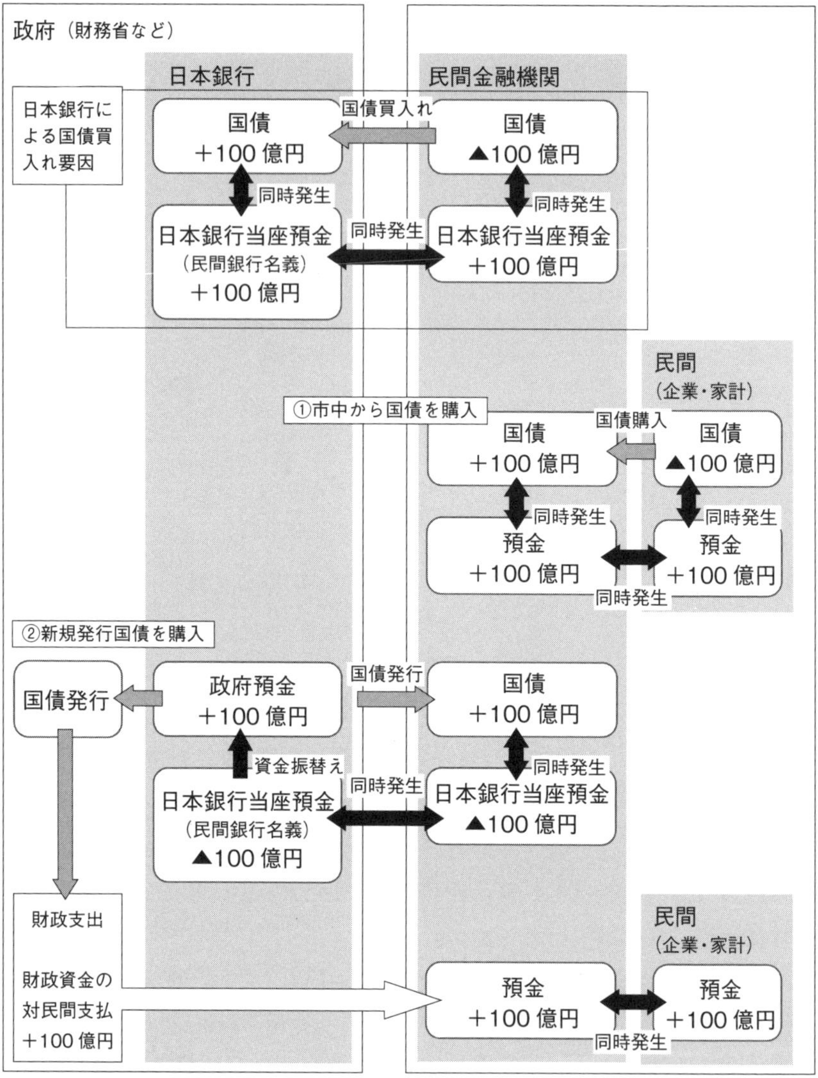

政府（財務省など）

日本銀行

民間金融機関

日本銀行に
よる国債買
入れ要因

国債
＋100億円

国債買入れ

国債
▲100億円

同時発生

同時発生

日本銀行当座預金
（民間銀行名義）
＋100億円

同時発生

日本銀行当座預金
＋100億円

民間
（企業・家計）

①市中から国債を購入

国債
＋100億円

国債購入

国債
▲100億円

同時発生

同時発生

預金
＋100億円

同時発生

預金
＋100億円

②新規発行国債を購入

国債発行

政府預金
＋100億円

国債発行

国債
＋100億円

資金振替え

同時発生

同時発生

日本銀行当座預金
（民間銀行名義）
▲100億円

同時発生

日本銀行当座預金
▲100億円

民間
（企業・家計）

財政支出

財政資金の
対民間支払
＋100億円

預金
＋100億円

預金
＋100億円

同時発生

（出所）　三菱UFJ銀行

吸収となるため、民間銀行の預金が減少し、同時に民間銀行が保有する国債も減少することになる。

b　日本銀行の金融調節と預貸バランス

　日本銀行は金融調節（オペ）を行うことにより資金需給のブレを調整している。通常の資金供給オペについては、オペの満期時に実行時と反対の資金フローが起こるため、中長期的な資金需給バランスにおいて中立である。一方、国債買入オペ等については民間から資産を購入した資金を民間に拠出したままなので、民間金融機関（銀行）の預貸バランスを変化させる。ここで日本銀行が国債買入れを実施する場合のマネーフローをみてみよう。実際に国債買入オペに入札する多くは民間金融機関である。民間金融機関は買入オペを通じて自身が保有する国債を売却するが、その代金は日本銀行当座預金を通じて受け取るため、民間金融機関の貸出・預金に変化は生じない。民間金融機関が売却代金として受け取った資金によって新規発行国債を購入する場合、購入時には預貸バランスの変化は生じないが、その後、政府が国債発行によって調達した資金でもって財政支出を行う場合は前述の財政要因と同様、預金は増加し預貸バランスは変化する。したがって、日本銀行による国債買入要因自体は直接預貸バランスを変化させるものではないものの、民間金融機関の国債保有復元と相まって結果的に預金を増加させ、預貸バランスを変化させる。

2　銀行の資金収益力

　銀行にかかわるステークホルダーにとって、銀行が「安定的な資金収益力」を維持することはひとつの重要な要素といえる。

　全国銀行協会から発表されている「全国銀行決算発表」によると、全国銀行の国内業務部門における資金利益（資金運用収益－資金調達費用）は、2016年のマイナス金利政策の導入以降、都市銀行および地方銀行ともに低下傾向であったものの、2020年の新型コロナウイルス感染症拡大への対応を経て底

図表12 全国銀行 資金利益の推移（国内業務部門）

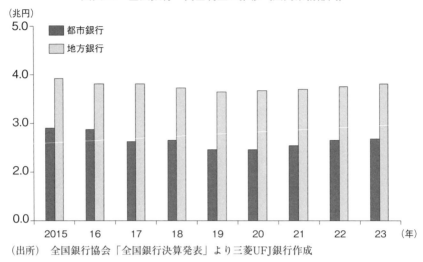

（出所） 全国銀行協会「全国銀行決算発表」より三菱UFJ銀行作成

図表13 全国銀行 貸付金利息と有価証券利息配当金の推移（国内業務部門）

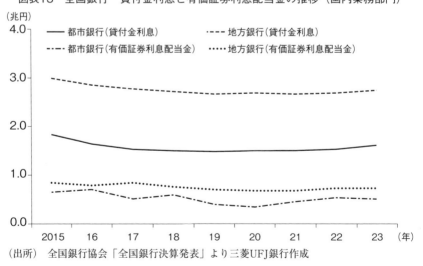

（出所） 全国銀行協会「全国銀行決算発表」より三菱UFJ銀行作成

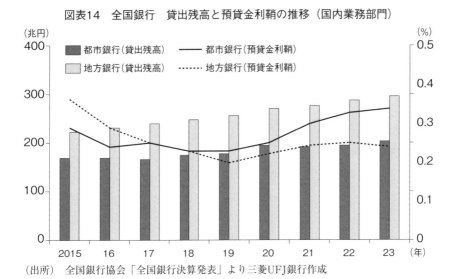

図表14　全国銀行　貸出残高と預貸金利鞘の推移（国内業務部門）
(出所)　全国銀行協会「全国銀行決算発表」より三菱UFJ銀行作成

打ちの兆しがみえている（図表12）。貸付金利息や有価証券利息配当金の推移を個別にみても同様の傾向となっており（図表13）、過去の高金利貸出の償還が一巡したことや、新型コロナウイルス感染症への対応後の経済活動の再開による資金需要の回復、2020年を境に上昇に転じた長期金利の影響も大きいと考えられる。実際、長期金利に連動する固定住宅ローン金利もこの時期を境に上昇に転じており、銀行の資金利益の増加の要因となっていると考えられる。預貸金利鞘の推移も同様にこの時期に反転していることがみてとれ（図表14）、銀行の資金収益力を取り巻く環境は転換点を迎えている。

　加えて、ここ数年大きく銀行の資金利益に貢献しているのが、国際業務部門の資金利益である。少子高齢化に伴う潜在成長率の低下により、国内における資金需要が長期低迷するなかで、日本銀行の政策による低金利環境も相まって、都市銀行を中心に近年は海外ビジネスの拡大に注力してきた。国際業務部門の資金利益の推移をみると、2020年前後に大幅に増加している（図

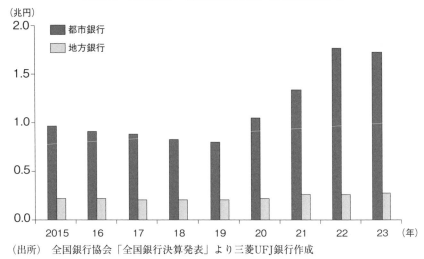

図表15 全国銀行 資金利益の推移（国際業務部門）

（出所）全国銀行協会「全国銀行決算発表」より三菱UFJ銀行作成

表15)。これは、米国をはじめとした欧米中央銀行による利上げや、円安による円ベースでの資金利益の増加が要因となっている。特に都市銀行にとっては、国内業務部門で計上する資金利益と同程度の割合まで国際業務部門で資金利益をあげている。国際業務部門の貸付金利息と有価証券利息配当金をみると、貸付金利息は利上げによる影響を受けて、特に都市銀行を中心に大幅に増加している。他方で、2022年に始まった米国の急激な利上げにより、逆イールド（短期金利が長期金利よりも高い状況）による資金収益の悪化や、長期金利の上昇による外国債券の評価損益の悪化を抑える観点から外国債券の残高を減少させた影響もあり、有価証券利息配当金の増加は限定的となっている（図表16)。

　銀行が置かれている資金収益力の状況をふまえて、あらためて国債投資戦略を考える。過去の国内業務中心のビジネスモデルでは、低金利環境下で貸出残高が減少し、預貸金利鞘が縮小するなかで、銀行ALM運営においては、

図表16　全国銀行　貸付金利息と有価証券利息配当金の推移（国際業務部門）

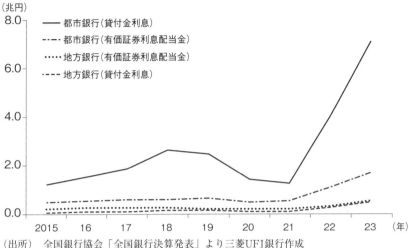

（出所）　全国銀行協会「全国銀行決算発表」より三菱UFJ銀行作成

　資金収益力の低下に対応すべく、保有国債や金利スワップの年限を長期化させ、運用利回りを高めることが求められていた。特に多くの地方銀行においては、国内業務中心のビジネスモデルは変わっておらず、加えて少子高齢化により国内ビジネスの成長が停滞していることを考えると、国債投資戦略の重要性の位置づけはいまも変わってないように考えられる。都市銀行においても、国際業務による資金利益が資金収益力の支えとなってはいるものの、引き続き国内業務における資金利益が伸び悩む環境下において、同じく国債投資戦略の重要性の位置づけは不変である。
　なお、2024年にマイナス金利政策が解除されて以降、日本も欧米と同様に「金利ある世界」に戻っている。仮に日本銀行による利上げが今後さらに進むと、国内業務における資金利益も本格的な増加が見込まれる。その際には、2022年に米国が急速な利上げに踏み切った際に起こった長期金利の上昇が日本でも起こる可能性があり、国債投資戦略においては評価損益の悪化を

2　日本における環境変化　19

抑えるリスクコントロール面での対応がよりいっそう重要となる。

❸　銀行のバランスシートの構造変化

　銀行は、金融技術の発展や顧客ニーズの多様化により、金融サービスの質的向上を図ってきたが、個人から預金を預かり、企業に貸出を行うという根本的な商業銀行ビジネスモデルに大きな変化はない。一方で、景気動向、人口動態などのマクロ経済の構造変化およびそれに伴う顧客行動の変化により、銀行のバランスシートの構成は、この20年間で大きな変化を示した。

　ここでは、銀行バランスシートの変化を概観し、そこに内包される銀行ALM運営に対応した国債投資の位置づけの変化について考察する。

a　預超構造の変化

　銀行が大幅な預超構造に至った背景としては、①低成長の長期化やデフレ圧力により、企業が設備投資を抑制し、財務の効率性を高めるために手元資金を厚めに運営していること、②大企業の資金調達構造が貸出から社債発行など直接調達にシフトしていること、③新型コロナウイルス感染症拡大への対応における大幅な財政支出の拡大により家計貯蓄が積み上がっていること、等がある。

　預超構造は、銀行ALM運営を低利かつ安定的な資金調達から効率的な資金運用へと変化させた。すなわち、十分な預金の流入により、資金流動性リスクが低減する一方、貸出金の減少と預貸金利鞘の縮小による収益力低下を、国債を主体とした有価証券の運用でいかにカバーするかに変化した。

b　貸出年限の構造変化

　貸出側で、残高減少に加えて大きな構造変化を示しているのが、固定金利型貸出から変動金利型貸出へのシフトであり、主に住宅ローンにおいて顕著になっている。

　これは、長期にわたる低金利環境を背景に、個人・企業を問わず、借り手が将来の金利上昇リスクよりも、現在の資金調達コストが低いほうを選択す

る傾向が強くなっていることが主因として考えられる。加えて、住宅ローンについては、低金利の長期固定金利商品である住宅金融支援機構の「フラット35」に固定金利の借り手が集中していることも、民間金融機関の固定金利型貸出の減少の一因となっている。

　固定金利型貸出の比率が低下し、変動金利型貸出の比率が上昇することは金利リスク量の低下と預貸金鞘（貸出金利－預金金利）の縮小につながる。銀行ALM運営としては、これに対応すべく、貸出代替としての国債保有を増加させるとともに、国債運用の年限を長期化させる必要性が生ずる。一方で、市場金利の上昇が見込まれる環境に転じた場合には、銀行ALM運営は、短期金利上昇による資金調達コスト上昇や、貸出・ローン金額の増加および変動金利型から固定金利型へのシフトといったバランスシートの急激な変化に対応しなければならない。

c　国債保有額の変化

　銀行の預超構造が進行するなか、その余剰資金の運用は、国内においては、信用度が高く、かつ市場流動性の高い国債に集中する傾向にあった。

　図表17は、銀行における国債保有残高の推移である。2000年代前半は100兆円程度で推移していた残高が、リーマン・ショック後から急増し、400兆円近い残高に達した。当時は、都市銀行を中心に貸出減少および預金増加傾向が顕著であり、預超拡大に伴う国債運用の必要性が増した時期であった。その後、2013年より日本銀行による異次元緩和（詳細は、第1章第2節参照）が導入されたことで、国債の保有主体は銀行から中央銀行（日本銀行）に変化した。

　足元マイナス金利政策が解除され、10年債利回りも上昇に転じるなか、銀行における預超構造が変わらない状況下においては、資金効率性や収益性の観点から、日本銀行当座預金に積まれている資金が国債購入へと動く可能性は十分に考えられる。ただし、国債購入には、資本の毀損回避を企図したIRRBB（Interest Rate Risk in the Banking Book：銀行勘定の金利リスク）規制

図表17 銀行における国債保有残高の推移

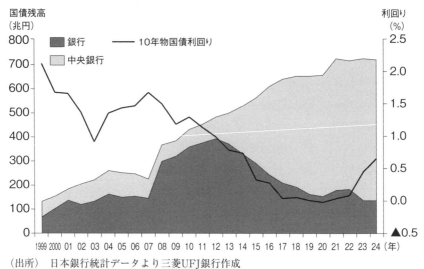

(出所) 日本銀行統計データより三菱UFJ銀行作成

や、資産の規模を規制するレバレッジ比率規制があり、銀行が国債残高を復元・増加させるうえではこれらを考慮した運営が必要である（第4章、第6章にて後述）。

03

銀行ALM運営における課題

　銀行ALM運営とは、銀行のバランスシート（資産・負債）に内在するリスクを総合的に管理・運営するものであり、銀行経営の根幹のひとつである。

銀行のバランスシートに計上されている、預金や貸出、有価証券等について、どの程度の金利リスクや流動性リスクを負っているかを把握し、健全性の確保や収益性の向上に向けて資産・負債に内在するリスクを総合的に管理・運営していく概念である。本書において出てくる「ALM」という単語の意味は、すべてこれらの概念を示している。

銀行ALM運営は資産・負債に内在するリスクを総合的に管理・運営していく概念であるが、特に日本の大手銀行においては、有価証券運用、とりわけ国債運用が銀行ALM運営におけるユニークな特徴となっている。前節で示した、資金循環や預貸構造の変化によって、銀行の国債保有は変化しているものの、銀行ALM運営において、国債運用はバランスシートやキャッシュフローの有用なリスクコントロール手段であることは変わらず、順イールド下（長期金利が短期金利よりも高い状況）では安定的な収益性が期待されることは変わっていない。ここでは、銀行ALM運営における課題を整理する。

第1の課題は、日本が従前から置かれている資金循環構造（預超構造）への対応である。前述したように、日本は家計と企業の双方が資金余剰主体で政府や海外の資金不足を支える特異な資金循環構造を有する。マクロでみれば、家計から資金を調達して企業へ資金を供給するという伝統的な預金取扱機関の銀行機能が変容し、国債や海外債券など有価証券運用による収益獲得が期待されている。前節で、銀行の預貸バランスが「貸超」状態から「預超」状態に転じてから資金運用の重要性が高まったと言及したが、預貸率が大幅に低下している状況下、銀行ALM運営で求められている資金運用の重要性はよりいっそう高まっている。

加えて、近年ではマクロでの変化を認識するとともに、ミクロでの変化の認識も重要である。人口動態の変化、具体的には地方から都市部への人口移動や相続等に伴う高齢者から若年世代への資金フロー変化、資産運用立国に向けた貯蓄から投資への資金フロー変化、ネット銀行の台頭やSNSによる情報伝達スピードの向上による預金者行動の変化などにより、従来の預超構造

に変化をもたらす可能性があることには留意が必要である。

これらの課題に対しては、預超構造の要因となる資金循環変化をふまえたバランスシート分析の強化が重要である。人口動態変化やマクロ経済分析をベースとした貸出・預金分析に加えて、景気変動や市場金利の動向に伴う将来の金利感応度分析を融合させることで、将来のバランスシート動向を予測することが必要である（第6章にて後述）。

第2の課題は、日本の金融市場が「金利ある世界」へと転換しつつあるなか、保有する国債の価格変動リスクを適切にコントロールすることである。日本銀行が金融政策の正常化に転じ始めたいま、市場金利が上昇していることに加え、将来、本格的に量的引締め局面に転じることを視野に入れると、保有する国債の評価損益が悪化する可能性を考慮する必要がある。加えて、「その他有価証券」勘定で保有している国債については、「その他有価証券評価差額金」を通じて自己資本が減少する可能性も考慮すべきである。国債に限らず有価証券運用において、資本規模、バランスシートの規模・構造上の特性、銀行全体の収益規模、過去の有価証券運用実績、経営戦略などに照らして、保有する金額やリスク量を見直し、加えて複数シナリオ下における評価損失規模が妥当であるかを検証する必要がある。また、健全性と収益性の両立を目指す銀行ALM運営の観点で、政策株式を含めた有価証券運用の意義、ROEなどの期待収益目標に照らして整合的にこれらの有価証券運用がバランスしているのかなどを、同規模の銀行との比較分析をしつつ検証することも重要である。

これらの課題に関しては、さまざまなツールを用いた国債ポートフォリオ運用の高度化が重要である。将来金利の予測である金利シナリオの精緻化（政策金利予測やイールドカーブ分析）に加えて、ヘッジツールの整備や有価証券運用体制のガバナンス整備などが必要である（第5章、6章にて後述）。

なお、バランスシート分析や将来金利の予測である金利シナリオの精緻化を融合させ、さらに市場変動に派生するさまざまなリスク要素や制約要件を

図表18 銀行ALM運営高度化の概念(1)

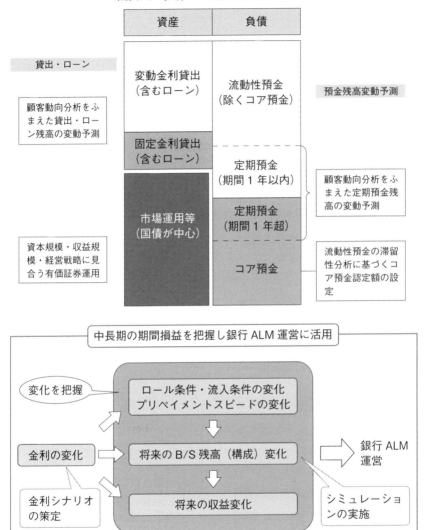

(出所) 三菱UFJ銀行

3 銀行ALM運営における課題

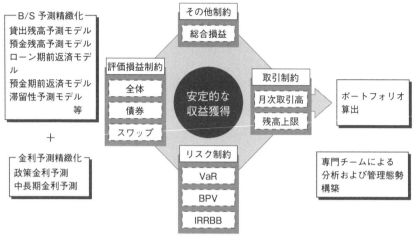

図表19　銀行ALM運営高度化の概念(2)

(出所)　三菱UFJ銀行

加味し、NII（Net Interest Income）やEaR（Earning at Risk）などの金利リスク管理手法を実行することで、適切なバランスシートにおける金利リスクコントロールが可能となる（第6章にて後述）。

　第3の課題は、ソブリンリスクへの対応である。日本の財政赤字は、国内の民間貯蓄超過によって吸収されている。また、累積的な経常収支黒字や巨額の対外純資産がバッファーとなり、日本国債の格下げリスクは抑制されている。しかし、中長期的には、少子高齢化の進行などによって日本の資産・負債構造が変化し、経常黒字の減少や対外純資産の取崩しなど、マクロバランスが悪化する可能性が高い。

　このため、銀行ALM運営のリスク管理上、日本のソブリンリスクが顕在化した場合のストレスシナリオを策定し、国債損益シミュレーションはもちろんのこと、日本経済や銀行経営全般におけるさまざまな影響度分析を行うことが必要である。ソブリンリスクが単なる金利上昇リスクの範疇であれ

ば、銀行ALM運営にとっては保有国債を維持しつつ、債券先物や金利スワップなどの手段を用いたリスクヘッジの実施で対応は可能である。しかし、ソブリンリスクが深刻化した場合（たとえば、投資不適格であるBB格以下への格下げ、外貨調達コストの上昇、など）には、自己資本や担保価値の毀損につながるため、銀行ALM運営としては保有国債のリスク量削減を余儀なくされる一方、財政当局、金融当局、民間金融機関が三位一体となって国債の安定的な消化に向けた国債管理政策の新たな枠組みを構築することが急務になる。

　これらの課題に関しては、日本のソブリンリスクが一時的な金利上昇リスクにとどまるのか、深刻化するのかを判断するための、マクロ経済指標や財政統計などのモニタリングを通じたソブリンリスクの予兆管理を実施することが重要である。さらにリスクの階層に応じて、事前対応を検討しておくことも必要である（第4章、6章にて後述）。

第 **1** 章

日本国債の概要

01

日本国債発行の歴史

◼️ 最初の日本国債発行は外貨建て

　日本が最初に発行した国債は、京浜間鉄道建設の資金調達として、1870年にロンドンで募集された九分利付外国公債（英国ポンド建て）という外債である。発行総額は100万ポンド、無記名証券で発行価格は額面の98％となり、日本の海関税や鉄道純益などの収入[注]を担保としたにもかかわらず、満期は13年、金利は9％と劣悪な発行条件となった。翌年の1871年には、新貨条例が公布され、通貨単位として「円」の制定（円を基本とした十進法の新しい貨幣単位：1円を金1.5ｇと制定）や金本位制の採用などが決定された（図表1）。

　（注）　付加的担保として鉄道建設完成後の3つの路線からの鉄道純益を充当。

図表1　新貨条例（日本における初めての統一的貨幣法）

①　新貨の呼称は、「円」を通貨の基本的単位とし、1円の100分の1を「銭」、1銭の10分の1を「厘」とする。
②　金貨（20円、10円、5円、2円、1円の5種）を本位貨とし、本位貨中1円金貨を本位の基本と定め、各金貨とも無制限に通用するものとする。
③　銀貨（50銭、20銭、10銭、5銭の4種）および銅貨（1銭、半銭、1厘の3種）はすべて補助貨幣とし、銀貨の通用限度は10円、銅貨のそれは1円とする。
④　新貨条例に基づく新貨幣と在来の通用貨幣との交換比率は1円につき、1両とする。

（出所）　日本銀行百年史

30　第1章　日本国債の概要

② 日本初の国内債発行

　日本初の国内債は、1872年に旧幕府諸藩の累積的債務（藩債、藩札など）を継承する目的で交付された公債である。新旧公債を発行するにあたり、同年3月に新旧公債条例が公布され、償還年限や利子、元利金の支払など発行条件が定められた。旧公債は無利息で50年間の年賦（分割払い）、新公債は四分25年年賦（年4％の利子で25年間の分割払い）で3年据置きという発行条件で交付された。ちなみに、この新公債は西南戦争（1877年）を除けば予定どおりに償還され、1892年に実施された買入償却によって、全額が償還された。

　1873年には、金札引換公債証書発行条例が公布された。これは、明治維新の際に発行した太政官札と少額の民部省札を新紙幣に交換した所有者や、金札所有者に対して発行される公債を定めたもので、年利6％の国債（金札引換公債）が交付された。ただし、この公債発行には、戊辰戦争で大量発行された政府紙幣の回収と、民間銀行による兌換紙幣の発行^(注)という目的もあった。

　　（注）「兌換紙幣は民間の貨幣需要に応じて発行されるべきで、政府による発行
　　　　は適当でない（松方正義）」という考え方に基づき、民間銀行が兌換紙幣を
　　　　発行していた。

　1874年には、秩禄支給額の大幅削減に伴う秩禄公債が交付された。秩禄を削減するにあたっては、まず秩禄の奉還を申し出た士族以下の者に対して、生業資金をまかなうために秩禄公債の交付と現金の支給が行われた。この現金支給分の資金を調達するために第2回目の外貨公債が実施された。その後、俸禄を現金化する禄制改革が行われ、1877年からは、金禄公債の交付が始まった。金禄公債は、金禄の高に応じて年利子が5％～10％、利子支払期間が5年～14年など多様な種類で交付された。

　1878年には、東京株式取引所が創立された。同取引所の立会開始後は新旧公債、秩禄公債の3銘柄が上場されて売買が始まり、その後、第一国立銀行

1　日本国債発行の歴史　31

などの株式が上場された。当初は、公債の取引高が株式の取引高を大きく上回っていたが、鉄道会社の発展や紡績企業の勃興に伴い、株式会社が相次いで上場され、次第に株式取引が活況になった。また、殖産興業の勃興期にあたり、国内で初めての起業公債が発行された（公募方式・直接募集：表面利率6％、発行価格80円、償還期限25年）。その後、中山道鉄道の敷設資金として発行された中山道鉄道公債は、呼価募集高価発行方式がとられた。呼価募集高価発行方式とは、高値申込みから順次国債証券を交付するもので、一種の価格競争入札である。

3 松方財政と日本銀行設立

　1881年に大蔵卿に就任した松方正義は、西南戦争の勃発により生じた財政悪化や政府紙幣の増発に対処すべく、緊縮財政によって捻出した財政剰余金を使って政府紙幣の整理と正貨の蓄積を図る、いわゆる松方財政に取り組んだ。その中核的な役割として設立されたのが日本銀行である。1882年に欧州各国の中央銀行をモデルとして日本銀行条例が公布され、日本銀行が永代橋際で開業した。1885年には日本銀行券（兌換銀券）の発行が開始され、政府紙幣を回収し、正貨の獲得を推し進めるとともに、貨幣発行権の集中を通じて通貨の安定化が図られた。

4 整理公債条例公布により、近代的な公債制度へ

　1886年には、乱雑に発行されていた公債を整理することを目的とした整理公債条例が公布された。それまで公債発行は旧幕府諸藩の累積的債務（藩債、藩札など）を継承したものや、不換紙幣の整理のためのものなど多岐にわたっており、発行形態、発行条件、法的規定がバラバラであった。それを同整理公債条例により、無記名方式、他人への譲渡可能、売買自由などの国債関係法規や取扱規定が整備され、近代的な公債制度が確立された。整理公債は、低利借換えの意図もあり、主に6％超の高利回り既発公債を、利率5％、

5年据置き後の抽選償還方式（償還期間50年：政府裁量の繰上償還条件付き）に漸次借り換えることで利払費を抑制した。

1896年には、国債証券買入銷却法が公布された。その第1条には「毎年度の国債費予算定額以内において国債証券を買入れか消却を実施する、買入れは計算上利益ありと認められる際に、また国債の整理の円滑なる実施のため必要ありと認められる際に実施することができる」と記されている。現在も国債整理基金による国債の買入消却が実施されているが、その根拠となる国債の買入消却に関する省令は、国債に関する法律（1906年）および、この国債証券買入銷却法に基づいている。

⑤ 日露戦争勃発と外国公債の募集

日露戦争の勃発により、1904年には外国公債の募集が行われた。当初は日本の勝算が低いとの見方が強く、実際、開戦直後に日本の外国公債が暴落した。日本は関税収入を担保とするなど投資家に好条件を提示し、また、ユダヤ人銀行家ジェイコブ・シフの支援を受けて、ロンドン、ニューヨークでの公債発行を実施した（割引債方式、償還期間7年、年利6％）。その後、戦況好転により日本の外国公債は安定し、借換調達を含めて総計6回の外債での資金調達を行った。しかし、総額1億3,000万ポンドに至る巨額の外貨ファイナンスは、当時の日本の歳入の約5倍にも及んだ。ポーツマス条約で賠償金を得られなかったことから、日本は莫大な債務負担を背負うことになった。

⑥ 国債法の制定

1906年には、国債に関する法律（国債法）が制定され、以降、日本国債はこの法律（明治39年法律第34号）に基づいて発行されている。同法は、無記名での証券発行を原則としているが、同時に国債登録制度も創設され、登録国債は証券を発行せず、債権者の請求がある場合にのみ記名証券を発行する

ことが定められた。

　1910年には銀行組合による公債引受シンジケート団が構成された。これは日露戦争後に財政悪化が深刻化したため、政府が金利負担を軽減すべく、国債（国内債）の利子を金利5分から金利4分で借り換えることを企図した国債管理政策である。当時の桂首相が主要銀行と協議し、第1回目の公債引受けは16の銀行からなるシンジケート団、第2回は48の銀行からなるシンジケート団で行われた。

7　大正バブルから昭和金融恐慌

　日露戦争以降の日本経済は、巨額の対外債務負担や重工業製品の輸入を背景とする恒常的な経常赤字に苦しんでいたが、第1次世界大戦の勃発（1914年）によって様相が一変した。軍需品輸出の増大や海運・造船好況により、日本の国際収支は大幅な黒字に転換し、債務国から債権国へ転じた。大戦特需のみならず、正貨の流入による購買力増大効果も大きく、海運、造船、エネルギー、非鉄などの主要産業が空前絶後の活況を呈した。また、1918年に積極的な内政政策を標榜する原政権が誕生すると、教育、交通インフラ、産業・貿易振興、国防の4大政綱を打ち出し、内需好景気のもとで多数の新興企業が勃興し、株式上場ブームを引き起こした。同年8月には米価格の暴騰から全国に米騒動が拡散するなどバブル景気の様相を呈した。しかし、休戦条約が成立すると国際商品市況が反落し、一気に戦後不況に突入した。1920年には、増田ビルブローカー銀行の破綻を契機に株価が大暴落し、三品取引所、横浜生糸取引所、米穀取引所などが相次いで立会停止を余儀なくされた。

　1923年には関東大震災（マグニチュード7.9）が起こり、日本経済は壊滅的な打撃を受けた。帝都復興対策として国債（震災善後公債：4.7億円）と外債（震災外債：5.5億円）の発行が決定された。外債での資金調達には、正貨（金貨や金地金など）の不足や、復興に向けた外国資材の輸入需要など、やむを

えない事情があったが、発行利回りが8％と、日露戦争時の発行利回り
（5％～6％）を大きく上回るなど厳しい発行条件となり、国辱公債と呼ばれ
た。

　同年には震災被害者に対する金融救済措置として日本銀行震災手形割引損
失補償令も公布された。これは、被災地域で振り出された手形に特定したう
えで、大震災以前の割引手形について日本銀行が再割引に応じるもので、日
本銀行が損失を被った場合は、一定金額（1億円以内）を政府が補償すると
いう緊急勅令であった。当初、支払猶予期間は2年とされたが、震災手形の
なかには第1次世界大戦後の投機バブルの失敗で決済不能となった悪質な手
形が大量に含まれており、深刻な不良債権問題へ発展した。震災手形再割引
の総割引高は最終期限である1923年3月に4億3,082万円にも及んだ。この
ため、政府は翌年1月に同年9月末に期限が到来する震災手形を一括処理す
るために国債を発行し、10年かけて償還する震災手形損失補償公債法案、震
災手形善後処理法案を議会へ提出した。しかし、立憲政友会が「政財の癒着
（政府資金による政商の救済）」と批判し、議会の審議は紛糾した。実際、不良
債権化した震災手形の半分近くは政府関与の強い台湾銀行分が占めており、
その約7割が鈴木商店（鈴木財閥における中核的な総合商社）向け債権であっ
たことが明らかになった。

　1927年3月14日に若槻内閣の大蔵大臣であった片岡直温が衆議院予算委員
会で「今日正午頃に東京渡辺銀行が到頭破綻した」と発言し、金融恐慌の発
端となった。この失言を契機に同行および親子関係にあった、あかぢ貯蓄銀
行で取付け騒ぎが起き、翌日15日に休業を余儀なくされた。この影響は京阪
地方に飛び火し、さらには関西地方へと全国に金融不安が広がった。事態収
拾を図るべく、日本銀行は本店・大阪支店などで取引先行を問わず特別融通
を実施した。この緊急措置によって、取付け騒ぎはいったん鎮静化したが、
翌4月に台湾銀行が経営悪化から休業したことを受けて再び金融危機が全国
に広がった。同月21日に大蔵大臣に任命された高橋是清は、即座に銀行の2

日間臨時休業を決定し、続いて3週間のモラトリアム（支払猶予）を実施した。あわせて政府が5億円を限度として日本銀行の特別融通を保証する法案が可決し、昭和金融恐慌といわれた金融危機は収束した。なお、この金融危機によって銀行業界の再編が加速した。銀行数は1926年末の1,420行から1928年末には881行へ減少した。さらに預金者保護の目的から1928年に銀行法が制定され、金融監督体制が強化された。

8 金解禁と世界恐慌

　昭和金融恐慌が収束すると、為替相場の安定や財政緊縮が主要な政策課題として浮かび上がった。特に第1次世界大戦後に貿易収支赤字が恒常化し、正貨不足とともに慢性的なインフレ不況に悩まされていた日本にとって、金本位制に復帰することは（1917年に金輸出禁止）、長年の懸案だった。1928年にフランスが金本位制に復帰すると、当時の五大国で日本だけが取り残された格好となり、金解禁に向けた内外の圧力は一段と高まっていった。

　1929年7月に発足した立憲民政党の浜口雄幸内閣において、元日本銀行総裁の井上準之助が大蔵大臣に就任し、即座に旧平価による金解禁の実施を主張した。金解禁における平価の価値基準を金輸出禁止前の水準とするのか（旧平価貨幣法：1円＝金0.75グラムを前提に100円＝49.85米ドル）、平価切下げを行ったうえで金解禁を行うのか（新平価：当時の実勢レート100円＝44米ドル程度）、国内の世論は真っ二つに割れた。東洋経済新報の石橋湛山やエコノミストの高橋亀吉らは後者（新平価）を主張した。割高な為替相場で金解禁を実施すれば、国内経済へのデフレ圧力が強まることが明確であり、実際、金解禁に踏み切ったイタリアでは27％、フランスでは20％の平価切下げが実施されていた。だが、浜口内閣・井上蔵相は、緊縮財政と産業合理化による経済構造改革を志向し、1929年度予算における年度途中の大幅削減（5％カット）および翌1930年度の緊縮型予算を敢行した。そして、日本銀行の公定歩合引上げなどによって為替相場を円高方向に推移させることによって、

1930年1月に旧平価での金解禁（金本位制復帰）に踏み切った。

しかし、前年10月に起きたニューヨーク株式市場の大暴落（暗黒の木曜日）の影響が世界中に波及し始めていた。第1次世界大戦後の世界経済を牽引してきた唯一の超大国の経済恐慌は、巨額の対米債務を抱えていたドイツや欧州諸国、米国向け輸出に依存していた一次産品輸出経済国などに広がった。当時の世界経済は、①世界的な農産物価格の低迷による一次産品輸出国の経済不振、②基軸通貨ポンドの弱体化、③ドイツ賠償問題の不完全な解決など構造的な問題を抱えていた。

日本経済にとっては生糸や綿花など米国向け輸出品が急減し、農産物や鉄鋼などの国際商品市況が軒並み暴落したことが大きな打撃となった。金解禁に向けた投機的な円高圧力と相まって、国内卸売物価は大幅な下落を余儀なくされた。主要産業は40％から50％の操業短縮に追い込まれ、商業取引の縮小、企業倒産や失業者の増大、株価の暴落、生糸貿易不振による農村の窮乏など、昭和恐慌といわれる急激なデフレと深刻な景気後退に見舞われた。

⑨　欧州における金融危機と世界経済のブロック化

ニューヨーク株式市場の大暴落から2年目には、欧州で大規模な金融危機が発生した。1931年5月にはオーストリア最大の銀行であるクレジットアンシュタルト銀行が経営破綻し、続く7月にはドイツで金融恐慌が生じた。そして、イギリスが同年9月21日に100年以上にわたる金本位制を放棄し、管理通貨制度に移行した。イギリスは、各自治領や植民地ならびにポルトガル、スカンディナビア3国において、ポンドを通貨基準とするスターリングブロックを形成した。これに対抗してドルブロックやフランブロックなど通貨ブロックが次々形成され、国際通貨戦争の様相を強めた。各通貨ブロックとも通貨安政策による輸出振興政策を進めたため、先進主要国の貿易戦争が激化した。特にイギリスは1932年のオタワ会議で各自治領および南ローデシア、インドとの間に帝国特恵関税制度を創設した。こうした排他的な貿易ブ

1　日本国債発行の歴史　37

ロックの構築は、通貨ブロックの形成とともに、世界的なブロック経済化を
強めることになった。

⑩　高橋蔵相とリフレーション政策

　こうしたなか、日本では1931年9月に満州事変が勃発し、同年12月に若槻
内閣が総辞職した。かわって成立した犬養内閣のもとで高橋是清が4度目の
大蔵大臣に就任した。高橋是清は、犬養毅、斎藤実、岡田啓介の各々内閣に
おいて蔵相を務め、経済政策の舵取りを担った。高橋蔵相は、①軍事費の増
額（軍需品の民間発注）、②時局匡救事業の立上げ（農村恐慌対策としての土木
事業）、③財源としての国債発行、④国債の日本銀行引受け、⑤低金利およ
び円安政策の敢行、⑥輸出振興など、高橋財政といわれるリフレーション政
策を推進した。

　まず、1931年12月13日の蔵相就任当日に金輸出を再禁止した。翌年1月に
は日本銀行券の金貨兌換停止に関する勅令を公布施行して金兌換を停止さ
せ、日本を金本位制から離脱させた。しかし、世界恐慌の荒波のもとで日本
経済の停滞は深刻化し、特に一次産品輸出の急減とデフレによる米価下落を
受けて、農村はとりわけ大きな打撃を受けた。高橋蔵相は道路整備、治水事
業、鉄道建設など公共土木事業の拡大をテコに農村を救済する決議を行い、
さらに国際的な軍事的緊張を背景とした民間軍需産業の振興とあわせて、時
局匡救事業を立ち上げた。

　これら巨額の公共事業の財源については増税ではなく、公債発行によって
まかなわれた。高橋是清は、五・一五事件で凶弾に倒れた犬養首相の後を引
き継いで内閣総理大臣臨時大臣を兼任した。1932年6月には「昭和7年度一
般会計歳出の財源に充てる公債発行に関する法律（歳入補填公債＝赤字国債の
発行に関する法律）」を策定、さらに日本銀行（土方久徴総裁）の協力を得て、
歳入補填公債（赤字国債）を全額日本銀行引受けとする新たな国債発行およ
び引受け形態を確立した。同年10月より大蔵省証券の全額引受け、11月より

38　第1章　日本国債の概要

長期国債引受けを開始したが、他方、日本銀行は大幅な民間散布超過および民間資金需要の低迷に対応すべく、同年12月から引き受けた公債の市中売却を実施した。時局匡救事業に伴う国債の大量発行を日本銀行が全額引き受け、資金需要やインフレリスクに応じて市中に売却し、国内金融機関に保有させるという枠組みが構築された。

　公債引受けに伴う日本銀行券の供給拡大への対応として、1932年6月には33年ぶりに兌換銀行券条例が改正された。日本銀行券の保証準備発行限度額は1億2,000万円から10億円へと大幅に引き上げられた。当時の銀行券発行制度は、同額の正貨準備をもって兌換銀行券を発行する準備発行と、政府発行の公債証書や大蔵省証券などを保証物件として日本銀行券を発行する保証発行があったが、この保証発行限度額の大幅引上げ措置によって、日本の銀行券発行制度は管理通貨制度へ大きく舵を切ることになった。また、保証準備の限度を超えて日本銀行が銀行券を発行する制限外発行については、15日以内であれば大蔵大臣の許可および発行税が免除される一方、16日以上制限外発行を続ける場合には大蔵大臣の許可を必要とし、発行税率の最低限度は3％へ引き下げられた。

　また、公債発行の民間消化を促進すべく、1932年（昭和7年）3月には大蔵省証券の日本銀行引受分を買い戻し予約付きで販売する方式が復活した（商業手形割引利率を適用）。続く同年4月には日本銀行による国債担保貸出の高率適用が緩和され、国債を担保として公定歩合の水準で日本銀行から無制限に資金を借り入れることが可能となった。同年7月には、「国債の価額計算に関する法律（国債簿価公定制）」が制定され、国債保有時のキャピタルロスも回避されることになったため、民間金融機関の国債保有が拡大した。当時は民間の資金需要が低迷していたことから、銀行の国債購入需要は強く、銀行の国債保有比率は急速に上昇した（図表2）。

　高橋蔵相の主導したリフレーション政策は、急激な円相場の下落を通じてデフレ圧力を一気に払拭した。円の対米為替指数は、金輸出の再禁止が実施

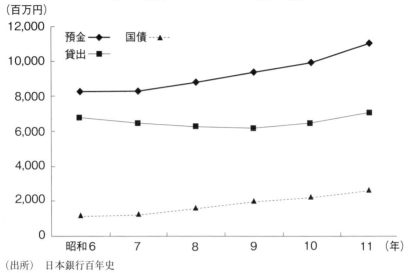

(出所) 日本銀行百年史

された1931年（昭和6年）12月から下落傾向が強まっていたが、翌1932年（昭和7年）6月以降は、歳入補填公債（赤字国債）の発行と日本銀行による公債全額引受けを受けて円安が加速した（図表3）。

金輸出再禁止前の昭和恐慌時には2年連続のマイナス2桁成長のデフレ景気を余儀なくされていたが、急速な円安や積極財政により、1932年にはプラス成長に転じた。もっとも、まだ世界経済が大不況の真っ只中にあり、輸出の停滞が続き、商品相場の反騰も実需を伴ったものではなかった。経済情勢の好転が実感されるようになったのは、時局匡救事業をはじめとした積極財政と日本銀行の国債引受けや3度の公定歩合引下げなど本格的な金融緩和が具現化した1932年後半であった。時局匡救費や軍事費などを中心とした政府支出は前年比2桁もの伸びを示し、民間の企業活動を喚起した。一方、前年比約4割も下落した円相場によって、日本の輸出の対外競争力は大幅に改善され、輸出価額は半年間に50％以上も増加した。1933年に入ると、前年の急

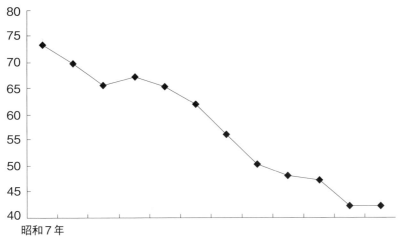

図表3　月中平均対米為替指数の推移

（出所）　商工省防衛局、日本銀行百年史

速な景気回復の反動もみられるようになったが、米国の景気底入れや国内の消費回復を受けて景気拡大傾向を維持した。特に企業マインドが強気に転じ、民間設備投資や雇用が各分野で増大した。

11　国際情勢の緊迫化と巨額の軍事予算

　こうした輸出振興と公共事業に牽引された景気拡大は数年度にわたり継続し、1935年秋にはほぼ完全雇用が実現するに至った。しかし、その一方で欧米を中心に日本の輸出商品に対する輸入制限措置が拡大し始めた。これは前述の世界恐慌に伴うブロック経済化や国内産業保護政策が背景にあるが、1935年3月のドイツのヒットラー独裁体制による再軍備宣言や、同年10月のイタリアによるエチオピア侵攻など国際情勢の緊迫化が、日本の経済を孤立させた。

　国際情勢が緊迫化するなかで、日本も満州事変による軍事費の増大が顕著

になっていた。1934年度（昭和9年度）予算案は、予算総額22.4億円のうち、軍事費の比率は43.5％にも膨張した。この頃から高橋是清は緊縮財政に転換し、軍事予算の抑制に向けて公然と軍部批判を行った。1936年度（昭和11年度）予算閣議で巨額の軍事費を要求する軍部に対し、高橋是清は最後のご奉公として一歩も引かず、「国家の健全財政あっての国防」と主張した。そして1936年（昭和11年）2月26日未明、青年将校に暗殺され、軍部の発言力拡大とともに1937年度（昭和12年度）予算に占める軍事費は約7割にも達し、その後、日中戦争、太平洋戦争に至るまで軍事費は膨張を続けた。日本の財政支出の推移をみると、通常の歳出経費や公共事業などの一般会計予算の増大に加えて、戦時下の軍事費用を一般会計から切り離して計上する臨時軍事費特別会計予算が急激に拡大した（図表4）。臨時軍事費特別会計は戦争終結までを会計年度とする特殊な会計であり、陸軍臨時軍事費、海軍臨時軍事費、予備費の3項目に区分されるが、費目間の予算流用や前払いなど軍部の

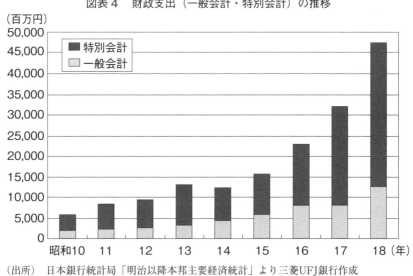

図表4　財政支出（一般会計・特別会計）の推移

（出所）　日本銀行統計局「明治以降本邦主要経済統計」より三菱UFJ銀行作成

自由裁量が大きく、必要に応じて追加的な予算が次々と計上された。日中戦争の勃発に伴い設置された当該臨時軍事費特別会計は、終戦までの8年間に、実に15回もの予算編成が行われた。

12 巨額の政府債務と日本銀行による国債引受け

こうした巨額の財政支出に伴い、国債残高も年々累増した（図表5）。巨額の国債発行により調達された資金は、その多くが臨時軍事費特別会計に繰り入れられ、日中戦争および太平洋戦争時には臨時軍事費に関して無制限に国債が発行できる権限が政府に付与された。1935年（昭和10年）に98億円であった長期国債残高は、太平洋戦争勃発直後の1941年（昭和16年）には400億円を超える水準まで急増し、短期国債12億円、政府借入金1億円を合わせた政府債務残高は417億円と、当時の国民総生産（448億円）の93％に達した。そして、太平洋戦争終戦直前の1944年（昭和19年）には、政府債務残高

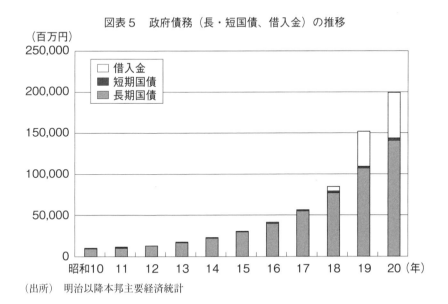

図表5　政府債務（長・短国債、借入金）の推移

（出所）　明治以降本邦主要経済統計

1　日本国債発行の歴史　43

（1,519億円）の対国民総生産が200％を超え（図表6）、終戦時の1945年（昭和20年）には、政府債務残高は1,994億円という巨額な規模に達した。1940年（昭和15年）以降は短期国債も増加しているが、これは戦没遺族や功労軍人に対して交付国債を発行したことや食糧の国家管理を目的として食糧証券が発行されたことによるものである。

　こうした膨大な国債は、日本銀行と大蔵省預金部の引受けにより発行され[注]、日本銀行が引き受けた国債を市中売却するという形態がとられた。日本銀行調査局によると、日中戦争と太平洋戦争にわたる1937年（昭和12年）から1945年（昭和20年）までの期間において、日本銀行の対金融機関への国債純売却は、普通銀行が51.1％、特殊銀行が20.0％、貯蓄銀行が10.6％と市中銀行が約8割を占めた（図表7）。

　（注）　1937年の「北支事変経費支弁のための公債（1億円）」については市中銀行によるシンジケート団引受け方式で発行された。

　一方、民間部門の国債保有を促進するさまざまな施策が打ち出された。1937年（昭和12年）に制定された有価証券移転税法では、国債売買における税率をその他有価証券と比べて半減させた。1941年（昭和16年）の国民貯蓄組合法では、国民貯蓄組合斡旋による登録国債に関して分類所得税を免除、1942年（昭和17年）の臨時租税措置法中改正では、金融機関保有の登録国債の利子税率を軽減することに加えて、法人が留保所得によって国債を購入した場合に法人税を軽減するなどの措置が講じられた（図表8）。

44　第1章　日本国債の概要

図表6 政府債務／国民総生産比率の推移

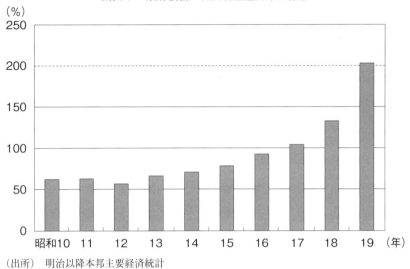

(出所) 明治以降本邦主要経済統計

図表7 日本銀行の対金融機関への保有国債売却（1937～1945年）

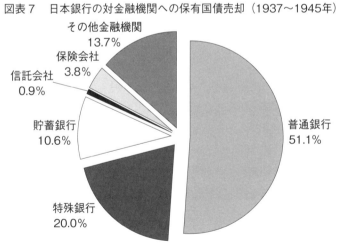

(出所) 日本銀行調査局「金融資料要綱」

1 日本国債発行の歴史 45

図表 8　国債保有促進策

有価証券移転税法	国債に対する有価証券移転税率をその他有価証券の半分に軽減。昭和14年 4 月以降は、額面20円以下の国債について同税を免除。
国民貯蓄組合法	国民貯蓄組合の斡旋によって国債を購入し、郵便局に保管を委託・登録した場合、国債利子に対する分類所得税を免除。
臨時租税措置法中改正	金融機関が保有する登録国債の利子に関する分類所得税率の軽減。法人が留保所得によって国債を購入した場合に法人税を軽減。
貯蓄銀行法	契約の保証金などに国債証券を充てることを可能。
その他	国税延滞に対する国債担保を認可。 公共団体、百貨店等における国債販売を認可。 隣組組織による少額国債の消化促進。

（出所）　日本銀行百年史

🔢 日本銀行条例の改正とハイパーインフレーション

　国債保有は最終的に市中銀行などに移転されたが、日本銀行が膨大な国債引受けを行うことで、貨幣の信用創造が拡張され、インフレ圧力を高めた。特に1941年には「兌換銀行券条例の臨時特例に関する法律」が公布され、日本銀行券の最高発行限度を大蔵大臣が定める制度が導入され、議会の承認を得ることなく、大蔵大臣の権限で、日本銀行券の最高発行限度額を弾力的に変更できるようになった。翌年の1942年には、日本銀行条例が廃止され、兌換制の廃止や大蔵大臣の日本銀行券発行に関する権限強化が定められた日本銀行法が公布された。また、日本銀行券の発行高に対する保証物件も金銀貨、地金銀に加えて政府発行の公債証書、大蔵省証券その他確実なる証券または商業手形とされたため、正貨保有の制約を受けることなく、日本銀行券の大量発行が可能になった。これにより、日本は名実ともに管理通貨制度に移行した。

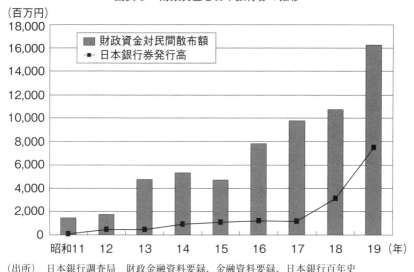

図表9 財政資金と日本銀行券の推移

(出所) 日本銀行調査局　財政金融資料要録、金融資料要録、日本銀行百年史

　財政資金の対民間散布額は、1938年（昭和13年）から増加傾向を強めていたが、太平洋戦争勃発を受けて1941年（昭和16年）以降は急膨張し、1944年（昭和19年）には162億円もの巨額の財政資金が民間にばら撒かれた（図表9）。日本銀行は保有国債の市中売却を通じて余剰資金の吸収を行ったが、貨幣の信用膨張に歯止めがかからず、1944年（昭和19年）末の日本銀行券発行高は、約74億円へ急増した。この貨幣の膨張的増加は、戦争中の物資不足と相まって激しいインフレ（ハイパーインフレーション）を引き起こした。

02

戦後の国債管理政策の変遷

　国債管理政策とは、国債の円滑な発行と中長期的な調達コストの抑制を目的として、国債の発行や消化、流通、償還などにわたる諸政策の総称である。

１　財政法の制定（戦後の財政均衡主義）

　戦後の国債管理政策を振り返ると、終戦直後は太平洋戦争時の裁量的財政運営がインフレを引き起こしたとの反省から、財政均衡主義を土台とする財政法が1947年に制定された。同法第4条第1項には「国の歳出は、公債又は借入金以外の歳入を以て、その財源としなければならない」と規定されており、収支均衡主義を国家財政の基本原則とした。

　ちなみに、この財政法は連合国軍最高司令官総司令部（GHQ：General Headquarters）の経済安定9原則に基づいて策定されたものであり、1949年に打ち出されたドッジ・ライン政策（国内の補助金システムを排除して超均衡主義を導入）を骨子としている。このため、1947年度から1964年度までは、戦前の国債借換えや少額の交付国債発行、政府短期証券などを除き、原則として国債の新規発行は行われていない。もっとも、こうした均衡財政を可能にしたのは、朝鮮特需（1950年から3年間）、神武景気（1954年12月から2年7カ月間）、岩戸景気（1958年7月から3年3カ月間）、オリンピック景気（1962年11月から2年間）など、日本経済が世界でも例をみない未曾有の経済発展を遂げ、大幅な自然増収が見込めた要素が大きい。

48　第1章　日本国債の概要

2 国債発行の再開

　ところが、東京オリンピック後の日本経済は、オリンピック景気における建設ブームや昭和30年代（1955年〜1964年）の過大な設備投資の反動が顕著に現れ始め、厳しい景気後退局面に入った。大型の企業倒産が相次いだほか、証券市場の悪化から1965年5月には山一證券の経営悪化懸念が強まり、日銀特融が実施された。戦後最大の不況と揶揄されるなかで、田中角栄から大蔵大臣を継いだ福田赳夫は、景気対策として1965年度の補正予算を策定し、財政法第4条第2項の特例措置（但書「公債を発行し又は借入金をなす場合においては、その償還の計画を国会に提出しなければならない」）に基づき、財政処理の特別措置に関する法律を策定した。そこでは当該年度の特例国債（赤字国債）の発行を決定するとともに、翌年度の建設国債発行の検討を行うなど本格的な国債発行に向けた制度設計が施行され、ここに戦後の収支均衡主義を基本とする財政政策は大きな転換を迎えることになる。

（参議院会議録情報　昭和40年（1965年）12月20日　第51回国会本会議）
　○福田大蔵大臣による補正予算における公債政策に関する発言
　　私は、わが国経済が戦争直後の廃墟の中から立ち上がり、再建復興の段階を経て、目ざましい発展を遂げてまいりました今日までの過程におきまして、一貫して均衡財政の方針が堅持されてまいりましたことには、大きな意義があったと考えるのであります。しかしながら、いまや、わが国経済は新しい段階に入りつつあると思うのであります。
　（中略）このような観点に立つとき、私は、今後の財政政策の課題は、次の三つの要請にこたえることにあると思うのであります。
　　第一は、豊かな経済社会を実現していくため、社会保障の充実をはかるとともに、社会開発投資を積極的に推進していくことであります。特に、国民の生活の場の改善のため、住宅を中心として、道路、生活環境施設等、立ちおくれている社会資本を整備拡充してまいりますことは、今後の財政に課せられた大きな役割りだと思うのであります。

第二は、このように増大する国の費用を積極的にまかないながら、他面、企業と家庭に蓄積を取り戻し、その安定の基礎を固めるため、財政がその機能を発揮すべきときにきていると思うのであります。国の経済の安定は、ただ単に財政がいわゆる「均衡財政」であることではないと思うのであります。国の経済を支える企業と家庭の安定こそが、経済安定の前提であり、不可欠の条件であります。これがためには、国民の税負担感が、なお重いと思われる現状におきましては、大幅な減税を行なう必要に財政は迫られておると思うのであります。

　第三は、経済の安定的な成長を確保するため、財政運営の弾力化をはかっていくことであると思うのであります。すなわち、財政と金融が一層有機的な関係を高めることにより、経済活動の推移に即応した、有効適切な景気調整機能を発揮することであります。いまや、財政は経済の動きに対し受け身であってはならないと思うのであります。

　私はこの際、財政政策の基調を転換し、公債政策を導入することによって、わが国の財政に新しい政策手段を装備し、これを健全に活用していくことこそ、この三つの要請にこたえる道である、かように確信をいたしております。すなわち、公債の発行によって、社会資本の充実等、財政が本来になうべき役割りを積極的に果たしていくことも、また、国民待望の大幅減税も可能になるのであります。同時に、景気の動向に応じて公債の発行を弾力的に調節すること等を通じて、経済の基調を安定的に推移せしめ、もって、わが国経済の均衡ある発展をはかる道が開かれると思うのであります。特に、今日のように供給力が超過している状態のもとでは、健全な公債政策の活用により需要を拡大してまいりますことは、本格的な安定成長路線への地固めを行なう上において、不可欠であると申さなければなりません。

　公債の発行につきましては、われわれには、戦時中及び終戦直後のインフレの苦い経験があります。しかし、極度に資源と物資の欠乏してい

た当時と、二十年にわたる経済の発展により国力が充実し、生産力が飛躍的に拡大している今日とでは、基本的に条件が異なっていると申さなければならないのであります。もとより、財政の健全性を堅持し、通貨価値の安定を確保することは、経済運営の基本であり、政治に対する国民の信頼にこたえるゆえんでもあります。政府といたしましては、公債政策の導入が、いやしくもインフレに連なるがごときことの断じてないように、最大かつ細心の注意を払ってまいる所存であります。特に、財政の規模をそのときどきの経済情勢の推移から見て適正な限度に維持し、もって、国民経済全体としての均衡を確保してまいる決意であります。

　この意味におきまして、公債の発行にあたりましては、第一に、その対象は公共事業に限定し、いわゆる経常歳出は租税その他の普通歳入でまかなうこと、第二に、その消化はあくまで市中で行なうこと、という二つの原則を堅持してまいる方針であります。今回の補正予算におきまして、日本銀行引き受けの方式をとらなかったのも、この際、こうした慣行を確立することが重要であると考えたからであります。

　目下鋭意検討しております昭和四十一年度の予算につきましては、いずれ予算の審議をお願いする際に、詳細に御説明する予定でありますが、その編成にあたりましては、これまで申し述べましたような基本的な考え方にのっとり、さらに当面の経済の動向にかんがみ、積極的なかまえでこれに臨む所存であります。すなわち、本格的な公債政策の活用により、一方では、国民負担の軽減をはかるため、画期的な大幅減税を実施するとともに、他方では、社会資本の充実等の重要施策について重点的に配慮していく方針であります。（以下略）

（下線は三菱UFJ銀行）

❸ シンジケート団・資金運用部による国債引受けと日本銀行の国債無条件買入れ

　当時の国債は、市中消化の原則のもと、その大部分は民間金融機関や証券会社からなる国債引受シンジケート団（以下シ団と略す）と資金運用部の引受けによって行われた。国債の発行条件（金額、金利など）に関しては、大蔵大臣招聘のもと、国債発行等懇談会^(注)が開催され、協議のうえで決められた。

> （注）　第1回国債発行等懇談会のメンバーは、大蔵大臣、日本銀行総裁、全国
> 　　　　銀行協会連合会会長、財政制度審議会会長、金融制度調査会会長、証券取
> 　　　　引審議会会長、日本証券業協会連合会会長、金融機関資金審議会会長で構
> 　　　　成。

　国債引受シ団メンバーは、政保債のシ団メンバー（都市銀行、地方銀行、長期信用銀行、信託銀行、証券会社）に相互銀行、信用金庫、農林中央金庫、生命保険会社が加えられた。一方、資金運用部資金については公的な資金の位置づけではあるが、原資となる郵便貯金や簡易保険、厚生年金掛金の資金的性格にかんがみれば、安全な運用資産として国債は適切であり、市中消化の原則に沿っていると解釈された。こうして戦後初となる国債発行は、赤字国債として発行され、初回は1966年（昭和41年）1月28日に700億円の規模で実施された（ただし、赤字国債の発行は1965年度（昭和40年度）だけで、1975年度（昭和50年度）まで発行されていない）（図表10）。年度ベースの総合計では額面2,000億円に達し、その過半（約1,100億円）が国債引受シ団引受け、残り（約900億円）が資金運用部引受けによって消化された。

　1966年度（昭和41年度）以降は建設国債の発行が本格化するなかで、国債引受シ団と資金運用部による国債消化構造が定着した。同時に、円滑な国債発行を持続的に行うという観点から、公社債流通市場の整備が進められた。1966年には、東京証券取引所および大阪証券取引所で国債、政府保証債、地方債、金融債、社債などが上場され、4年ぶりに公社債の取引所取引が再開

52　第1章　日本国債の概要

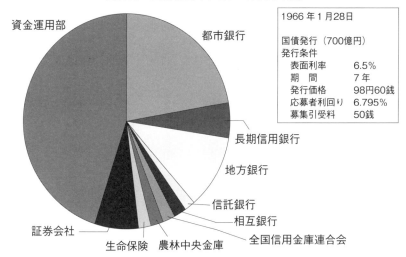

した。また、日本銀行の金融調節においても長期国債の組入れが検討され、1967年には、日本銀行による長期国債の無条件買入れ（買切り）がスタートした。ただし、市中消化の原則に基づき、発行後1年以内の国債は買入れの対象外となった。

4 国債の大量発行時代の到来

　昭和40年代（1965年〜1974年）の国債発行は、建設国債を主体に緩やかに累増したが、償還に伴う借換債の発行が少ないため、国債依存度（歳入に占める国債発行の割合）は10％前後、国債残高の名目GDP比率は1桁台にとどまっていた。国債の消化についても、民間金融機関シ団および資金運用部による国債引受方式と、日本銀行による長期国債の無条件買入れオペレーションの相乗作用によってスムーズに行われていた。しかし、石油危機によって

引き起こされた2度の不況によって税収が大幅に落ち込み、1975年度(昭和50年度)には赤字国債の発行再開(5.3兆円)を余儀なくされた。これ以降、日本は本格的な国債の大量発行時代に突入する。1975年(昭和50年)に国債依存度は戦後初めて20%を超え、その後も上昇を続けた(図表11)。

世界経済の不況が深刻化するなかで、海外からも財政支出の拡大要請が強まる。実際、国際会議において「米国とともに日本とドイツが世界経済の牽引車になるべき」という見方(日独機関車論)が増え始めた。これに対して、ドイツはインフレ警戒から大規模な景気刺激策には否定的な姿勢を示したが、日本は米国の強い要請を受け、ボンサミットで7%の経済成長を国際公約とし、積極的な財政拡大に向かった。1978年(昭和53年)には福田政権のもとで臨時異例措置として公共投資の大幅増加による大型補正予算が組成され、国債依存度は32.9%に達した。1979年度(昭和54年度)には福田政権から大平政権へ移行し、「厳しい財政事情の下で経済情勢に適切に対応すると

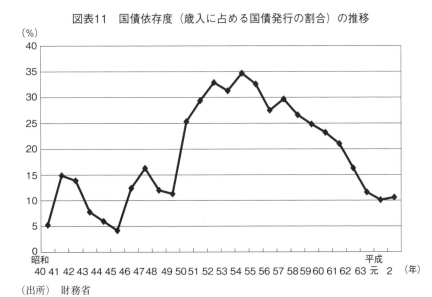

図表11　国債依存度(歳入に占める国債発行の割合)の推移

(出所)　財務省

ともにできる限り財政健全化に努める」など財政再建が予算編成の基本方針とされたが、国債発行額は15兆2,700億円（建設国債：7兆2,150億円、特例国債：8兆550億円）に増大し、国債依存度も34.7％へ上昇した。

5　国債発行形式の多様化

　国債の大量発行時代を迎えるなかで、国債の発行形式も多様化が進んだ。国債発行が再開された1965年度以降は期間7年の利付国債の発行にとどまり、1972年1月からは期間10年の利付国債の発行に限られていた。それが昭和50年代（1975年～1984年）に入ると大幅な国債発行増加が続き、安定的な国債消化先として個人向けの国債消化促進策が検討された。そして、1977年1月に5年中期割引国債の発行（全額シ団引受方式）が、1978年6月に3年中期利付国債（公募入札方式）、1979年6月に2年中期利付国債（同）の発行、1980年6月に4年中期利付国債（同）の発行が次々と開始された。中期利付国債は、当初は資金運用部引受けによる直接発行方式がとられたが、その後民間向け発行はシ団引受方式によらず、公募入札方式で実施された。また、中期利付国債の消化促進を目的として1980年には中期国債ファンド[注]が創設された。同ファンドは一定期間後に解約手数料なしで随時換金ができるオープン型の公社債投資信託であり、金融機関の普通預金と比べて高利回りであったことから急成長した。

　　（注）　主に残存期間2年～4年の中期利付国債を中心に1カ月複利運用する追
　　　　　加型の公社債投資信託。

6　金融機関による引受国債の売却制限緩和

　国債の大量発行は、民間金融機関の資金繰りを圧迫し始めた。当時は、国債に売却制限があり、シ団引受国債はそのほとんどが日本銀行の国債買いオペレーションによって吸収されていた。日本経済が高度成長期から安定成長期に入ると、成長通貨の供給ペースが鈍り、一方で大幅な国債発行が続いた

ため、民間金融機関の国債保有残高が累増した。銀行の国債保有比率（対資金量）をみると、昭和40年代（1965年〜1974年）は1％前後を推移していたが、1978年度末には10％を超えた。国債が成長通貨の供給量を超えて発行されたことにより、民間金融機関の資金繰り悪化や日本銀行券の信用低下（マネーサプライの低下）が懸念されるようになった。

　こうしたなか、引受国債の売却制限が漸次緩和された。1977年4月に特例国債（赤字国債）で発行1年経過後の売却が可能になり、同年10月には建設国債にも同様の制度変更が実施された。これら国債の流動化措置は、国債消化形態を大きく変化させた。すなわち、民間金融機関が国債を引き受け、その国債を日本銀行が国債買いオペレーションを通じて吸収し、成長通貨を供給するというフローの資金循環を主体とした消化形態から、民間金融機関の引受国債を機関投資家（生命保険、年金基金）や個人などが資産運用の蓄積として消化していくという、ストックの資金循環を主体とした消化形態へと変化した。

　一方で国債の売却制限のもとでは、長期国債の市場売買高がきわめて少額にとどまり、金融引締め期においても長期国債の流通利回りは安定していた。それが国債売却制限の緩和により、長期国債の利回り変動が徐々に大きくなっていった。1980年には第2次石油危機に伴うインフレ圧力を受けた金融引締めによって国債利回りが上昇し、利率6.1％の10年物国債が1979年初の6.61％から1980年4月に12.42％へ急騰する事態（ロクイチ国債の暴落）が生じ、国債価格変動による金融機関経営を圧迫する影響が懸念された。こうした状況のもと、会計上の措置として保有国債の評価方法が、従来の低価法から、原価法もしくは低価法の選択制に変更され、国債発行も弾力的な運営が必要となり、市場実勢を反映する公募入札方式の重要性が高まった。また、国債の発行条件と市場流通利回りとの乖離を是正すべく、発行条件の改定が漸次進められた。

図表12　金融機関の引受国債の売却制限の緩和

1977年4月	特例国債の流動化開始～発行1年経過で売却可能
10月	建設国債の流動化開始～発行1年経過で売却可能
1980年5月	上場以降、売却可能
1981年4月	発行後3カ月を経過した日の属する月の翌月月初（発行後100日程度）以降、売却可能
1985年6月	商品勘定：発行後1カ月経過した日の属する月の翌月月初以降、売却可能
1986年4月	商品勘定：発行日の翌月月初以降、売却可能 投資勘定：発行後1カ月を経過した日の属する月の翌月月初以降、売却可能
1987年9月	商品勘定：撤廃 投資勘定：発行日の翌月月初以降、売却可能
1995年9月	金融機関引受国債の売却自粛措置の撤廃

（出所）　財務省（大蔵省）

7　銀行法改正と債券流通市場の拡大

　昭和50年代（1975年～1984年）に入ってからの経済構造や資金循環の変化は、日本の金融システムを変容させる圧力を高めた。高度成長時代の金融制度は規制金利下にあり、前述した国債の発行条件と流通利回りの乖離にみられるように資金需給を十分に反映しない金利形成がなされており、各種金融の業務分野においても明確な垣根が設けられていた。

　それが、国債の大量発行時代を迎えるなかで、国債の流動化措置と国債発行形式の多様化を受けて債券流通市場が急速に拡大し、金利の弾力化・自由化が進展するなかで、金融革新的な動きが次第に強まっていった。そうしたなかで、高度成長期の統制的な金融制度に対して、適正な競争の導入により、経済・社会のニーズに応えていくことの重要性が問われるようになった。こうした金融制度の改革については、金融制度調査会の小委員会で具体

2　戦後の国債管理政策の変遷　57

的に議論され、1979年10月には「銀行法改正の具体的な内容に関する小委員会の意見」として提出された。ここでは「今後、経営の健全性を確保しつつ、経営の効率性の追求と国民経済的見地からみた適切かつ公正な機能発揮の両面の要請に調和のとれた形で応えていくことが、金融機関にとっても行政当局にとっても重要な課題である」と結論づけられ、金利機能のいっそうの活用、銀行の業務範囲の弾力化、各銀行の特色および各業態の専門性の発揮などの提言が盛り込まれた。金融制度調査会の提言を受けて、1981年4月21日に新銀行法案の閣議決定がなされ、同年6月1日に公布された。

この改正銀行法における証券業務の取扱いに関しては、さまざまな議論がなされたが、最終的に長期利付国債、政保債、地方債の銀行窓口販売が1983年4月から、中期利付国債、割引国債の銀行窓口販売が同年10月から認可された。さらに1984年6月には国債、政保債、地方債の償還2年未満の期近債についてのディーリングが、1985年には国債のフルディーリングが認可され、国債の流動化や債券流通市場が急速に進展した。こうした国債流通市場の改革は金利自由化を促進させるとともに（1985年以降に定期性預金金利が漸次自由化）、先物取引やオプション取引の開始、債券貸借市場の創設など、インフラ整備を加速させることになった。

8　国債の大量償還と借換債の発行

昭和50年代（1975年〜1984年）後半には、国債の大量償還への対応が国債管理政策上の重要な課題となった。1972年から当初7年債として発行された長期国債の期間が10年に延期され、その償還が1982年度から始まったことに起因する。鈴木政権の「増税なき財政再建」のもとで、1981年に政財界を中心に発足した第二次臨時行政調査会（土光臨調）では、概算要求基準で予算の伸び率をゼロとするゼロ・シーリングの導入や補助金の大幅削減、三公社民営化などの行財政改革が進められたが、1985年度（昭和60年度）から特例国債（赤字国債）の大量償還が始まるにあたり、それまで現金償還が原則[注]

58　第1章　日本国債の概要

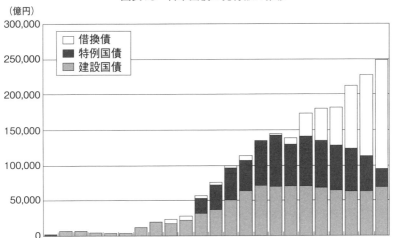

図表13 日本国債の発行額の推移

(出所) 財務省、財政関係資料集

であった特例国債が借換債を発行してリファイナンスする方式に変わった（図表13）。これは、厳しい行財政改革のもと、特例国債を現金償還すると、歳出削減や増税など大幅な国民負担増が不可避となるためである。さらに1984年に「昭和59年度の財政運営に必要な財源の確保を図るための特別措置等に関する法律」が制定され、1985年度以降、特例国債（赤字国債）の借換債は、建設国債と同様の60年償還ルール（本章第7節にて後述）が適用されることになった。また、1985年度6月には国債整理基金特別会計法が改正され、借換債の前倒し発行が認可された。

(注) 公債発行特例法は特例国債（赤字国債）の借換えを認めず、10年満期で現金償還することを定めていた。

9 バブル経済による財政状況の一時的改善

昭和60年代（1985年〜1994年）に入ると、プラザ合意後の急速な円高に対

応すべく、日本銀行が超低金利政策を敢行した。日米通商問題（日米貿易摩擦）を背景とした内需拡大政策や金融自由化と相まって、資産価格の上昇につながり、資産売買の貨幣需要の高まりからマネーサプライが２桁近い伸び率を示した。土地や株価などの資産価格上昇に誘引された設備投資や個人消費の拡大が、内需主導の景気拡大を実現させ、大幅な自然増収が続いた。租税収入（一般会計分租税および印紙収入決算額）の推移をみると、1987年度には対前年度比で11.8％もの増加を示し、その後の２年度も法人税や所得税の増大を背景に４兆円前後の税収増加が続いた。一方で厳格な予算運営およびNTT株式売却収入の産業投資特別会計繰入れなど行財政改革が継続したため、財政状況が改善した。こうしたなか、1975年度以降続いてきた特例公債（赤字国債）の新規発行が1991年度から1993年度まで停止され、国債依存度（国債発行額／一般会計歳出額）もピークの５分の１へ低下した。

Ⅹ　度重なる危機における急激な財政赤字拡大と国債発行の累増

　しかし、バブル経済の崩壊による影響が深刻化するにつれ、日本経済は平成不況と呼ばれる長期不況に入り、財政赤字が拡大し始めた。累次の経済対策に伴う公共投資の増大や特別減税の実施、社会保障基金の黒字縮小などが財政状況の悪化を加速させた。深刻な財政悪化に対処すべく、橋本政権は、1997年度を「財政構造改革元年」と位置づけ、医療保険制度改革をはじめとする各種制度改革を通じて、聖域を設けることなく徹底した歳出の洗い直しに取り組んだ。1997年３月には、以下の「財政構造改革５原則」が提示された。

財政構造改革５原則（1997年３月　総理大臣提示）

> （1）　財政構造改革の当面の目標は、平成15年（2003年）とする。財政健全化目標の閣議決定（財政赤字対GDP比３％以下、赤字国債発行ゼロ）は平成17年（2005年）までのできるだけ早期。

(2) 今世紀中の3年間を「集中改革期間」とする。歳出の改革と縮減は、「一切の聖域なし」とする。「集中改革期間」中においては、主要な経費について具体的な量的縮減目標を定める。

(3) 当面の平成10年度（1998年度）予算においては、政策的経費である一般歳出を対9年度（1997年度）比マイナスとする。

(4) あらゆる長期計画（公共投資基本計画等）について、その大幅な削減を行う歳出を伴う新たな長期計画は作成しない。

(5) 国民負担率（財政赤字を含む）が50％を超えない財政運営を行う。

　財政構造改革を法定化すべく、1997年11月には財政構造改革法（財政構造改革の推進に関する特別措置法案）が策定され、①2003年度までに国および地方公共団体の財政赤字の対GDP比を3％以下とする、②2003年度までに特例公債依存から脱却する、③2003年度の公債依存度を1997年度に比して引き下げるなどが定められた。

　ところが、1997年秋に複数の金融機関の経営悪化に端を発する金融システム不安が発生し、アジア通貨危機による通貨・金融市場の混乱の影響もあり、日本経済は1998年度にマイナス成長に落ち込んだ。

　こうしたなか、1998年度は、4月に総事業規模16兆円超の総合経済対策、11月に総事業規模17兆円超の緊急経済対策（恒久的な減税まで含めれば20兆円超規模）が策定され、財政面から強力な景気刺激策が講じられた。一方で特例公債発行枠の弾力化などを図るため、財政構造改革法が改正された。加えて、国鉄長期債務や国有林野累積債務（約27兆円）も継承されたことから、同年度の財政収支は対名目GDP比で10.9％と大幅な赤字を計上し、国債発行額（含む借換債）も前年度の約49兆円から約76兆円へ急増した（国債依存度も40％近辺へ急上昇）。

　1999年度予算に関しても、最大限景気に配慮することに重点が置かれ、財政構造改革法の停止が決定された。同年度一般会計の予算規模は81兆8,601億円と、1989年度当初予算と比べて35.5％もの大幅な増加となった。また、

2　戦後の国債管理政策の変遷　61

1999年6月の「緊急雇用対策及び産業競争力強化対策」、同年11月の「経済新生対策」など2度にわたる補正予算が編成され、日本財政は再び深刻な悪化状態に陥り、国債発行も累増の一途をたどった。

a 小泉政権と経済財政改革

2001年4月26日には、財政再建や民営化推進など経済構造改革を掲げた小泉純一郎が総理大臣に就任した。小泉政権は「改革なくして成長なし」をスローガンに、同年6月には「今後の経済財政運営及び経済社会の構造改革に関する基本方針」(以下「骨太の方針」)を公表し、国債発行30兆円以下、公共事業の大幅削減、社会保障の抑制など具体的な財政再建計画を示した。また、民営化や独立行政法人化に向けて新しい行政手法としてニュー・パブリック・マネジメント(企業経営的な手法を導入し、より効率的で質の高い行政サービスの提供を目指すもの)を取り入れた。その後も、骨太の方針は経済財政運営と構造改革の具体的な政策方針として毎年策定され、2002年には「2010年代初頭に国と地方を合わせた基礎的財政収支(プライマリー・バランス)黒字化」、2003年には「三位一体改革による地方補助金4兆円削減」、2004年には「郵政民営化や社会保障制度見直し」などの方針が打ち出された。2006年には「2011年度の基礎的財政収支(プライマリー・バランス)黒字化」が目標に掲げられ、社会保障給付の段階的な削減など歳出改革を優先させつつ、歳入改革も行う「歳出・歳入一体改革」の基本的な考え方が示された。

b リーマン・ショックの発生とその後の経済財政政策

日本経済は、米国での住宅バブルによる景気拡大もあり、2002年頃から緩やかな景気回復が続いていた。しかしながら、米サブプライムローン危機や、それに端を発して連鎖的に発生した世界規模の金融危機、特に2008年のリーマン・ショックによって外需・内需ともに停滞し、景気は下降局面に転じた。このため政府は、同年8月に「安心実現のための緊急総合対策」、10月に「生活対策」、12月に「生活防衛のための緊急対策」を決定するなどの

経済対策を実施した。一方、日本の財政は、国・地方合わせた長期債務残高が2008年度末においてGDP比149％と、主要先進国中最悪の水準であるなど、きわめて深刻な状況にあった。もともと掲げられていた2011年度の基礎的財政収支黒字化については、2009年6月に「経済財政改革の基本方針2009」が閣議決定され、「今後10年以内に国・地方の基礎的財政収支黒字化の確実な達成を目指すもの」と目標が後ろ倒しとなった。そのうえで、まずは景気対策によるものを除く基礎的財政収支赤字の対GDP比の少なくとも半減を目指すとし、財政健全化に向けた努力は示すものの、景気対策に配慮した内容となった。2009年8月には、15年ぶりの政権交代により民主党が与党第一党となった。民主党はマニフェストにおいて、子ども手当の支給、ガソリン税などの廃止・減税、高校授業料無償化といった政策を盛り込み、それら政策の財源として「無駄の削減（事業仕分け）」「政府資産の取り崩し（埋蔵金の活用）」をあげた。その結果、2010年度の歳出総額は2009年度の当初予算から3兆7,500億円増加した一方、埋蔵金は一時的な財源として次年度以降は使えなくなったことなどから、財政赤字はさらに拡大することとなった。また、基礎的財政収支黒字化目標も、2010年6月に閣議決定された財政運営戦略において「遅くとも2020年度まで」に後ろ倒しされた。

c　東日本大震災による日本の財政政策の変化

　2011年3月11日、マグニチュード9.0の東北地方太平洋沖地震が発生し、大規模な津波や原子力発電所の事故も重なる大災害となった。ストック（社会資本、住宅・民間企業設備）への直接的な被害額は16兆円から25兆円といった推計が示され、その復旧のための補正予算が編成された。同年7月に決定された「東日本大震災からの復興の基本方針」で、復旧・復興に係る事業を使途とした復興債を発行することとなった。復興債を上乗せで発行したことなどを受けて国債残高はさらに増加し、2012年度には初めて国債発行残高が800兆円を上回った。膨張する政府債務に加えて震災による日本経済の環境変化もあり、複数の主要格付機関が日本国債格付け（自国通貨建て長期債務

図表14　日本国債の発行額の内訳と発行残高の推移

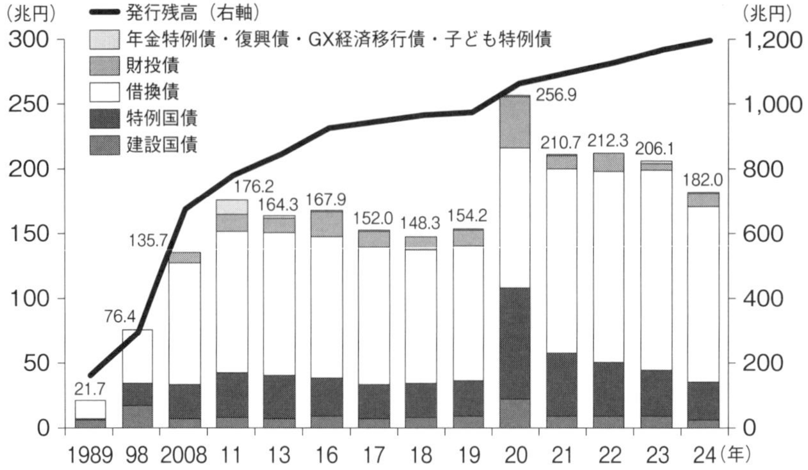

（兆円）
300

250

200

150

100

50

0

　─ 発行残高（右軸）
　□ 年金特例債・復興債・GX経済移行債・子ども特例債
　▨ 財投債
　□ 借換債
　■ 特例国債
　▨ 建設国債

（兆円）
1,200

1,000

800

600

400

200

0

21.7　76.4　135.7　176.2　164.3　167.9　152.0　148.3　154.2　256.9　210.7　212.3　206.1　182.0

1989　98　2008　11　13　16　17　18　19　20　21　22　23　24（年）

（出所）　財務省、財政関係資料集より三菱UFJ銀行作成

格付）を相次いで引き下げた。Moody'sは2011年8月にAa2からAa3に、R&Iは2011年12月にAAAからAA＋に、Fitchは2012年5月にAA－からA＋に、それぞれ格下げを実施した。

⑪　アベノミクスの始まりと異次元緩和の導入

2012年12月には、第2次安倍政権が発足し、再び自民党が与党第一党となった。「大胆な金融政策」「機動的な財政政策」「民間投資を喚起する成長戦略」という3本の矢を掲げた第2次安倍政権の経済政策は、アベノミクスとも呼ばれる。翌2013年1月には、デフレ脱却と持続的な経済成長を実現するため、政府と日本銀行が政策連携を行うことを旨とする共同声明が出された。同年3月には日本銀行総裁に黒田東彦氏が就任し、日本銀行は4月に「量的・質的金融緩和」の導入を決定した。その内容としては、消費者物価の前年比上昇率2％の「物価安定の目標」を、2年程度の期間を念頭に置い

64　第1章　日本国債の概要

てできるだけ早期に実現することや、そのためにマネタリーベースおよび長期国債・ETFの保有額を2年間で2倍に拡大し、長期国債買入れの平均残存期間を2倍以上に延長（従来の3年弱から7年程度へ長期化）することなどが掲げられた。これは、量・質ともに次元の違う金融緩和と日本銀行がその声明文にて明記しており、異次元緩和とも呼ばれる。

　さらに2014年10月には、長期国債買入れの拡大と年限長期化（平均残存期間7年〜10年）という追加緩和を決定し、2015年12月にもさらなる年限長期化（平均残存期間7年〜12年）を行うなど、金融緩和の強化を続けるなかで日本銀行は国債市場への介入を強めていった。そして、2016年1月に金融機関の日本銀行当座預金の一部に▲0.1％のマイナス金利を適用するなどの「マイナス金利付き量的・質的金融緩和」の導入、同年9月にはイールドカーブ・コントロール（YCC）の導入を決定した。YCCは、短期金利に加えて長期金利、具体的には10年物国債の金利を日本銀行の操作目標として、長期国債の買入れを行う政策である。この長短金利操作を円滑に行うためとして日本銀行が指定する利回りによって無制限に国債を買い入れる指値オペを導入するなど、日本の前例にない施策を次々に導入しながら強力な金融緩和を推進していった。

　この間、2012年度には約814兆円だった国債発行残高（含む財投債）は、2016年度には約927兆円まで増加し、普通国債残高の対GDP比は同期間で141.2％から152.4％まで上昇した。こうした環境下、民主党政権から引き継がれたプライマリー・バランス黒字化の目標時期は、2018年に2020年度から2025年度へ再度後ろ倒しされた。ただし、財政状況が悪くなるなかにおいても、日本銀行による大規模な国債買入れの効果によって国債利回りは低く保たれていた。

🔢 パンデミック下における世界経済の混乱とインフレーションの進行

　2020年に入ると、新型コロナウイルス感染症の拡大によるパンデミックが

世界経済を襲った。これを受けて世界各国では、大都市でのロックダウンや国家規模でのワクチン接種、大規模な財政出動と金融緩和などの対応が実施された。欧米主要国ではこれらの政策が功を奏し、パンデミック終息後に景気が急回復したが、同時に急激なインフレも進行した。消費者物価上昇率は、欧州では10%超、米国でも9%程度まで高まった。このインフレーションの背景としては、主に以下のような点があげられる。

①サプライチェーンの混乱とエネルギー・原材料・食料品などの輸入コスト高騰

②パンデミック下で購買行動を控えていたことで蓄積された消費需要の反動的な回復（ペントアップ需要）と、過大な財政支出による消費刺激効果の現れ

③米国を中心とした高齢者の早期退職に伴う労働力の減少や、需要が急回復した対面型サービス業（飲食・観光業など）を中心とした人手不足による賃金上昇圧力の高まり

こうした事象に加え、2022年に勃発したロシア＝ウクライナ戦争に端を発する資源価格の高騰・国際物流の停滞もあり、インフレ率は高水準で推移した。欧米の主要中央銀行は、当初はこの物価上昇圧力を一時的なものとして過小に評価していたが、実際には粘着性が強く、賃金上昇と物価上昇のスパイラルが如実に現れて以降は、政策金利引上げや国債買入縮小または停止などの大幅かつ急激な金融引締めに踏み切った。

日本でも外出自粛などの行動制限が行政から指示されるなかで、企業や個人の経済的な救済の観点から財政支出が増加し、短期国債を中心に国債の発行額はさらに増大、国債発行残高は2020年度に初めて1,000兆円を超えるに至った。

⓭　金融政策の正常化に向けた道程

世界的な物価上昇および金利上昇を受けて、それまで低位で推移していた

日本の金利も上昇を余儀なくされた。2022年度上期時点では、YCCによって長期金利（10年債利回り）は0.25％を上限に抑えられていたが、YCCによるコントロール対象となっていない10年未満の年限では金利上昇がとどまらず、残存8年や9年の国債利回りが10年債利回りを上回り、逆イールドになる場面もみられた。このようにイールドカーブに歪みが生じるなかで、日本銀行は2022年12月に長期金利の変動幅を0.50％に拡大し、さらに2023年7月には同変動幅を1％まで引き上げるなど、YCCを徐々に柔軟化していった。また、本邦対比急激な海外金利の上昇を背景に円安が進行し、輸入物価の上昇を通じて消費者物価は日本銀行の目標とする前年比2％を継続的に上回るようになった。加えて、春闘などを通じて物価上昇に伴う賃金上昇も確認され、持続的かつ安定的に物価目標を達成する目途が立ったとして、日本銀行は2024年3月にマイナス金利政策の解除、同時にYCCの撤廃も行い、同年7月には政策金利を0.10％から0.25％に引き上げた。

このように、金融政策が正常化される過程において、長らく続けられた大規模な金融緩和の副作用として、債券市場の流動性低下や価格発見機能の喪失といった機能度の著しい悪化のほか、低金利環境下における財政規律の弛緩、金融機関の経営や年金運用への悪影響などが指摘されている。実際に、日本銀行が調査・公表する債券市場サーベイにおいて債券市場の機能度判断DIは、2024年12月現在、最悪期は脱したものの低水準での推移が続いている（図表15）。

また日本銀行政策委員会審議委員の田村直樹氏は、2024年3月27日に行われた青森県金融経済懇談会での講演で、異例の金融緩和が長期間継続したことによる副作用として、金利がもつ以下2つの機能に関する懸念点に言及している。1点目は、借入金利を上回る付加価値の高いビジネスへの経営資源の集中を促し、ビジネスの新陳代謝につなげる「ハードルレート機能」の低下である。低金利下で生産性の低い企業にも資金が供給されることでビジネスの新陳代謝があまり進まなかった可能性がある。2点目は、長期金利の水

図表15　債券市場機能度判断DIの推移

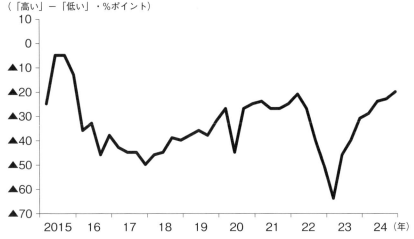

※機能度判断DIとは、日本銀行が2015年2月から調査を開始した「債券市場サーベイ（四半期毎に証券会社や大手機関投資家などの債券市場参加者に債券市場の機能度や長期金利見通しなどを調査）」の項目の1つ。DIは、Diffusion Index（ディフュージョン・インデックス）の略で、サーベイ回答者の機能度判断（「高い」「さほど高くない」「低い」の3種類）を指数化したもの。
（出所）　日本銀行統計より三菱UFJ銀行作成

準やその変化は、市場が将来の経済・物価や政府の財政状態などについてどのように考えているかといった情報を提供しているという「シグナリング機能」の低下である。日本銀行が国債を大量に購入することによって、市場で金利が自由に形成されることが妨げられた結果、本来金利が果たすべきこのシグナリング機能が十分に発揮されない状況となってしまった。

　このように、長らく続いた大規模な金融緩和についてはさまざまな論評がある。日本銀行も1990年代後半以降の約25年間における金融政策の効果や副作用などについて分析・研究をし、将来の金融政策運営にとって有益な知見を得るべく『金融政策の多角的レビュー』を実施し、2024年12月にその内容を公表した。そのなかで、2013年以降の大規模な金融緩和は一定程度経済・

物価を押し上げたものの、導入当初に想定していたほどの効果は発揮しなかったと評価したほか、副作用として国債市場の機能度に対する悪影響や、金融緩和の長期化に伴う低生産性企業の滞留などによる資源配分の歪みといったマイナス面にも言及している。現時点においては大規模な金融緩和は全体としてみれば日本経済に対してプラスの影響をもたらしたと評価しているが、同時に副作用が将来的に遅れて顕在化する可能性に触れるなど、明確な結論までは示されていない。大規模な金融緩和が国債管理政策や日本経済にもたらした多くの影響については、今後の継続的な調査・研究がまたれる。

🔟 国債市場制度改革の進展

国債の大量発行時代を迎えるなかで、1999年度以降には①国債発行の多様化、②国債市場の流動性向上、③市場との対話、などの国債市場制度改革が急速に進んだ。

国債発行の多様化については、1999年に1年割引国債や30年利付国債の発行が開始されたことに始まり、2000年には5年利付国債や15年変動利付国債、3年割引国債、2003年には個人向け国債、2004年には物価連動国債、2007年には40年利付国債の発行が続いた。また、2024年には5年と10年のクライメート・トランジション利付国債の発行が開始された。

国債市場の流動性向上に関しては、国債入札日程および発行額の事前公表に加えて、入札における即時銘柄統合（リオープン）方式の導入や、4年利付国債や6年利付国債の5年利付国債への統合、流動性供給入札や買入消却入札の開始、入札前取引（WI取引）の導入などが相次いで実施された。また、TB（Treasury Bill）・FB（Financial Bill）の償還差益に関する源泉徴収免除や非居住者などが保有する国債の利子非課税制度の施行など税制改革も行われた。

市場との対話については、国債の消化を一層確実かつ円滑なものとすると

ともに、国債市場の整備を進めていくためにさまざまな場が設けられてきた。その時系列については図表16のとおりだが、詳細は本章第8節にて後述する。

　国債シ団制度は、国債の募集・引受を目的として、国内の主要金融機関により組織された国債募集引受団（シンジケート団、シ団）が総額引受を行う制度であり、1966年1月に戦後初めて国債が発行されて以来、国債の安定消化に大きな役割を果たしてきた。しかし、国債市場制度改革が進む一方で、シ団の役割は低下してきた。特に国債発行年限の多様化によって、シ団による国債引受の主体となっていた10年物国債の国債発行全体に占めるシェアが低下し、かつ、10年物国債自体も相対的に公募入札の割合が高まるなかで、シ団の国債引受の意義が問われてきた。

　すでに2002年5月からシ団による国債引受シェアと国債引受手数料の引下げが漸次実施されていたが、2004年の「国債市場特別参加者（プライマリー・ディーラー、PD）制度」の導入、および「国債市場特別参加者会合（PD懇）」の設置により、国債消化の安定化が定着し始めた。2005年末の「国債発行世話人会」において、「18年度以降、国債募集引受団（シ団）による10年国債の引受が行われない」ことが決定され、約40年間続いたシ団制度は2006年3月に幕を閉じた。

70　第1章　日本国債の概要

図表16　近年の国債市場制度改革

1999年	1月	繰上償還条項の撤廃の承継に伴う借換債の発行
	3月	国債入札日程及び発行額の事前公表
	4月	1年割引国債の公募入札開始
	9月	30年利付国債の公募入札開始
2000年	2月	5年利付国債導入
	6月	15年変動利付国債の公募入札開始
	9月	国債市場懇談会の開催開始
	11月	3年割引国債の公募入札開始
2001年	3月	即時銘柄統合（リオープン）方式の導入
	10月	入札日程の公表方式を変更し、常時翌3か月分を公表
2002年	4月	国債投資家懇談会の開催開始
	5月	シ団引受手数料の引下げ（63銭→39銭）
2003年	1月	新しい振替決済制度の導入、ストリップ債の導入
	2月	買入消却の入札開始
	3月	個人向け国債の導入
	12月	「国債管理政策の新たな展開」公表
2004年	2月	WI取引（入札前取引）の開始
	3月	物価連動国債の発行
	5月	シ団引受手数料の引下げ（39銭→23銭、2004年5月債から実施）
	7月	国債管理体制の強化、債務管理リポートの発行 国債担当審議官・市場分析官の新設 国債企画課・国債業務課の二課体制化、民間人の登用等
	10月	国債市場特別参加者制度の導入 国債市場特別参加者の指定 国債市場特別参加者会合の開催開始 第Ⅱ非価格競争入札開始
	11月	国債の債務管理の在り方に関する懇談会の開催開始
2005年	1月	国債に係る海外説明会（海外IR）開始

2　戦後の国債管理政策の変遷　71

	4月	第Ⅰ非価格競争入札開始
	5月	株式会社日本国債清算機関（JGBCC）の業務開始（現JSCC）
	7月	入札に関するルール等の見直し 国債およびFBの競争入札における応札制限の導入 15年変動利付国債の入札方式変更（価格コンベンショナル方式）
2006年	1月	新型個人向け国債（固定利付型）の導入 買入消却の対象の拡大（対象銘柄を全銘柄に拡大） 金利スワップ取引の導入
	3月	シ団の廃止
	4月	流動性供給入札の導入
	12月	物価連動国債および30年利付国債の原則リオープン化を公表
2007年	1月	政府短期証券6か月物導入（割引短期国債6か月物からの振り替え）
	4月	特別会計に関する法律施行（スワップション取引等規定の整備） 30年利付国債の入札方式の変更（価格コンベンショナル方式）
	6月	トップリテーラー会議の開催開始
	9月	15年変動利付国債の原則リオープン化を公表
	10月	新型窓口販売方式の導入
	11月	40年利付国債の公募入札開始
2008年	3月	特別流動性供給入札制度の導入
	4月	利付国債の発行日を、原則T（入札日）＋3日に設定 流動性供給入札制度の対象拡大（6～29年の利付債に拡大）
	6月	ストリップス債の買入消却の開始
	8月	15年変動利付国債の発行予定額減額（年間4回→年間2回）
	9月	物価連動国債等の発行予定額の減額等（発行取止め）
	12月	15年変動利付国債・物価連動国債の発行予定額減額 （2009年2月発行取止め）等
2009年	2月	割引短期国債・政府短期証券の統合発行（国庫短期証券）
	4月	市中買入消却の総額拡大（3兆円→4兆円）
	7月	流動性供給入札制度の対象拡大（5～29年の利付債に拡大）

2010年	1月	物価連動国債と変動利付国債の買入消却について、危機対応から平時への移行という視点をふまえ、減額を開始
	3月	財務省ホームページにおいて、流通市場における実勢価格に基づいてコンスタント・マチュリティー・ベースの実勢金利を公表
	7月	個人向け国債固定3年国債を2010年7月（募集は6月）より発行開始
	12月	国債整理基金の取崩しを財源とした買入消却を実施
2011年	7月	個人向け国債変動10年債の金利計算方法を改定
2012年	1月	個人向け復興国債を2012年1月（募集は12月）より発行
	4月	個人向け復興復興応援国債を2012年4月（募集は3月）より発行 国債発行等を原則T（入札日）+2日に設定
2013年	1月	国債整理基金残高の圧縮による借換債の発行抑制を公表
	7月	流動性供給入札制度の対象拡大（5〜39年の利付債に拡大）
	10月	物価連動国債の発行再開
	12月	個人向け国債変動10年債と固定5年債の毎月募集・発行を開始 20年債の原則リオープン化を公表
2014年	5月	2015年1月以降の物価連動国債の個人保有解禁を公表
2015年	1月	物価連動国債の相対取引での個人向け販売開始
	4月	入札参加者の応札上限を「発行予定額」から「発行予定額の2分の1」に引下げ 国債市場特別参加者の応札責任を「発行予定額の3％以上」から「同4％以上」に引上げ
2016年	4月	流動性供給入札制度の対象拡大（1〜39年の利付債に拡大） 物価連動国債の買入償却開始
2017年	7月	第Ⅰ非価格競争入札の発行限度額を「発行予定額の10％」から「同20％」に拡大 国債市場特別参加者の応札責任を「発行予定額の4％以上」から「同5％以上」に引上げ
2018年	5月	国債発行等を原則T（入札日）+1日に設定

2 戦後の国債管理政策の変遷　73

2020年	1月	第Ⅱ非価格競争入札の応札限度額を「価格競争入札における落札額の15％」から「同10％」に引下げ
	3月	物価連動国債の3,000億円の買入れを実施
	4月	物価連動国債の第Ⅱ非価格競争入札の取り止め 物価連動国債の買入消却額を1回あたり200億円から500億円に増額
	10月	個人向け国債の手数料体系見直し（管理手数料の導入）
2021年	4月	利付債の表面利率の下限を0.1％から0.005％に引下げ
	6月	国の債務管理の在り方に関する懇談会の開催終了
2022年	1月	物価連動国債の買入消却額を1回あたり500億円から200億円に増額
	3月	国債市場特別参加者の応札責任を「発行予定額の5％以上」から「同100/n（※）％以上」に変更 ※nは国債市場特別参加者の数
	6月	国の債務管理に関する研究会の開催開始
2024年	2月	クライメート・トランジション利付国債の公募入札開始

（出所）　財務省「債務管理リポート2024」131、132頁より三菱UFJ銀行作成

図表17　シ団引受シェアの推移

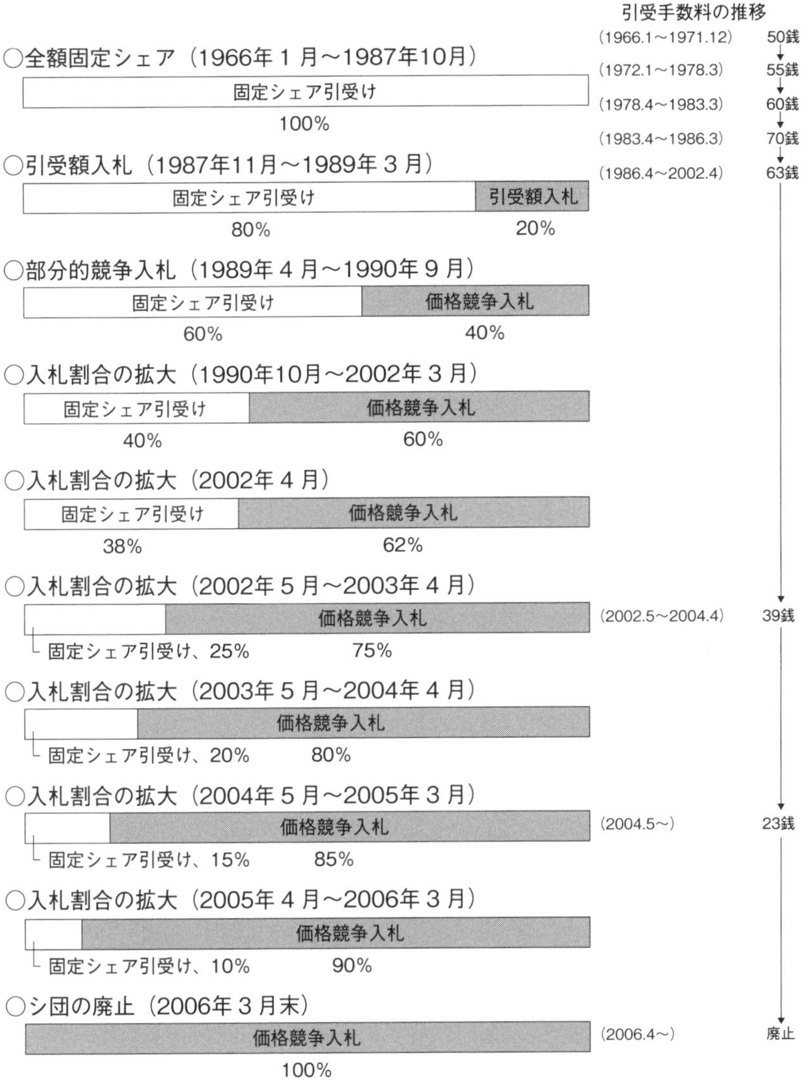

引受手数料の推移

○全額固定シェア（1966年1月〜1987年10月）

固定シェア引受け
100%

(1966.1〜1971.12)　50銭

(1972.1〜1978.3)　55銭

(1978.4〜1983.3)　60銭

(1983.4〜1986.3)　70銭

(1986.4〜2002.4)　63銭

○引受額入札（1987年11月〜1989年3月）

固定シェア引受け	引受額入札
80%	20%

○部分的競争入札（1989年4月〜1990年9月）

固定シェア引受け	価格競争入札
60%	40%

○入札割合の拡大（1990年10月〜2002年3月）

固定シェア引受け	価格競争入札
40%	60%

○入札割合の拡大（2002年4月）

固定シェア引受け	価格競争入札
38%	62%

○入札割合の拡大（2002年5月〜2003年4月）

	価格競争入札
固定シェア引受け、25%	75%

(2002.5〜2004.4)　39銭

○入札割合の拡大（2003年5月〜2004年4月）

	価格競争入札
固定シェア引受け、20%	80%

○入札割合の拡大（2004年5月〜2005年3月）

	価格競争入札
固定シェア引受け、15%	85%

(2004.5〜)　23銭

○入札割合の拡大（2005年4月〜2006年3月）

	価格競争入札
固定シェア引受け、10%	90%

○シ団の廃止（2006年3月末）

価格競争入札
100%

(2006.4〜)　廃止

（出所）　財務省「債務管理リポート2006」47頁より三菱UFJ銀行作成

2　戦後の国債管理政策の変遷　75

🔟 その他

a コスト・アット・リスクの活用

　国債管理政策の優先順序は、当該国の財政状況や金融システム環境により
さまざまであるが、調達コストの最小化や資金の安定調達、金融市場の育
成、国債満期構成の均衡などは国債管理政策の多くが採用する政策目標であ
る。IMF（International Monetary Fund）と世界銀行は、2003年に発表した
"Guidelines for Public Debt Management" において、公的債務管理が遭遇
するリスクとして、市場リスク、再調達リスク、流動性リスク、信用リスク、
決済リスク、オペレーショナルリスクをあげ、公的債務管理の主たる目標を、
「リスクを適正な水準に抑えつつ、中長期的に調達コストを最小化すること」
と基本的な考えをまとめ、リスクマネジメントの重要性を指摘している。

　国債管理政策における市場リスク管理の手法としては、短期債の構成比率
への上限設定や、デュレーションのモニタリングなどがあるが、欧州におい
てコスト・アット・リスク（CaR）による統計的なリスク評価の手法が発展
した。CaRとは、将来の金利シナリオの確率分布を作成し、対象期間に一定
の確率で生じうる最大のコスト（利払費）をリスク量とするものであり、シ
ミュレーションで作成した将来の特定年度における利払額の分布のパーセン
タイル値と平均値との差をCaRと定義することが多い。

　日本でも国債発行残高が巨額の規模に達するなか、資金調達コストを抑制
すべく、将来の金利変動リスクを分析し適切に管理することの重要性が一段
と高まっている。このため、財務省は、将来の国債発行計画のシナリオや金
利シミュレーションに加えて、CaR分析によって金利変動リスクを定量的に
分析し、利払費用の中央値（コスト）と分布の大きさ（リスク）を計測して
いる。将来の国債発行計画（発行額・満期構成など）を所与として、将来に
わたる金利変動パターンについて確率的なモデルに基づきシミュレーション
することにより、利払費用の中央値（コスト）や利払費用の分布の幅の大き
さ（リスク）を計測し、リスクの相対的に少ない満期構成を導き出す国債管

76　第1章　日本国債の概要

図表18 国債発行の満期構成によるコストとリスクとの概念図

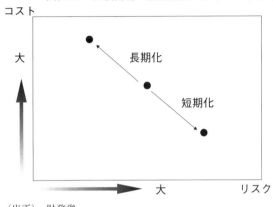

(出所) 財務省

理政策における有効な分析ツールである。財務省は、2010年度国債発行計画を策定する際に、このCaR分析による利払コストと金利変動リスクの定量的な関係を参考にしたとしている。

　CaRは、銀行ALMにおけるアーニング・アット・リスク（EaR）に近い概念である。EaR分析においては、将来の資産、負債構成をも織り込み、金利変動リスクに伴う期間損益の中央値や分布を計測するのに対して、CaR分析は、将来の国債発行計画をいくつかのケースを設定して分析し（発行年限、借換債構成、イールドカーブなど）、各ケースにおける中長期的なコストとリスクとの関係を比較することによって、国債発行計画の参考にする。たとえば、国債発行年限を短期化したほうが利払費（コスト）は低く抑えられるが、その分、借換債の発行頻度が多くなり、金利変動リスクにさらされる可能性が高まる（図表18）。こうしたコストとリスクとの関係を、定量的に示すことができるのが、CaR分析の利点である。

b　デュレーション・コントロール

　その他、効率的な国債発行の方法として、低金利下においては長期債の比

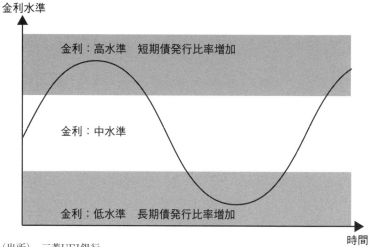

図表19　デュレーション・コントロールの概念図

（出所）　三菱UFJ銀行

率を増加させ、高金利下においては短期債の比率を増加させ、長期的に調達コストを低減させるオペレーションがある。これは、デュレーション・コントロールと呼ばれるものである（図表19）。

当該オペレーションは、高金利局面において金利上昇、低金利局面において金利低下を抑制する方向に働き、金利の過度な変動を抑制するスムージング・オペレーションとしての効果もあるが、同時に金融政策の有効性を阻害する要因にもなりかねず、実体経済への影響を十分に考慮する必要がある。

c　金利スワップ取引

金利スワップ取引とは、同一通貨で異なる種類の金利（変動金利と固定金利など）の交換を行う取引である。国債管理においては、2002年度に行われた国債整理基金特別会計法の改正により金利スワップが取引可能となり、「国債管理政策の新たな展開」（2003年12月発表）において、金利スワップ取

引の活用により「金利変動リスク等の管理の観点から残存年限の調整を図る」とされた。その後システム整備などを進めるとともに、国債市場特別参加者を中心とした取引相手とISDA（International Swaps and Derivatives Association）の指針に基づく基本契約を締結し、2006年12月より取引を開始した。

03

国債の種類

■ 国債発行における根拠法

国債は法律で定められた根拠法に基づいて発行される。発行根拠法には、財政法、特例公債法、東日本大震災からの復興のための施策を実施するために必要な財源の確保に関する特別措置法（復興財源確保法）、脱炭素成長型経済構造への円滑な移行の推進に関する法律（GX推進法）、子ども・子育て支援法、特別会計に関する法律（特別会計法）がある。

a 建設国債

財政法では第4条で「国の歳出は、公債又は借入金以外の歳入を以て、その財源としなければならない」と国債発行を原則として禁止しているが、但書として「公共事業費、出資金及び貸付金の財源については、国会の議決を経た金額の範囲内で、公債を発行し又は借入金をなすことができる。

②前項但書の規定により公債を発行し又は借入金をなす場合においては、その償還の計画を国会に提出しなければならない。

③公共事業費の範囲については、毎会計年度、国会の議決を経なければならない」と例外的に国債発行を認めている。財政法に基づき発行される国債

3 国債の種類 79

は建設国債（4条国債）と呼ばれる。

b 特例国債（赤字国債）

特例公債法に基づき発行される国債は特例国債（赤字国債）と呼ばれる。特例公債法は不足する歳出財源を補うため特例的に国債の発行を認める法律で、過去は単年度限りの特例法であったが、「財政運営に必要な財源の確保を図るための公債の発行の特例に関する法律（2012年度特例公債法）」以降、特例公債の発行年度が複数年度化されている。直近においては「財政運営に必要な財源の確保を図るための公債の発行の特例に関する法律の一部を改正する法律（2021年度特例公債法）」によって、2021年度から2025年度までの5年間について特例公債の発行が可能となっている。

c 復興債

復興財源確保法に基づき発行される国債が復興債であり、2011年度から2025年度まで発行されることとされている。東日本大震災からの復興のための施策に必要な財源を調達するための国債である。当該財源は復興特別税等の収入などを活用して確保されることとされているが、復興債はこれら収入による財源確保が可能となるまでのつなぎとして発行される。

d 脱炭素成長型経済構造移行債（GX経済移行債）

GX推進法に基づき発行される国債が脱炭素成長型経済構造移行債（GX経済移行債）である。GX推進のための先行投資を支援するための施策に充当されるもので、カーボンプライシング導入により得られる将来の財源を裏付けとして、10年間で20兆円規模の発行が見込まれている。

e 子ども・子育て支援特例公債（子ども特例債）

子ども・子育て支援法に基づき発行される国債が、子ども・子育て支援特例公債（子ども特例債）である。子ども・子育てに係る政策を抜本的に強化するにあたり、安定財源を確保するまでの間に財源不足が生じないよう、2024年度から2028年度までの間、必要に応じて当該法律に基づいてつなぎとして発行される。

f 借換債・財政投融資特別会計国債

(a) 借 換 債

　特別会計法第46条および第47条に基づき発行される国債は借換債と呼ばれ、普通国債の償還額の一部を借り換えるための資金を調達するために発行される。政府は国債の整理または償還のために必要な額を限度として、発行限度額について国会の議決を経たり、償還計画表を提出したりすることなく、借換債を発行できるとされている。借換債は国債整理基金特別会計において発行され、その発行収入金は同特別会計の歳入の一部とされる。

　日本においては国債を発行から60年で償還し終えるという60年償還ルール（本章第7節にて後述）があり、建設国債と特例国債については、基本的にこのルールに基づいて、借換債の発行額が決定される。一方、復興債は復興財源とされている復興特別税の税収や株式の売却収入の金額に応じて、GX経済移行債は化石燃料賦課金および特定事業者負担金の収入の金額に応じて、子ども特例債は子ども・子育て支援納付金の収入の金額に応じて、それぞれ借換債の発行が行われる。

(b) 財政投融資特別会計国債（財投債）

　特別会計法第62条に基づき発行される国債は財投債と呼ばれ、財政投融資のために発行される国債である。財投改革により、2001年「資金運用部資金法等の一部を改正する法律」が施行され、郵便貯金・年金積立金の資金運用部への預託制度が廃止された。資金運用部資金は新設の財政投融資資金特別会計に改組され、財投債を発行して資金調達を行い、その資金を特殊法人など財投機関に貸し付ける。財投債は、国債と違って調達資金が財政投融資の貸付財源となり、償還や利払いは財政投融資の回収金によってまかなわれるという特徴があるが、発行限度額は同じく国会の議決を受ける。各年度の国債発行計画に組み入れられ、通常の普通国債と商品性や発行形式は同様に扱われている。ただし、財投債は財源が租税ではなく、

3　国債の種類　81

投融資の回収金であるため、グローバルな比較においては、一般政府の債務に分類されていない。

② 固定利付国債

主に国債の種類は、償還年限別に以下のように大別される。

a 長期国債

償還年限が10年の国債で発行残高が最も大きく、流動性も非常に高い。日本の国債の中心的存在である。額面は5万円単位。

b 超長期国債

償還年限が10年超の国債で、20年利付国債、30年利付国債、40年利付国債の3種類がある。そのうち最も発行額が高いのが20年利付国債である。額面は5万円単位。超長期国債は、年金や生命保険が主な購入先であるが、多くの銀行も購入している。

c 中期国債

償還年限が2年および5年の国債をいう。かつては、2年利付国債、4年利付国債、5年利付国債、6年利付国債と多種多様な中期利付国債が発行されていたが、2001年に4年利付国債と6年利付国債が5年利付国債に統合され、現在は2年利付国債と5年利付国債が発行されている。一方、国債の個人消化を促進させる目的で、個人向けに3年と5年の利付国債が発行されている。個人向け国債については途中売却時も国が額面で買い取る中途換金制度があるが、個人向け5年利付国債については、途中売却時に直前2回分の各利子（税引き前）相当額×0.79685がペナルティとして差し引かれる。額面は5万円単位だが、個人向け国債は最低1万円から1万円単位で上限はない。

d クライメート・トランジション利付国債

GX経済移行債の個別銘柄であり、2024年2月より、10年債および5年債が発行された。債券としての商品性は通常の中期国債・長期国債と同様であ

82　第1章　日本国債の概要

るが、クライメート・トランジション・ボンド・フレームワークにより資金使途やレポーティング方法、移行戦略などについて定められているほか、国際標準への準拠について外部評価機関からの認証（セカンド・パーティ・オピニオン）を取得している。額面は５万円単位。

③ 割引国債

　短期国債（償還年限が１年以内の国債）は割引債として発行される。かつては国債の円滑な償還を目的に借換債の一種として発行された割引短期国債（TB：Treasury Bill）と為替介入資金など特定の目的で発行する政府短期証券（FB：Financial Bill）の２種類があったが、2009年２月より、国庫短期証券（T-billもしくはTDB：Treasury Discount Bill）に統一され、2024年12月現在は３カ月物、６カ月物、１年物の３種類が発行されている（発行はされていないものの、２カ月物も制度上は発行可能である）。ただし、割引短期国債、政府短期証券それぞれの財政制度上の位置づけは今も残っている。国庫短期証券の購入は、金融機関に限定されており、個人は購入できない。額面は５万円単位で、発行時の源泉徴収が免除され、法人税と地方税が課される。

④ 変動利付国債

　2008年５月まで15年変動利付国債が発行されていたが発行は停止され、償還期間10年の個人向け国債の発行に限定されていた。2024年12月現在、財務省は新たに発行を予定する変動利付国債の基本的な商品性を公表し、発行年限の候補を２年・５年とした。

　個人向け変動利付国債は、当初は適用利率が10年利付国債から0.8％を差し引いて決定されていたが、基準金利を算定する10年利付国債が非常に低い金利となり、投資妙味が薄れたため、「基準金利（利子計算期間開始日の前月までの最後に行われた10年利付国債入札における平均落札利回り）×0.66％」に変更された。なお、低金利下でも一定の運用利回りを確保できるよう、年率

3　国債の種類　83

0.05％の下限金利が設定されている。額面は最低１万円から１万円単位で上限はない。

5 物価連動国債

　償還期間が10年の国債で、元金額が物価動向（全国消費者物価指数：生鮮食品を除く総合指数、CPI）に連動して増減する。発行後に物価が上昇（下落）すれば、その上昇率（下落率）に応じて元金額（想定元金額）が増加（減少）する。利子は年２回の利払時の想定元金額に表面利率を乗じて算出される（表面利率は変更なし）。金融機関向けに販売され、額面は10万円単位。

　リーマン・ショック後に需要が低下したことから2008年10月以降発行が停止されていたが、2013年10月に発行が再開され、償還時の元本保証が付与された。

$$利子額 = 額面金額 \times \frac{利払時のCPI}{発行時のCPI} \times 表面利率 \times \frac{1}{2}$$

04

国債市場特別参加者制度

　国債の安定消化促進、国債市場の流動性維持・向上などを図る仕組みとして、欧米各国で導入されている「プライマリー・ディーラー制度」に倣った「国債市場特別参加者制度」がある。これは、国債管理政策上重要な責任を果たしうる入札参加者に対して、財務省が特別な資格を付与するものである。

特別参加者の責任

応札	すべての国債の入札で、相応な価格で、発行予定額に応札責任割合（※1）を乗じた額以上の額を応札すること。
落札	直近2四半期中の応札で、短期・中期・長期・超長期の各ゾーンについて、落札総額（※2）の一定割合（短期ゾーンは0.5％、短期以外のゾーンは1％）以上の額の落札を行うこと。
流動性	国債流通市場に十分な流動性を提供すること。
情報提供	財務省に対して、国債の取引動向等に関する情報を提供すること。

※1：応札責任割合（％）＝100/n（nは国債市場特別参加者の数）
※2：国債入札における落札額（第Ⅱ非価格競争入札および流動性供給入札による発行額を除く）の合計額。
（出所）　財務省「債務管理リポート2024」44頁より三菱UFJ銀行作成

特別参加者の資格

財務省が開催する国債市場特別参加者会合に参加し、財務省と意見交換等を行うことができる。
通常の競争入札と同時に行われる第Ⅰ非価格競争入札及び競争入札後に行われる第Ⅱ非価格競争入札に参加できる。
国債市場の流動性の維持・向上等を目的として実施される流動性供給入札に参加できる。
買入消却のための入札に参加できる。
分離適格振替国債（ストリップス債）の分離・統合の申請ができる。
財務省が実施する金利スワップ取引の優先的な取引相手となることができる。

（出所）　財務省「債務管理リポート2024」44頁より三菱UFJ銀行作成

05

国債の発行

1 発行方式

国債の発行方式に関しては「国債ニ関スル法律（明治39年（1906年）4月11日法律34号）」によって財務大臣が決定できるとされており、市中発行、個人向け、公的部門による消化の3つの方式に大別できる。

a 市中発行

市中発行は国債に対して広く投資家の応募を勧誘する公募入札が基本であるが、入札に際して価格や利回りを応募者が自由に設定する価格競争入札と価格や発行額に一定の制限が設けられたうえで入札する非価格競争入札がある。

(a) 入札方式

① 価格競争入札

価格（利回り）競争入札とは、財務省が発行予定額や償還期限、表面利率（クーポン・レート）などを提示し、応募者が落札希望価格と落札希望額を入札する方式である。価格（利回り）競争入札では、価格の高いもの（利回りの低いもの）から順に、発行予定額に達するまでの額が落札される。なお、発行価格（利回り）に関しては、落札者がそれぞれ提示した応募価格（利回り）が発行条件となるコンベンショナル方式と、落札者の応募価格（利回り）のうち最低価格（最高利回り）が一律の発行条件となるダッチ方式がある。

② 非競争入札

非競争入札とは、価格競争入札と同時に実施されるもので、発行予定額の10％を発行限度額とし、価格競争入札における加重平均価格を発行価格

86　第1章　日本国債の概要

とする入札である。2年・5年・10年固定利付国債に限って、応募額の小さい参加者に対しても、公平に入札の機会を与える目的で導入されている。入札者は、価格競争入札または非競争入札のいずれか一方に応募することができ、応募額は入札者ごとに10億円が限度となっている。

③ 第Ⅰ非価格競争入札および第Ⅱ非価格競争入札

第Ⅰ非価格競争入札は、価格競争入札と同時に実施されるもので、発行予定額の25％を発行限度額とし、価格競争入札における加重平均価格を発行価格とする入札である。国債市場特別参加者にのみ参加資格が認められ、直近2四半期の落札実績に応じて決められる各社の応札限度額まで応札・落札できる。なお、物価連動国債については、第Ⅰ非価格競争入札の対象となっていない。

第Ⅱ非価格競争入札は、コンベンショナル方式における加重平均価格（ダッチ方式の場合は発行価格）を発行価格とする入札であり、価格（利回り）入札の結果公表後に行われる。国債市場特別参加者にのみ参加資格が認められ、直近2四半期の応札実績に応じて決められる各社の応札限度額まで応札・落札できる。なお、物価連動国債、クライメート・トランジション利付国債、短期国債については、第Ⅱ非価格競争入札の対象となっていない。

(b) リオープン方式

国債の流動性を高めるなどの目的で、2001年3月より即時銘柄統合（リオープン）方式が設けられている。これは、新たに発行する国債の償還日と表面利率がすでに発行した国債（既発債）と同一である場合、原則として当該既発債と同一銘柄として追加発行（リオープン）する方式である。

2年債は入札ごとに償還日が異なるため即時銘柄統合（リオープン）方式が適用されることはないものの、そのほかの利付国債についてはこの方式が取り入れられている。具体的には、2024年現在、5年債はこの方式に従っているほか、10年債は金利が大きく変動する場合を除き、年間4銘柄

5 国債の発行　87

（4・5・6月発行分は4月債、7・8・9月発行分は7月債、10・11・12月発行分は10月債、1・2・3月発行分は1月債）でのリオープン発行とされている。20年・30年債は年間4銘柄（10年債と同様の切り分け）、40年債は年間1銘柄（5・7・9・11・1・3月発行分は5月債）、クライメート・トランジション利付国債は年間1銘柄（年限10年：5・10月発行分は5月債、年限5年：7・1月発行分は7月債）、物価連動国債は年間1銘柄（5・8・11・2月発行分は5月債）でのリオープン発行が原則とされている。

b　個人向け国債

　個人向けとして、固定3年、固定5年、変動10年の国債が発行されている。個人向け国債は、証券会社、銀行などの金融機関や郵便局といった取扱機関が募集を行うことで発行されている。取扱機関は、国から委託を受けるかたちで国債の募集・販売を行うのみであり、募残引受義務はない。2007年10月からは、個人向け国債に加えて利付国債（2年、5年、10年）の新型窓口販売が開始され、それまで郵便局のみに認められていた窓口販売が一般の民間金融機関でも行えるようになった。

c　公的部門による消化

　上記の発行方式以外に、公的部門による国債の消化がある。財政法第5条では、日本銀行による国債の引受けを禁止しているが、但書において、特別の事由がある場合に限って例外が認められている。日本銀行が各種オペレーションを通じて取得した国債の償還に伴い、借換債を引き受ける場合がこれに当たり、日銀乗換と呼ばれる引受けである。

2　流動性供給入札

　既発債のなかで構造的に流動性が不足している銘柄や、需要の高まりなどにより一時的に流動性が不足している銘柄を追加発行することで、国債市場の流動性を維持・向上させることを目的として、2006年4月に流動性供給入札が開始され、入札方式は価格競争入札となっている。2008年度上期の導入

時の発行額は毎月1,000億円（月1回）としていたが、その後は流動性が低下した銘柄に対する機動的な流動性向上策として機能させるため、対象銘柄や実施回数、発行金額において変更が図られてきた。2024年12月現在は、1年〜5年、5年〜15.5年、15.5年〜39年の3つのゾーンについて、1年〜5年と15.5年〜39年は隔月で交互に実施（1年〜5年は発行金額5,000億円、15.5年〜39年は4,000億円）、5年〜15.5年は毎月実施（発行金額6,500億円）されている。

3 発行事務

国債の発行や償還といった事務の大部分は財務省から日本銀行に委託されている。日本銀行が取り扱う事務としては、起債に関わる応募の受付や募入額の決定通知、払込金の受領と国債の発行等のほか、元利金の支払、償還資金の受入整理・払出整理などがある。

また、日本銀行から入札参加者へのオファー通知や入札参加者から日本銀行への応募申込みといった事務は、日銀ネット（日本銀行金融ネットワークシステム）国債系システムと呼ばれる日本銀行と市中金融機関とを結ぶオンラインシステムによって行われる。

06

国債の流通市場

国債の流通市場とは、国債の発行後から償還までの間に投資家や債券ディーラーが売買を行っているセカンダリー市場のことである。政府が財政資金をファイナンスするために国債が円滑に発行され、金利のベンチマーク

としての役割を果たすためには、高い流動性と透明性が確保された取引市場の育成と、安全かつ効率的な決済インフラの確立が不可欠である。ここでは、国債がセカンダリー市場でいかに取引が行われているか、また、いかにして決済が行われているかについて説明する。

▉ 店頭取引

店頭取引とは、証券取引所外の取引のことで、取引は投資家や銀行、証券会社などの相互間で行われる。店頭取引では、すべての銘柄の債券が売買可能であり、価格も原則自由で、譲渡日も自由に決定することが可能である。売買価格については、店頭取引の公正・円滑化、投資家保護の観点から、日本証券業協会にて公正慣習規則が定められており、売買価格の基準となる公社債店頭売買参考統計値が毎営業日に公表されている。また、上場銘柄および額面1,000万円以下（国債は未満）の非上場銘柄の売買については、銘柄、額面ごとに値幅制限ルールが設けられている。取引手数料については、証券取引所で上場債券を売買する場合には会員証券会社に委託手数料を支払う必要があるが、店頭取引の場合は、委託手数料は売買価格に含まれているため、別途支払う必要はない。なお、公社債は銘柄数が多く、取引や事務の多様性、売買内容の複雑さなどを理由に、取引所取引において希望する売買を成立させることが容易でないことから、店頭取引が主流となっている。

▉ 取引所取引

国債が上場されているのは、東京、名古屋の2つの証券取引所である。その種類は、2年・5年・10年・20年・30年・40年の固定利付国債および5年・10年クライメート・トランジション利付国債である。株式と異なり国債は上場銘柄であっても必ずしも証券取引所で売買する必要はない。取引所取引は、公正に形成された価格を広く一般に公示し、店頭取引の価格に基準ないし指標を与えるといった機能を担っている。

図表20　国債売買制度

項　目	国債売買制度
売買立会時	午後０時30分から午後２時まで
売買単位	額面５万円
呼値の単位	額面100円につき１銭
呼値の種類	指値注文のみ
制限値幅	当取引所が定める値幅（１円）
売買立会の方法	売買システムによる売買以外の売買（注１）
売買契約締結の方法	個別競争売買（注２）
売買の種類および 決済期日	普通取引 原則として売買契約締結の日から起算して２日目 （T＋１）
決済方法	日本銀行の国債振替決済制度による決済

（注１）　売買システムによる売買立会は2011年11月18日をもって廃止、Targetによる注文
　　　　受付を行っている。
（注２）　「価格優先の原則」「時間優先の原則」に基づく個別競争売買による付合せを行い
　　　　ます。
（出所）　日本取引所グループ

❸　国債取引の決済

　国債取引の決済には、日本銀行が運営している日銀ネット（日本銀行金融
ネットワークシステム）が利用されている。日銀ネットでは、1994年に証券
と資金の受渡しを同時に実施するDVP決済（Delivery Versus Payment）が導
入され、2001年１月には、それまでの時点ネット決済から即時グロス決済
（RTGS：Real-Time Gross Settlement）に変更されるなど、決済における安全
性と効率性の向上を図る施策が推進されてきた。国債決済のRTGS化につい
ては市場参加者側においても、決済件数の大幅増に伴う事務負荷への対応策
が検討され、2000年８月に「国債の即時グロス決済に関するガイドライン」

6　国債の流通市場　91

が定められた。同ガイドラインにおいては、決済の円滑化・効率化などの観点から、海外の主要市場で定着しているフェイル慣行（後述）の定着化・普及化、カットオフ・タイムやリバーサル・タイム、バイラテラル・ネッティングなどが導入されることになった。また、すべての決済を取引の相手方と個別に行った場合、事務面が非常に煩雑になるほか、カウンターパーティ・リスク（取引の相手方のデフォルトなどにより損失が発生するリスク）をつど考慮しながら取引しなければならなくなる。このため、市場参加者同士が約定した取引について清算機関が間に入って決済を執り行う仕組みが求められ、国債市場においては2003年10月に株式会社日本国債清算機関（現日本証券クリアリング機構）が設立され、現在に至るまでこの仕組みが活用されている。さらに、2008年に発生した金融危機を契機として、決済リスク低減のために決済期間（当初T＋3）の短縮化が図られ、2012年4月23日に証券取引の翌々日決済（T＋2）が、2018年5月1日から翌日決済（T＋1）が実現した。

4 フェイル慣行

　フェイルとは、予定された決済日が経過したにもかかわらず対象債券の受渡しがされていない状態を指す。フェイル慣行とは、フェイル発生時の当事者間における一般的な事務処理方法を定めた市場慣行であり、フェイルの発生のみをもって債務不履行とはしないこととなっている。日本では、国債決済のRTGS化が図られた2001年1月にフェイル慣行が導入された。

　フェイルが発生した場合は、フェイルをされた受け方がフェイルをした渡し方に対して金銭を請求することができ、これをフェイルチャージという。国債の決済においては、フェイル慣行の見直しの一環として2010年11月から導入された。市場参加者は可能な限りフェイルを回避することが求められているが、フェイルチャージがあることにより債券の渡し方にとってフェイルを発生させないように経済合理性が働くことで、フェイル発生の可能性を抑制できると考えられる。

5　国債の発行日前取引

2004年2月23日より、国債入札のさらなる円滑化を図ることを目的に、国債の特定銘柄については、国債の入札アナウンスメントが行われた日（原則入札日の1週間前）から発行日前日まで取引を行うことが可能になった。これを発行日前取引（When-Issued取引、以下WI取引）という。WI取引の価格は、入札前の需要を反映するため、落札価格を予測するうえでの判断材料として機能するものである。

6　債券先物取引

債券先物取引とは、将来の一定の期日に、現時点で取り決めた価格で特定の債券を取引する契約のことである（図表21）。国債の先物取引は、実際に発行されている国債ではなく、取引円滑化のため証券取引所が利率、償還期限などを架空に設定した「標準物」を取引対象としている。標準物は実在しないため、最終決済では受渡適格銘柄と呼ばれる国債の授受が行われる。取引の当事者は、一定期間のうち、いつでも反対売買が可能だが、取引を最終決済する各限月において、取引最終日に差金決済することや、受渡決済期日に売買代金および現物国債の授受により受渡決済することも可能である。ただし、受渡決済の場合には、標準物が架空の国債のため、現存する国債のうち一定の条件を満たした受渡適格銘柄が受け渡される。なお、債券先物取引の活用により、

①低コストで金利変動リスクを有効に回避する

②債券ディーラーによる十分な在庫の保有を可能とし流通市場の安定と拡大を実現する

③引受リスク回避手段としての活用により発行市場の安定と拡大につなげる

④将来価格に関する情報が提供されることにより、現物価格の予想形成の際に必要な情報の質の改善が期待される

⑤新たな投資手段として提供されることで資産運用手段の多様化・取引の活

6　国債の流通市場　93

発化に寄与する

などの効果が期待される。

図表21　国債先物取引

	中期国債 先物取引	長期国債 先物取引	超長期国債 先物取引（ミニ）	長期国債先物 （現金決済型ミニ）
取引対象	中期国債標準物 （3％、5年）	長期国債標準物 （6％、10年）	超長期国債標準物 （3％、20年）	長期国債標準物の 価格
取引開始日	1996年2月16日	1985年10月19日	2014年4月7日	2009年3月23日
受渡適格銘柄	残存4年以上 5年3か月未満 の5年利付国債 （注1）	残存7年以上 11年未満の10年 利付国債 （注1）	残存19年3か月以上 21年未満の20年利付 国債（注2）	―
立会時間	\<午前\> オープニング：8：45 レギュラー・セッション：8：45〜11：00 クロージング：11：02 \<午後\> オープニング：12：30 レギュラー・セッション：12：30〜15：00 クロージング：15：02 \<夜間\> オープニング：15：30 レギュラー・セッション：15：30〜翌5：55 クロージング：翌6：00 ※オープニングで取引が成立しない場合、レギュラー・セッションに移行 ※クロージングで取引が成立しない場合、ザラ場引け			
限月取引	3月、6月、9月、12月の3限月取引			
取引最終日	受渡決済期日（各限月の20日（休業日の場合は繰下げ）） の5日前（休業日を除外）			同一限月の長期国債先物取引における取引最終日の前日（休業日の場合は順次繰上げに終了する取引日）

94　第1章　日本国債の概要

取引単位	額面1億円	額面1千万円	10万円に長期国債標準物の価格の数値を乗じて得た額
呼値の単位	額面100円につき1銭		0.5銭

値幅制限	(1) 呼値の制限値幅：定期的な見直しは実施せず、取引対象が同一の商品ごとに以下の値を適用する

	中期国債先物取引	長期国債先物取引	超長期国債先物取引（ミニ）	長期国債先物（現金決済型ミニ）
通常値幅	上下2.00円		上下4.00円	上下2.00円
最大値幅	上下3.00円		上下6.00円	上下3.00円

※制限値幅は、1回のみ拡大（該当方向のみ）

(2) 即時約定可能値幅（注3）：直近の最良気配の仲値または直近約定値段を中心に、以下の値を適用する

	中期国債先物取引	長期国債先物取引	超長期国債先物取引（ミニ）	長期国債先物（現金決済型ミニ）
オープニング・オークション	上下30銭		上下90銭	上下30銭
通常値幅	上下10銭			上下10銭
最大値幅	上下10銭	上下15銭		上下15銭

サーキット・ブレーカー	中心限月取引において、制限値幅上限（下限）の値段で約定又は買（売）気配提示された場合、全限月取引の取引を10分間以上中断する。	長期国債先物取引のサーキットブレーカー発動に伴う連動中断あり
ストラテジー取引	あり（カレンダー・スプレッド（注4））	
J-NET取引（注5）	あり（呼値の単位：0.0001円、最低取引単位：1単位）	
清算値段（数値）	当該取引日の立会（夜間取引を除く）における最終約定値段等 ※必要な場合は、上記に関わらず株式会社日本証券クリアリング機構（JSCC）が適当と認める数値に修正	長期国債先物（ラージ）の同一限月の清算値段
証拠金	VaR方式（注6）で計算	

6 国債の流通市場 95

決済方法	1．転売または買戻し　2．最終決済（受渡決済）		1．転売または買戻し 2．最終決済（最終清算数値による決済）
決済物件の受渡し	受渡しに供する国債の銘柄は渡方（売方）の任意		—
ギブアップ （注7）	利用可能		
建玉移管 （注8）	利用可能		
建玉報告制度	対象限月：直近の限月取引 報告対象：取引参加者の顧客のうち、売建玉と買建玉の差引数量が以下の報告数量以上の者		なし

	中期国債先物取引	長期国債先物取引	超長期国債先物取引（ミニ）
報告数量	500単位	1,000単位	5,000単位

計測対象日：毎週金曜日に終了する取引日（3、6、9、12月の月初から取引最終日までの間は、毎取引日）

- （注1）　発行日の属する月が受渡決済期日の属する月の3か月前の月以前のもの。
- （注2）　発行日の属する月が受渡決済期日の属する月の4か月前の月以前のもの。
- （注3）　即時約定可能値幅制度とは、誤発注等による価格急変の防止の観点から、直前の基準となる値段から所定の値幅を超える約定が発生する注文が発注された場合に、当該銘柄における約定付け合わせを行わず取引の一時中断を行う制度。
- （注4）　カレンダー・スプレッド取引とは、異なる2つの限月取引。具体的には、期近限月取引と期先限月取引。例えば、3月限月と6月限月の2つの取引の間の価格差を呼値として取引を行い、1つの取引で、2つの限月取引について、同時に売りと買いの反対のポジションを成立させることができる取引。
- （注5）　J-NET取引は、大阪取引所の競争売買市場から独立したJ-NET市場において行う、立会によらない先物・オプション取引。
- （注6）　VaR方式は、大量のデータを用いて必要となる証拠金を統計的に計算する方式。
- （注7）　ギブアップ制度とは、顧客が、注文を委託した取引参加者と異なる取引参加者との間で決済関連業務（先物取引の決済時における差金、オプション取引代金及び証拠金等の授受）を行う制度。
- （注8）　建玉移管制度とは、移管元清算参加者（未決済約定の引継ぎ元の清算参加者）が、先物・オプション取引に係る未決済約定（建玉）について、JSCCの承認を条件として、移管先清算参加者（移管元清算参加者から未決済約定を引き継ぐ清算参加者）に引き継がせることを認める制度。
- （出所）　日本証券取引所、JSCC、財務省より三菱UFJ銀行作成

7 ストリップス債

ストリップス債（STRIPS）とはSeparate Trading of Registered Interest and Principal of Securitiesの略称であり、利付国債の元本部分と利息部分を分離してそれぞれ独立して流通させることや、過去に分離された元本部分と利息部分を再度統合して元の利付国債を復元することが可能な国債のことである。2003年1月27日より社債等振替法によって国債のストリップス化が可能になった。利子部分が切り離された債券のことを分離利息振替国債、元本部分が切り離された債券のことを分離元本振替国債という。ストリップス債の導入により、元本部分と利息部分の分離を希望する投資家のニーズに応じることが可能になると同時に、割引債と利付債の間の価格裁定機能が高まり、国債市場の効率性の向上が期待されている。

8 債券現先取引と債券貸借取引

国債を担保として資金を調達する手段としては債券現先取引や債券貸借取引があり、一般的にこれらを総称してレポ取引という。以下ではそれぞれについて説明する。

a 債券現先取引（条件付売買取引）

債券現先取引とは、売買の当事者間同士で債券を一定期間後に一定の価格で買い戻すこと、あるいは売り戻すことをあらかじめ約束して行う、売戻しまたは買戻し条件付きの売買取引のことである。債券の売り手にとっては短期の資金調達の手段として、債券の買い手にとっては短期の資金運用の手段として、銀行や証券会社などによって利用されている。

債券現先取引はオープン市場における草分け的存在だが、1976年3月に法的位置づけや取引ルールが明文化されると、短期金融市場における商品としての地位を確立した。その後1980年代には譲渡性預金証書（CD）やコマーシャル・ペーパー（CP）、大口定期預金といった新たな短期金融商品が登場したことや、売買形式のために有価証券取引税の課税対象となっていたこと

6 国債の流通市場 97

から、金融商品としての魅力は相対的に低下し、短期金融市場での残高は債券貸借取引（後述）と比較して低水準にとどまることとなった。しかし1999年3月の有価証券取引税の廃止に加え、2001年4月から、一括清算条項、マージン・コール（追加担保要求）機能、サブスティテューション（債券の入れ替え）の適用などのリスク管理手法が盛り込まれた新現先取引が導入された（新現先取引についての詳細は第5章第6節にて後述）。なお、2018年5月の国債決済期間短縮化（T＋1）を機に、後述の債券貸借取引から新現先取引への移行が進んでいる。また、国債決済期間短縮化（T＋1）と同時に、JSCCは「銘柄後決め方式GCレポ取引（後決めレポ取引）」を導入し、JSCCを利用したT＋0でのGCレポ決済が可能となった。これは、アウトライト取引などでの資金不足分の調達を目的に行われることの多いGCレポ取引についても、本邦金融市場の国際化の観点で国債決済期間と同時に短縮化・迅速化が求められたことから、一部欧米の事例も参考にしながら導入されたものである。この取引では、資金の受渡金額と国債バスケット（割当対象銘柄の範囲を特定する条件。例：「国庫短期証券」「利付国債の残存10年以下の銘柄または国庫短期証券」）のみを指定して新現先取引として約定し、個別銘柄の選定は決済直前にJSCCが一括して行うことで、市場参加者による銘柄選定等の作業負荷が軽減され、決済期間の短縮が可能となった。

　加えて、2002年11月からは、日本銀行のオペレーションのひとつとして行われていたレポ・オペも「貸借方式」から「新現先方式」に変わり、現在は現先オペとしてオファーされている。また、日本銀行は現先オペと同様に条件付売買取引のかたちで国債補完供給を実施しており、日本銀行が保有する国債を一時的かつ補完的に市場へ供給し、国債市場の流動性を高めている。

b　債券貸借取引

　債券の流通市場の多様化に伴い、1989年5月に債券貸借取引市場が創設された。債券貸借取引とは、債券の空売り（債券を保有しないで売却すること）などを行った場合にその債券を手当する（借り入れる）ための取引であり、

借方は借り入れた債券を受渡しに用い、返済期限が来たら、貸方に同種、同量の債券を返済する（消費貸借契約）。経済効果としては債券現先と同様であるが、資金の調達ではなく債券の調達・提供を行うものであるため、需給によって特定の債券の貸借料（レポレート）が急変することがある。当初は現金担保とする場合には付利制限があったことや、現金以外を担保とする場合も事務管理の煩雑さなどから敬遠される傾向にあったため、無担保取引が中心であった。

　しかし、1995年2月の英ベアリングス銀行の破綻をきっかけに無担保取引の危険性が再認識されたことで、債券貸借取引の見直し（有担保化）が行われ、一括清算条項、マージン・コール機能により、リスク管理が強化された。一方で、国債取引のローリング決済（約定日から所定の日数を経過したものから逐次決済していく方法）移行に際し、付利制限の廃止とともに現金担保の下限規制を撤廃して、1996年4月から現金担保付債券貸借取引（日本版レポ取引）が開始された。現金担保付債券貸借取引は、債券の空売りを行った際に決済に必要となる現物の調達（SC取引）のほか、主に証券会社を中心に債券を担保とした資金の調達（GC取引）といったかたちで活発に行われ、1997年11月には日本銀行の金融調節手段として「レポ・オペ」が導入された。また、国債市場の主要プレーヤーである証券会社・銀行・短資会社などの共同出資により日本国債清算機関（JGBCC）が設立され、証券取引法に基づく免許取得を経て、2005年5月には清算業務が開始され、現金担保付債券

図表22　レポ取引の種類

| 特定銘柄取引
（Special Collateral） | 特定銘柄取引とは、銘柄を特定するレポ取引のことであり、略してSC取引ともいう。資金取引の要素は薄い。 |
| 非特定銘柄取引
（General Collateral） | 非特定銘柄取引とは、債券の銘柄を特定しないで行うレポ取引のことであり、略してGC取引ともいう。資金取引の要素が強い。 |

貸借取引の清算（ネッティング）、リスク管理などが行われており、現金担保付債券貸借取引の拡大に寄与した。2013年10月には日本証券クリアリング機構（JSCC）と合併し、JSCCが国債先物取引、金利スワップ取引とあわせて国債の店頭取引に係る清算業務を行っている（なお、2020年7月には日本商品清算機構と合併し、商品デリバティブに係る清算業務も開始している）。現在も現金担保付債券貸借取引は相応に取引がなされているが、足元は前述の新現先方式の浸透が進んでいる。

07

国債の償還

1 国債整理基金特別会計

　国債整理基金特別会計は、一般会計または特別会計からの繰入資金等を財源として公債、借入金等の償還および利子等の支払を行う経理を一般会計と区分するために設置された特別会計である。

　本特別会計は、一般会計において発行された公債を中心に、国全体の債務の整理状況を明らかにすることを目的とした整理区分特別会計であるとともに、定率繰入れなどのかたちで一般会計から資金を繰り入れ、普通国債等の将来の償還財源として備える「減債基金」の役割を担っている。

　一般会計において発行された公債等は、一般会計からの繰入資金を財源として本特別会計から利払いが行われるとともに、一般会計から本特別会計への定率繰入れや、「特別会計に関する法律」（2007年4月1日施行）の規定により発行される借換債の発行収入金等を償還財源として、60年償還ルールに従って減債され、本特別会計から償還が行われている。

100　第1章　日本国債の概要

図表23　歳入および歳出の概要（2024年度当初予算ベース）

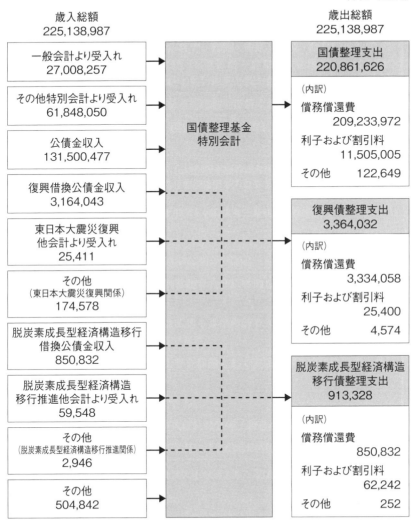

（注）　各々の計数において百万円未満を切り捨て。
（出所）　財務省

また、他の特別会計の公債、借入金等の償還・利払いなどについても、本特別会計で一元的に経理している。

2　減債制度

　国債の償還は、すべて国債整理基金を通じて行われる。国債の償還を確実に行うため、一定のルールのもと、一般会計から国債整理基金に償還財源の繰入れを行う仕組みになっている。また、国債整理基金には、国債整理基金特別会計において発行する借換債の発行収入金や、国債整理基金特別会計に帰属した政府保有株式の売却収入なども、国債の償還に充てる財源として受け入れられる。すなわち、国債の償還財源はすべて国債整理基金に受け入れられ、蓄積され、支出される仕組みになっている。これを減債制度という。以下では、発行根拠法別の国債ごとに、それぞれの償還方法と償還財源をそ

図表24　減債制度

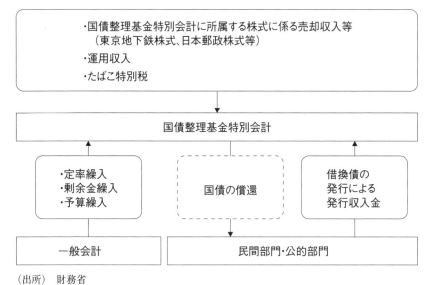

（出所）　財務省

の種類ごとに解説する。

a　償還方法

(a)　**建設国債および特例国債**

　建設国債および特例国債の償還については、その借換債を含め、全体として60年で償還し終えるという、いわゆる「60年償還ルール」が採用されている。これは、戦後の国債発行に際して、建設国債の見合いとなる資産（公共事業を通じて建設した建造物など）の平均効用年数をおおむね60年とし、この期間内に現金償還を終了するという考え方に基づいている。各々の国債が償還を迎えた際の償還財源として、一般会計からの定率繰入などによる現金と借換債の発行収入金を一定の基準に基づいて充てるという仕組みで運用されており、特に特例国債の償還については、その発行根拠法において「速やかな減債に努めること」とされている。

　60年償還ルールの具体的なイメージであるが、たとえばある年度に10年固定利付国債を600億円発行したとすると、10年（60年の6分の1）後の満期到来時には100億円（600億円の6分の1）を現金償還し、残りの500億円は借換債を発行する。さらにその10年後には100億円を現金償還し、残りの400億円は再び借換債を発行する。これを繰り返すと、当初の発行から60年後には国債はすべて現金償還されることになる。

(b)　**復　興　債**

　復興債については、その借換債を含め、全体として2037年度までに償還することとされている。したがって復興債には60年償還ルールが適用されないが、これは「東日本大震災からの復興の基本方針」において、復興のための財源については「次の世代に負担を先送りすることなく、今を生きる世代全体で連帯し負担を分かち合う」こととされ、特定の償還財源が確保されているためである。

　具体的には、各年度に償還を迎える復興債（借換債を含む）のうち、復興特別税収などを財源に東日本大震災復興特別会計から国債整理基金特別

会計に繰り入れられる金額や、国債整理基金特別会計に所属する株式の売却収入などに相当する額については現金償還を行い、それを超える部分については借換債を発行する。現金償還と借換えを繰り返しながら、2037年度までに全体として償還を終了することとされている。

(c) GX経済移行債

GX経済移行債については、カーボンニュートラルの達成目標が2050年であることにかんがみ、その借換債を含め、全体として2050年度までに償還することとされている。具体的には、各年度に償還を迎えるGX経済移行債（借換債を含む）のうち、化石燃料賦課金および特定事業者負担金を財源にエネルギー対策特別会計から国債整理基金特別会計に繰り入れられる金額については現金償還を行い、それを超える部分については借換債を発行する。現金償還と借換えを繰り返しながら、2050年度までに全体として償還を終了するよう設計されている。

(d) 子ども特例債

子ども特例債については、その借換債を含め、全体として2051年度までに償還することとされている。

具体的には、各年度に償還を迎える子ども特例債（借換債を含む）のうち、子ども・子育て支援納付金を財源に子ども・子育て支援特別会計から国債整理基金に繰り入れられる金額については現金償還を行い、それを超える部分については借換債を発行する。現金償還と借換えを繰り返しながら、2051年度までに全体として償還を終了することとされている。

(e) その他の国債

2012年度と2013年度に発行された年金特例国債については、その借換債を含め全体として2033年度までに償還することとされている。財投債の償還は、租税などでまかなわれる普通国債と異なり、財政投融資資金の貸付回収金によってまかなわれており、毎年度の償還に必要な金額を財政投融資特別会計から国債整理基金特別会計に繰り入れ、償還を行っている。

b　償還財源

(a)　**建設国債および特例国債**

①　一般財源からの繰り入れ

　一般会計から国債整理基金へ繰り入れられる償還財源は、以下の表のとおりである。

一般会計からの 償還財源	解説
定率繰入 （前年度期首国債総額 の100分の1.6）	特別会計に関する法律第42条第1項に基づく繰入れであり、60年償還ルールに基づいて、前年度期首における国債総額（額面金額による残高ベース）の1.6％に相当する金額が一般会計から国債整理基金へと繰り入れられる。なお、定率繰入の対象は、一般会計の負担に属する公債（建設国債及び特例国債（年金特例国債を除く））及び借入金（一時借入金等を除く）、並びにこれらの借換債に限る。
剰余金繰入 （一般会計における決 算上の剰余金の2分 の1以上）	一般会計の決算にて剰余金が発生した場合は、財政法第6条第1項により、その2分の1を下らない金額を剰余金が発生した年度の翌々年度までに国債整理基金特別会計に繰り入れることとしている。
予算繰入 （必要に応じて予算で 定める額）	その他、国債の償還に支障のないよう、特別会計に関する法律第42条第5項により、必要に応じ予算で定める金額を国債整理基金特別会計に繰り入れることと定められている。

②　その他の財源からの繰り入れ

　建設国債および特例国債について、そのほかの償還財源は以下の表のとおりである。

そのほかの償還財源	解説
政府保有株式に係る売却収入等	国債整理基金特別会計に帰属する政府保有株式については、売却収入や配当金を国債償還財源に充てることとされている。1985年度にNTT株式およびJT株式、1998年度に帝都高速度交通営団への出資持分、2007年度に日本郵政株式が、国債償還財源に充当するために国債整理基金特別会計において保有されることになった。 なお、2005年9月にNTT株式、2004年6月にJT株式はすべてを売却している。また、現在、国債整理基金特別会計に所属している株式の売却収入については、先述の通り復興債の償還財源に充てることとされている。
国債整理基金による運用収入	国債整理基金はその余剰資金を国債の保有もしくは財政融資資金への預託によって運用することができる。その運用においては、大量の国債償還・借換を円滑に実現するために、相当程度の流動性を確保する必要がある点を配慮しつつ、安全性や効率性が重視されている。

(b) 復 興 債

復興債の償還財源は以下の表のとおりである。

償還財源	解説
復興特別税収	東日本大震災からの復旧・復興のための財源に係る税制措置として、復興特別所得税及び復興特別法人税が創設された。復興特別所得税は2013年1月から2037年12月までの時限的な措置であり、所得税額に対する2.1％の付加税となっている。一方、復興特別法人税は、2012年度から2014年度までの時限措置として法人税額に対する10％の付加税として創設されたが、2014

106　第1章　日本国債の概要

	年度税制改正により足元の企業収益を賃金上昇につなげていくきっかけとするため、1年間前倒しで終了した。
税外収入に係る措置	財政投融資特別会計財政融資資金勘定の積立金については2012年度から2015年度まで、同会計投資勘定の資産からの収入については2016年度から2022年度まで、各年度の予算をもって定める額を復興債の償還財源に充てることができるとされていた。 また、国債整理基金特別会計に所属するJT株式（政府保有義務分を除く）、東京地下鉄株式会社の株式及び日本郵政株式会社の株式（政府保有義務分を除く）については、2027年度までに生じた売却収入を復興債の償還財源に充てることとされている。
決算剰余金の活用	復興財源確保法の附則において、2011年度から2015年度までの間の各年度の一般会計歳入歳出の決算上の剰余金を公債または借入金の償還財源に充てる場合においては、復興債の償還財源に優先して充てるよう努めることとされていた。

(c) GX経済移行債

GX経済移行債の償還財源は以下の表のとおりである。

償還財源	解説
化石燃料賦課金	GXに先行して取り組むインセンティブを事業者に付与する仕組みの一つとして、カーボンプライシングの一種である化石燃料賦課金を徴収することとされている。具体的には、2028年度から化石燃料の輸入事業者等に対して、当該事業者等が輸入等する化石燃料に由来する二酸化炭素の量に応じて化石燃料賦課金が課される予定であり、この収入をGX経済移行債の償還財源に充てることとされている。

	化石燃料賦課金と同様にカーボンプライシングの一種である特定事業者負担金についても徴収することとされている。具体的には、2033年度から、発電事業者に対して有償または無償で二酸化炭素の排出枠（量）が割り当てられ、その量に応じた特定事業者負担金が課される予定であり、この収入金をGX経済移行債の償還財源に充てることとされている。
特定事業者負担金	

⒟ 子ども特例債

子ども特例債の償還財源は以下の表のとおりである。

償還財源	解説
子ども・子育て支援納付金	「子ども・子育て支援加速化プラン」で示された子ども・子育て政策の抜本的な強化にかかる施策の財源を確保するため、2026年度より医療保険者が被保険者等から保険料と合わせて支援金を徴収し納付する制度が予定されており、この収入金を子ども特例債の償還財源に充てることとされている。

⒠ その他の国債

その他の償還財源は以下のとおりである。

償還財源	解説
たばこ特別税収	たばこ特別税は、国鉄清算事業団の長期債務及び国有林野事業の累積債務を一般会計に承継させることに伴い、一般会計の負担増に対応するため、「一般会計における債務の承継等に伴い必要な財源の確保に係る特別措置に関する法律」に基づき創設された。その税収は直接国債整理基金特別会計に組み入れられ、国鉄清算事業団の長期債務及び国有林野事業の累積債務の元

108　第1章　日本国債の概要

	利払いに充てられている。
その他	普通国債のうち、年金特例国債の償還については消費税法改正法の施行による2014年度以降の消費税の増収分を充てることとされている。このほか、財投債の償還財源については、財投融資資金の貸付回収金を充てることとされている。

3 買入消却

　国債の発行者である国が発行済みの国債について、その償還期限の到来前に売却の意思を有する保有者との間で合意した価格で買入債務を消滅させることを買入消却という。財務省は2002年6月の法改正を受けて環境整備をし、2003年2月からは市場環境の変化に対応して機動的に買入消却を実施している。具体的には、2008年度に集中していた国債の満期償還の平準化や、財政投融資特別会計からの繰入れを原資とした債務残高の圧縮など、債務管理上の特別の目的に応じて実施したものもある。現在では、需給の不均衡や流動性プレミアムの拡大がみられるとされる物価連動国債の買入消却を実施している。2020年には、新型コロナウイルス感染症の拡大により国債市場の流動性が大きく低下するなかで物価連動国債の追加買入れや毎月の買入額の増額を実施、世界的な物価上昇を背景とした需給改善を確認して2022年に毎月の買入額を減額するなど、機動的な買入消却が行われている。

7　国債の償還　109

08

市場との対話

■ 財務省による市場との対話

　財務省は、市場との対話を通じて国債管理政策に対する信頼を高めることにより、国債の安定消化や、市場の流動性維持・向上を図っている。

　まず、2000年9月から、市場関係者（主に証券会社や銀行）・有識者などから意見を聴取することを目的とした「国債市場懇談会」が開催された。この後継として、2004年10月に設置された「国債市場特別参加者会合（プライマリー・ディーラー懇談会）」が2024年12月現在に至るまで定期的に開催されている。2002年4月には「国債投資家懇談会」が設置され、国債市場の流動性向上や国債発行計画、その他国債市場全般に関するさまざまな意見交換が実施されている。2004年11月からは「国の債務管理の在り方に関する懇談会」が開催され、その後継として2022年6月には「国の債務管理に関する研究会」が新たに設置された。また、2007年6月には、個人向け国債保有の促進に向けて「国債トップリテーラー会議」が設置されたほか、2004年7月からは「債務管理リポート」が毎年発行され、国の債務管理と公的債務の状況が公表されるようになった。

　2024年現在において開催されている主要な会議体についての詳細は、以下の表を参照されたい。

国債市場特別参加者会合（プライマリー・	前身は「国債市場懇談会」。2004年10月の国債市場特別参加者制度の導入以降、国債市場特別参加者との間で国債市場に関する重要事項について意見交換を行うことを目的として開催している。流動性供給入札や買入消却の実施方法、国債市場の動向

110　第1章　日本国債の概要

ディーラー 懇談会）	などを議題とする四半期ごとの会合のほか、国債発行計画の策定・見直しについて意見を聴取するための会合も開催される。
国債投資家 懇談会	国債の消化をいっそう確実かつ円滑なものとするとともに、国債市場の整備を進めていくため、国債の投資家と直接かつ継続的に意見交換を行う。2002年4月から開催しており、銀行や保険会社など主要な機関投資家が参加している。例年、主に国債発行計画策定・見直しについて意見聴取する場として開催している。
国の債務管理に 関する研究会	中長期的な視点から、国債管理政策を中心とする国の債務管理について、高い識見を有する民間から意見・助言を受けるために開催している。前身の「国の債務管理の在り方に関する懇談会」は主に実務家を参加者としていたが、新型コロナウイルス感染症拡大に伴う国債増発とそれによる利払い費の増大を課題認識し、当該研究会においては学術的な知見を持つ専門家にまで参加者の裾野を広げ、CaR分析などにおいて助言を受けている。
国債トップ リテーラー会議	個人の国債保有を促進する観点から、個人向け国債の募集取扱いを積極的に行っている金融機関の実績や取組みを評価するとともに、個人に対する国債販売のさらなる推進のため、取扱機関と当局との間で相互に意見を交換する場として、2007年6月より概ね年1～2回開催している。

② 日本銀行による市場との対話

　日本銀行も、国内外の金融環境が変化するなか、また金融緩和政策において国債をはじめとした広範な金融資産の大規模な買入れが長期化するなか、市場参加者との対話の場を拡充してきた。

　リーマン・ショックを契機に、短期国債やレポ市場を含む短期金融市場の取引動向、参加者構造の変化、諸課題への取組状況などを点検するため、2009年1月から「東京短期金融市場サーベイ」が毎年実施されるようになり、「市場調節に関する意見交換会」において、その結果などについて話し

合われている。また、2013年4月から導入された「量的・質的金融緩和」や2014年10月の緩和拡大に伴う対応として、2015年2月より四半期ごとの「債券市場サーベイ」の実施が始まった。これは、市場参加者からみた債券市場の機能度や先行きの金利見通しなどを継続的に把握することを目的としており、当該サーベイを有益に活用する場として「債券市場参加者会合」の開催が同年6月から開始された。2024年7月に公表された国債買入オペの減額計画は、同月に開催された債券市場参加者会合での市場参加者の意見をふまえて策定されたように、市場参加者との対話の場が金融政策決定にも影響を与えうるものとなっている。このほかにも、国債市場の流動性指標の公表や実務者レベルでの各種会合・意見交換会、市場参加者との勉強会開催など、さまざまなコミュニケーションの向上が図られている。

市場調節に関する意見交換会	オペ対象先との間で、オペの運営や国債市場の機能度、「東京短期金融市場サーベイ」をはじめとした短期金融市場の動向などについて、日本銀行からの説明及び参加者との議論がなされている。
債券市場参加者会合	「債券市場サーベイ」を有益に活用し、市場参加者との対話を一段と強化する場として、「債券市場サーベイ」に参加している金融機関等を対象に開催している。開催にあたっては、債券市場参加者ときめ細かな対話を行う観点から、銀行等・証券等・バイサイドといったグループに分割している。

（参考文献）

『昭和経済史』竹内宏、ちくまライブラリー、1988年

『新編日本金融史』朝倉孝吉、日本経済評論社、1988年

『日本金融史』玉置紀夫、有斐閣、1994年

『高橋是清 随想録』上塚司、本の森、1999年

『金融研究』第20巻第3号、日本銀行金融研究所、2001年

「昭和初年の金融システム危機―その構造と対応―」（Discussion Paper No. 2001-J-

24　IMES）伊藤正直、日本銀行金融研究所、2001年

『金融研究』第21巻第1号、日本銀行金融研究所、2003年

「諸外国における公的債務管理政策」財務省理財局、2003年

「わが国の国債管理政策」財務省理財局、2003年

「国債管理政策におけるリスクの把握と定量化」（『フィナンシャルレビュー』第70
　号）藤井眞理子、財務省財務総合政策研究所、2004年

「平成17年度に向けた国債管理政策の新規施策について」財務省、2004年

「ポートフォリオ理論に基づいた最適な国債満期構成について」（「日本銀行ワーキ
　ングペーパー」）西岡慎一、2004年

「明治維新期の財政と国債」（『知的資産創造』）富田俊基、野村総合研究所、2005
　年

「関東大震災発生後における政策的対応」深澤映司、国立国会図書館ISSUE BRIEF
　NUMBER 709、2011年

「18兆円に達した東日本大震災の復旧・復興経費―求められる震災からの復旧・復
　興と財政規律の維持―」（『立法と調査』2012.6 No.329）﨑山建樹、2012年

「東日本大震災に伴う財政的措置」（国立国会図書館調査及び立法考査局『レファ
　レンス』平成26年12月号）奥山裕之、2014年

「特例公債の発行期間の複数年度化と国会審議―令和3年特例公債法―（『立法と
　調査』2021.7 No.436）鎌田素史、2021年

「金融政策の多角的レビュー」日本銀行、2024年

「「金融政策の多角的レビュー」に関するワークショップ第1回「非伝統的金融政
　策の効果と副作用」の模様」日本銀行、2024年

「債務管理リポート2024」財務省理財局、2024年

「わが国の経済・物価情勢と金融政策―青森県金融経済懇談会における挨拶要旨―」
　日本銀行政策委員会審議委員田村直樹、2024年

第 **2** 章

日本の財政と国債

01

日本の予算制度

◢ 予算とは

　予算は、一会計年度における行政活動の裏付けとなる財政的な計画であり、財政法は「歳入歳出は、すべて、これを予算に編入しなければならない」としている。日本の会計年度は、毎年4月1日から翌年3月31日と定められており、予算は内閣が作成して国会に提出し、審議・議決を経るものとされている。

◢ 予算の種類

a　一般会計予算・特別会計予算・政府関係機関予算・財政投融資計画

　国の予算は、一般会計予算、特別会計予算、政府関係機関予算に分かれている。一般会計予算は、国の基本的な歳入歳出を経理する会計で、単に予算といった場合、通常は一般会計予算を指すことが多い。

　これに対し、特別の目的で一般会計予算から独立して設置されるのが特別会計予算である。特別の目的とは、「国が特定の事業を行う場合」（事業特別会計）、「特定の資金を保有してその運用を行う場合」（資金特別会計）、「その他特定の歳入を以て特定の歳出に充て一般の歳入歳出と区分して経理する必要がある場合」（区分経理特別会計）である。

　政府関係機関予算は、政府の全額出資によって設立され、政府の監督下に置かれている法人の予算である。具体的には、沖縄振興開発金融公庫、株式会社日本政策金融公庫、株式会社国際協力銀行、独立行政法人国際協力機構有償資金協力部門の4機関の予算がこれに当たる（2024年度予算時点）。

　予算を国会に提出する際には、財政投融資計画も同時に提出される。財政

116　第2章　日本の財政と国債

投融資は、財投債など国の信用や制度を通じて調達した資金を財源とする投融資活動であり、具体的には、国の特別会計や政策金融機関、地方公共団体に対する貸付などのかたちで行われている。財政投融資計画は予算ではないが、予算に近い性格を有するため「第2の予算」と呼ばれることもある。

b　本予算・補正予算・暫定予算

　予算は、編成される時期や対象となる期間によって、本予算（当初予算）、補正予算、暫定予算に分けられる。本予算は翌年度を対象とし、原則として当該年度の開始前に成立する。これに対し補正予算は、本予算成立後、経済情勢の変化や災害等に対応するために編成される。また暫定予算は、年度開始までに本予算が成立しない場合に応急措置として編成される。暫定予算は、本予算成立までの最低限の経費に限定され、本予算成立後は失効し、本予算に吸収される。

3　予算プロセス

a　予算編成

　予算は、編成→審議→執行→決算というプロセスをたどる。予算の編成作業は、毎年5月頃から各省庁が翌年度予算の見積りに着手し、財務省に概算要求を提出するところから始まる。概算要求の提出期限は通常8月末だが、2021年度予算については2020年9月末となったように、時期が変更されるケースもある。財務省は各省庁の概算要求を査定して取りまとめ、12月下旬に政府案が閣議決定される。

b　予算審議

　予算審議は通常、1月下旬に内閣が国会に予算を提出し、財務大臣が財政演説を行って開始される。財政演説では、予算の編成方針・内容、財政政策についての方針、経済の現状などが述べられる。予算は、衆議院の予算委員会で審議された後、本会議において審議、採決される。衆議院での可決後、予算は参議院に送付され、ほぼ同様の手続を経て、成立する。国会審議の過

1　日本の予算制度　117

程で予算の修正が行われる可能性がある。

　なお、予算審議については憲法上、衆議院が参議院に対して優越的な権限を有するという「衆議院の優越」が定められている。まず、衆議院には予算の先議権があり、参議院に先立って予算審議を行う。加えて、参議院が予算について衆議院と異なった議決をし、両院協議会を開いても意見が一致しないときは衆議院の議決が国会の議決となる。また、衆議院の可決後、参議院が予算を受け取ってから30日以内（国会休会中の期間を除く）に議決をしない場合には、予算は自然成立するとされている。予算審議について「衆議院の優越」が定められているのは、仮に予算が不成立となった場合、国民生活に重大な影響を与えるためである。もっとも、予算に付随する予算関連法案（赤字国債の発行根拠法案や税制改正法案等）については「衆議院の優越」がないため、たとえ予算が成立しても、予算関連法案の成立の遅れによって執行に問題が生じる可能性も存在する。

c　予算執行

　国会の議決により予算が成立すると、内閣から各省庁に予算が配布される。このうち、歳入予算の執行は財務大臣が一般的な責任を負うが、義務ではなく一応の基準との位置づけであり、収納実績との乖離が許容される。

　歳出予算の執行については、支出負担行為と支出の2段階に区分されている。前者は、国庫金の支出原因となる契約そのほかの行為を指す。各省庁の長は、公共事業など財務大臣の指定する特定の経費については、支出負担行為実施計画を財務大臣に提出し、承認を受けることが定められている。

　後者は、支出負担行為に基づいて行われる、国庫金の支払である。各省庁の長は、四半期ごとの支払計画を財務大臣に提出し、承認を受ける必要がある。財務大臣は、支払計画の承認にあたって、国庫金や歳入、景気・金融動向等を勘案して計画を修正し、執行の繰上げや繰延べを求めることもある。国庫金の受払いはすべて、国が日本銀行に保有する預金口座を通じて行われる（国庫統一の原則）ため、各省庁の支払計画は、財務大臣から日本銀行に

も通知される。なお、予算の適正な執行を期するため、支出負担行為と支払は明確に分けられており、支出負担行為担当官と支出官の職務・責任も厳格に区分されている。

d 決　算

　会計年度が終了すると、決算が作成される。会計年度の終了は3月31日だが、予算執行の完了のために出納整理期間が置かれており、原則として4月30日まで収納・支出が可能となっている。また、国庫内での移換や日本銀行からの支払など、5月31日が期限となっているものも存在する。その後、各省庁の長は、帳簿整理と報告書作成を行い、7月31日までに歳出歳入の決算報告書を財務大臣に送付する。財務大臣は各省庁の報告書を基に決算を作成し、決算は閣議決定された後、11月30日までに会計検査院に送付される。決算では、歳入については①歳入予算額、②徴収決定済額、③収納済歳入額、④不納欠損額、⑤収納未済歳入額、歳出については①歳出予算額、②前年度繰越額、③予備費使用額、④流用等増減額、⑤支出済歳出額、⑥翌年度繰越額、⑦不用額を明らかにすることが定められている。

　会計検査院は、年度中に各省庁から提出された各種報告や実地調査の結果なども用いて決算を検査し、検査報告を作成する。検査報告は、会計検査院の意思決定機関である検査官会議で決定された後、決算に添付され内閣に送付される。なお、国の財政監督機関として客観的・中立的に職務を遂行しうるよう、会計検査院には国会、内閣、裁判所のいずれにも属さない独立機関としての地位が与えられ、公正な意思決定が担保されている。

　内閣は、決算を検査報告とともに国会に提出し審議を受ける。決算の国会への提出時期は、「翌年度開会の常会において国会にて提出するのを常例とすること」となっているが、2003年5月に参議院より政府に対し「決算の提出時期を早め、会計年度翌年の11月20日前後に国会に提出すること」が要請されたことをふまえ、2003年度以降は11月20日前後に提出されている。予算と異なり、決算については「衆議院の優越」がないため、両院に同時に提出

され、衆議院においては決算行政監視委員会、参議院においては決算委員会で審査された後、各本会議での報告、議決を経る。ただし、決算は前会計年度に行われた収入・支出の事実の計数的記録であり、議決に法的拘束力はない。すなわち、仮に国会で決算が否決されたとしても、執行済みの予算が無効となるわけではない。国会における決算審議は、国会が内閣による予算執行をチェックし、不適切な執行等があった場合に内閣の政治責任を追及する機会と解釈されている。

　決算の結果、剰余金が発生した場合、翌年度の予算に繰り入れられるのが原則である。剰余金の算出は4段階で行われ、まず、歳入決算総額（収納済歳入額）から歳出決算総額（支出済歳出額）を控除し「財政法第41条の剰余金」（決算上の剰余金、歳計剰余金）が算出される（第1段階）。ここから、前年度までに発生した剰余金の使用残額を控除したものが「新規発生剰余金」と呼ばれ（第2段階）、さらに歳出予算の繰越額を控除したものが「繰越歳出予算財源控除後の新規発生剰余金」となる（第3段階）。ここから、地方交付税交付金財源等を控除して、最終的に「財政法第6条の純剰余金（純剰余金）」が算出される（第4段階）（図表1）。

　財政法の規定により、この純剰余金の2分の1以上は国債整理基金特別会計に繰り入れ、翌々年度までの公債または借入金の償還財源としなければならないとされている。なお、純剰余金の債務償還財源への繰入れを特例法によって停止し、2分の1超を他の歳出に充てるケースもある。たとえば、2019年度の純剰余金は全額が2020年度3次補正予算の財源となり、新型コロナウイルス感染症の拡大防止策等に充てられた。この際の根拠法は「令和元年度歳入歳出の決算上の剰余金の処理の特例に関する法律」である。

　剰余金とは反対に、決算上の不足が生じた場合に備えて、決算調整資金制度が設けられている。同制度は原則として、純剰余金のうち国債整理基金特別会計に繰り入れられなかった残額等を一般会計に積み立てておき、不足が発生した際の補填財源とする仕組みである。事前の積立残高が不足額に届か

図表 1　一般会計決算剰余金

(単位：千円)

	区分	金額
①	歳入決算総額（収納済歳入額）	153,729,463,474
②	歳出決算総額（支出済歳出額）	132,385,548,932
③	財政法第41条の剰余金（①－②）	21,343,914,541
④	前年度までに発生した剰余金の使用残額	2
⑤	当該年度新規発生剰余金（③－④）	21,343,914,539
⑥	繰越歳出予算財源として純剰余金の計算上控除する額	17,952,824,386
⑦	繰越歳出予算財源控除後の当該年度新規発生剰余金（⑤－⑥）	3,391,090,152
⑧	地方交付税交付金等財源として純剰余金の計算上控除する額	761,635,019
	地方交付税交付金財源（地方交付税精算額分）	756,806,831
	空港整備事業費等財源（航空機燃料税精算額分）	―
	復興費用及び復興債償還費用財源（復興分（平成23年度補正予算（第3号）繰越分及び当該年度予算）に係る剰余金）	4,786,627
	脱炭素成長型経済構造移行費用財源（脱炭素成長型経済構造移行費用分（当該年度補正予算（第2号）に係る剰余金）	43,560
⑨	財政法第6条の純剰余金（⑦－⑧）	2,629,455,132

(出所)　財務省「令和4年度決算の説明」

ない場合には、国債整理基金特別会計から一時的に決算調整資金に繰り入れることが可能となっている（繰り入れた資金は翌年度までに繰り戻さなければならない）。もっとも実際には、1981年度以降、決算調整資金の積立残高は0で推移しており、不足が生じた際にはつど、国債整理基金特別会計からの

繰入れを行っている。過去の例では、2008年度決算において7,182億円の不足が生じ、国債整理基金特別会計から同額がいったん決算調整資金に繰り入れられたうえで、補填に充てられた。その後、2010年度予算で一般会計から同額が国債整理基金特別会計に繰り戻されている。

4 歳　入

歳入は大きく分けて、税収（租税および印紙収入）、その他収入（税外収入）、公債金に分類される。2024年度予算では一般会計の歳入全体112.6兆円のうち、税収が69.6兆円、その他収入が7.5兆円、公債金が35.4兆円である。公債依存度（歳入に占める公債金の割合）は1990年代以降上昇傾向が続いていたが2013年度にピークとなり、2024年度予算では31.5％になっている（図表2）。

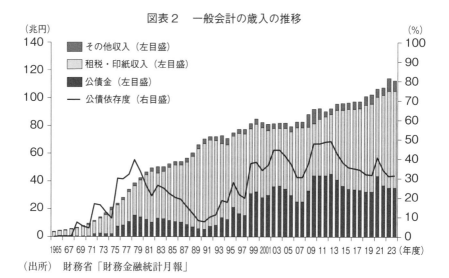

図表2　一般会計の歳入の推移

（出所）　財務省「財務金融統計月報」

a　税　　収

　税には、税の負担者と納税義務者が一致する直接税と一致しない間接税がある。国税としての主な直接税は、所得税、法人税、相続税、贈与税等で、間接税は、消費税、酒税、たばこ税、揮発油税等である。このうち、税収額が大きい所得税、法人税、消費税等は基幹税とも呼ばれている。2024年度当初予算における税収額をみると、所得税が17.9兆円、法人税が17.0兆円、消費税が23.8兆円、3税合計で58.8兆円と税収全体の84.4％を占めている（図表3）。また、税の分類には課税ベースによるものもあり、所得課税（所得税、法人税等）、消費課税（消費税、酒税等）、資産課税（相続税、贈与税等）などに分けられる。以下では、所得税、法人税、消費税について詳細を説明する。

(a)　所　得　税

　所得税は、個人が年間を通じて得た所得（給与、年金、事業の利益、資産の売却益等）に課される税であり、①総合課税、②人的事情の考慮、③累進課税を原則としている。総合課税は、すべての種類の所得を合算した合計額を課税対象とする原則である。人的事情の考慮は、課税を行うにあたって家族構成等を考慮し、各種の所得控除を認めることである。累進課税は、所得が多いほど、より大きな税率を適用する原則であり、税制に所得の再分配機能を付加したものといえる。

　所得税の課税対象となる所得は、発生形態によって10種類に分類されており、それぞれ収入から必要経費等を差し引いて求められる。必要経費は、その収入を得るために実際に行った支出の費用とするのが原則であり、たとえば配当所得については、株式取得のための借入金の利子等が差し引かれる。ただし、給与所得における給与取得控除、退職所得における退職所得控除のように概算的な控除が設けられているものもある（図表4）。

　所得税のうち大きなシェアを占めるのは、給与所得にかかる所得税であ

図表3 2024年度租税及び印紙収入概算

(単位：億円)

税　　　目	前年度予算額		2024年度 概算額 (C)	対前年度増減額	
	当初 (A)	補正後 (B)		対当初 予算額 (C−A)	対補正後 予算額 (C−B)
源泉所得税	175,150	174,200	141,600	△ 33,550	△ 32,600
申告所得税	35,330	38,750	37,450	2,120	△ 1,300
（所得税計）	(210,480)	(212,950)	(179,050)	(△ 31,430)	(△ 33,900)
法人税	146,020	146,620	170,460	24,440	23,840
相続税	27,760	31,420	32,920	5,160	1,500
消費税	233,840	229,920	238,230	4,390	8,310
酒　税	11,800	11,800	12,090	290	290
たばこ税	9,350	9,350	9,480	130	130
揮発油税	19,990	21,000	20,180	190	△ 820
石油ガス税	50	50	40	△ 10	△ 10
航空機燃料税	340	340	320	△ 20	△ 20
石油石炭税	6,470	6,470	6,060	△ 410	△ 410
電源開発促進税	3,240	3,240	3,110	△ 130	△ 130
自動車重量税	3,780	3,780	4,020	240	240
国際観光旅客税	200	200	440	240	240
関　税	11,220	9,110	9,170	△ 2,050	60
とん税	100	100	90	△ 10	△ 10
印紙収入	9,760	9,760	10,420	660	660
一般会計分計	694,400	696,110	696,080	1,680	△ 30

（注）　計数整理の結果、異同を生ずることがある。
（出所）　財務省「令和6年度予算」

図表4　所得の分類

分類	内容	計算方法
利子所得	預貯金や公社債の利子ならびに合同運用信託、公社債投資信託及び公募公社債等運用投資信託の収益の分配に係る所得	収入金額＝所得金額

配当所得	株主や出資者が法人から受ける配当や、投資信託（公社債投資信託及び公募公社債等運用投資信託以外のもの）及び特定受益証券発行信託の収益の分配などに係る所得	収入金額－株式などを取得するための借入金の利子
不動産所得	土地や建物などの不動産、借地権などの不動産の上に存する権利、船舶や航空機の貸付け(地上権又は永小作権の設定その他人に不動産等を使用させることを含む)による所得(事業所得または譲渡所得に該当するものを除く)	収入金額－必要経費
事業所得	農業、漁業、製造業、卸売業、小売業、サービス業その他の事業から生ずる所得	収入金額－必要経費
給与所得	勤務先から受ける給料、賞与などの所得	収入金額－給与所得控除額
退職所得	退職により勤務先から受ける退職手当や厚生年金基金等の加入員の退職に基因して支払われる厚生年金保険法に基づく一時金などの所得	（収入金額－退職所得控除額）×1/2
山林所得	山林を伐採して譲渡したり、立木のままで譲渡することによって生ずる所得	収入金額－必要経費－特別控除額（上限50万円）
譲渡所得	土地、建物、ゴルフ会員権などの資産を譲渡することによって生ずる所得、建物などの所有を目的とする地上権などの設定による所得で一定のもの	収入金額－売却した資産の取得費・譲渡費用－特別控除額（上限50万円）
一時所得	懸賞や福引の賞金品、競馬や競輪の払戻金、生命保険の一時金や損害保険の満期返戻金、法人から贈与された金品など、営利を目的とする継続的行為から生じた所得以外のものであって、労務その他の役務の対価としての性質や資産の譲渡による対価としての性質を有しない一時の所得	収入金額－収入を得るために支出した金額－特別控除額（上限50万円）

雑所得	公的年金等	収入金額－公的年金等控除額
	非営業用貸金の利子、副業に係る所得、生命保険契約等に基づく年金等、上記所得に当てはまらない所得	収入金額－必要経費

（出所）　国税庁「タックスアンサー」

図表5　所得税収額（2022年）

（単位：百万円）

	源泉徴収額	申告納税額
利子所得等	299,358	
配当所得	5,943,998	
特定口座内保管上場株式等の譲渡所得等	484,088	
給与所得	12,356,336	714,252
退職所得	272,547	
報酬・料金等所得	1,203,168	
非居住者等所得	856,674	
その他		1,437,875
雑所得		119,384
不動産所得		659,250
事業所得		753,166
計	21,416,169	3,683,928

（注）　申告納税額は最も税額が大きい所得で分類。
（出所）　財務省

る（図表5）。2022年の源泉徴収額21兆4,162億円（還付前、以下同じ）に対し、給与所得分は12兆3,563億円と6割近くを占める。また、申告納税額でも、給与所得者（給与所得の金額がそのほかの所得のいずれよりも大きいも

126　第2章　日本の財政と国債

の）の納税額は7,143億円となっている。そのほかの所得区分については、源泉徴収額では配当所得（５兆9,440億円）や報酬・料金等所得（１兆2,032億円）、申告納税額では事業所得（7,532億円）の税額が大きい。

　所得税収の推移をみると、1990年代初頭までは右肩上がりで増加していたが、1991年度の26.7兆円をピークに減少に転じた。2009年度には12.9兆円となったが、その後再度上昇に転じ、近年はおおむね20兆円前後となっている（図表６）。所得税収減少の背景としては、バブル崩壊後の給与所得や事業所得の減少、金利低下による利子所得減、資産価格低下による譲渡所得減等があげられよう。また、2010年度以降はバブル崩壊後の水準には達しないものの、堅調な企業業績を背景とした賃上げや配当の増加により所得税収は緩やかに増加を続けた。2019年度に新型コロナウイルス感染症の拡大に伴う経済の落ち込みを受けて、その増加はとどまるも、その後、雇用環境の改善等により2021年度からは２年連続で所得税収は増加し

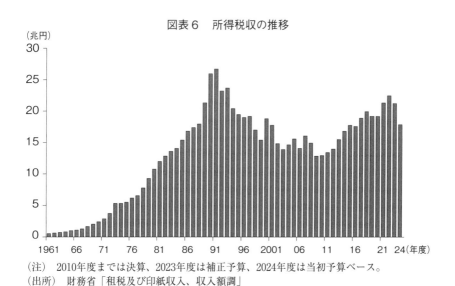

図表６　所得税収の推移

（注）　2010年度までは決算、2023年度は補正予算、2024年度は当初予算ベース。
（出所）　財務省「租税及び印紙収入、収入額調」

2023年度決算でも同水準を維持した。しかし、2024年度当初予算ベースでは、所得税は大きく減収となっている。これは賃金上昇が物価高に追いついていないなかで国民の負担を緩和する観点から、所得税の定額減税等を含めた税制改正が閣議決定されたためである。

(b) 法 人 税

　法人税は、法人の事業活動から生じる所得に課される税である。法人には、会社や医療法人等の普通法人、農協等の協同組合、公益法人、外国法人などがあり、法人の種類や規模によって異なる税率が適用され、2024年では普通法人、一般社団法人等または人格のない社団等に課される基本税率23.2％、資本金1億円以下の普通法人、一般社団法人等または人格のない社団等の所得の金額のうち年800万円以下の金額については15％となっている。なお、基本税率は1989年以降、減税トレンドとなっており、当初40％から7回の減税を経て現在の水準となった。法人の大部分は普通法人であり、全法人数306.9万社中292.3万社が普通法人で、そのうち286.5万社が会社等である。納税額も普通法人が大半を占め、2022事業年度分（2022年4月1日から2023年3月31日までの間に終了した事業年度分）の法人税額14兆7,788億円のうち、11兆7,036億円が普通法人によるものである（図表7）。

法人税収の推移をみると、1980年代までは増加傾向が続いていたが、1989年度の19.0兆円がピークとなり、その後は景気低迷を反映して減少基調をたどり、世界的な景気後退の影響を受けた2009年度には6.4兆円と、ピーク時の約3分の1まで落ち込んだが、その後は企業業績の回復などを背景に上昇に転じた。新型コロナウイルス感染症の影響拡大により2020年度は減少するも、その後は、経済活動の正常化や円安等に伴う企業収益の増加も影響して法人税収は増加し、2022年度には14.9兆円となっている（図表8）。

(c) 消 費 税

　消費税は財やサービスの売上げを対象とする税であり、以下のような原

図表7　法人の種類別の法人税率と法人税額

			法人税率 （年所得 800万円 以下部分）	法人税額 （百万円）
内国法人	普通法人 （会社等、企業組合、 医療法人）	中小法人 （適用除外事業者以外）	23.2% （15%）	11,703,605
		中小法人 （適用除外事業者）	23.2% （19%）	
		上記以外の普通法人	23.2%	
	公益法人等	公益社団法人等	23.2% （15%）	60,576
		公益法人等とみなされ ているもの	23.2% （15%）	
		上記以外の公益法人等	19% （15%）	
	人格のない社団等		23.2% （15%）	3,991
	協同組合等		19% （15%）	138,546
外国法人			－	79,896
小計			－	11,986,613
通算法人			－	2,367,245
連結法人			－	424,897
合計			－	14,778,755

（出所）「法人税法」、国税庁「税務統計」より三菱UFJ銀行作成

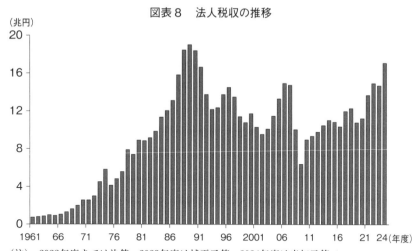

図表8　法人税収の推移

（注）　2022年度までは決算、2023年度は補正予算、2024年度は当初予算ベース。
（出所）　財務省「租税及び印紙収入、収入額調」より三菱UFJ銀行作成

則に基づいている。

①基本的に国内で行われるすべての財・サービスの販売・提供に課税する。

②製造、流通、小売、サービス業などの各事業者が納税義務者となる。

③生産、流通の過程で二重三重の課税とならないよう仕入税額控除の制度を設け、売上げに係る税額から仕入れに係る税額を差し引いた差額を納税することとする。

④事業者に課された税は価格に上乗せされ、最終的には消費者の負担となる。

⑤輸出取引には課税されず、輸入取引については、輸入品を引き取る者が納税義務者となる。

　消費税は1989年度から導入され、1997年度に税率が3％から5％、2014年度に8％、2019年度に10％と段階的に引き上げられた（ただし、「酒類・

図表9　所得税収・法人税収・消費税収の推移

（注）　2022年度までは決算、2023年度は補正予算、2024年度は当初予算ベース。
（出所）　財務省「租税及び印紙収入、収入額調」より三菱UFJ銀行作成

外食を除く飲食料品」と「定期購読契約が締結された週2回以上発行される新聞」には軽減税率8％が適用）。消費税の特徴は、所得税や法人税と比べて税収額の変動が小さいことで、税率が同じ期間内では、相対的に年ごとの税収額は振れ幅が小さい（図表9）。これは、財・サービスの売上げは、景気動向による振幅が個人や法人の所得ほどには大きくないためである。

現在の消費税率10％のうち、2.2％は地方消費税で7.8％が国税としての消費税である。また、地方交付税法の規定により消費税（国税分）の19.5％は地方交付税の財源とすることになっており、国の財源となるのは全体の62.8％である。加えて、国の財源分は毎年度の予算総則で年金、医療、介護、少子化対策（いわゆる社会保障4経費）に充当することが定められている（図表10）。

1　日本の予算制度　131

図表10　消費税収の配分（2019年度予算以降）

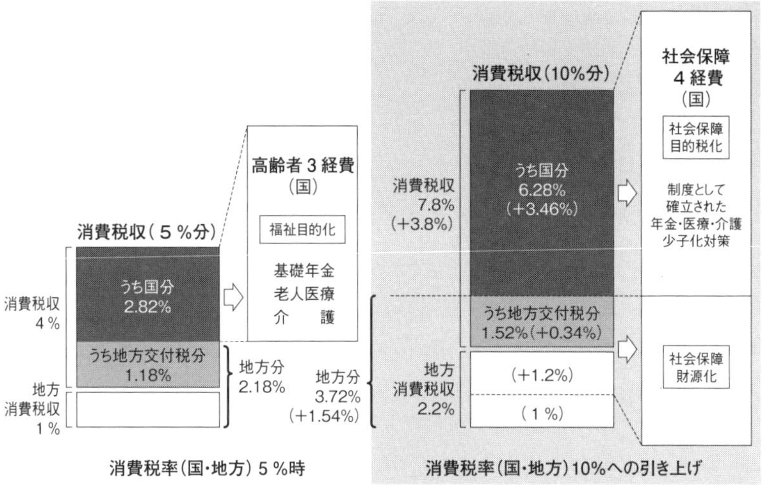

消費税収（5％分）

消費税収 4％
うち国分 2.82%
うち地方交付税分 1.18%
地方消費税収 1%
地方分 2.18%

高齢者3経費（国）
福祉目的化
基礎年金
老人医療
介　護

消費税収（10％分）

消費税収 7.8%（+3.8%）
うち国分 6.28%（+3.46%）
うち地方交付税分 1.52%（+0.34%）
地方消費税収 2.2%
（+1.2%）
（1％）
地方分 3.72%（+1.54%）

社会保障4経費（国）
社会保障目的税化
制度として確立された年金・医療・介護少子化対策
社会保障財源化

消費税率（国・地方）5％時　　　消費税率（国・地方）10％への引き上げ

（出所）　財務省ホームページ

5　歳　　出

　一般会計の歳出は増加基調にあり、2019年度以降は100兆円を上回っている（当初予算ベース）（図表11）。歳出のなかで大きなシェアを占めるのは、社会保障関係費と国債費と地方交付税交付金等で、2024年度当初予算では、社会保障関係費が37兆7,193億円（一般会計歳出の33.5％）、国債費が27兆90億円（同24.0％）、地方交付税交付金等が17兆7,863億円（同15.8％）となっている（図表12）。

a　社会保障関係費

　2024年度当初予算では、社会保障関係費は37兆7,193億円計上されており、年金給付費（13兆4,020億円）、医療給付費（12兆2,366億円）、介護給付費（3兆7,188億円）、少子化対策費（3兆3,823億円）、生活扶助等社会福祉費（4兆4,912億円）、保健衛生対策費（4,444億円）、雇用労災対策費（440億円）からなる。社会保障関係費は、高齢化の進行に伴い毎年1兆円前後の自然増が続

図表11　一般会計の歳出額の推移

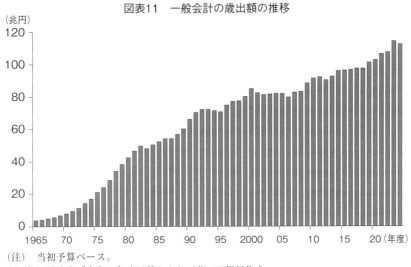

(注)　当初予算ベース。
(出所)　財務省「令和6年度予算」より三菱UFJ銀行作成

図表12　一般会計の歳出の内訳（2024年度当初予算）

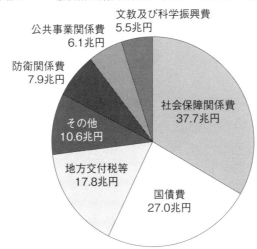

(出所)　財務省「令和6年度予算」より三菱UFJ銀行作成

1　日本の予算制度　133

いており、歳出全体を押し上げる大きな要因のひとつとなっている（図表13）。

(a) 年金給付費

日本の年金制度では、現役世代が納める保険料のほか、政府の一般会計からの支出も年金給付費の財源となっている（基礎年金の国庫負担割合は2009年度より50％）。高齢化の進展により2％程度の伸びが続いており、足元増加傾向にある（図表14）。

(b) 医療給付費

医療給付費は、国民健康保険、協会けんぽ、後期高齢者医療制度等に対する療養給付費等の国庫負担分等である。日本の医療保険制度は保険料、公費負担、患者負担を財源に運営されており、執筆時点で最新の2022年度の国民医療費46兆6,967億円についてみると、財源の50.0％が保険料、25.3％が国庫負担、12.6％が地方負担、11.6％が患者負担であった。年金同様、高齢化の進展を背景に国民医療費は毎年2％程度の伸びが続いており、一般会計の医療保険給付費も増加傾向にある（図表15）。

(c) 介護給付費

介護給付費は、介護保険制度の給付費の国庫負担分である。介護保険制度の給付費の財源は保険料が50％、公費負担が50％となっており、公費については、国庫負担が25％、都道府県負担が12.5％、市町村負担が12.5％である（施設等給付の場合は、国庫20％、都道府県17.5％、市町村12.5％）。2024年度当初予算では3兆7,188億円と毎年3％程度の伸びが続いており、ここにも高齢化の影響がみられる（図表16）。

(d) 少子化対策費

少子化対策費は、少子化対策・子育て支援関連の支出である。主に児童手当等交付金、保育士等の処遇改善や保育の受け皿整備に係る教育・保育給付金、就学支援費等からなり、2024年度当初予算では3兆3,823億円を計上している。2020年度以降は高等教育の授業料減免・無償化や保育・幼児

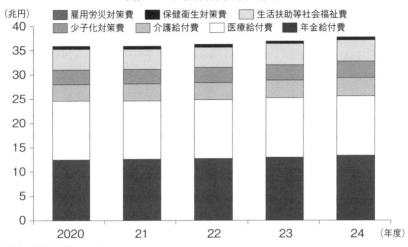

図表13 社会保障関係費の推移

(注) 当初予算ベース。
(出所) 財務省「令和6年度予算」より三菱UFJ銀行作成

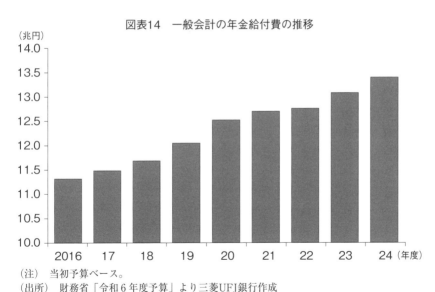

図表14 一般会計の年金給付費の推移

(注) 当初予算ベース。
(出所) 財務省「令和6年度予算」より三菱UFJ銀行作成

1 日本の予算制度 135

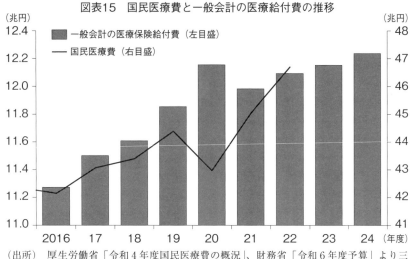

図表15　国民医療費と一般会計の医療給付費の推移

（出所）　厚生労働省「令和4年度国民医療費の概況」、財務省「令和6年度予算」より三菱UFJ銀行作成

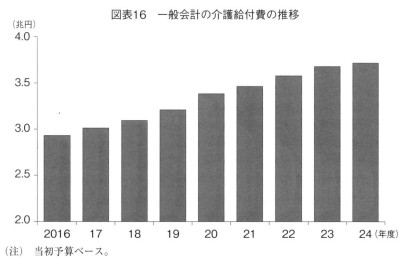

図表16　一般会計の介護給付費の推移

（注）　当初予算ベース。
（出所）　財務省「令和6年度予算」より三菱UFJ銀行作成

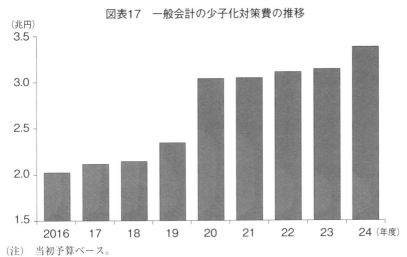

図表17 一般会計の少子化対策費の推移

(注) 当初予算ベース。
(出所) 財務省「令和6年度予算」より三菱UFJ銀行作成

教育無償化により大きく増加したほか、急速な少子化に歯止めがかからないなか、予算計上額の増加傾向が続いている（図表17）。

(e) **生活扶助等社会福祉費**

生活扶助等社会福祉費は、主に障害者自立支援給付費負担金や生活扶助費等負担金等からなり、2024年度当初予算では計4兆4,912億円を計上している（図表18）。

障害者自立支援給付費負担金は社会福祉費の一部で、市町村が障害福祉サービス等を受けた障害者に対して介護給付費や訓練等給付費を支給する際に、国が一部を負担するものである。障害福祉サービス等の利用者は増加の一途にあるほか、1人当りのサービス価格も増加傾向にあり、2024年度当初予算では1兆5,651億円と2016年度から60％程度増加している。

生活扶助費等負担金は生活保護費の一部であり、生活扶助に係る費用を国庫負担にするものである（生活保護費のうち、医療扶助に係る費用は医療

1 日本の予算制度 137

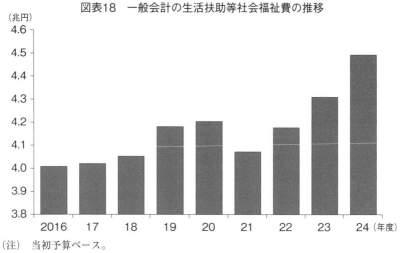

図表18　一般会計の生活扶助等社会福祉費の推移

（注）　当初予算ベース。
（出所）　財務省「令和6年度予算」より三菱UFJ銀行作成

給付費、介護扶助に係る費用は介護給付費に計上）。2014年度以降は生活保護受給者数も頭打ちとなるなか、1兆3,000億〜1兆4,000億円程度の推移が継続しており、2024年度予算では1兆3,721億円を計上している。

(f)　保健衛生対策費

保健衛生対策費は、感染症対策、がん対策、医療基盤整備等への支出である。2024年度当初予算では4,444億円を計上している。

(g)　雇用労災対策費

雇用労災対策費は雇用保険の国庫負担分や各種就職支援、高齢者・障害者の就労促進等がある。2024年度当初予算では440億円を計上している。

b　国債費

国債費は、債務償還費、利子及割引料、国債事務取扱費からなる。2024年度当初予算の国債費27兆90億円のうち、債務償還費は17兆2,957億円、利子及割引料は9兆6,910億円、国債事務取扱費は224億円である。

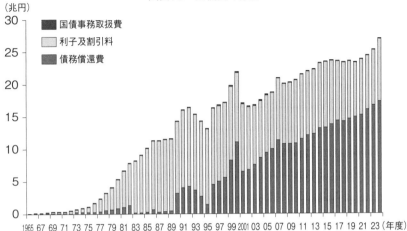

図表19　国債費の推移

(注)　当初予算ベース。
(出所)　財務省「令和6年度予算」より三菱UFJ銀行作成

　国債費は増加傾向が続いているが（図表19）、特に債務償還費は10年前と比較して約4兆円増大しており、この背景には国債残高の累増がある。債務償還費には定率繰入分として、前年度期首国債残高の1.6％相当額を計上するため（60年償還ルール）、国債残高の増加は自動的に償還費の増大につながる。

　そのほか、利子及割引料についても同様に元本である国債残高増加が利払い押上げに寄与する一方、金利低下による影響が相殺するかたちで近年は8兆～10兆円程度の推移が継続している（図表20）。今後、金利が上昇する局面では、利子及割引料が大きく増加する可能性があり、とりわけ税収の増加を伴わない「悪い金利上昇」となった場合には、財政の安定性が大きく損なわれるリスクがある点に留意しておく必要がある。

c　地方交付税交付金等

　2024年度当初予算では、地方交付税交付金等は17兆7,863億円計上されて

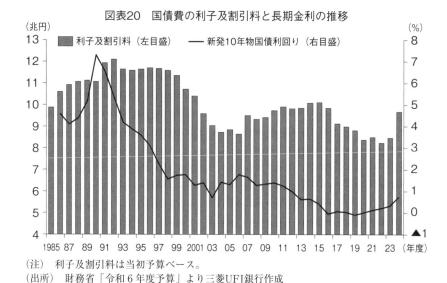

図表20　国債費の利子及割引料と長期金利の推移

(注)　利子及割引料は当初予算ベース。
(出所)　財務省「令和6年度予算」より三菱UFJ銀行作成

おり、地方交付税交付金や地方特例交付金等からなる。地方交付税交付金は、国から地方に対して使途を限定せずに交付される一般補助金である。地方交付税制度の機能には、財源調整と財源保障があり、前者は国税の一定部分を各地方団体に交付することで、地方団体間の財政格差を調整するものである。後者の財源保障機能は、財政力の弱い地方団体でも必要最低行政水準（ナショナルミニマム）を維持しうるよう財源を保障するものである。このように地方交付税には、本来地方の税収とすべき財源を国庫を通じて配分する、国が地方にかわって徴収する地方税（固有財源）という性格がある。

　地方交付税の金額は、国税収入額に一定の比率をかけた法定率分に各種の加算を行って決定される。法定率分は、地方交付税法により、所得税・法人税の33.1％、酒税の50％、消費税の19.5％、地方法人税の全額と定められている。地方交付税は、総額の94％が普通交付税、6％が特別交付税として、

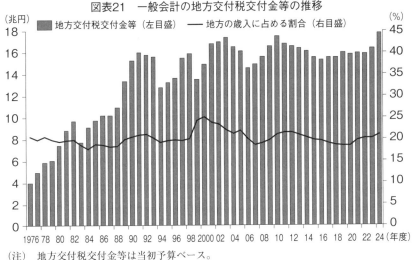

図表21　一般会計の地方交付税交付金等の推移

(注)　地方交付税交付金等は当初予算ベース。
(出所)　財務省「令和6年度予算」、総務省「地方財政計画」より三菱UFJ銀行作成

各地方団体に配分される。

　普通交付税は、基準財政需要額を基準財政収入額が下回る地方団体に交付される。基準財政需要額は、各行政項目別（土木費、厚生労働費等）にそれぞれ設けられた「測定単位」の数値（道路の面積・延長、人口等）に必要な「補正」（寒冷補正、合併補正等）を加え、これに測定単位ごとに定められた「単位費用」を乗じた額を合算することによって算定される。また、基準財政収入額は、標準的な地方税収入（法定普通税等）の75％に地方譲与税等を加えた金額である。基準財政需要額の基準財政収入額に対する超過額（財源不足額）が各地方団体の普通交付税額となる。

　特別交付税は、基準財政需要額の算定方法によってとらえきれなかった特別の財政需要、基準財政収入額の過大算定、普通交付税の算定期日後に生じた災害等の情勢変化等を考慮して交付される。

1　日本の予算制度　141

地方交付税交付金等には、地方特例交付金も含まれ、減税による地方税減収の補填のために交付される（減収補填特例交付金）。

　地方交付税交付金等の推移をみると、近年は14兆～18兆円程度で推移しており、地方の収入の2割程度を占めている（図表21）。

d　防衛関係費

　防衛関係費は、2024年度当初予算では7兆9,172億円計上されており、自衛隊員の給与や食事代等の人件・糧食費と、装備品の調達・修理・整備、油購入、自衛隊員の教育訓練等の経費である物件費がある。物件費は、過去の年度の契約に基づき支払われる歳出化経費と、その年度の契約に基づき支払われる一般物件費とに分けられる。物件費にこうした区分があるのは、装備品調達や施設整備には一定の期間を要するものが多いことから、複数年度に及ぶ契約（原則5年以内）を行い、将来の一定時期に支払うことを契約時に定める手法をとっているためである。具体的には、まず将来における債務負担の上限額が国庫債務負担行為（将来の支出を定める予算形式。契約締結のみが行われ、支払は行われない）等として予算に計上される。それを根拠として契約が締結され、原則として完成・納入が行われる年度に、支払に必要な経費が歳出化予算として計上されていく。複数年度に及ぶ契約に基づいて、契約の翌年度以降に支払う金額は後年度負担額と呼ばれる。

　歳出化経費は、武器車両、航空機、艦船、施設等の整備が中心であり、一般物件費は、修理費、油購入費等のほか、在日米軍駐留経費負担等も含む。

　金額内訳としては、2024年度当初予算（米国再編関係経費等の地元負担軽減分を除く）では、人件・糧食費2兆2,290億円、歳出化経費3兆7,928億円、一般物件費1兆7,032億円となっている。また、新規後年度負担額は7兆6,594億円で、既存分を合わせた後年度負担額の合計は13兆5,006億円である。

　防衛関係費には、1977年度から1986年度まで、総額を国民総生産（GNP）の1％以内に納める「GNP1％枠」の原則が適用されてきたが、1987年度

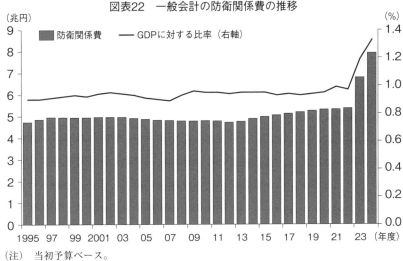

図表22　一般会計の防衛関係費の推移

(注)　当初予算ベース。
(出所)　財務省「令和6年度予算」、内閣府「国民経済計算」より三菱UFJ銀行作成

以降は中期的な総額を示して歯止めとする「総額明示方式」に変更された。1987年度以降も防衛関係費はおおむね国内総生産（GDP）の1％程度で推移していたが（1993年度以降、内閣府は一国の経済規模を表す代表的な指標として国民総生産ではなく国内総生産を使用している）、2022年11月には、2023年度の5年後である2027年度に、北大西洋条約機構（NATO）が加盟国に求める共通目標と同水準である「GDP比2％」に向けて増加させる方針を決定し、2023年度以降防衛費は大きく増加している（図表22）。ただ、岸田政権は、防衛関連費増額の財源の議論を先送りした。

e　公共事業関係費

2024年度当初予算では、公共事業関係費は6兆828億計上されており、道路や上下水道等、社会経済活動や国民生活、国土保全の基盤となる社会資本整備に充てられる支出である（図表23）。社会資本は、市場を通じた供給に

図表23　公共事業関係費

（単位：億円）

	2024年度	2023年度
治山治水対策事業費	9,548	9,544
道路整備事業費	16,715	16,711
港湾空港鉄道等整備事業費	4,037	3,976
住宅都市環境整備事業費	7,303	7,307
公園水道廃棄物処理等施設整備費	1,968	1,784
農林水産基盤整備事業費	6,080	6,078
社会資本総合整備事業費	13,771	13,805
推進費等	623	619
災害復旧等事業費	782	776
合計	60,828	60,600

（注）　2023年度当初予算額については、水道事業の移管に伴う組替え後の予算額。
（出所）　財務省「令和6年度予算」

適さない公共財の一種であり、政府によって供給される必要がある。これは、公共財が排除不可能性と非競合性という2つの性質を有するためである。排除不可能性は、費用を払わない人を消費から排除することが不可能か、排除するためのコストが膨大になるような性質である。こうした性質がある場合、利用者を特定し料金を徴収することが困難であるため、民間ではなく政府が供給を担う必要がある。また、非競合性は、ある人がその財・サービスを消費してもそのほかの人の消費を妨げず、消費者の増加が総供給コストを増加させないという性質である。非競合性のある財・サービスは、政府が供給して多数の利用に供し、社会全体の効用を増大させるのが望ましいと考えられている。

　公共事業関係費には、①治山治水対策（山地災害防止や保安林整備等の治山

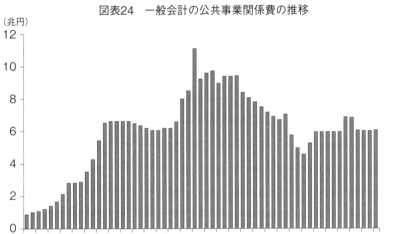

図表24　一般会計の公共事業関係費の推移

(出所)　財務省「令和6年度予算」より三菱UFJ銀行作成

事業、河川整備等の治水事業、海岸環境整備や高潮対策等の海岸事業)、②道路整備、③港湾空港鉄道等整備(港湾整備事業、空港整備事業、都市・幹線道路整備事業、新幹線整備事業、航路標識整備事業)、④住宅都市環境整備(公的賃貸住宅の整備促進や住宅金融支援機構に対する補給金等の住宅対策事業、市街地再開発や都市再生機構への資金提供等の都市環境整備事業)、⑤公園水道廃棄物処理等施設整備(下水道整備事業、水道水源開発等の水道施設整備事業、廃棄物処理施設整備事業、工業用水道整備事業、国営公園等整備事業、自然公園等整備事業)、⑥農林水産基盤整備(かんがい排水や農村地域の防災等の農業農村整備事業、森林整備事業、漁港・漁場整備等の水産基盤整備事業、地方向け交付金である農山漁村地域整備事業)、⑦社会資本総合整備、⑧推進費等、⑨災害復旧等がある。

　2000年以降は景気が持ち直し傾向にあったことや公共事業関係費の投資規模や中身について見直されたことを受けて削減傾向にあったが、足元は6兆

円程度での推移が続いている（図表24）。

f　文教及び科学振興費

　文教及び科学振興費は、2024年度当初予算では5兆4,716億円計上されており、文教関係費が4兆624億円、科学技術振興費が1兆4,092億円である。このうち文教関係費は、義務教育費国庫負担金（1兆5,627億円）、文教施設費（732億円）、教育振興助成費（2兆3,086億円）、育英事業費（1,178億円）からなっている。

　義務教育費国庫負担金は公立義務教育諸学校の教職員給与費にかかる経費等について国が一部を負担するものである。そのほか、文教施設費は公立学校の施設整備費等、教育振興助成費は生涯学習や国立大学法人への助成・スポーツ振興等のために必要な経費、育英事業費は独立行政法人日本学生支援機構に対する貸付や利子補給にかかる経費をそれぞれ国が負担もしくは交付

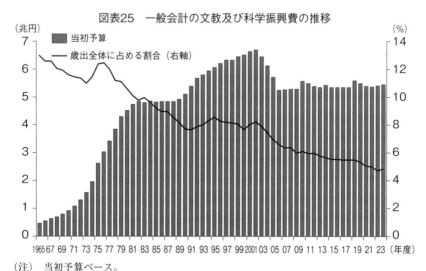

図表25　一般会計の文教及び科学振興費の推移

（注）　当初予算ベース。
（出所）　財務省「令和6年度予算」より三菱UFJ銀行作成

金を交付するために必要な経費である。

文教及び科学振興費の推移をみると、2000年代初頭に6兆円台後半まで増加したが、2000年代後半以降はおおむね5兆円台半ばでの推移が続いている。一般会計の歳出に占めるシェアも低下傾向をたどっており、近年では5％程度まで低下している（図表25）。

g　食料安定供給関係費

食料安定供給関係費は、2024年度当初予算では1兆2,618億円が計上されており、食料の安定供給を確保するための諸施策に要する経費である。内訳では、国産農産物生産基盤強化等対策費の3,735億円、農業農村整備事業費の1,999億円、担い手育成・確保等対策費の1,824億円等の金額が大きい。国産農産物生産基盤強化等対策費は、需要構造等の変化に対応した生産基盤強化等を推進するために要した経費であり、水田活用直接支払交付金や農畜産業振興対策交付金、配合飼料価格安定対策費補助金等からなる。農業農村整備事業費は、生産性・収益性等の向上に向けて、水田の畑地化（麦・大豆、野菜等）をいっそう推進するため、畑地化・畑地の高機能化に係る基盤整備を進めるとともに、農地集積率や受益面積要件等の事業要件の見直しを実施し、農業農村整備事業全体としてリソース配分を畑地化に重点化することに使われる。担い手育成・確保等対策費は、持続可能な農業構造の実現に向けた担い手の育成・確保等を図り、経営所得安定対策、農業共済事業等を実施するために要した経費である。

2021年度以降では1.3兆円程度での推移が継続している。

h　エネルギー対策費

エネルギー対策費は、2024年度当初予算では8,329億円が計上されており、エネルギーの長期的・安定的な供給確保に向けた、エネルギー需給対策の推進、安全かつ安定的な電力供給の確保のための経費である。エネルギー対策費の特徴のひとつとして、石油石炭税と電源開発促進税が財源の一部（特定財源）となっていることがあげられる。石油石炭税を財源としているのは、

1　日本の予算制度　147

燃料安定供給対策とエネルギー需給構造高度化対策である。燃料安定供給対策の内容は、石油・天然ガス・石炭の自主開発、流通合理化、備蓄等であり、エネルギー需給構造高度化対策の内容は、新エネルギー・省エネルギーにかかわる技術開発・設備導入支援、ガス・石炭の高度利用等である。

　一方、電源開発促進税は、電源立地対策、電源利用対策、原子力安全対策の特定財源である。電源立地対策は、発電用施設の円滑な設置・運転を目的とした、施設所在地周辺の環境整備（企業立地支援、公共施設整備、生活利便性向上等）や広報、環境安全対策等である。電源利用対策は、次世代発送電技術の開発等の経費、原子力安全対策は、安全確保に向けた原子力研究の経費である。

　そのほかのエネルギー対策費としては、国立研究開発法人日本原子力研究開発機構の運営費、国際原子力機関の分担金等がある。脱炭素化社会の実現は「電化社会」であり、エネルギーの安定供給と両立する必要がある。半導体工場の新規立地、データセンター建設などデジタルトランスフォーメーション（DX）進展による産業部門の電力需要の大幅増加という新しい課題も出てきた。脱炭素化電源（再生可能エネルギーや原子力等）の投資、蓄電池・送電網の整備などエネルギー対策費は膨らむことが予想される。

　近年は8,000億〜1兆円程度での推移が継続している。

i　経済協力費

　経済協力は、2024年度当初予算では5,041億円が計上されており、開発途上国の経済的・社会的開発や福祉向上に対する貢献を目的とした資金供与である。公的資金による経済協力には、政府開発援助（ODA：Official Development Assistance）とそのほか政府資金（OOF：Other Official Flows）がある。OECDの下部機関である開発援助委員会（DAC：Development Assistance Committee）は、以下の３条件を満たす資金供与をODAとしている。

①中央および地方政府を含む政府機関またはその実施機関により、開発途上国および国際機関に対して供与されるものであること

②開発途上国の経済開発および福祉の向上に寄与することを目的とするものであること

③供与条件がグラント・エレメント（GE）25％以上のものであること

　GEは、援助条件の緩やかさを示す指標で、金利、返済期間、据置期間が緩和されるほど高い数値となる。完全な贈与の場合のGEは100％となる。ODAは、無償資金協力、技術協力、有償資金協力（円借款）、国際機関に対する出資・拠出の4つの形態で行われている。

　無償資金協力は、所得水準の低い開発途上国に対して、医療・保健、衛生、水供給、初等・中等教育、農村・農業開発、環境保全、緊急人道援助等の分野で行われている。技術協力は、日本からの専門家派遣や相手国からの研修員受入れ等を通じて、開発途上国の人材育成や制度・政策環境の構築に貢献する事業である。国際協力機構（JICA）が中心的な役割を担っており、

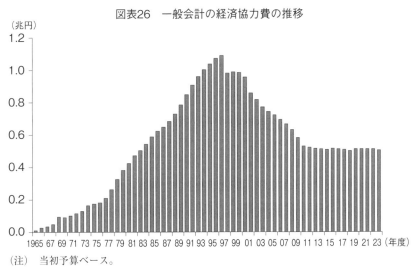

図表26　一般会計の経済協力費の推移

(注)　当初予算ベース。
(出所)　財務省「令和6年度予算」より三菱UFJ銀行作成

JICAにはODA予算の一部として運営費が交付されている。有償資金協力（円借款）は、開発途上国に低利・長期の開発資金を融資するもので、ODA事業額の半分程度を占めている。道路、電力、港湾等のインフラ整備のほか、貧困対策や気候変動対策支援のために行われるケースもある。

なお、2024年度の一般会計当初予算における経済協力費は5,041億円だが、ODA事業はこのほかに特別会計、出資国債、財政投融資等が財源となっており、2024年度のODA事業は全体で3兆1,439億円である。また、一般会計の経済協力費には留学生関係費等、ODAに該当しない経費も一部含まれている。一般会計の経済協力費は、厳しい財政状況が続くなか減少傾向にあったが、足元は5,000億円程度での推移が継続している（図表26）。

j　中小企業対策費

中小企業対策費は、2024年度当初予算では1,693億円が計上されており、中小企業の資金調達の円滑化、中小企業の経営革新・創業に向けた自助努力の促進、経営基盤の強化等に充てられる。予算の中心は政府系機関向けの出資金や補給金で、株式会社日本政策金融公庫、独立行政法人中小企業基盤整備機構等が対象となっている。そのほかの項目としては、中小企業の最低賃金引上げ、新事業創出、事業再生、下請取引適正化、地域商業活性化等に向けた経費が計上されている。

k　恩給関係費

恩給関係費は、①文官等恩給費、②旧軍人遺族等恩給費、③恩給支給事務費、④遺族及留守家族等援護費からなり、2024年度当初予算額は、771億円である。文官等恩給費は、国会議員互助年金、文官等恩給および文化功労者年金の支給経費であり、旧軍人遺族等恩給費は、旧軍人およびその遺族等に対する恩給支給経費である。遺族及留守家族等援護費には、「戦傷病者戦没者遺族等援護法」に基づく遺族年金等の支給、「戦傷病者特別援護法」に基づく療養の給付のほか、中国残留邦人等に対する一時金の支給等も含まれる。

150　第2章　日本の財政と国債

Ｉ　予 備 費

　予備費は、当初予算編成時には予見しがたい経費に充てることを想定して
計上され、補正予算等で使用される。通常の予備費とは別にそのほかの特定
緊急事態に対応するために予備費が計上されることもあり、近年の例では
2020年度から2022年度には新型コロナウイルス感染症対策予備費、2023年度
にはウクライナ情勢経済金融対応予備費、2024年度は原油価格・物価高騰対
策及び賃上げ促進環境整備対応予備費が計上されている。

6　特別会計

　2024年度時点では、13の特別会計が設けられている（図表27）。

a　交付税及び譲与税配付金特別会計

　交付税及び譲与税配付金特別会計のなかにある交付税及び譲与税配付金勘
定は、地方交付税等の配付を経理している。具体的には、一般会計からの受
入れや租税（地方揮発油税、石油ガス税、自動車重量税、航空機燃料税、特別と
ん税、地方法人特別税）、借入金等を財源に、地方公共団体への地方交付税、
地方特例交付金、地方譲与税の交付・譲与、借入金の返済等を行っている。

　2014年度予算から交通安全対策特別交付金勘定が廃止され、交通反則者納
金は一般会計で受け入れられたのち、交付税及び譲与税配付金特別会計に繰
り入れられることとなり、地方公共団体への交通安全対策特別交付金の交付
も同会計で行われることとなっている。交通安全対策特別交付金は、地方公
共団体が単独で行う道路交通安全施設整備の経費となり、信号機等の道路交
通安全施設の設置や管理に充てられる。

b　地震再保険特別会計

　地震再保険特別会計は、政府の地震再保険事業を経理している。地震再保
険事業は、民間損害保険会社が引き受けた地震保険の責任の一部を政府が再
保険するものである。地震による損害額はきわめて大きなものとなる事態が
想定され、民間損害保険会社だけでは支払が困難となり、被災者の生活再建

図表27　特別会計

	2024年度当初予算 （百万円）		所管
	歳入	歳出	
交付税及び譲与税配付金特別会計	52,573,709	51,867,147	内閣府、総務省及び財務省
地震再保険特別会計	113,328	113,328	財務省
国債整理基金特別会計	225,138,987	225,138,987	財務省
外国為替資金特別会計	4,462,965	1,317,220	財務省
財政投融資特別会計	26,685,088	26,641,428	財務省及び国土交通省
財政融資資金勘定	25,896,942	25,896,942	
投資勘定	736,219	736,219	
特定国有財産整備勘定	51,927	8,267	
エネルギー対策特別会計	15,995,852	15,995,852	内閣府、文部科学省、経済産業省及び環境省
エネルギー需給勘定	3,006,707	3,006,707	
電源開発促進勘定	390,081	390,081	
原子力損害賠償支援勘定	12,599,063	12,599,063	
労働保険特別会計	9,151,093	8,642,329	厚生労働省
労災勘定	1,260,201	1,090,103	
雇用勘定	3,610,628	3,271,963	
徴収勘定	4,280,263	4,280,263	
年金特別会計	103,218,371	103,218,371	厚生労働省
基礎年金勘定	30,344,956	30,344,956	
国民年金勘定	4,244,113	4,244,113	
厚生年金勘定	51,577,228	51,577,228	
健康勘定	12,800,894	12,800,894	

子ども・子育て支援勘定	3,757,249	3,757,249	
業務勘定	493,930	493,930	
食料安定供給特別会計	1,537,093	1,515,817	農林水産省
農業経営安定勘定	241,376	241,376	
食糧管理勘定	1,128,420	1,128,420	
農業再保険勘定	99,449	95,575	
漁船再保険勘定	8,056	7,008	
漁業共済保険勘定	28,805	12,452	
業務勘定	23,415	23,415	
国営土地改良事業勘定	7,571	7,571	
国有林野事業債務管理特別会計	340,115	340,115	農林水産省
特許特別会計	236,915	152,115	経済産業省
自動車安全特別会計	523,340	460,381	国土交通省
自動車事故対策勘定	82,520	22,271	
自動車検査登録勘定	46,307	43,596	
空港整備勘定	394,513	394,513	
東日本大震災復興特別会計	633,066	633,066	国会、裁判所、会計検査院、内閣、内閣府、デジタル庁、復興庁、総務省、法務省、外務省、財務省、文部科学省、厚生労働省、農林水産省、経済産業省、国土交通省、環境省及び防衛省

（出所）　財務省「令和6年度予算」

が遅れるリスクがある。そこで、損害額が一定額以上のものとなった場合、超過部分について国が再保険金を支払う制度が設けられている。資金の流れとしては、民間損害保険会社が契約者から受領した保険料は、いったんすべて、民間損害保険会社の共同出資で設立された日本地震再保険株式会社に再保険される。日本地震再保険株式会社はそこから、それぞれの保険責任割合に応じて、①自社で保有、②民間損害保険会社への再々保険、③政府の地震再保険特別会計への再保険、に振り分けて出再（再保険の引受依頼）する。

c　国債整理基金特別会計

国債整理基金特別会計は、一般会計および特別会計からの繰入金等を受け入れるとともに、公債、借入金等の償還・利払い等の支払を一元的に経理している。国債の償還財源はすべて国債整理基金で受入れ・蓄積・支出する仕組みとなっており、主な償還財源としては、定率繰入れや運用収入、借り換え債の発行収入金などがある。

d　外国為替資金特別会計

外国為替資金特別会計は、通貨当局が外国為替平衡操作（為替市場への介入）を実施するために設けられている。外国為替平衡操作は、為替相場が投機的な動き等によって、ファンダメンタルズから乖離する際や、短期間に大きく変動する際に、相場を安定させるために行われる。円売り・外貨買い介入の場合、政府は政府短期証券を発行して円貨を調達し、その円貨を外為市場で売却して、外貨を購入する。円買い・外貨売り介入の場合、外国為替資金特別会計が保有する外貨資産の売却等によって外貨を調達し、その外貨を外為市場で売却して、円貨を購入する。介入で購入された円貨は、政府短期証券の償還原資となる。なお、外為市場における介入の取引は日本銀行によって行われるが、介入のタイミングや規模等に関する決定権限は財務省が有している。

外国為替資金特別会計が保有する外貨資産の利子収入等は同特別会計の歳入となり、政府短期証券の利払い等は歳出として経理されている。歳入と歳

出の差額である剰余金は、一部が特別会計内で積立金として積み立てられ、残額は一般会計に税外収入として繰り入れられている。

e　財政投融資特別会計

　財政投融資特別会計の設置目的は、財政融資資金の運用ならびに産業の開発および貿易の振興のために国の財政資金をもって行う投資に関する経理を明確にするために設置されている。同特別会計は、財政融資資金勘定、投資勘定、特定国有財産整備勘定に分かれている。

　財政融資資金勘定は、歳入としては財投債の発行収入や財政融資資金の資金運用収入等、歳出としては財政融資資金への繰入れ等を経理している。財政融資資金は、政策的必要性が高く、かつ、償還確実性のある事業に対して、民間では困難な長期・低利の資金供給を行っている。具体的には、財投債の発行によって調達された資金が、株式会社日本政策投資銀行や株式会社国際協力銀行、独立行政法人住宅金融支援機構といった財投事業を行う機関に貸し付けられている。

　投資勘定は、投資収益の再投資を基本的な仕組みとしており、主たる歳入は配当金や財投機関からの国庫納付金、主たる歳出は産業投資支出である。産業投資は産業開発や貿易振興のため、公益性が高く、かつリターンが期待できるが民間だけでは十分なリスクを負えない部分を対象として、政策的にリスクマネーを供給することで、財政的な資源配分機能を果たしている。

　特定国有財産整備勘定は、庁舎等の整備にあたって、財務大臣が定める国有財産の取得および処分に関する特定国有財産整備計画を経理している。主な歳入は土地等の売却収入であり、主な歳出は新施設の整備費である。具体的な事業としては、単独あるいは分散して設置されている国の庁舎の集約立体化、国の庁舎や宿舎の移転再配置、庁舎の耐震化がある。

f　エネルギー対策特別会計

　エネルギー対策特別会計は、エネルギー需給勘定、電源開発促進勘定、原子力損害賠償支援勘定からなる。

1　日本の予算制度　155

エネルギー需給勘定は、特定財源である石油石炭税などを財源として行われる、燃料安定供給対策およびエネルギー需給構造高度化対策の経理を明確にするために設置されている。燃料安定供給対策とは、石油・天然ガス・石炭の安定的かつ低廉な供給の確保を図るための、資源開発、備蓄などである。エネルギー需給構造高度化対策は、安定的かつ適切なエネルギーの需給構造構築に向けた、省エネルギー・新エネルギー対策やエネルギー起源CO_2排出抑制対策などである。なお、「脱炭素成長型経済構造への円滑な移行の推進に関する法律」の規定により、2023年度から2032年度までの各年度に限り、エネルギー需給勘定の負担において、GX経済移行債を発行できる。

電源開発促進勘定は、特定財源である電源開発促進税などを財源として行われる、電源立地対策および電源利用対策の経理を明確にするために設置されている。電源立地対策は、発電用施設周辺地域整備法の規定に基づく交付金の交付や、発電用施設の周辺の地域における安全対策のための財政上の措置などである。電源利用対策は、発電用施設の利用の促進および安全の確保ならびに発電用施設による電気の供給の円滑化を図るための財政上の措置である。

原子力損害賠償支援勘定は、「原子力損害賠償支援機構法」に基づく原子力損害の賠償の迅速かつ適切な実施等に対応するための措置を経理している。

g　労働保険特別会計

労働保険特別会計は、労災保険事業を経理する労災勘定、雇用保険事業を経理する雇用勘定、労働保険料の徴収業務を経理する徴収勘定からなる。労災保険事業は、業務上の事由等による労働者の負傷等に対して迅速かつ公正な保護をするための保険給付や、被災労働者の社会復帰の促進等を図るための社会復帰促進事業を行っている。雇用保険事業は、失業等給付のほか、雇用安定事業および能力開発事業を行っている。徴収勘定については、歳入に労働保険料として一括徴収された労災保険と雇用保険に係る保険料が計上さ

れ、そこから、労災保険率および雇用保険率に相当する額がそれぞれ労災勘定および雇用勘定の歳入として繰り入れられる仕組みとなっている。

h　年金特別会計

年金特別会計は、年金事業のほか健康保険事業や児童手当事業等も経理しており、①基礎年金勘定、②国民年金勘定、③厚生年金勘定、④健康勘定、⑤子ども・子育て支援勘定、⑥業務勘定の6つの勘定に区分されている。

基礎年金勘定は、国民年金勘定、厚生年金勘定、共済組合等からの拠出金を主な財源として、基礎年金給付費や基礎年金相当給付費の支出を行っている。国民年金勘定は、国民年金保険料や積立金の運用収入、国庫負担金を主な財源として、基礎年金勘定への拠出、老齢福祉年金および特別障害給付金の給付等を行っている。厚生年金勘定は、厚生年金保険料や積立金の運用収入、国庫負担金を主な財源として、基礎年金勘定への拠出、基礎年金に上乗せされる報酬比例部分の給付、60歳から65歳までの特別支給の老齢厚生年金の給付等を行っている。

健康勘定は、健康保険および船員保険についての政府業務を経理し、事業主等から徴収する保険料を主な財源として、全国健康保険協会への交付金の交付等を行っている。子ども・子育て支援勘定は、事業主からの拠出金および国庫負担金を主な財源として、児童手当の給付、子どものための教育・保育給付、企業の保育サービス拡大支援を行うためのものである。業務勘定は、年金特別会計によって行われる各種事業の業務の取扱い等に必要な経費を経理している。加えて、日本年金機構が行う業務にかかる経費については、交付金を交付することとしている。

i　食料安定供給特別会計

食料安定供給特別会計は、食料の安定供給を図るために関連づけられる事業（農業経営安定、食糧の需給及び価格の安定、漁船再保険事業等）に関する政府の経理を明確にするために設置されており、①農業経営安定勘定、②食糧管理勘定、③農業再保険勘定、④漁船再保険勘定、⑤漁業共済保険勘定、⑥

1　日本の予算制度　157

業務勘定、⑦国営土地改良事業勘定の7つの勘定に区分されている。

農業経営安定勘定では、畑作物の直接支払交付金の交付及び収入減少影響緩和交付金の交付を行っている。食糧管理勘定では、米穀の備蓄の円滑な運営を図るための国内産米穀の買入れ・売渡し、輸入を目的とする米穀の買入れ・売渡し、麦の需給見通しに基づく輸入食糧麦の買入れ、売渡しおよび飼料需給計画に基づく輸入飼料の買入れ・売渡し等を行っている。農業再保険勘定では、農作物共済、家畜共済、果樹共済、畑作物共済および園芸施設共済ならびに農業経営収入保険に関する再保険事業等に係る経理を行っている。

漁船再保険勘定では、漁船損害等補償制度の安定化を図るための漁船保険等に関する再保険事業に係る経理を行っている。漁業共済保険勘定では、中小漁業者の営む漁業につき不慮の事故等による損失を補塡するための事業に関する経理を行っている。

業務勘定では、農業経営安定勘定、食糧管理勘定、農業再保険勘定、漁船再保険勘定および漁業共済保険勘定に共通する事務人件費の経理が行っている。

国営土地改良事業勘定は、国営土地改良事業の負担金徴収のため、各工事別に区分して未完了借入事業の工事等の経理を管理している。事業費のうち国および受益者負担となる部分には一般会計からの繰入金等が充てられ、道県負担となる部分には借入金が充てられている。

j 国有林野事業債務管理特別会計

国有林野事業債務管理特別会計は、旧国有林野事業特別会計（2013年度より一般会計に移管）から承継した約1.3兆円の借入金債務の処理に関する経理を行っている。借入金債務は一般会計からの繰入金を財源として償還を行い、2048年度までに償還を完了させる予定である。

k 特許特別会計

特許特別会計は、特許等工業所有権に関する事務の遂行に資するととも

に、その経理を明確にするために設置されている。本特別会計では、出願人からの出願料・審査請求料・特許料等の徴収、審査・審判、人件費や審査・審判関係費等の支出が行われる。

l　自動車安全特別会計

　自動車安全特別会計は、自動車事故対策勘定、自動車検査登録勘定、空港整備勘定に区分されている。

　自動車事故対策勘定は、自賠責保険料の一部に含まれる賦課金を財源として、ひき逃げ・無保険車の被害者への自賠責保険金にかわる保証金の支払等に充てられる。また、賦課金に加え、政府再保険制度時代に積み立てられた積立金の累積運用益等を財源として、被害者保護増進等計画に規定する事故による重度後遺症障害者等の被害者保護増進対策および事故発生防止の実施・再保険金等の支払等に必要な経費の支出を実施している。

　自動車検査登録勘定は、自動車ユーザーからの検査・登録手数料等を財源にして、自動車の安全確保・環境保全対策等に必要な経費の支出を実施している。

　空港整備勘定は、航空運送事業者等からの空港使用料収入や一般会計からの繰入金等を財源として、空港整備事業、環境対策事業、航空路整備事業、空港等の維持運営等を実施している。

m　東日本大震災復興特別会計

　東日本大震災復興特別会計は、東日本大震災からの復興にかかる国の資金の流れの透明化と復興債償還の適切な管理のため、2012年度から設置された。歳入は、復興債や復興特別税、一般会計からの受入金等であり、歳出として、災害救助費や災害廃棄物処理、災害復旧公共事業、地方公共団体向けの東日本大震災復興交付金などが計上されている。

1　日本の予算制度　159

⑦ 財政投融資

a 財政投融資の役割

　財政投融資とは、国の制度・信用に基づいて調達された各種の公的資金を財源として、国の政策目的に即して行われる政府の投融資活動と定義づけられる。通常の財政支出が、税収を財源とする無償資金の供与であるのに対し、財政投融資は、有償資金の活用という金融的手法による政策手段といえる。

　財政投融資の役割は、民間の金融機関だけでは資金配分が不十分となる分野への投融資を補完し、経済全体として、効率的な資金配分の実現を図ることにある。たとえば、民間金融機関ではリスクを負いにくい、長期間の資金供給や大規模事業への資金供給などである。

　財政投融資の活用対象分野としては、中小企業・農林水産業、教育・福祉・医療、社会資本、産業・研究開発、国際金融・ODA、地方公共団体がある。

b 財政投融資の仕組み

　財政投融資の具体的な資金供給手法は、①財政投資、②産業投資、③政府保証の3つである。

　財政投資は、国の特別会計や地方公共団体、政策金融機関、独立行政法人等に対する財政融資資金の貸付である。財政融資資金は、財投債の発行により調達された資金や、政府の特別会計から預託された積立金・余裕金などであり、財政投融資特別会計の財政融資資金勘定で経理されている。財政融資資金の前身である資金運用部資金は、原資の大部分が郵便貯金・年金積立金からの預託金であったが、2001年度の財政投融資改革後は、郵貯・年金資金の受入れはなくなり、もっぱら財投債発行による資金調達が行われている。財政融資は、国の信用に基づき最も有利な条件で資金調達しているため、長期・固定・低利での資金供給が可能であるという利点がある。

　産業投資は、財政投融資特別会計の投資勘定において経理され、産業開発

160　第2章　日本の財政と国債

および貿易振興のための投資を行っている。原資は、株式会社日本政策金融公庫などの国庫納付金や財政投融資特別会計投資勘定が保有するNTT株、JT株などの配当金である。財政融資が確定利付きの融資を行うのに対し、産業投資は政策的必要性が高くリターンが期待できるものの、リスクが高く民間だけでは十分に資金が供給されない事業に対して、投資（主として出資）により資金供給をしている。

政府保証は、政策金融機関や独立行政法人の資金調達を支援するため、政府がこれらの機関の債務に対して保証を付与するものである。政府保証については、個別に厳格な審査を行うことに加え、その執行にあたっても、資金需要に応じた管理を行うこととしている。

8　予算トピックス

a　総予算

国の財政規模をみる場合、一般会計の規模が用いられることが多いが、より総合的にとらえるためには、特別会計の規模も勘案する必要がある。2024年度当初予算についてみてみると、一般会計の総額が112.6兆円であるのに対し、13ある特別会計の単純合計額は436.0兆円である。会計間の取引額などの重複額等を控除した純計額でみても、特別会計の規模は207.9兆円と一般会計の2倍近くとなっている。

一般会計と特別会計の単純合計額は548.6兆円だが、両会計間で二重に計上されている項目も少なくない。たとえば、地方交付税交付金や国債費等は、一般会計の歳出に計上されて特別会計に繰り入れられ、最終的に特別会計から支出される。こうした重複部分を除いた、一般会計と特別会計の純計額は394.2兆円となる（2024年度当初予算ベース）。ここからさらに、国債整理基金特別会計における借り換え償還額（135.6兆円）を控除した、258.7兆円が国の財政活動の総体的な規模を表す数字とみることができよう（図表28）。その内訳は、約4分の3を社会保障関係費（102.3兆円）と国債費（89.4兆円）

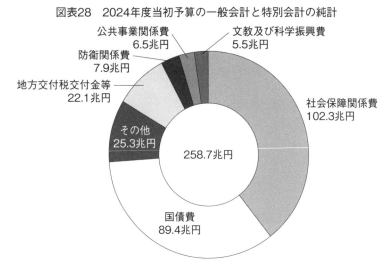

(出所) 財務省「令和6年度予算」より三菱UFJ銀行作成

が占めている。

b　予算執行調査

　予算執行調査とは、財務省主計局と全国の財務局の担当者が、事業の現場に赴き、予算の透明化・効率化を図る観点から、必要性・有効性・効率性をチェックする調査であり、2002年度から毎年実施されている。予算執行調査は、財政資金の効率的・効果的な活用のため、予算のPlan（予算編成）・Do（予算の執行）・Check（評価・検証）・Action（予算への反映）のサイクルにおけるCheck・Action機能を強化し、予算へ的確にフィードバックすることを目的とする取組みのひとつである。

　例年、年明けから調査対象事業の選定が始まり、4月初めに調査対象事業を選定・公表のうえで調査が開始され、調査結果は6月末から7月にかけて取りまとめられ、公表される。調査の結果をふまえて、事業の必要性等が検

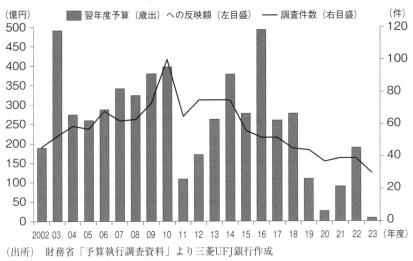

図表29　予算執行調査

(出所)　財務省「予算執行調査資料」より三菱UFJ銀行作成

証され、全部廃止や一部廃止など、翌年度予算への反映が行われる。制度が開始された2002年度から2023年度まで、1,265件の調査が行われ、翌年度予算への反映額は累計で5,603億円となっている（図表29）。

02

日本の財政状況と国債

1　財政収支

戦後の日本の財政収支の推移を振り返ると、終戦直後の1946年度こそ赤字

財政であったが、財政法が制定された1947年度から1964年度まで、一般会計の収支均衡が維持された。1965年度補正予算によって戦後初となる「歳入補填公債」が発行されたことが、均衡財政方針の転換点であり、その後、景気低迷による税収不足や財政出動、福祉政策の充実等を背景に財政収支は赤字基調が定着した。1975年度補正予算からは赤字国債（特例国債）の発行が再開され、円高や石油危機とも相まって財政赤字は一段と拡大した。1980年代後半から1990年代初頭については、好況による税収増や1989年の消費税導入等により財政赤字はいったん縮小傾向をたどり、1990年度には赤字国債の発行が回避されるまでに至った。しかし、バブル崩壊後は、大型経済対策の実施や税収の減少によって財政赤字は急速に拡大し、1994年度からは赤字国債の発行も再開された。2000年代半ばには、景気回復に伴う税収増などを背景に財政赤字が縮小したものの、2008年度以降は、世界的な景気後退による税収の落ち込みや東日本大震災の財政出動対応などにより、財政赤字は過去最大を更新することとなった。近年では2020年度に新型コロナウイルス感染症の対応として大規模な経済対策や医療支出の増加により財政赤字が拡大したほか、高齢化の進行による社会保障関係費の増大も財政赤字を一段と押し上げる要因となっており、財政赤字は30兆円前後で推移している（図表30）。

　2024年度当初予算では、歳出112.6兆円に対して、税収とその他収入の合計は77.1兆円にとどまり、その差額は35.4兆円の赤字となっている。直近数年の決算の傾向として法人税を中心に税収が予算比約2〜3兆円上振れるも、当面は30兆円前後の財政赤字は継続するであろう。こうした大幅な財政赤字を一段と縮小させるには、相当の財政的な努力が必要とみられている。財務省の「令和6年度予算の後年度歳出・歳入への影響試算」によると、名目経済成長率を比較的高めの3％とした場合でも、2027年度の財政収支は34.8兆円の赤字と試算されている。また同試算では、名目経済成長率が1.5％で推移した場合には、2027年度の財政赤字は36.4兆円に拡大することが試算されている（図表31）。

図表30　一般会計（補正後）の歳入・歳出の推移

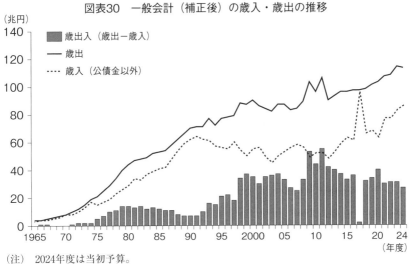

（注）　2024年度は当初予算。
（出所）　財務省「令和6年度予算」より三菱UFJ銀行作成

図表31　2024年度予算の後年度歳出・歳入への影響試算

(単位：兆円)

	名目経済成長率の前提		2023年度	2024年度	2025年度	2026年度	2027年度
2024年度予算における制度・施策を基にした後年度歳出・歳入への影響試算	1.50%	歳出	114.4	112.6	115.2	118.1	120.8
		税収及びその他収入	78.8	77.1	82.0	83.2	84.4
		差額	35.6	35.4	33.1	34.9	36.4
	3%	歳出	114.4	112.6	115.6	119.4	123.1
		税収及びその他収入	78.8	77.1	83.2	85.7	88.2
		差額	35.6	35.4	32.4	33.7	34.8

（出所）　財務省「令和6年度予算の後年度歳出・歳入への影響試算」

❷ プライマリー・バランス

　財政の健全性を計るにあたっては、通常の財政収支に加えて、プライマリー・バランス（基礎的財政収支）も重視される。プライマリー・バランスは、税収およびその他収入から国債費以外の歳出を引いた収支であり、財政赤字の長期的な維持可能性を判断する基準となる。プライマリー・バランスがゼロ、すなわち均衡している状態は、政策的支出をその年度の税収等ですべてまかなうことができ、新たな債務に依存することがない状態を意味する。このとき、債務残高は利払い費分だけ増加するが、その国の経済規模（名目GDP）の拡大ペースを上回るスピードで増加しない限りは、政府は破産を免れうる。つまり、プライマリー・バランスが均衡している状態で、経済成長率が政府債務の利子率を上回る場合には、対名目GDP比でみた債務残高は減少していくため、長期的に財政赤字を維持できることとなる。また、経済成長率と利子率が等しい場合、債務残高の対名目GDP比は一定を維持するが、経済成長率が利子率を下回る場合には、債務残高の対名目GDP比は上昇していくため、いずれかの段階で財政は行き詰る。

　このように、プライマリー・バランスが均衡している状態でも、経済成長率と利子率の水準によって、財政赤字の維持可能性は異なるため、債務残高の対名目GDP比を確実に引き下げるためには、プライマリー・バランスで一定の黒字幅を確保する必要がある。具体的には、黒字幅が「債務残高の対名目GDP比に利子率と経済成長率の差を乗じた値」を上回る場合、債務残高の対名目GDP比は低下する。

　日本のプライマリー・バランスの計測には、国民経済計算（SNA）ベースの国と地方のプライマリー・バランスが一般的な指標として用いられている。このプライマリー・バランスの対名目GDP比の推移をみると、1992年度に赤字に転じ、以降は現在に至るまで赤字が継続している。1990年代以降における赤字幅拡大の背景には、バブル崩壊による税収の落ち込みや財政出動がある。2000年代の中頃からは、景気の持直しを追い風に赤字幅は縮小傾

図表32　債務残高の対名目GDP比が前年を上回らないための条件

PB：プライマリー・バランス

$$\frac{今年度の債務残高}{今年度の名目GDP} \geq \frac{来年度の債務残高}{来年度の名目GDP}$$

$$\geq \frac{今年度の債務残高 + 利払い費 - PB黒字}{来年度の名目GDP}$$

$$\geq \frac{今年度の債務残高 \times (1 + 長期金利) - PB黒字}{今年度の名目GDP \times (1 + 名目GDP成長率)}$$

以上を展開して

$$\frac{PB黒字}{今年度の名目GDP} \geq (長期金利 - 名目GDP成長率) \times \frac{今年度の債務残高}{今年度の名目GDP}$$

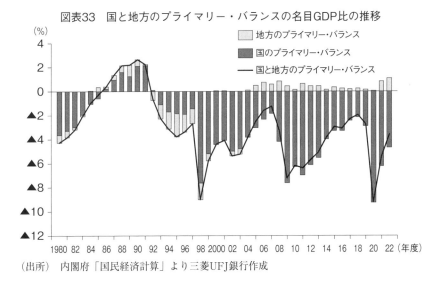

図表33　国と地方のプライマリー・バランスの名目GDP比の推移

（出所）　内閣府「国民経済計算」より三菱UFJ銀行作成

向をたどったものの、その後は世界的な景気後退の影響によって、2009年度の赤字幅は対名目GDP比6.1％まで悪化し、また2020年度には新型コロナウイルス感染症対応にかかる財政出動等を背景に、赤字幅は対名目GDP比9.3％まで悪化した（図表33）。

　国と地方のそれぞれのプライマリー・バランスをみると、国は1993年度から、地方は1992年度からと、ともに1990年代前半に相前後して赤字に転じたが、その後の推移は大きく異なっている。地方は1990年代末前後にかけて赤字幅が縮小し、2004年度以降は黒字で推移している。一方、国は、1993年に赤字に転じて以降は大幅な赤字が続いており、国と地方のプライマリー・バランスの赤字の大半は、国の赤字となっている。

3　国債発行額と国債残高

　毎年度の国債発行額は、財政赤字の拡大に伴い増大傾向をたどってきた。新規財源債（復興債を含む、以下同じ）の発行額は、2020年度に新型コロナウイルス感染症対応の財源確保で過去最高の109兆円となって以降は減少傾向にあり、2024年度当初予算では35兆円となっている（図表34）。過去からの内訳の推移をみると、1966年度から1974年度までの新規財源債はすべて建設国債であった。1975年度に赤字国債の発行が再開された後は、建設国債が5割強、赤字国債が5割弱という状態が1986年度まで続いた。

　1990年代初頭にかけては、赤字国債の発行が減少し、1990年度にはゼロとなるなか、新規財源債の発行額も低水準で推移した。しかし、1992年度、1993年度には建設国債が増発され、1994年度からは赤字国債の発行が再開されたことにより、新規財源債の発行額は再び増加基調をたどった。この間、新規財源債に占める赤字国債の比率も上昇傾向をたどり、2000年代半ば以降は7割～8割を占めるようになった。この背景には、経済対策等における公共事業のウェイトが低下する一方、高齢化に伴って社会保障関係費が歳出の大きなシェアを占めるようになってきたことがある。

図表34 新規財源債発行額の推移

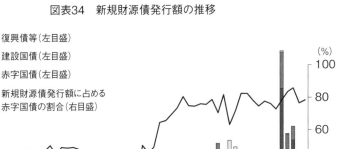

(注) 復興債等には復興債、GX経済移行債、こども特例債を含む。
(出所) 財務省「国債発行計画」より三菱UFJ銀行作成

図表35 国債発行額の推移

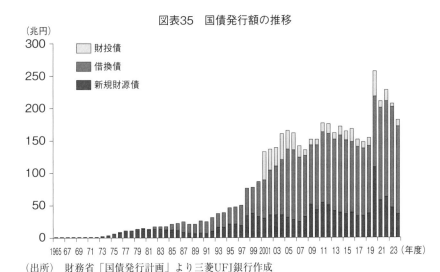

(出所) 財務省「国債発行計画」より三菱UFJ銀行作成

また、2011年度と2012年度には、東日本大震災に対応するために復興債が発行され、2020年度には新型コロナウイルス感染症の対応により赤字国債が発行されたこと等から、新規財源債の発行額を一段と押し上げる要因となった。さらに、2023年度にはGX移行債、2024年度には子ども特例債の発行が開始された。

　新規財源債に借換債と財投債を加えた場合でも、発行額は過去水準から増加しており、2023年度には206兆1,360億円（補正予算後）、2024年度も181兆4,956億円（当初予算）と高水準で推移している（図表35）。借換債は、国債発行残高の累増とともに増加基調をたどっており、2010年以降は毎年100兆円以上の発行が行われている（2024年度当初予算では135兆5,154億円）。一方、財投債の発行額は、財政投融資の縮小を受けて減少しており、2024年度当初予算では10兆円と発行開始当初の4分の1程度となっている。

　国債残高も増加を続けており、2024年度末の長短国債（除く財投債・政府短期証券）残高は1,094兆8,334億円と30年前の約4.3倍に達する見込みとなっている。国債残高の増加は今後も継続する公算が大きく、財務省の「国債整理基金の資金繰り状況等についての仮定計算」によれば、2033年度末の長短国債残高は1,245兆円に達すると試算されている。

　発行根拠法別に国債残高の推移をみると、建設国債は現在に至るまでおおむね増加傾向にあり、2024年度末には298.1兆円に達する見込みとなっている。赤字国債残高は、発行が再開された1975年度から1980年代中頃まで増加を続けた後、いったん増加に歯止めがかかり、1980年代後半から1990年代前半までは65兆円前後で推移した。しかし、その後は足元に至るまで急ピッチでの増加が続いている。国債残高は、当初は建設国債が赤字国債を上回っていたが、2005年度に逆転し、2024年度末の赤字国債等残高は建設国債の2.76倍程度になることが見込まれている（図表36）。

　そのほかの国債の残高についてみると、財投債の2023年度末の残高は94.6兆円程度となっている（図表38）。また、政府短期証券は、2023年度末時点

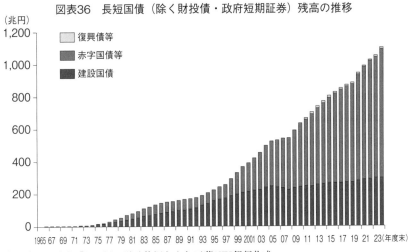

図表36　長短国債（除く財投債・政府短期証券）残高の推移

(出所)　財務省「わが国の財政状況」より三菱UFJ銀行作成

で91兆4,993億円の残高がある。政府短期証券は、財務省証券、食糧証券、石油証券、外国為替資金証券、財政融資資金証券、原子力損害賠償支援証券からなるが、大半を占めるのは為替介入資金の調達に用いられる外国為替資金証券であり、2023年度末時点の残高は90兆1,659億円となっている。このため政府短期証券は、大規模な為替介入が行われた2003年や2011年に残高が大きく増加してきた。

4　広義の政府債務

国債以外の債務も含めた、国の広義の債務残高を示すものとして、財務省は「国債及び借入金並びに政府保証債務現在高」を四半期ごとに作成している。これは、内国債および借入金、政府短期証券ならびに政府保証債務現在高について、IMFの公表基準に従って公表するものである。2023年度末時点の国債および借入金現在高の総額は1,297兆1,615億円で、内訳は内国債1,157

図表37　国債整理基金の資金繰り状況等についての仮定計算

(単位：億円)

年度 (令和)	(西暦)	要償還額	借換債収入 ①	定率・差減額繰入等 ②	一般会計から繰戻 ③	運用益等 ④	財源計 ①〜④	年度末基金残高	年度末公債残高	利払費等
6	2024	1,484,400	1,315,000	169,100	300	10	1,484,400	30,000	10,971,200	98,300
7	2025	1,484,700	1,307,500	176,900	300	10	1,484,700	30,000	11,127,900	112,300
8	2026	1,435,100	1,252,500	182,400	200	10	1,435,100	30,000	11,292,400	133,200
9	2027	1,453,000	1,267,600	185,000	400	10	1,453,000	30,000	11,466,600	154,000
10	2028	1,482,900	1,294,200	188,500	200	10	1,482,900	30,000	11,637,300	174,400
11	2029	1,451,500	1,259,300	192,100	100	10	1,451,500	30,000	11,804,200	191,500
12	2030	1,480,100	1,285,200	194,800	100	10	1,480,100	30,000	11,968,500	206,000
13	2031	1,526,600	1,329,100	197,400	100	10	1,526,600	30,000	12,130,400	220,500
14	2032	1,565,400	1,365,400	200,000	0	10	1,565,400	30,000	12,289,600	235,300
15	2033	1,593,700	1,391,500	202,100	0	10	1,593,700	30,000	12,446,800	248,000

（計算の前提）

1．2024年度の［試算-1］を前提とする。2028年度以降、新規公債発行額は2027年度の「差額」と同額、金利は2027年度と同水準と仮置き。
2．計算の対象は、定率繰入及び発行差減額繰入対象公債等としている。なお、年金特例債は計算の対象とし、復興債、脱炭素成長型経済構造移行債及びこども・子育て支援特例公債（仮称）は計算の対象外とする。
3．「借換債収入」には、特別会計に関する法律の規定により前年度に発行することが認められる借換債の収入金を含む。
4．「一般会計から繰戻」は、「日本電信電話株式会社の株式の売払収入の活用による社会資本の整備の促進に関する特別措置法」及び「道路整備事業に係る国の財政上の特別措置に関する法律」の規定による一般会計からの償還金である。
5．「利払費等」には、公債利子等のほか、国債事務取扱費や（国債整理基金特別会計直入である）たばこ特別税による収入を含む。
6．計算を行うに当たり、剰余金の発生は見込んでいない。
7．100億円以上の計数については10億の位を四捨五入している。そのため、計において一致しない場合がある。
8．計算の前提の変化により、上記の各計数は異動するものである。

（出所）　財務省ホームページ

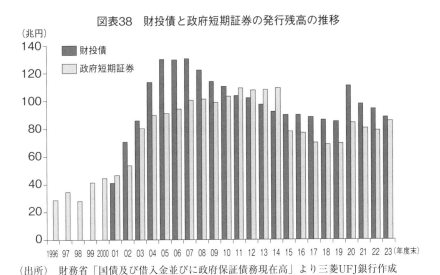

図表38　財投債と政府短期証券の発行残高の推移

(出所)　財務省「国債及び借入金並びに政府保証債務現在高」より三菱UFJ銀行作成

兆1,009億円、借入金48兆5,613億円、政府短期証券91兆4,993億円となっている（図表39）。同総額は、2003年度末時点は703兆1,479億円、2013年度末時点は1,024兆9,567億円で、約20年間で約1.8倍以上に増加したことがわかる。また、2023年度末時点の政府保証債務現在高は29兆5,424億円である。

　地方も含めた政府の債務残高を表すものとしては、「国及び地方の長期債務残高」があり、国負担分の長期債務である普通国債、借入金、交付国債等と地方負担分の長期債務の合計が示されている。ただし、ここで集計されているのは、利払い・償還が主として税財源でまかなわれる債務であり、上記の「国債及び借入金並びに政府保証債務現在高」とは債務の範囲が異なる。具体的には、特別会計の収益や回収金が利払い・償還財源である、財投債や政府短期証券は含まれない。2024年度末の長期債務残高の見込値は、国が1,136兆円程度、地方が179兆円程度で、合計1,315兆円程度となっている（いずれも当初予算ベース）。過去からの残高の推移をみると、国・地方ともに増

2　日本の財政状況と国債　173

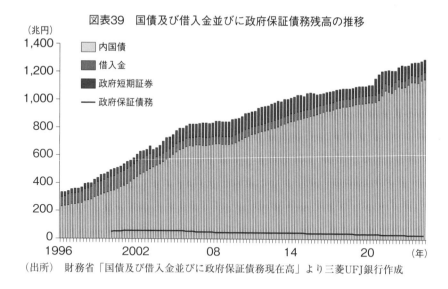

図表39　国債及び借入金並びに政府保証債務残高の推移

(出所)　財務省「国債及び借入金並びに政府保証債務現在高」より三菱UFJ銀行作成

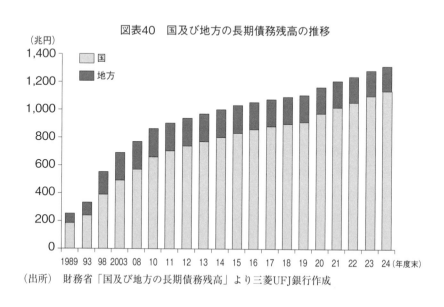

図表40　国及び地方の長期債務残高の推移

(出所)　財務省「国及び地方の長期債務残高」より三菱UFJ銀行作成

加傾向をたどっているが、国の長期債務が約20年前と比べて2.3倍になっているのに対し、地方はおおむね横ばいであり、国の長期債務増加ペースが地方を大きく上回っていることがわかる（図表40）。

5　国のバランスシート

　国の財政状態の分析にあたっては、負債だけでなく資産とのバランスを考えることで、全体像の把握が可能となる。2022年度の国の貸借対照表（一般会計・特別会計の合算ベース）をみると、資産額が約741兆円であるのに対し、負債額は約1,443兆円で702兆円の負債超過状態にある。資産の内訳では、国有地や道路、堤防等の有形固定資産が2割弱（約195兆円）を占める。次に大きいのは、外貨準備として保有されている外貨証券等が含まれる有価証券、次いで地方公共団体や政府系機関などへの貸付金で、それぞれ約126兆円、約125兆円が計上されている。一方、負債の大半は公債で、約1,144兆円と約8割を占め、これに政府短期証券（約88兆円）と借入金（約34兆円）を加えると約9割となる。公債等以外で金額が大きな負債としては、公的年金預り金があり、約123兆円が計上されている。国の貸借対照表は、一般会計・特別会計の合算ベースのほかに、独立行政法人・特殊法人等を加えた連結ベースのものがある。連結ベースの負債超過は約582兆円であり、一般会計・特別会計の合算ベースと同じく大幅な負債超過状態にある（図表41）。

　国が国債を大量に発行している一方で、その約半分を日本銀行が保有しているため、国と日本銀行を合算すれば、国の発行する国債は日本銀行が保有する国債によって相殺され、一国の財政が著しく悪化している状態にあるとはいえないという見解がある。上記の見解の妥当性を考えるために、以下では国のバランスシート（連結ベース）に日本銀行のバランスシートを追加した、いわゆる統合政府のバランスシート（筆者試算）について考察する。

　まず、日本銀行のバランスシートをみると、その特徴として、日本銀行は、超短期の期間の負債である当座預金を通じて調達した資金で、中長期の

2　日本の財政状況と国債　175

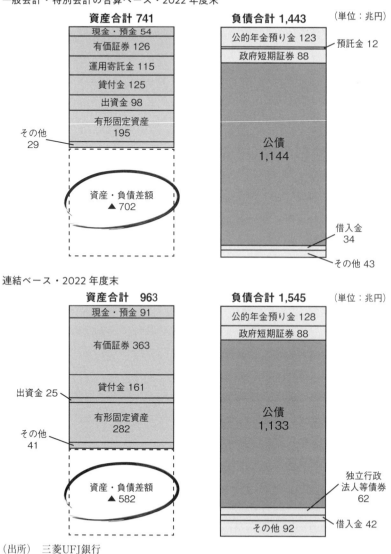

図表41　国のバランスシート

(出所)　三菱UFJ銀行

176　第2章　日本の財政と国債

より長い期間の資産である国債を保有していることがわかる。つまり、日本銀行では、調達と運用において、期間のミスマッチが大きく生じている状態にあるといえる。

　次に、国と日本銀行を合算した統合政府のバランスシートをみると、2つの特徴があるといえる。

　1つ目は、統合政府のバランスシートでみても、国のバランスシート（連結ベース）と同様に、依然として大幅な負債超過は減らずに残存しているということである。たしかに、前述の見解にあるとおり、統合政府のバランスシートでは国が発行する国債は日本銀行が保有する国債と相殺される。しかしながら、それはあくまで負債サイド内において、日本銀行の当座預金という超短期の負債に置き換わっているだけであり、大幅な負債超過の状態自体はまったく解消されない。

　2つ目は、国が発行する国債を日本銀行が保有することで、国債は日本銀行の当座預金という超短期の負債に置き換わり、結果として、統合政府の負債が実質的に短期化してしまっているということである。前述した超短期の負債で調達するという日本銀行のバランスシート上の特徴を統合政府のバランスシートは受け継いでいる。今後、日本銀行が政策金利（短期金利）をさらに引き上げていく場合、日本銀行の当座預金の金利も引き上がることが想定されるため、統合政府の利払コストの急増につながる懸念がある。ちなみに、2024年12月26日に日本銀行が公表した日銀レビューでは、先行きの日本銀行の収益・自己資本に関する試算結果が示されている。このレポートでは、より厳しい仮定を置いた場合、一時的に赤字が発生する可能性があることが指摘されている。ただし、その場合でも、債務超過にはならないこと等についても記載されている。

　以上の2点から、統合政府のバランスシートでみたとしても、財政の安定性が懸念される状態には変わりはない（図表43）。

図表42　日本銀行のバランスシート

2022年度末

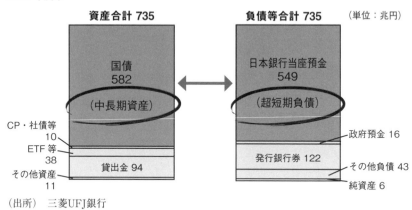

（出所）　三菱UFJ銀行

図表43　統合政府のバランスシート（国（連結ベース）＋日本銀行の合算）

2022年度末

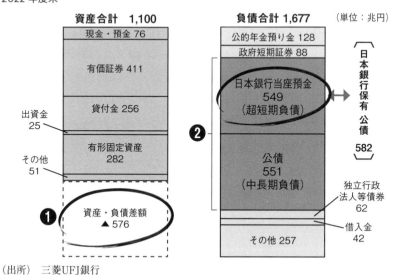

（出所）　三菱UFJ銀行

6 政府の財政健全化目標

　財政状況が深刻さを増すなか、政府は財政健全化に向けた方針を打ち出してきた（図表44）。財政健全化目標は、2002年6月に小泉内閣が閣議決定し

図表44　財政健全化目標の変遷（2018年以降）

	骨太の方針2018	骨太の方針2021	骨太の方針2024
閣議決定時期	2018年6月	2021年6月	2024年6月
内閣	安倍	菅	岸田
国と地方のプライマリー・バランス黒字化	2025年度まで（2020年度までから延期）	2025年度まで	2025年度まで（骨太の方針2022,2023では記載なし）
社会保障関係費	高齢化による増加分に相当する伸びにおさめる	高齢化による増加分に相当する伸びにおさめる	ワイズスペンディングを徹底し、保険料負担の上昇を抑制する
主な記載内容	・債務残高対GDP比の安定的な引下げを目指す ・全ての団塊世代が75歳以上になるまでに、財政健全化の道筋を確かなものとする必要がある	・債務残高対GDP比の安定的な引下げを目指す ・実質2％、名目3％程度を上回る成長を目指す ・感染状況や経済的影響を注視し、臨機応変に必要な対策を講じる	・債務残高対GDP比の安定的な引下げを目指す ・機動的なマクロ経済運営を行いつつ潜在成長率の引上げに取り組む ・歳出構造を平時に戻すとともに、成長と分配の好循環を拡大させる

（出所）　内閣府資料より三菱UFJ銀行作成

2　日本の財政状況と国債　179

た「経済財政運営と構造改革に関する基本方針2002」にて、「国・地方を合わせたプライマリー・バランスの黒字化」とされた。目標達成を目指して2018年6月に安倍内閣が閣議決定した「経済財政運営と改革の基本方針2018」（骨太の方針2018）では、成長低下により税収の伸びが緩やかとなったことや、消費税率の8％から10％への引上げが延期となったことを受け、国と地方のプライマリー・バランスを黒字化する目標時期は2020年度から2025年度までと延期された。プライマリー・バランスの黒字化に向けては、団塊世代が75歳に入り始めるまでの2019年度から2021年度を社会保障改革を軸とする「基盤強化期間」と位置づけ、社会保障費の抑制などが掲げられたものの、「基盤強化期間」初年度の2019年度予算において社会保障関係予算は当初予算ベースで前年比1兆710億円増加の34兆593億円となり、2018年度以前の歳出改革で目安とされていた年間5,000億円の増加を上回り、過去最大となった。

　2020年度における新型コロナウイルス感染症の拡大を受けて大規模な経済対策が実施されるなか、安倍内閣が2020年7月に閣議決定した「経済財政運営と改革の基本方針2020」（骨太の方針2020）において、プライマリー・バランスの黒字化目標の達成時期は明記されなかった。この目標達成時期については、菅内閣が2021年6月に閣議決定した「経済財政運営と改革の基本方針2021」（骨太の方針2021）で再度2025年度までと明確化されたものの、その後菅政権が同年10月に総辞職し、岸田政権が成立すると、続く2022年の「経済財政運営と改革の基本方針2022」（骨太の方針2022）には達成時期が再度明記されなくなった。同方針においては、『財政健全化の「旗」を下ろさず、これまでの財政健全化目標に取り組む』など従前からの財政健全化目標は維持されているとする記載がみられつつも、新型コロナウイルス感染症の影響の長期化もあり、財政再建に対する記載方針は一貫しなかった。

　その後岸田内閣が2024年6月に閣議決定した「経済財政運営と改革の基本方針2024」（骨太の方針2024）では、新型コロナウイルス感染症対応により大

幅に悪化した国・地方のプライマリー・バランスが基調として改善傾向にあることなどに触れ、2025年度の黒字化を目指すと達成時期について3年ぶりに明記された。そのほかには、高い賃上げ水準などを背景に、日本経済はデフレから完全に脱却し、成長型の経済を実現させる千載一遇の歴史的チャンスを迎えていること等の記載がみられた。

7 経済財政の中長期試算

　内閣府は、政策検討の材料とするため、中長期的な経済財政状況についての試算を行っている。2024年7月に公表された「中長期の経済財政に関する試算」によれば、過去投影ケースにおける国と地方のプライマリー・バランスは、「骨太の方針」で黒字化目標とする2025年度から黒字に転嫁する試算である。ただし、2028年度以降は国と地方のプライマリー・バランスの黒字幅は縮小に向かう見込みである。内閣府は、成長移行ケースも作成しているが、その場合には、国と地方のプライマリー・バランスは改善が続き、2033年度には対名目GDP 1.8％の黒字になる見込みである（図表45）。なお、高成長実現ケースでは、2033年度には対名目GDP 2.2％まで国と地方のプライマリー・バランスは改善する見込みである（図表46）。

　ただし、財政の先行き試算は、経済情勢等によって大きく変化する点に留意しておく必要がある。過去の事例では、2019年試算のベースラインケースにおいて2020年の赤字は対名目GDP 2％を割り込むとされていたが、その後新型コロナウイルス感染症の拡大によって、実際には2020年は対名目GDP 10％近い赤字となり、新型コロナウイルス感染症拡大前の試算値を大きく下回った。なお、財政健全化目標は、デフレを所与とした過去の目安が引き継がれていることが否めない。インフレ基調のもとでの物価高による支出増も考慮したうえで、財政運営の規律や規範をもう一度ルールとしてしっかりと位置づけておく必要がある。「収支ルール」と「債務ルール」だけではなく、「歳出ルール」も組み合わせることで財政規律の実効性を高める知

2　日本の財政状況と国債　181

図表45　経済財政の中長期試算

<経済に関するシナリオ>

(1)　過去投影ケース

全要素生産性（TFP）上昇率が直近の景気循環の平均並み（0.5％程度）で将来にわたって推移するシナリオ。中長期的に実質0％台半ば、名目0％台後半の成長。

(2)　成長移行ケース

TFP上昇率が過去40年平均の1.1％程度まで高まるシナリオ。2030年代以降も実質1％を安定的に上回る成長が確保（名目成長は中長期に2％台後半）。

(3)　高成長実現ケース

TFP上昇率がデフレ状態に入る前の期間の平均1.4％程度まで高まるシナリオ。中長期的に実質2％程度、名目3％程度の成長。

<財政の中長期的な展望>

2023年度決算概要における不要、繰越、税収増等を反映。

累次の経済対策にかかる歳出の太宗は2024年度までに執行されるため、2024〜25年度にかけてPBが大幅に改善。

民需主導の堅調な成長が続く中、一定の前提の下で、2025年度のPBは黒字化する姿となる。その後、成長以降ケースでは黒字幅が拡大する一方、過去投影ケースでは次第に縮小する。

<試算結果>

(1)　過去投影ケース

	2022年度	2023年度	2024年度	2025年度	2026年度	2027年度
潜在成長率	0.5%	0.6%	0.7%	1.0%	0.7%	0.6%
実質GDP成長率	1.7%	1.0%	0.9%	1.2%	0.7%	0.6%
名目GDP成長率	2.5%	5.0%	3.0%	2.8%	1.5%	0.9%
国・地方の基礎的財政収支（対名目GDP比）	▲3.5%	▲2.9%	▲3.0%	0.1%	0.5%	0.5%
国・地方の公債等残高（対名目GDP比）	211.0%	204.6%	202.5%	198.3%	196.5%	196.1%

	2028年度	2029年度	2030年度	2031年度	2032年度	2033年度
	0.6%	0.5%	0.5%	0.5%	0.4%	0.4%
	0.6%	0.5%	0.5%	0.5%	0.4%	0.4%
	0.9%	0.9%	0.8%	0.8%	0.7%	0.7%
	0.4%	0.4%	0.3%	0.3%	0.2%	0.1%
	196.0%	196.2%	196.6%	197.2%	198.1%	199.3%

(2)　成長移行ケース

	2022年度	2023年度	2024年度	2025年度	2026年度	2027年度
潜在成長率	0.5%	0.6%	0.7%	1.0%	1.3%	1.5%
実質GDP成長率	1.7%	1.0%	0.9%	1.2%	1.3%	1.5%
名目GDP成長率	2.5%	5.0%	3.0%	2.8%	2.8%	2.9%
国・地方の基礎的財政収支（対名目GDP比）	▲3.5%	▲2.9%	▲3.0%	0.1%	0.7%	0.9%
国・地方の公債等残高（対名目GDP比）	211.0%	204.6%	202.5%	198.3%	193.9%	189.5%

	2028年度	2029年度	2030年度	2031年度	2032年度	2033年度
	1.6%	1.6%	1.5%	1.5%	1.4%	1.4%
	1.6%	1.6%	1.5%	1.5%	1.4%	1.4%
	3.0%	3.0%	2.9%	2.9%	2.8%	2.8%
	1.1%	1.3%	1.4%	1.6%	1.7%	1.8%
	185.2%	181.2%	177.5%	174.2%	171.4%	168.9%

182　第2章　日本の財政と国債

(3) 高成長実現ケース

	2022年度	2023年度	2024年度	2025年度	2026年度	2027年度
潜在成長率	0.5%	0.6%	0.7%	1.0%	1.4%	1.7%
実質GDP成長率	1.7%	1.0%	0.9%	1.2%	1.4%	1.6%
名目GDP成長率	2.5%	5.0%	3.0%	2.8%	2.8%	3.1%
国・地方の基礎的財政収支（対名目GDP比）	▲3.5%	▲2.9%	▲3.0%	0.1%	0.7%	1.0%
国・地方の公債等残高（対名目GDP比）	211.0%	204.6%	202.5%	198.3%	193.8%	189.1%

	2028年度	2029年度	2030年度	2031年度	2032年度	2033年度
	1.9%	2.0%	1.9%	1.9%	1.9%	1.8%
	1.8%	1.9%	1.9%	1.9%	1.8%	1.7%
	3.2%	3.3%	3.3%	3.2%	3.2%	3.2%
	1.1%	1.4%	1.7%	1.9%	2.1%	2.2%
	184.4	179.8	175.4	171.4	167.8	164.6

（出所）　内閣府「経済財政の中長期試算」

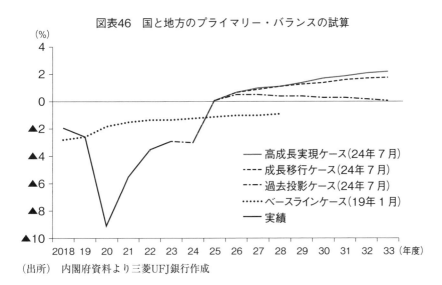

図表46　国と地方のプライマリー・バランスの試算

（出所）　内閣府資料より三菱UFJ銀行作成

恵が必要となろう。具体的には、補正予算の膨張を抑え、予算の優先順位づけに基づき財政資源の全体最適化を図る制度として、複数年度にわたる歳出の大枠などを規定する中期財政フレームの導入は検討に値する。岸田政権が打ち出した子ども予算の拡大や防衛財源の確保を含めたうえで財政規律を維持するためには、歳出改革と歩調を合わせて、一般財源の総額や非社会保障関係費のキャップを設定するなどの「歳出ルール」は必要になろう。首都圏への人口集中の動きに対応して政治的に膨らみやすい地方交付税交付金についても、「歳出ルール」を設けて一定の規律を課すことが必要である。

8　国債トピックス

a　日本国債の保有構造

　日本国債の最大の保有主体は現在では中央銀行である日本銀行となっており、国債（除く国庫短期証券）全体の残高1,082兆506億円のうち576兆1,836億円（53.2％）を保有している（2023年度末時点）。かつての最大の保有主体は銀行等の預金取扱機関であったが、日本銀行が異次元緩和の導入によって国債買入れを進めた2013年度以降は残高を減らし、2023年度末時点では100兆5,589億円の保有にとどまっている。

　保険・年金基金は、中央銀行に次いで保有シェアが大きく、全体の21.2％を占める。1990年代前半まで、保険・年金基金のシェアは5％程度であったが、その後、生命保険の運用が貸付から国債にシフトしていったことを受けて、保有シェアが高まった。このように、日本国債は、その大部分が国内で保有されていることが特徴のひとつであるが、異次元緩和導入後、海外投資家の存在感が徐々に高まっている（図表47）。

　2024年6月21日開催の「国の債務管理に関する研究会（第6回）」では、今後、国債市場を取り巻く環境、特に異次元緩和で強まった日本銀行依存の国債消化の構造が今後大きく変わっていくことが想定されることをふまえ「今後の国債の安定的な発行・消化に向けた取り組みについて（案）」を公表

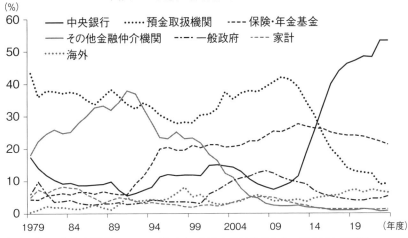

図表47　国債の保有者別シェアの推移

(注)　『その他金融機関』のシェア低下は、旧資金運用部保有分の残高減少が影響。
(出所)　日本銀行「資金循環統計」より三菱UFJ銀行作成

した。これは、財政健全化に向けた取組みを着実に進めることを前提として、国債発行当局として、投資家別の投資行動の分析（市場のニーズ等）に基づき、市場に大きなショック等が発生した場合にどういった対応が可能なのか、あらかじめ十分に備えておくことが重要であるという問題意識から、1）各投資主体の国債保有の促進、2）市場の流動性・機能度の維持・向上、という観点を中心にまとめられている。海外投資家など国債保有者層の多様化を図るため、国債の格付けの維持・向上など国債に対する信認を高めることの重要性が高まっていると、ソブリンリスクへの警戒感にも言及している。また、特に異次元緩和の導入前のように、預金取扱機関に多くの国債購入を期待できない一方、ALMの観点から国債を保有する構造的なニーズがあることから、国債発行当局は発行年限の短期化や短期金利連動の変動利付国債の発行を検討すべき、などと言及している。

b　日本銀行による国債買入れ・引受け

(a)　**国債買入オペレーション**

　「国債買入オペレーション」による長期国債の買入れは、2000年代初頭に段階的に引き上げられ、毎月4,000億円から毎月1兆2,000億円に増加した。買入額は、2003年から2007年まで据え置きが続いた後、2008年と2009年に引き上げられた。日本銀行は、金融政策の一環として国債の買入れを行っており、2023年度末時点で576兆1,836億円を保有している。国債の買入れは通常、短期国債を対象とする「国庫短期証券買入オペレーション」と、長期国債を対象とする「国債買入オペレーション」を通じて行われる。

　これに加えて2010年には「包括的な金融緩和政策」に基づく「資産買入等の基金」が創設され、従来の買入れオペレーションと合わせて長期国債の買入れは月間3兆円から4兆円程度まで増加した。2013年には量的・質的金融緩和が導入され、前述の「資産買入れ等の基金」はこれに吸収されるかたちで廃止となったが、「国債買入オペレーション」による長期国債の買入額が増額され、2014年から2016年にかけて、日本銀行の買入額は月間8兆円から9兆円程度で推移するほどまでに増加した。2016年に長短金利操作（イールドカーブ・コントロール）が導入されてからは、事実上、金融政策の軸が「量」から「金利」に移るなかで、長期国債の買入額も2019年には月間5兆円程度まで減少した。2020年には新型コロナウイルス感染症の拡大を受けて月間買入額は増加に転じ、2022年から2023年にかけてはイールドカーブ・コントロールの許容変動幅の上限に長期金利が張り付くようになったことで、長期国債の買入額は急増した。しかしながら、現在、長期国債の買入れは縮小に向かっている（図表48）。2024年3月に日本銀行はイールドカーブ・コントロールの枠組みおよびマイナス金利政策などの大規模緩和は役割を果たしたと判断し、6月には金融市場において長期金利がより自由なかたちで形成されるよう、国債市場の安定に配慮す

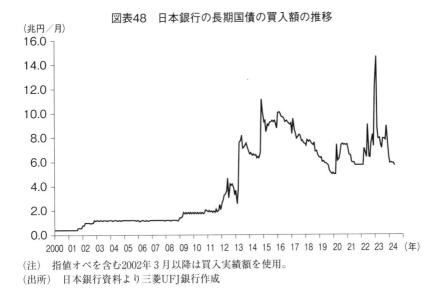

図表48　日本銀行の長期国債の買入額の推移

(注)　指値オペを含む2002年3月以降は買入実績額を使用。
(出所)　日本銀行資料より三菱UFJ銀行作成

るための柔軟性を確保しつつ、予見可能なかたちでの長期国債の買入れを減額する方針を決定した。7月には、追加利上げと同時に、2024年7月時点で月間約5.7兆円の長期国債の買入額を、2026年3月までに段階的に月間3兆円程度まで縮小する具体的な減額計画を決定した。また日本銀行は、国債買入れの減額を能動的な金融政策の手段として用いず、短期金利の操作が主たる政策手段であると明確化した（国債買入れと金融政策の切離し）。国債の買入額を償還額以下に抑制すれば、日本銀行の国債保有残高は減少していくが、決定された減額計画のペースでは、日本銀行のバランスシートの正常化にはかなりの期間を要する。国債市場の機能度を回復させるためには減額ペースを上げる必要があるが、国債市場の混乱を回避するため、この程度の減額ペースにとどめたといえよう。

(b) 日本銀行による国債の直接引受け

財政法第5条は「すべて、公債の発行については、日本銀行にこれを引き受けさせ、又、借入金の借入については、日本銀行からこれを借り入れてはならない」として、日本銀行による直接引受けを禁じている。これは、戦前・戦中に行われた国債の直接引受けが通貨・金融の信認を毀損し、終戦後の物価高騰の原因となったことの反省に基づくものである。日本銀行も直接引受けについて「本行百年の歴史における最大の失敗」(日本銀行百年史 第四巻) と総括している。

戦前・戦中期の直接引受けについて簡単に振り返ると、引受けが開始された1932年は、昭和恐慌による経済の落ち込みに加え、前年の満州事変勃発など経済・財政が非常に厳しい状況に置かれていた。こうしたなか、軍事費や経済対策費の円滑な調達を期し、日本銀行による国債の直接引受け

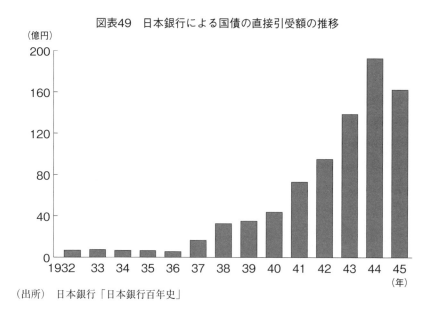

図表49　日本銀行による国債の直接引受額の推移

(出所)　日本銀行「日本銀行百年史」

を導入したのが、当時の高橋蔵相であった。高橋蔵相自身は、直接引受けを「一時の便法」と考えていたが、2.26事件（1936年）で高橋蔵相が暗殺されたことや、日中戦争（1937年～）に伴う軍事費の一段の膨張により、直接引受けは恒常化していった。

　直接引受けが始まった、1932年度の引受額は6.8億円（名目国民総生産比5.2％）であったが、1944年度には162.5億円（同25.9％）と約24倍に膨れ上がった（図表49）。こうしたマネーの膨張の結果、終戦後の日本は、小売物価が6年間で約100倍、1946年単年の上昇率は前年比514％というハイパーインフレに見舞われることとなった。

(c)　日銀乗換

　財政法第5条には例外規定があり、同条但書で「特別の事由がある場合において、国会の議決を経た金額の範囲内では、この限りでない」と定められている。現在、本但書を根拠として行われている日本銀行引受けは、唯一、日本銀行保有国債のなかで償還期限が到来したものの借換えのための引受け（日銀乗換）のみである。日銀乗換はその性質上、通貨膨張要因となることがなく、インフレリスクを高めるおそれがないことから、認められている。

　日銀乗換は、日本銀行が保有する国債の償還および買入消却のための国債整理基金への売却に際し、その償還額ないしは売却額の限度内で行われている。この引受けについては、各年度の予算策定手続のなかで国会の議決を経ており、特別会計予算の総則において、日本銀行が引き受ける公債の限度額を「同行の保有する公債の借換えのために必要な金額」と定めている。また、乗換額は各年度ごとに、日本銀行の政策委員会で決定され、公表されている。

　借換えのために引き受ける国債は、1998年度までは長期国債であったが、1999年度以降は1年物割引短期国債となっている。また、この割引短期国債の償還期限が到来した場合には、償還のつど、現金償還を受けるか

2　日本の財政状況と国債　189

再び割引短期国債を引き受けるかを日本銀行が判断することとしているが、2002年度以降は全額現金償還が行われている。

(d) 政府短期証券の引受け

政府短期証券は、財政法第5条の適用外とされており、日本銀行法でも、政府短期証券の引受けを行うことができる旨の条項が設けられている（日本銀行法第34条第4号）。政府短期証券は、1998年度まではそのほとんどが日本銀行によって引き受けられていたが、1999年度以降は、市場における公募入札方式が原則となった。公募入札方式移行後の政府短期証券の引受けは、政府からの要請に応じて例外的に行われる臨時引受けと、日本銀行が業務運営上の必要から行う引受けに限られている。このうち、臨時引受けは、①公募入札で募集残額等が生じた場合、②為替介入の実施や国庫資金繰りの予想と実績との乖離の発生などにより、予期せざる資金需要が発生した場合に行われている。また、臨時引受けを行った政府短期証券は、可及的速やかに償還する扱いとなっている。このように臨時引受けについては、中央銀行による財政ファイナンスを回避する観点から、一時的な流動性の供給にとどめる明確な歯止めがある。また、日本銀行の業務運営の必要性から実施される引受けとしては、外国中央銀行等に対する買戻し条件付売却の売却対象資産を確保するためのものがある。

03

財政状況の国際比較

1 政府総債務残高

政府総債務残高は、財政のストック面を表す指標である。

ドイツを除く主要国に共通する特徴は、2008年以降に政府総債務残高の名目GDP比率が上昇した点である。理由は、同年秋に生じた米金融危機に伴う景気の落ち込みを政府支出の増加によって抑制する措置を各国で講じたためである。また、新型コロナウイルス感染症の対応により政府総債務残高が増加した2020年には、主要国の同比率は軒並み上昇した。そのなかで日本は、政府総債務残高の名目GDP比率が他国対比で高いことに加えて、その

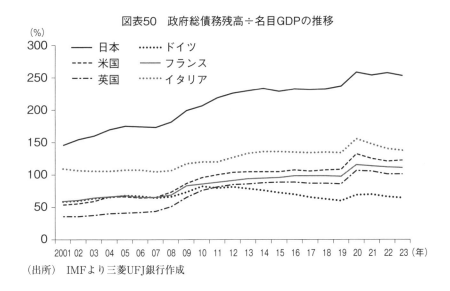

図表50　政府総債務残高÷名目GDPの推移

(出所)　IMFより三菱UFJ銀行作成

後、他国よりも速いペースで上昇し、2023年末時点における同比率は250％
以上と、突出して高い状態が続いている（図表50）。

　政府総債務残高の名目GDP比が変化する要因と後年度に与える影響は、
ストックとフローの両面からとらえると把握しやすい。今年度をt、年度末
の政府債務残高をB_t、調達金利をi_t（ここでは議論を簡潔にするために$i_t > 0$
とする。以下同様）、プライマリー・バランスをPB_tとすると、B_tは次となる。

$$B_t = (1 + i_t) B_{t-1} + PB_t. \quad\text{...①}$$

　①式は、前年度末の債務残高B_{t-1}に今年度の利払い費$i_t B_{t-1}$とプライマ
リー・バランスPB_tを加えたものが、今年度末の債務残高B_tになることを現
している。名目GDPをY_t^nとし、①の両辺を除すと、

$$\frac{B_t}{Y_t^n} = \frac{(1 + i_t) B_{t-1}}{Y_t^n} + \frac{PB_t}{Y_t^n}. \quad\text{...②}$$

ここで、名目GDP成長率をy_t^nとすると、Y_t^nは以下となる。

$$Y_t^n = (1 + y_t^n) Y_{t-1}^n. \quad\text{...③}$$

　③式を②式の右辺第1項に代入すると、以下を得る。

$$\frac{B_t}{Y_t^n} = \frac{1 + i_t}{1 + y_t^n} \frac{B_{t-1}}{Y_{t-1}^n} + \frac{PB_t}{Y_t^n}. \quad\text{...④}$$

　④式から、政府総債務残高の名目GDP比$\dfrac{B_t}{Y_t^n}$は、1年前の同比率に調達
金利i_tと名目GDP成長率y_t^nの対比$\dfrac{1 + i_t}{1 + y_t^n}$を乗じたものに、プライマリー・
バランスの名目GDP比率$\dfrac{PB_t}{Y_t^n}$を加えて算出されることがわかる。主要国で
はi_tとy_t^nは数パーセント程度と1より小さな値をとることから、
$\dfrac{1 + i_t}{1 + y_t^n} \approx 1 + (i_t - y_t^n)$と近似することができる。これを利用すると、④式は
次のように表現できる。

$$\frac{B_t}{Y_t^n} \approx \frac{B_{t-1}}{Y_{t-1}^n} + (i_t - y_t^n) \frac{B_{t-1}}{Y_{t-1}^n} + \frac{PB_t}{Y_t^n}. \quad\text{...............................⑤}$$

⑤式において、$\dfrac{B_t}{Y_t^n}$ の変化に注目すると、以下を得る。

$$\frac{B_t}{Y_t^n} - \frac{B_{t-1}}{Y_{t-1}^n} \approx (i_t - y_t^n)\frac{B_{t-1}}{Y_{t-1}^n} + \frac{PB_t}{Y_t^n}. \quad\text{⑥}$$

⑥式から、プライマリー・バランスとは別に、調達金利i_tと名目GDP成長率y_t^nの差分に$\dfrac{B_{t-1}}{Y_{t-1}^n}$を乗じた値だけ、政府総債務残高の名目GDP比が変化することが読み取れる。

⑥式をふまえて、日本の政府債務を国際比較の観点から考察する。同比率が250%に達している日本では、調達金利と名目GDP成長率の差を2.5倍にした割合で、政府総債務の名目GDP比が時間経過とともに変化する。特に、デフレでy_t^n＜0となる場合、調達金利はマイナスの値をとらないため、⑥式の右辺第1項は必ず正の値をとる。このとき、政府総債務残高の名目GDP比の上昇を食い止めるためには、プライマリー・バランスを均衡させるだけでは不十分となり、調達金利と名目GDP成長率の差を2.5倍にした割合だけ黒字を確保する必要がある。

2 財政収支

財政収支は、財政のフロー面を表す指標である。

プライマリー・バランスの歳出項目に利払い費を加えると財政収支となる。財政のストック面との関係は、①式を以下のように変形すると明確になる。

$$B_t - B_{t-1} = i_t B_{t-1} + PB_t. \quad\text{⑦}$$

⑦式から、財政収支は政府総債務残高の増減$B_t - B_{t-1}$と等しいことが把握できる。2008年秋の米金融危機以降は、主要国の財政収支は赤字幅を拡大しているが、⑦式から各国ともに国債増発を余儀なくされたことが読み取れる。また、2020年の新型コロナウイルス感染症の拡大を背景に各国は国債増発を実施し、再度主要国の財政収支の赤字幅は拡大した。

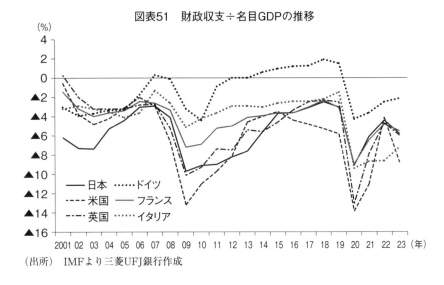

図表51　財政収支÷名目GDPの推移

（出所）　IMFより三菱UFJ銀行作成

　日本についても慢性的に財政収支が赤字であるため、政府総債務残高が増加しやすい財政上の構造をもつといえる。なお、財政収支はプライマリー・バランスに比して利払い費の額だけ均衡条件が厳しい。したがって、財政を再建する際の手順としては、プライマリー・バランスの黒字化を果たした後に、財政収支の赤字縮小を目指すこととなる。

❸　プライマリー・バランス

　プライマリー・バランスは、財政のフロー面を表す指標である。

　プライマリー・バランスが赤字の場合、政策的経費を調達するためには国債の発行が必要となる。同バランスの赤字・黒字は、政府総債務の増減に直接作用する。⑥式からも読み取れるとおり、政府総債務残高の名目GDP比が100%を下回る場合、調達金利や名目GDP成長率の変化に比して、同バランスが財政のストックに及ぼす影響は大きくなる。

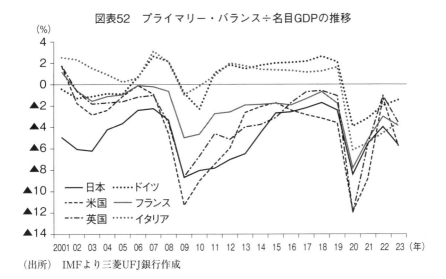

図表52　プライマリー・バランス÷名目GDPの推移

（出所）　IMFより三菱UFJ銀行作成

　主要国においては2023年末時点でドイツを除いたすべての国について、政府総債務残高の名目GDP比が100％を超えている。とりわけ日本においては財政赤字が慢性化しているため、政府総債務残高の名目GDP比は他国に比して上昇が顕著であり、今後についても同様の傾向をたどる可能性が高い。また、プライマリー・バランスの名目GDP比については2020年以降の新型コロナウイルス感染症の対応等を背景に各国でマイナスとなっているが、2023年末時点で日本の同指標は▲5.6％と、主要国では米国に次ぐマイナス幅となっている（図表52）。

4　国民負担率

　国民負担率とは、国民全体の所得に占める税金や社会保険料の負担の割合である。

　国民負担の大部分は社会保障負担と租税によって占められていることか

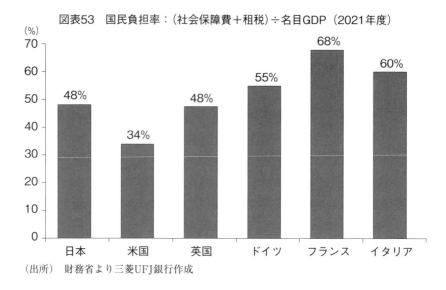

図表53　国民負担率：(社会保障費＋租税)÷名目GDP（2021年度）

（出所）　財務省より三菱UFJ銀行作成

ら、両者を足したものを名目GDPで除することで国民負担率が計算される。国民負担率を国際比較し、歳入面から日本の財政を健全化する余地がどの程度残されているかを検討する。日本の同比率は48％と、図表53に示した他国の平均53％を下回っている。したがって、社会保障負担の引上げか増税によって歳入を増額し、国民負担率を5％程度引き上げることで財政を再建する余地があるといえる。

　社会保障負担の引上げと増税のどちらにより引上げ余地があるかを検証するため、それぞれ個別に名目GDPで除したものが、図表54と図表55である。

　社会保障負担の名目GDP比率について、日本は19％と他国の平均17％と同程度であり、社会保障負担の引上げ余地は小さいと考えられる。一方で、税収面から国民負担を比較すると、税収の名目GDP比率について日本は29％と他国の平均36％に比して低い。社会保障費に比して、税収のほうが引上げ余地は残されていると考えられる。ただし、本検証はあくまで一部の主

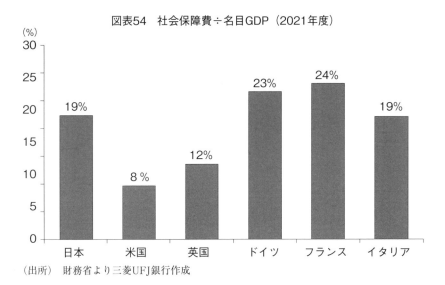

図表54　社会保障費÷名目GDP（2021年度）

（出所）　財務省より三菱UFJ銀行作成

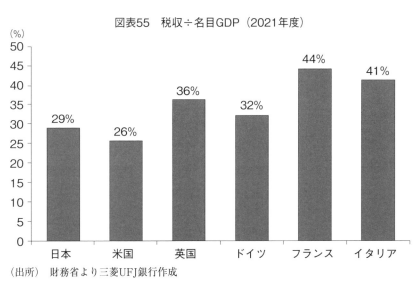

図表55　税収÷名目GDP（2021年度）

（出所）　財務省より三菱UFJ銀行作成

要国と、一時点における単純平均を比較することで得られる示唆である点は
留意されたい。

（参考文献）

『財政』牛嶋正、東洋経済新報社、1983年

『新財政読本 国・地方財政の諸問題』財政問題研究会、日本法制学会、1983年

『財政と経済 政府の経済活動』藤原碩宣・国沢直樹・速水昇・和田尚久・篠原章・
　平井源治、学文社、1988年

『財政学 第3版』井堀利宏、新世社、1990年

『財政学基礎講座』高寄昇三、勁草書房、1991年

『新財政学要論』西川宏、啓文社、1996年

『財政学 転換期の日本財政』片桐正俊、東洋経済新報社、1997年

『財政システム』吉田和男・林宜嗣・神野直彦・飯野靖四・井堀利宏・小西砂千夫、
　有斐閣アルマ、1998年

『財政学』貝塚啓明、東京大学出版会、第3版、2003年

「財政投融資レポート2011」財務省、2011年

『図説 日本の財政 平成23年度版』西田安範、東洋経済新報社、2011年

『図説 日本の税制 平成23年度版』諏訪園健司、財経詳報社、2011年

「特別会計ガイドブック（平成23年版）」財務省、2011年

「日本の財務関係資料」財務省、2011年

「World Economic Outlook」IMF、2012年

「日銀レビュー 日本銀行の財務と先行きの試算」日本銀行、2024年

『複合インフレの罠—大規模金融緩和の誤算』水野温氏、日経BP社、2024年

第 **3** 章

海外の国債市場と
ソブリンリスク

01

米国の国債

■1 国債の種類と発行方式

　米国政府が発行する米国財務省証券を一般に米国債と呼ぶ。米国債には多くの種類が存在するが、証券が市場で取引可能か否かによって市場性国債、非市場性国債に分類される。

a　市場性国債

(a)　短期国債（Treasury Bills）

　短期国債は満期1年未満の国債である。国庫の資金繰りを目的とし、割引債として発行され、償還期限別に4週物から52週物までがある。発行は原則毎週（52週物は4週間ごと）、競争入札方式および非競争入札方式によって行われており、落札利回りは短期金融市場の金利動向を表す指標のひとつとなっている。また、定例の発行に加え、資金管理目的短期国債（CMBs：Cash Management Bills）が任意のタイミングに任意の償還期限で発行される場合もある。

(b)　中期国債（Treasury Notes）

　中期国債は満期1年以上10年以内の国債で、固定利付債として発行されており、償還期限別に2年物、3年物、5年物、7年物、10年物などがある。2年物から7年物までは毎月新発債が発行されるのに対し、10年物は2、5、8、11月に新発債が発行され、そのほかの月には2、5、8、11月に発行された国債と償還日と表面利率が同一である既発債（3、4月発行分は2月債、6、7月発行分は5月債、9、10月発行分は8月債、12、1月発行分は11月債）が発行される。短期国債と同様、発行は競争入札方式および非競争入札方式によって行われる。

200　第3章　海外の国債市場とソブリンリスク

(c) **長期国債**（Treasury Bonds）

　長期国債は満期10年超の国債で、固定利付債として発行される。償還期限別に20年物、30年物があり、2、5、8、11月に新発債が発行され、そのほかの月には既発債（3、4月発行分は2月債、6、7月発行分は5月債、9、10月発行分は8月債、12、1月発行分は11月債）が発行される。発行は競争入札方式および非競争入札方式によって行われる。

(d) **インフレ連動債**（TIPS：Treasury Inflation Protected Securities）

　インフレ連動債は物価上昇率（インフレ）に対応して元本が変動する国債で、償還期限には5年、10年、30年がある。表面利率は発行時の入札で決まるが、元本は物価上昇率を参考に毎年調整され、その調整された元本に対して利子が支払われる。発行は競争入札方式および非競争入札方式によって行われる。

(e) **変動利付債**（FRNs：Floating Rate Notes）

　3カ月ごとに支払われる利子が13週物短期国債の落札利回りに連動して変動する国債で、償還期限には2年物がある。入札においては、参照利率（13週物短期国債の落札利回り）に対するスプレッドが決定され、同一銘柄のスプレッドは満期まで不変である。発行は競争入札方式および非競争入札方式によって行われる。

b　**非市場性国債**

(a) **米国貯蓄債券**（U.S. Saving Bonds）

　米国貯蓄債券は、個人投資家向けに発行される国債で、現在はシリーズEEとシリーズⅠという2種類が発行されている。シリーズEE債券は20年間で2倍の価値となることが保証されている利付債で、毎月の利子が積み上がることで最終的な償還額が決定する。シリーズⅠ債券は額面で発行され、元本部分が物価上昇率に連動する、インフレ連動型になっている。これらは満期保有を前提とするため流通市場が存在しない（非市場性）が、一定期間を経過すれば換金は可能である。また、個人の貯蓄と国債消化を

1　米国の国債　　201

促進する目的から、同証券の利子は州税および地方税を免除されるほか、連邦所得税の繰延措置など、税制上の優遇措置が講じられている。

② 国債の流通市場

　流通市場は、証券会社の店頭で取引される店頭取引が主流である。プライマリー・ディーラーと呼ばれるニューヨーク連邦準備銀行と直接取引を認められている政府公認ディーラーが存在し、流通市場においてディーラー業務の中心的役割を担っている。

③ 公開市場操作

　連邦準備銀行（FRB：Federal Reserve Bank）が金融機関を相手に米国債を売買することで、政策金利の誘導やマネーサプライを調整することを公開市場操作という。公開市場操作には、金融調整機能のほかにも、プライマリー・ディーラーが在庫としての債券を調達する手段としての機能がある。

④ 米国四半期調達計画

　米国四半期調達計画（Quarterly Refunding）は調達計画そのものに加え、短期国債（Treasury Bills）比率などから推察される情報は、米国債市場の需給環境や、国債発行および管理運営方針について米国財務省が注目している観点を把握する意味で有益であり、米国債投資家が確認しておくべき点は多岐にわたる。

a　米国四半期調達計画・借入諮問委員会（TBAC：Treasury Borrowing Advisory Committee）

　米国財務省は、財政状況や米国債の所要借換額などの見通しから、必要な借入額を予測し、調達計画を作成する。この計画は、国債消化を通じた米国債市場の安定を担保する観点から、「規則的かつ予見可能（Regular and predictable）」、「中長期的な調達コストの抑制（Least expected cost over time）」

の2つの原則を有する。

　予見可能性という観点から、米財務省は市場との対話の重要性を認識しており、TBACの意見を参考にしている。TBACは、プライマリー・ディーラー、投資家の代表者から構成される合計13名（2024年12月現在）の委員会である。米国財務省から提示された質問に回答し、米国財務長官に正式な報告書を発行する役割を担う。

b　米国四半期調達計画のスケジュール

　米国四半期調達計画は、米国財務省がTBACからの推奨を受けたうえで、2月、5月、8月、11月の新発月の前月末から当月にかけて策定されるものである。同調達計画の策定は、公表前月の中旬頃、同省からのプライマリー・ディーラー・サーベイ、および同省とプライマリー・ディーラーとの会合から開始される。プライマリー・ディーラー・サーベイでは、米国の調達計画について会合前に助言や意見を求め、安定的な国債消化を企図した発行計画を作成するための参考意見を得る。

　その後、新発月の月初（前月下旬の場合もある）に、所要調達見通し（Financing Estimates）と同省による経済分析（Economic Policy Statements）を公表するが、市場参加者は特に前者の所要調達見通しに対して、米国債需給の観点から注目する。仮に市場予想対比、所要調達見通し額が大きい場合、需給悪化を背景とした米国債の金利上昇（価格下落）が想起される。

　その2営業日後には、同省による具体的な国債調達計画が発表される。市場参加者は、市場調達の手段が利付国債か割引債である短期国債（Treasury Bills）かに加え、利付国債の場合は予定発行年限に注目する。こちらも米国債需給の変化を背景とした金利変動（価格変動）が想起される。

1　米国の国債　203

図表 1　米国四半期調達計画のスケジュール

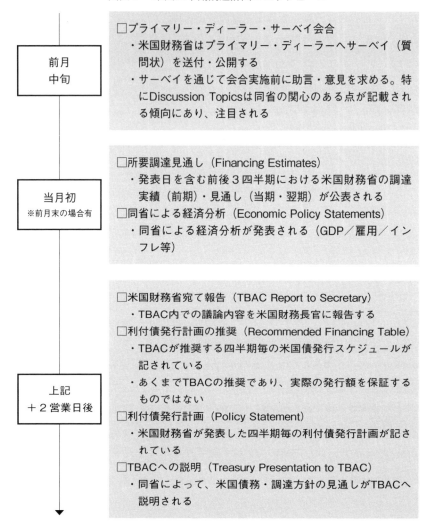

（出所）　米国財務省ホームページを参考に三菱UFJ銀行作成

c　米国財務省当座預金口座（TGA：Treasury General Account）

　米国財務省の保有する現金はTGA内で管理される。TGAは銀行が連邦準備銀行（FRB：Federal Reserve Bank）に保有する当座預金と同様、同省がFRBに保有する当座預金口座である。米国四半期調達計画のなかでは、四半期ごとにTGA残高の予想が掲載されていることから、同予想と実際の残高がどの程度乖離したか確認することができる。TGA残高は同省の資金繰り状況を把握するうえで有用であることから、市場で注目が集まる。

d　所要調達見通し（Financing Estimates）

　所要調達見通しは、発表日を含む前後3四半期における米国財務省の調達実績（前期）・見通し（当期・翌期）である。

　図表2、図表3は、2024年4月29日に公表された所要調達見通しの一部を掲載したものである。同見通しでは、前期予想された所要市場借入額（Marketable Borrowing）からUS$41bln（bln＝10億米ドル）の増加となった。理由

図表2　2024年4月29日に公表された所要調達見通し（Financing Estimates）
　　　　の一部

WASHINGTON – The U.S. Department of the Treasury today announced its current estimates of privately-held net marketable borrowing[1] for the April – June 2024 and July – September 2024 quarters.

- During the April – June 2024 quarter, Treasury expects to borrow $243 billion in privately-held net marketable debt, assuming an end-of-June cash balance of $750 billion.[2] The borrowing estimate is $41 billion higher than announced in January 2024, largely due to lower cash receipts, partially offset by a higher beginning of quarter cash balance.[3]
- During the July – September 2024 quarter, Treasury expects to borrow $847 billion in privately-held net marketable debt, assuming an end-of-September cash balance of $850 billion.

During the January – March 2024 quarter, Treasury borrowed $748 billion in privately-held net marketable debt and ended the quarter with a cash balance of $775 billion. In January 2024, Treasury estimated borrowing of $760 billion and assumed an end-of-March cash balance of $750 billion. Privately-held net marketable borrowing was $12 billion lower largely because higher cash receipts and lower outlays were partially offset by a $25 billion higher ending cash balance.

Additional financing details relating to Treasury's Quarterly Refunding will be released at 8:30 a.m. on Wednesday, May 1, 2024.

（出所）　米国財務省ホームページ

図表3　2024年4月29日に公表されたFinancing Estimates内の調達実績・見通し

(単位 bln ＝ 10億米ドル)

		Sources and Uses Reconciliation Table						
		Financing				Cnahge in Cash Balance	End of Quarter Cash Balance	SOMA Re-demptions
		Financing Need	Marketable Borrowing	All Other Sources	Total			
Quarter	Announcement Date	(1)	(2)	(3)	(4)=(2)+(3)	(5)=(4)-(1)	(6)	(7)
Jan-Mar 2024	January 29, 2024	522	760	- 257	504	- 19	750	- 172
	Actual	483	748	- 258	490	7	775	- 172
	Forecast Revisions	- 39	- 12	- 2	- 14	25	25	0
Apr-Jun 2024	January 29, 2024	- 71	202	- 273	- 71	0	750	- 197
	April 29, 2024	- 5	243	- 273	- 30	- 25	750	- 185
	Forecast Revisions	66	41	- 1	40	- 25	0	12
Jul-Sep 2024	April 29, 2024	486	847	- 260	586	100	850	- 177

（出所）　米国財務省ホームページ

としては想定よりも税収が低下したためであるが、その一部は2024年1Q（前期）の現金残高の上方修正で相殺される旨の説明がなされた。また、2024年3Q（翌期）の所要市場借入額は＄847blnと想定されている。

　所要市場借入額の金額が市場予想対比増減した場合には、米国債需給の変化を背景に金利変動材料となる可能性があり、市場参加者の注目度は高い。

e　利付国債発行計画

　利付国債の発行計画では過去3カ月間の各年限の発行実績、および向こう3カ月の発行金額の見通しが記載される（図表4）。利付国債の発行計画が増加している場合は、国債の増発懸念から米国債の需給が悪化し、金利上昇の要因となる可能性がある。一方、所要調達見通しが増加しているなかで利付国債の発行計画が横ばいの場合は、割引債である短期国債（Treasury Bills）の増発がなされるものと推測される。

図表4　2024年5月1日に公表された利付国債調達実績・計画

（単位：bln=10億米ドル）

	2 -Year	3 -Year	5 -Year	7 -Year	10 -Year	20 -Year	30 -Year	FRN
Feb- 24	63	54	64	42	42	16	25	28
Mar- 24	66	56	67	43	39	13	22	28
Apr- 24	69	58	70	44	39	13	22	30
May- 24	**69**	**58**	**70**	**44**	**42**	**16**	**25**	**28**
Jun- 24	**69**	**58**	**70**	**44**	**39**	**13**	**22**	**28**
Jul- 24	**69**	**58**	**70**	**44**	**39**	**13**	**22**	**30**

（出所）　米国財務省ホームページ

f　短期国債（Treasury Bills）比率

　短期国債比率とは、米国の市場性債務に対する短期国債の比率である。短期国債は米国財務省の所要調達額において、予期せぬ支出が発生した際に多く発行される傾向にある。近年では2020年の新型コロナウイルス感染症の拡大に伴う財政支出を支えるべく、同省は短期国債の発行を増加させ、その結果短期国債比率は一時25％程度まで急上昇した（図表5）。

　同省は従前より、同比率は15％～20％のレンジが好ましいものの、レンジ外となった場合でも柔軟運用されるべきとのスタンスを示している。一方、同比率が同レンジを大幅に超過した場合は、市場では利付国債を発行することで同比率を引き下げるとの思惑が広がり、米国債需給の悪化懸念から金利上昇（価格下落）につながる可能性がある。

1　米国の国債　207

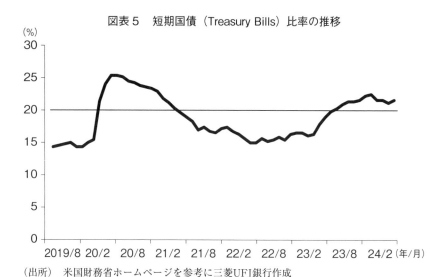

図表5　短期国債（Treasury Bills）比率の推移

（出所）　米国財務省ホームページを参考に三菱UFJ銀行作成

02

英国の国債

1　国債の種類・発行方式・流通市場

　英国においても多種の国債が発行されており、証券が市場で取引可能か否かによって a 市場性国債、 b 非市場性国債に分類される。市場性国債の流通市場は、証券会社の店頭での取引が主流である。

a　市場性国債

　(a)　**財務省証券**（Treasury Bills）

　　国庫の一時的な資金繰りのために発行される国債で、期間1年以内の割引債のかたちで発行される。原則、週次または任意のタイミングの入札に

よって発行されるが、一定の条件を満たす特定の相手先に対して相対で発行される場合もある。

(b) **ギルト債（Gilts）**

英国債において最も代表的な位置を占めるのが、ギルト債である。ギルト債は、発行の大部分を占める通常の固定利付債（Conventional Gilts）と、元本およびクーポンが物価指数（RPI：UK Retail Prices Index）に連動するインフレ連動債（Index-linked Gilts）に分類され、発行年限は１年から55年にわたる。2021年より、固定利付債としてグリーン債（環境保護に資する国家支出に資金使途を限定して発行される債券）も発行されている。

発行方式としては、競争入札方式を中心とする。シンジケート発行（特定の銀行団（シンジケート団）が、ある債券について発行体との間で価格について合意のうえ、引き受ける方式での発行）を用いる場合もある。

b **非市場性国債**

非市場性国債は国民に貯蓄手段を提供するとともに、財政資金を調達する目的で発行されるものである。いずれも売出し方式によって発行され、譲渡性が認められていない一方で、一定の利回りを保証している。通常の固定利付債である英国貯蓄債（British Savings Bonds）のほか、利子がプールされ、抽選による当選者に賞金として支払われる割増貯蓄債（Premium Bonds）などがあり、１銘柄当りの取得額について上限が定められている。

03

ドイツの国債

　ドイツの国債は、欧州国債市場において最も高いソブリン信用力と流動性を有する中心的な存在であり、EU各国の国債とドイツ国債とのスプレッド（利回り格差）は各国の信用度合いを表す指標のひとつとされている。

■ 国債の種類・発行方式・流通市場

　ドイツ国債は市場性国債のみがあり、償還期限によって、短期国債、中期国債、長期国債に分類される。短期国債（Bubill）としては、1年物が割引債として発行されている（ただし、残存1年未満の既発債発行もあり）。また、中期国債には2年物（Schatz）と5年物（Bobl）が、長期国債には7年物（Bund7）、10年物（Bund10）、15年物（Bund15）、30年物（Bund30）があり、いずれも固定利付債として発行されている。このほかに、5年物、10年物、30年物についてはグリーン債も発行される。なお、物価連動国債は市場では流通しているものの、2024年以降は新規の発行ならびにリオープンは実施されていない。

　発行方式としては、競争入札方式を中心とする。シンジケート発行を用いる場合もあるが、頻度は少ない。流通市場は、証券会社の店頭での取引が主流である。

04

フランスの国債

　フランスの国債は、EU各国のなかでも比較的高いソブリン信用力と流動性を有することから、ドイツ国債と並んで日本および域外投資家の注目度の高い欧州国債である。

① 国債の種類・発行方式・流通市場

　フランス国債は市場性国債のみがあり、償還期限によって、短期国債と長期国債に分類される。短期国債（BTFs）としては、１年物が割引債として発行されている。長期国債（OATs）は、償還期限は２年から50年にわたり、通常の固定利付債に加え、インフレ連動債も発行されている。加えて、グリーン債や個人向け国債も発行されている。

　発行方式は競争入札方式を中心とするが、銀行に対するシンジケート発行方式も用意されている。シンジケート発行は、償還期限15年超など相対的に流動性の低い年限に対して実施されることが多い。流通市場は、証券会社の店頭での取引が主流である。

4　フランスの国債　211

05

中国の国債

◢ 国債の種類と発行方式

a 国債の種類

　中国の国債は、販売対象によって、貯蓄型と記帳式の2種類に分けられ、貯蓄型は個人に向けて販売され、紙の証書が発行される証書式貯蓄型と、電子記録を特徴とする電子式貯蓄に分けられる。記帳式は、プライマリー市場で主に機関投資家に発行され、電子記録化されている。

　また、償還期限によって、短期国債、主要期限国債、超長期国債の3種類にも分けられる。短期国債とは、発行期間が1年未満の国債を指す。主要期限国債とは、1年、2年、3年、5年、7年、10年の6種類を含む、満期が1年～10年の国債を指す。超長期国債とは、20年、30年、50年の3種類の国債を指す。

b 国債の発行方式

　中国の国債の発行方式には、直接発行と間接発行の2種類がある。直接発行は、財政部が自ら直接販売する方式と公募入札方式がある。前者は1980年代には、国有企業・国有金融機関などに割り当てられる「行政的割当方式」であったが、1990年代に入ると国有商業銀行による販売も行われるようになり、銀行や保険基金といった機関投資家に限定した販売（私募方式）へと移行していった。この財政部による直接販売方式の場合、発行金利といった発行条件は財政部によって決定されていたためほとんど一定であったが、1996年以降は公募入札方式が導入され、発行条件は入札によって決定されるようになった。間接発行は仲介者を介在して間接的に国債を販売する方式であり、募集事務のみを委託する受託発行と募集不足額が生じた際にそれを引き

212　第3章　海外の国債市場とソブリンリスク

受けさせる引受発行がある。

❷　国債の流通市場

　国債の流通市場としては店頭取引、証券取引所、銀行間市場がある。中国の国債の流通市場は店頭取引から始まったが、証券取引所や銀行間市場が開設されたことから店頭取引の存在感は低下している。もっとも証券取引所の市場規模も銀行間市場の1割程度であり、流通市場の主軸は銀行間市場となっている。

　2010年以降、海外への流通市場の開放も進められており、2010年には海外中銀、クリアリングバンクなどによる中国債投資が解禁された。2011年には人民元適格外国人機関投資家（RQFII：Renminbi Qualified Foreign Institutional Investors）と呼ばれる、中国の金融監督当局である証券保険監督管理委員会（CSRC：China Securities Regulatory Commission）と国家外貨管局（SAFE：State Administration of Foreign Exchange）より認可を取得することで、中国本土外（オフショア）で調達した人民元を使って中国本土（オンショア）の市場での株式や債券に直接投資を行うことを認める制度が開始されている。2017年には「Bond Connect」と呼ばれる取引スキームが開始され、香港の決済システムを通じて、海外機関投資家が中国本土の銀行間市場にアクセスできるようになった。

5　中国の国債　213

06

欧州ソブリン危機の発生と経緯

■ 欧州ソブリン危機

欧州ソブリン危機とは、ギリシャに端を発し南欧諸国へと拡散した連鎖的な債務・金融危機である。2009年10月のギリシャ政権交代によって、前政権の国家財政の粉飾決算が明らかになり、ギリシャのソブリン格付けが投資不適格へ格下げされたことを契機に、欧州金融市場でソブリンリスクに対する不安が拡大した。欧州銀行間取引において米ドルの資金流動性が逼迫し、ユーロ安が加速したほか、グローバル株式市場でも連鎖的な株安がとまらず、欧州発の世界金融不安が強まった。

こうしたなか、2010年5月には、ユーロ圏諸国の資金繰りが悪化した場合に備え、欧州連合（EU）と国際通貨基金（IMF）による総額7,500億ユーロの緊急金融支援が組成され、金融危機はいったん収束したかのようにみえた。しかし、同年11月にはアイルランドで金融危機が表面化し、EUとIMFによるアイルランドへの850億ユーロの金融支援を余儀なくされたほか、2011年5月にはポルトガルが政局の混迷化や国債のリファイナンス懸念を背景に、EUとIMFから780億ユーロの金融支援を受けるなどソブリン危機が再燃した。スペインやイタリアなど南欧諸国の国債利回りが軒並み急騰したことから、GIIPS（ギリシャ、アイルランド、イタリア、ポルトガル、スペイン）危機と総称されることになった。

欧州のソブリン危機は、保有国債の損失や景気悪化による不良債権の増大を通じて欧州の金融システムに多大な影響を及ぼし、金融機関の経営悪化懸念を強めた。2011年10月にはフランス・ベルギー系の金融大手デクシアが、ギリシャ国債およびイタリア国債を大量に保有していたため、資金繰り悪化

214　第3章　海外の国債市場とソブリンリスク

に陥り、経営が行き詰まった。フランス、ベルギー、ルクセンブルク 3 カ
国の政府がデクシアの事業を分割・再編すると同時に不良債権の受け皿機関
に政府保証を付与するスキームを公表したが、欧州ソブリン危機の勃発後、
初めて大手金融機関が破綻したことを受けて、欧州金融市場が再び動揺し
た。

こうしたなか、2011年10月と12月の 2 度にわたり、EU・ユーロ圏首脳会
議が開催され、欧州ソブリン危機を封じ込めるために短期的な危機対策と中
長期的な財政ガバナンス強化をあわせた包括的な政策が打ち出された。具体
的には、

① 金融危機へのセーフティネットとして、現行の欧州安定化基金（EFSF：
European Financial Stability Facility）に加えて、2013年半ば以降に始動す
る予定だった欧州安定メカニズム（ESM：European Stability Mechanism）
を前倒し（2012年 7 月）させる

② 欧州銀行の資本増強に向けて、2012年 6 月末までに狭義の中核的自己資本
（コアTier 1 ）比率を 9 ％以上にすべく、自己資本の増強や保有資産の売却
などを促進させる

③ 新財政協定を創設し、原則として均衡予算を義務づける（一時的な要因や
景気変動の影響を除いた構造的な財政赤字が対国内総生産（GDP）比0.5％を超
えない）、財政均衡が達成されない場合には、国内法に明文化された是正
措置が自動的に発動される

などが決定された。新財政協定は、中長期的なユーロ圏の財政統合を企図し
たもので、財政規律遵守に関する監視体制や罰則規定が盛り込まれた。

一方、欧州中央銀行（ECB：European Central Bank）は南欧諸国の国債購
入で金融支援を行っていたが、担保基準緩和を行ったうえで新たに 3 年物
流動性供給オペ（LTRO：Long-Term Refinancing Operations、中長期リファイ
ナンシング・オペレーション）を導入し、 2 度にわたり巨額の流動性を欧州金
融システムに供給した。このような大規模な資金供給オペレーションは欧州

6　欧州ソブリン危機の発生と経緯　215

銀行の資金繰り懸念を緩和させたほか、銀行間資金取引レートや南欧諸国の国債利回りを低下させる効果を示した。

ソブリン危機の渦中にあったギリシャでは2011年11月にパパデモス前ECB副総裁を首相とする挙国一致政権が発足し（その後、2012年6月にサマラス新政権発足）、イタリアでもベルルスコーニ前政権が総辞職、超党派の支持を受けてモンティ前欧州委員を首相とする危機管理型政権が誕生した。実務家政権が痛みを伴う年金改革や労働改革を担うことにより、ソブリン危機に陥った南欧諸国への金融支援の枠組みづくりが進展した。

また、2012年6月に開催されたEU首脳会議では、①ECBの下に域内単一の銀行監督機関を設立、②金融安定網となる欧州安定メカニズム（ESM）が域内銀行に直接資本を注入する仕組みを構築（ただし覚書に基づく制約条件付き）、③インフラ投資や中小企業支援に向けた成長・雇用協定を締結（総額1,200億ユーロ投入）、などが合意された。

2 重層化・複層化していた構造問題

欧州ソブリン危機への懸念がなかなか払拭されなかった背景には、重層化、複層化していた構造要因があった。

第1は、欧州の経済・通貨統合に伴う経常収支の不均衡問題である。EUは約30年の年月をかけて経済・通貨統合にたどり着き、1999年に共通通貨ユーロが導入された。EU加盟国は27カ国（2024年12月現在）まで拡大し、巨大な経済圏が誕生した。この歴史的な統合は、①製造拠点シフトを通じた生産効率性の向上、②域内経済統合によるマクロ経済の安定化、③域内経済成長率の収斂化など、プラス面がクローズアップされた。

しかし、その一方で期待された域内各国の競争力格差や経常収支不均衡の平準化は進展せず、むしろ悪化した。ユーロ圏諸国の経常収支の推移をみると、ドイツ、オランダなどの経常収支黒字国とギリシャ、スペイン、イタリアなどの経常収支赤字国との不均衡は、ユーロ導入直後から年を追うごとに

図表6　拡大する欧州域内の経常収支不均衡（2007年当時）

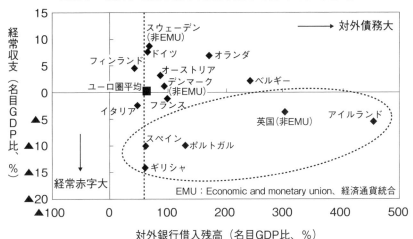

(注)　データは2007年。
(出所)　IMFより三菱UFJ銀行作成

急拡大し、欧州ソブリン危機後も域内における不均衡は継続した。

　第2は、この経常収支の不均衡拡大の裏側に存在している巨額なクロスボーダー与信である。欧州のクロスボーダー与信残高は、ユーロ導入を契機として他地域に比べて急増した。その中心は中東欧・南欧諸国で、経済・通貨統合のメリットを生かし、西欧諸国から巨額の直接投資や短期金融資本を借り受けて経済成長促進の源にしていた。しかし、外資依存の経済成長は、対外債務依存度を高めるだけでなく、著しい信用膨張や対外不均衡を引き起こす。現実にギリシャ、スペイン、ポルトガル、アイルランドなど債務問題が深刻化していた国々では、経常収支赤字の拡大と対外銀行借入残高の増大が相乗していた。ユーロ圏の債権債務関係が多岐にわたり、いわば巨大な債権持合い構造になっていた。

　第3は、欧州金融機関の高レバレッジ体質である。欧州各国における銀行

図表7 欧州各国における銀行総資産の対名目GDP比率（2007年当時）

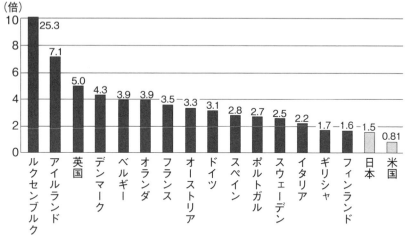

（注）　データは2007年末。
（出所）　ECB, EU Banking Structures, Oct. 2008より三菱UFJ銀行作成

　総資産の対名目GDP比率は、アイルランドの7倍、英国（当時EU所属、2016年の国民投票で離脱決定、2020年に離脱）の5倍をはじめ、おおむね3倍～4倍の水準にあり、米国（0.8倍）、日本（1.5倍）と比べて突出して高かった。このため、金融の問題を一国では解決できない状況にあった。
　金融機関の高いレバレッジ構造は、欧州経済のコンバージェンス化（収斂）を通じて経済成長を高める方向に作用してきた。しかし、グローバル金融・経済危機によって高い金融レバレッジは過剰負債を生み出した。新興国のように経済成長の勃興期にあれば、高い経済成長率の実現によってレバレッジを低下させることが可能であるが、高齢化・成熟化が進む欧州では経済成長力には限界があり、レバレッジ調整は、金融機関のバランスシートの縮小によって進むことになる。この過程では、彼我の経済力や財政状態の格差が一段と広がる可能性が高く、それが欧州各国の信用力格差をさらに拡大させ

た。

第4は、欧州の住宅バブル調整が道半ばであったことである。当時の住宅バブルといえば、サブプライム問題など米国住宅バブルの印象が根強いが、値上り度合いという尺度からとらえると、アイルランド、スペイン、英国、フランスなどの住宅価格上昇は、米国の約2倍超に達していた。米国と比較すると欧州の住宅バブル崩壊の調整は道半ばであり、先行き住宅価格の調整余地が大きかった。実際、住宅バブル崩壊が深刻化していたスペインでは、不動産業者向け貸出を中心に不良債権比率が急上昇していた。

第5は、欧州全体の不良債権処理が大幅に遅れていたことである。欧州の不良債権処理は、米国のような短期調整型ではなく、長い年数をかけて景気回復循環のなかで不良債権を処理していく、いわば日本の不良債権問題が発生した際の初期のスキームに類似していた。

たとえば、ドイツのバッドバンク構想は、不良債権買取り資金を金融市場安定化基金（Soffin）が保証する債券を発行してファイナンスするが、保証期間は最大20年で、その間に銀行は金融市場安定化基金に対して、不良資産の簿価と公正価値の差額について毎年一定の手数料を支払うかたちになっていた。このスキームは先行き景気拡大や資産価格の上昇が長期間続けば有効だが、景気回復が短命に終わったり、日本同様、金融収縮に伴う負債デフレが起きると、不良債権の償却が進まず、追加的な不良債権処理コストが発生する。

こうした構造要因に加えて、欧州経済統合が潜在的に抱える政治・経済・金融面の複合的な矛盾があった。たとえば、為替・金融政策が一元的（最適通貨圏）であるがゆえに、経済格差を是正するためには労働力の移動や財政の移転が必要だが、各国の社会制度や雇用制度の違い、さらに国民感情などにより抜本的な構造改革が進まない点である。また、欧州の通貨統合が、純粋に経済的要素だけでなく、政治的要素の強いかたちで誕生したため、経済不均衡の矛盾が覆い隠されたとの指摘もある。

6　欧州ソブリン危機の発生と経緯　219

③　欧州ソブリン危機の日本国債への影響

　欧州ソブリン危機が深刻化するなかで、日本のソブリンリスクに対する見方も一段と厳しくなっていた。2011年1月に格付機関S&Pは日本国債（自国通貨建て・外貨建て）の長期格付けをAA（最上位から3番目）からAA－（同4番目）に引き下げた。

　一方で、日本国債への影響は限定的にとどまった。こうした背景には
①国内の超過資金余剰が国債消化を支えていた
②累積的な経常収支黒字や巨額の対外純資産が、為替市場で恒常的な円高圧

図表8　主要先進国の財政状況と国債の海外保有比率（2010年当時）

（単位：％）

	財政収支 （対名目GDP比）	債務残高 （対名目GDP比）		海外 保有比率
		グロス	ネット	
日本	▲ 9.4	215	113	6.5
米国	▲ 10.5	99	73	47
英国	▲ 9.9	75	71	31
ドイツ	▲ 4.3	83	57	50
フランス	▲ 7.1	82	77	58
ギリシャ	▲ 10.6	143	143	71
アイルランド	▲ 31.3	93	77	52
イタリア	▲ 4.5	119	99	45
ポルトガル	▲ 9.8	93	89	64
スペイン	▲ 9.3	61	50	44

（注）　データは2010年ベース。
　　　　ただし、英国、フランス、ギリシャ、アイルランド、イタリア、ポルトガルの財政収支、債務残高は推計値。
（出所）　IMF、Eurostat、ギリシャ国債債務管理局より三菱UFJ銀行作成

力をかけていた

③デフレ経済の長期化を受けて実質金利が高止まりしていた

などの要因が指摘されている。

　マクロバランスの論理に基づけば、財政赤字や政府債務残高が急増して
も、それを上回る民間貯蓄超過や民間金融資産超過が存在していれば、ソブ
リンリスクは自国内で吸収され、通貨下落や長期金利上昇は顕現化しない。

　また、経常収支黒字が中長期的に持続せず、経常収支が赤字に転換し、日
本の財政赤字の対外ファイナンスが拡大し始めたとしても、直ちに日本国債
に大きな影響が出る可能性は小さいとみられた。その理由は、日本国債の対
外依存度は当時一桁台であり、先進主要国の3割から5割程度に比べて非常
に低く、ソブリン危機に見舞われた南欧諸国の対外債務依存度は、ギリシャ
の91％をはじめ、おおむね50％を超えていた。

図表9　欧州各国の対外債務依存度（2011年当時）

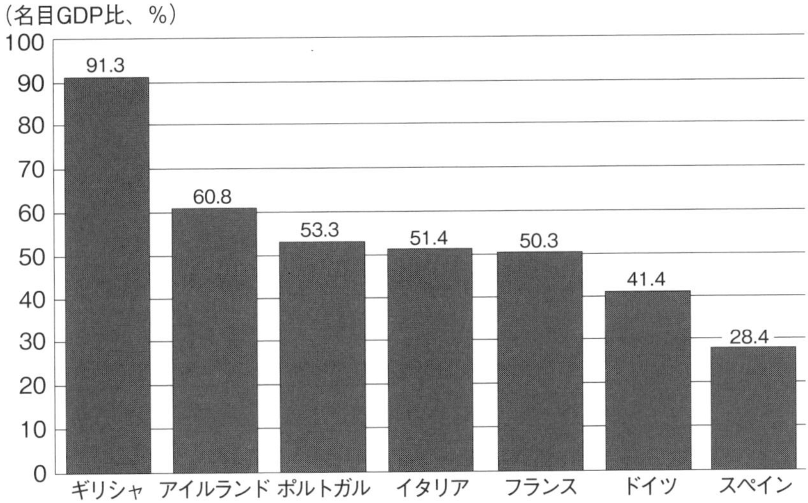

（名目GDP比、％）

	ギリシャ	アイルランド	ポルトガル	イタリア	フランス	ドイツ	スペイン
	91.3	60.8	53.3	51.4	50.3	41.4	28.4

（注）　データは2011年末。

（出所）　IMFより三菱UFJ銀行作成

海外要因を受けやすくなるのは、国債の海外投資家の保有比率が3割程度まで達してくる局面であるとみられており、日本国債の対外依存度がその水準に近づくには、経常収支赤字後も相応の年数を要するとみられ、引き続き国内投資家の影響を受けやすい状況に大きな変化はないと考えられた。

07

英国債務問題

■ 2022年英国保守党党首選に端を発した英国債務問題

　2022年7月、英国のジョンソン首相（当時）は、新型コロナウイルス感染症の対策を背景とした支持率低迷を理由に辞任を表明し、英国保守党党首選が行われることとなった。その結果、2022年9月、リズ・トラス外相（当時）が対立候補のリシ・スナク元財務相に勝利し、78代目の首相に就任した。同氏はマーガレット・サッチャー元首相、テリーザ・メイ元首相に続き、3人目の女性首相となった。

a　当時の英国経済状況と金融政策

　2021年以降、英国では新型コロナウイルス感染症からの経済回復と、ロシアのウクライナ侵攻による供給制約を背景としたエネルギー価格の高騰、英国のEU離脱を背景とした労働力不足に起因する労働市場の引き締まりと賃金の上昇などにより、インフレ率の上昇に見舞われていたことを受け、英国中央銀行（BoE：Bank of England）は2021年12月より政策金利を引き上げ、金融引締めを行っていた。

　英国保守党党首選直後の2022年9月22日には、BoEは7会合連続の利上げを断行し、政策金利を0.50%引き上げ2.25%とした。同会合において金融政

222　第3章　海外の国債市場とソブリンリスク

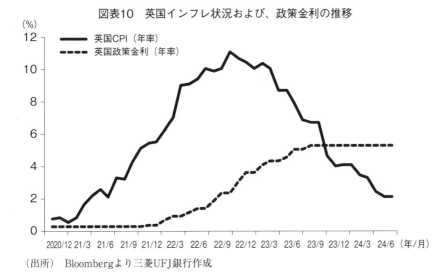

図表10 英国インフレ状況および、政策金利の推移

(出所) Bloombergより三菱UFJ銀行作成

策委員会（MPC：Monetary Policy Committee）は、「インフレ圧力がさらに長期間持続する見通しとなる場合には、必要に応じて断固として対応する」とのコメントを発表し、英国経済がインフレに陥ることを阻止する強い意志を示した。

b　トラス首相の公約とミニバジェット

　トラス首相は、減税による国民負担軽減や経済成長、エネルギー危機への支援と根本的な問題への対処、英国民医療制度（NHS：National Health Service）危機への対応などの公約を発表し、英国労働党を下回っていた保守党の支持率回復を目指した。そして、その一環として2022年9月、クワルテング財務相は法人税増税の取消しや所得税の引下げ前倒し、エネルギー支援策などの内容を盛り込んだ「ミニバジェット」を発表した。

図表11　ミニバジェットの概要

内　　容	詳　　細
法人税増税の導入取消	・2023年４月に当初予定されていた25%への段階的な法人税の増税を取消し、19%で据え置き
ボーナス制限撤廃	・銀行員のボーナス上限について、従来はベースサラリーの100%としていた上限の撤廃
住宅購入者向けの印紙税軽減	・2022年９月以降、印紙税支払いの基準となる金額を12.5万ポンドから25万ポンドに引上げ ・初回購入の場合は30万ポンドから42.5万ポンドに引上げ ・減税を請求できる物件を50万ポンドから62.5万ポンドに引上げ
所得税の引下げ前倒し・追加税を撤廃	・所得税の引下げを2023年４月へ、１年前倒し ・追加税率を2023年４月から撤廃
国民保険料の撤回	・2022年11月から国民保険拠出金を1.25%削減 ・2023年４月からの新しい税としての健康・社会ケア税の導入を取り止め
エネルギー価格の保証	・一般家計の光熱費（電気とガス）に上限を設け、2022年10月から２年間光熱費は年間2,500ポンドに

（出所）　三菱UFJ銀行作成

c　ミニバジェットに対する市場の反応

　ミニバジェットを支える財源は国債発行による借入れでまかなうとされ、英国財務省は英国債務管理局（DMO：Debt Management Office）に対し、2022年４月〜2023年３月の会計年度において、追加で624億ポンドの資金調達を依頼した。その結果、調達額を総計で1,939億ポンドへと、従来計画から50%近くの大幅な上方修正を行い、2022年度の公的部門における純借入額対名目GDP比率は従前の見通しであった5.3%から7.8%まで急上昇した（図表12）。さらには通常予算発表時に公開される英国予算管理局（OBR：Office

224　第３章　海外の国債市場とソブリンリスク

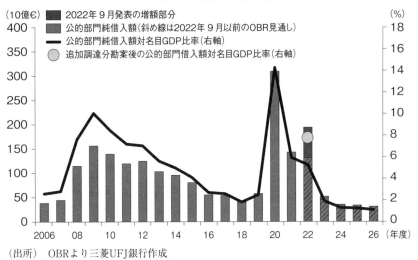

図表12　英国の公的部門純借入額の推移

（出所）　OBRより三菱UFJ銀行作成

for Budget Responsibility）による経済見通しも、同タイミングではなく11月の発表となることが示され、市場との対話が十分でないまま、財政を拡大させる思惑が広がった。

　BoEが金融政策の引締めを行いインフレに対する断固とした姿勢を示すなか、大規模な財政刺激策を開始したことに対し、市場は英国の経済政策に対する信頼感の喪失や英国政府の借入コストが上昇することを懸念し、ミニバジェットが発表された2022年9月23日の英国10年債利回りは、単日で3.42％（日中安値）から3.84％（同高値）へと約40bp程度（1bp＝0.01％）上昇（価格下落）した。また、その後も金利上昇はとまらず、同年9月28日にかけては4.59％（同高値）まで金利上昇が継続した。このような事態を背景とした市場の機能不全を解消し、英国内の金融安定化を図るため、BoEは同年9月28日より英国債の一時的な買入れを発表する状況に追い込まれた。

7　英国債務問題　　225

d 債務連動型運用（LDI：Liability Driven Investment）

2022年9月に発表されたミニバジェットに端を発した英国債市場の混乱の一因は、英国の確定給付型年金基金の多くが採用するLDIにも一因があるといわれている。

LDIは、主に企業年金において負債（給付）と資産（運用資産）の評価額の変化を連動させたうえで、両者のキャッシュフローを長期的、かつ安定的にマッチさせることを目的とした戦略である。市場変動による金利変化や将来のインフレによって年金基金が積立不足に陥ることを避けることを基本概念としており、年金基金が株式などの資産にも分散した投資を行うなかで、負債と資産の評価額の変化を連動させるため、デリバティブ取引やレポ取引を活用したレバレッジ取引を活発に利用している。

英国債の価格下落は、デリバティブ取引やレポ取引のカウンターパーティからのマージン・コール（追加担保要求）につながり、LDIはこれに対応するために保有する英国債の売却を余儀なくされた。流動性の低下した市場での資産売却は英国債のさらなる金利上昇（価格下落）を招き、それがさらなるマージン・コールにつながるなど、売りが売りを呼ぶスパイラルを引き起こしたといわれている。

e 英国債務問題から得られる教訓

2022年の英国債務問題では、現在の主要各国の抱える財政運営に関する課題が凝縮されていると考えている。

本事象から得られる教訓の第1は、支持率獲得のための減税、および財源確保のための安易な国債増発の危険性である。英国の場合、トラス首相（当時）は支持率獲得目的とも思われる大幅な減税策（ミニバジェット）を発表し、その財源は国債発行を通じて行うことを企図した。その結果、2022年以降減少する見込みとなっていた国の公的部門純借入額対名目GDP比率が5.3％から7.8％へ急拡大をする試算となったことが、英国債の大幅な金利上昇を招く一因となった。

第2は、市場との対話の重要性である。今回の場合、通常予算発表時に公開される英国予算管理局による経済見通しもないまま、国債増発での資金調達が公表された。その結果、市場との十分な対話がないまま財政を拡大させる思惑が広がり、市場の信認を失う結果となった。

最後の点は金融政策の引締め環境下における、財政拡張の危険性である。英国の場合、インフレ率の上昇抑制を企図し政策金利を引き上げているなか、ミニバジェットの発表を通じた財政拡大への思惑が市場で広がった。財政拡大は個人や企業の消費・投資活動活発化を通じ、さらなるインフレ率の上昇を引き起こすスパイラルを生み、結果として名目金利の上昇、すなわち国債価格の下落につながりやすくなる。

（参考文献）

『国債管理と金融政策』館竜一郎・小宮隆太郎・鈴木淑夫、日本経済新聞社、1968年

『国債』北村恭二、金融財政事情研究会、1979年

「欧州各国における国債発行市場の最近の動向」大蔵省理財局、1992年

『中国証券市場大全』野村資本市場研究所、日本経済新聞出版社、2007年

「中国の国債市場について」（『季刊中国資本市場研究』）神宮健、2008年

「くすぶる不良債権の火種　世界経済のリスク要因に」（『週刊エコノミスト』）内田和人、2010年4月20日号

「債務管理リポート2011」財務省、2011年

第 **4** 章

国債の
安定消化への課題と
日本の国債リスク

01

日本のマネーフローの変化

❶ 1980年代前半までのマネーフロー（資金循環）

　国内各部門の資金過不足の状態をみていくと、まず1980年代前半まで、一般政府と企業（非金融法人企業）はともにフローの資金不足状態（投資額が貯蓄額を上回る状態）にあり、一般政府で毎年10兆円程度、企業では毎年15兆円程度の資金不足が発生していた。一方、この期間における家計のフローは、毎年25兆円程度の資金余剰状態（貯蓄額が投資額を上回る状態）で推移しており、政府と企業の資金不足額の合計に家計の資金余剰額がほぼ対応していた。すなわち、家計の貯蓄が政府や企業の投資のファイナンスに向けられるという、マネーフローの姿であったということがいえるだろう。

❷ 1980年代後半から1990年代初頭までのマネーフロー

　1980年代後半から1990年代初頭にかけては、好景気を背景にマネーフローにも変化が生じた。企業については、設備投資の拡大などを反映して資金不足額が拡大し、1990年代初頭には毎年40兆円程度まで増大した。一方、一般政府は、税収増加などの寄与によって資金不足幅が縮小し、1987年度から1991年度までの5年間は資金余剰状態となった。家計はこの間も、引き続き資金余剰状態であったが、賃金上昇や利子・配当収入増加などの所得増加を反映して資金余剰幅は拡大傾向をたどった。1990年代初頭の家計のフローの資金余剰額は毎年40数兆円と、1980年代前半の1.5倍以上に増加した。この時期は、企業の旺盛な投資意欲が景気拡大を牽引するなか、その恩恵によって家計収入が増加し、家計貯蓄の拡大が企業の投資を支えるという、家計・企業間の資金過不足の相補的な拡大循環による潜在的な不均衡が顕著に現れ

た。また、政府が資金余剰状態に転じて国債発行額が減少し、資金が民間に流れやすくなったことも、マクロ的には企業の投資を後押しした要因と考えられる。

　次に、ストック面から資産・負債（資金循環統計上の金融資産・負債）バランスの推移をみると、現在に至るまで、家計は資産超過（資産＞負債）、政府と企業は負債超過（資産＜負債）の状態にある。ただし、時期によって資産超過幅・負債超過幅の増減ペースなどに変化がみられる。家計については、フローの資金余剰を反映して資産が積み上がる構造にあるが、特に1980年代後半にかけては資金余剰幅の拡大によって、資産超過額の増加ペースも加速した。1990年度末の家計の資産超過額は675兆円と1980年度末の239兆円の3倍近い額となった。一方、企業は1980年代後半以降、フローの資金不足幅の拡大を反映して、負債超過額の増加ペースが加速した。1990年度末の企業の負債超過額は628兆円と1980年度末の227兆円の3倍近くにまで増加した。政府については、1985年度までは負債超過額の拡大が進んだが、その後はフロー面が資金余剰となったことで負債超過額は縮小に転じた。1990年度末の政府の負債超過額は24兆円で、1980年度末の26兆円から大きく変化していない。1990年代初頭までの日本の資産・負債バランスの変化は、家計と企業という民間部門を中心とした動きであったということができよう。

❸　1990年代のマネーフロー

　バブル崩壊を契機としてマネーフローにも変化が生じた。一般政府は、税収の減少や景気対策のための財政出動を反映して、1992年度から再びフローの資金不足に転じ、不足幅も拡大基調をたどった。これに対して企業は、設備投資の抑制や負債圧縮の動きからフローの資金不足幅が縮小に転じ、1998年度からは資金余剰状態に転換した。1990年代後半の日本における金融危機によって、企業は保守的な金融行動やデレバレッジを余儀なくされたことがその背景として考えられる。家計ではフローの資金余剰状態が継続したが、

賃金抑制や利子・配当収入の低迷などによる所得減少を受けて資金余剰幅は縮小傾向をたどった。1999年度の家計の資金余剰額は27兆円と、ピーク（1992年度の51兆円）の半分程度まで減少した。

　ストック面では、家計の資産超過幅は1990年代も拡大傾向をたどったが、フローの資金余剰幅が縮小したことにより、拡大ペースは1980年代後半に比べて緩やかなものとなった。企業の負債超過幅が1996年度以降縮小に転じた一方、政府の負債超過幅は大きく拡大し、1999年度末には235兆円と10年間で８倍近くに増加した。企業と政府の負債超過額の比率をみると、1989年度末では企業：政府＝21：１であったが、1999年度末には３：１まで政府の比率が高まった。家計の貯蓄が企業と政府のファイナンスに充てられるという構図自体は変わらないものの、1990年代は資金需要に占める企業と政府の割合が急速に変化した。

４　2000年代以降のマネーフロー

　2000年代に入ると、1990年代に生じたマネーフローの傾向がよりいっそう強まった。フロー面では、企業の資金余剰が定着した。一般政府の資金不足は、1990年代後半の日本の金融危機時に拡大してから縮小に転じるも、2008年のリーマン・ショックと2020年の新型コロナウイルス感染症拡大の際に拡大した。いずれについても、資金不足は拡大後に縮小に向かったが、2000年代を通じて、一般政府の資金不足という状態は一貫している。家計の資金余剰幅は、新型コロナウイルス感染症拡大時に定額給付金の支給や消費の抑制により大幅に増加した時期を除くと、1990年代以前に比べて縮小している（図表１）。家計収入の減少に加え、高齢世代の増加による貯蓄取崩しの影響が顕在化してきたことが要因である。

　ストック面では、家計の資産超過幅は一時的に縮小した時期があるものの、総じて緩やかな増加を続け、2023年度末では1,808兆円に至る（図表２）。企業の負債超過幅は、時価変動の影響により、必ずしもフローの資金余剰幅

図表1 資金過不足の推移

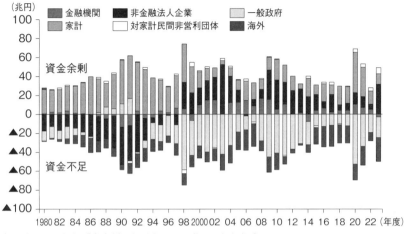

(出所) 日本銀行「資金循環統計」より三菱UFJ銀行作成

図表2 ネット金融資産・負債の推移

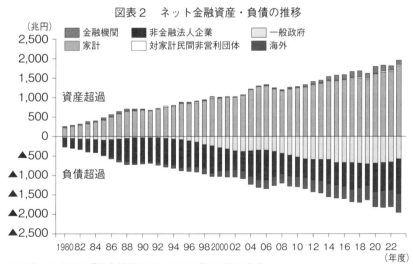

(出所) 日本銀行「資金循環統計」より三菱UFJ銀行作成

1 日本のマネーフローの変化 233

と一致しないことに加えて、資金循環統計において、負債側に株式が含まれるため、直近の株高を受けて増加しており、2023年度末では894兆円となる。政府の負債超過幅は一段と増加し、2023年度末では567兆円にのぼる。

　また、近年の特徴的な動きとしては、2020年度から2021年度のフロー面の資金過不足において、新型コロナウイルス感染症拡大時の財政出動により、政府の資金不足が大幅に増加した一方、各種給付金や消費の抑制などを背景に家計の資金余剰が大きく膨らんだことがあげられる。

　なお、ここまでは国内部門に着目してマネーフローをみてきたが、海外部門については、フローは資金不足、ストックは負債超過の状態が続いている。すなわちこれは、国全体として日本はフローで資金余剰（経常黒字）の状態にあり、ストックでは資産超過（対外純債権国）の状態にあることを表している。一般政府は大幅な資金不足状態だが、国全体では資金余剰状態であるため、国債は国内資金で円滑に消化されている。2000年代に入って、政府の資金不足幅は一段と拡大したが、家計および企業の資金余剰が継続したことで、国全体として、資金余剰・資産超過状態が維持され、これが国債の安定消化に寄与した側面がある一方、先行きも資金余剰・資産超過状態が続くかは不確実である（第4章第4節にて後述）。

02

資金循環からみた国債消化

　2023年度末において、国債（含む国庫短期証券）の約半分（保有割合47.4％）の580兆円を保有しているのが日本銀行である。残りの大部分は、家計の貯蓄が一般政府のファイナンスに充てられる構造となっているが、家計による

234　第4章　国債の安定消化への課題と日本の国債リスク

国債の直接保有は少ない。家計の金融資産の大半は、預金や保険・年金受給権などであり、直接保有している国債の残高は14兆円にとどまる。これは、家計金融資産全体の0.6%、国債（含む国庫短期証券）残高全体の1.1%にすぎない。一方、家計資産の多くを預かる預金取扱機関や保険年金基金は、それぞれ137兆円（同11.2%）、231兆円（同18.9%）の国債を保有しており、家計の貯蓄が、預金取扱機関や保険年金基金を経由して政府のファイナンスに向かう構造となっている（図表3）。

　なお、「量的・質的金融緩和」が導入された2013年以降、日本銀行による国債保有が大きく増加する一方で、預金取扱機関の国債保有は大幅に減少している。2012年度末から2023年度末までの国債保有残高の変化をみると、日本銀行では452兆円増加した一方、預金取扱機関では232兆円減少した（日本銀行と預金取扱機関以外では、30兆円増加）（図表4）。国債全体の残高は249兆円増加している。結果として、「量的・質的金融緩和」の導入以降、預金取扱機関の国債保有の減少分に加えて、国債の増発分を日本銀行が国債買入れを通じて吸収してきたことがみてとれる。

図表 3　家計と預金取扱機関の資産・負債構造

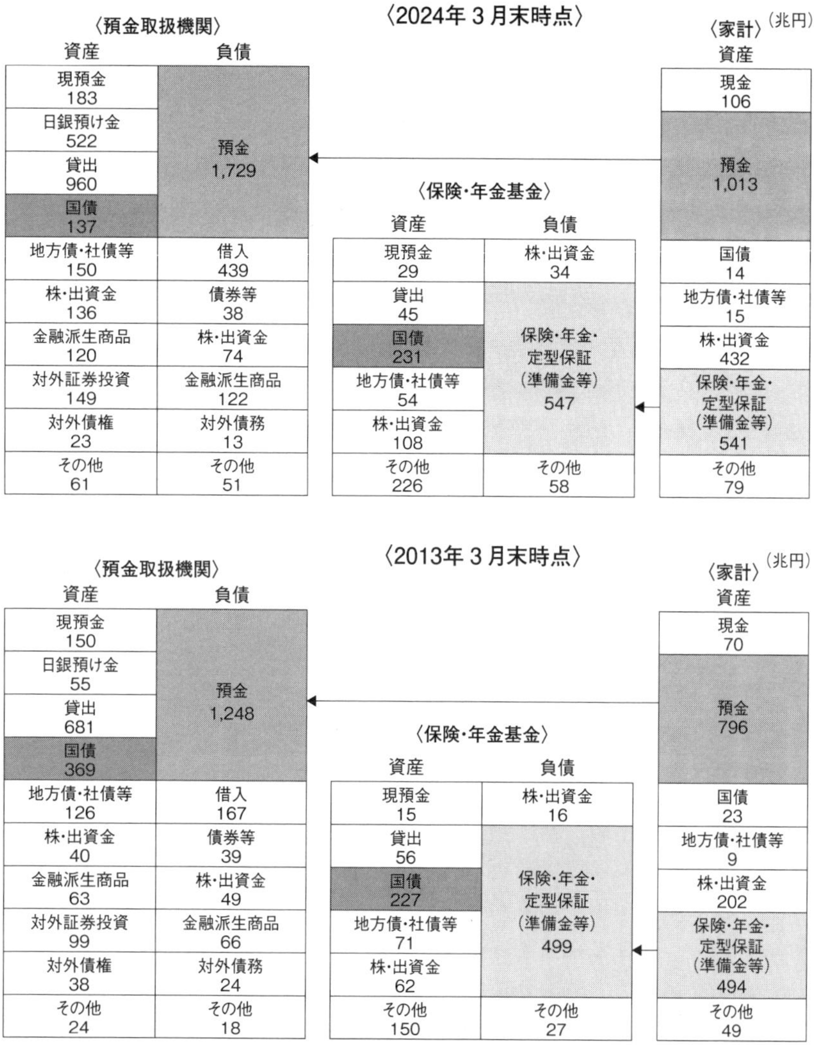

〈2024 年 3 月末時点〉

〈預金取扱機関〉　　　　　　　　　　　　　　　　　　　　　　〈家計〉（兆円）

資産	負債
現預金 183	預金 1,729
日銀預け金 522	
貸出 960	
国債 137	
地方債・社債等 150	借入 439
株・出資金 136	債券等 38
金融派生商品 120	株・出資金 74
対外証券投資 149	金融派生商品 122
対外債権 23	対外債務 13
その他 61	その他 51

〈保険・年金基金〉

資産	負債
現預金 29	株・出資金 34
貸出 45	保険・年金・定型保証（準備金等）547
国債 231	
地方債・社債等 54	
株・出資金 108	
その他 226	その他 58

〈家計〉（兆円）

資産
現金 106
預金 1,013
国債 14
地方債・社債等 15
株・出資金 432
保険・年金・定型保証（準備金等）541
その他 79

〈2013 年 3 月末時点〉

〈預金取扱機関〉　　　　　　　　　　　　　　　　　　　　　　〈家計〉（兆円）

資産	負債
現預金 150	預金 1,248
日銀預け金 55	
貸出 681	
国債 369	
地方債・社債等 126	借入 167
株・出資金 40	債券等 39
金融派生商品 63	株・出資金 49
対外証券投資 99	金融派生商品 66
対外債権 38	対外債務 24
その他 24	その他 18

〈保険・年金基金〉

資産	負債
現預金 15	株・出資金 16
貸出 56	保険・年金・定型保証（準備金等）499
国債 227	
地方債・社債等 71	
株・出資金 62	
その他 150	その他 27

〈家計〉（兆円）

資産
現金 70
預金 796
国債 23
地方債・社債等 9
株・出資金 202
保険・年金・定型保証（準備金等）494
その他 49

（注）　負債の合計は金融資産・負債差額を控除した数値。
（出所）　日本銀行統計より三菱 UFJ 銀行作成

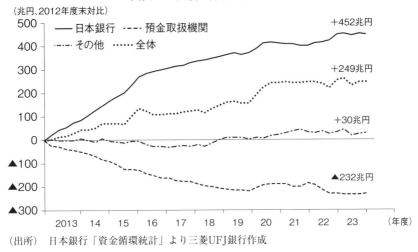

図表4　国債の保有残高の推移

（出所）日本銀行「資金循環統計」より三菱UFJ銀行作成

03

国債の安定消化への展望

1 国債発行額・残高の先行き展望

　日本の財政は、今後抜本的な改革が行われない限り、歳出の増大が続く一方、税収は歳出増加を補うほどの伸びは見込めず、結果として国債発行額は累増していく可能性が高い。

a　歳　出

　現在の一般会計予算は、110兆円を超え過去最高水準で推移している（第2章第1節にて前述）。歳出の先行きを展望すると、①社会保障関係費、②国債費の2つが押上げ要因となり、増大が続く公算が大きい。

社会保障関係費は、高齢化に伴う自然増の影響もあって増加基調であり、先行きも増加が続くことが見込まれる。

加えて、2022年12月に閣議決定された「防衛力整備計画」では、2023年度から5年間の防衛費を総額43兆円程度（従前計画比約1.6倍）に増やし、2023年12月には年3.6兆円規模の「こども未来戦略」を閣議決定するなど、社会保障関係費以外でも歳出増加が予定されている。

国債費については、国債残高の累増を背景に債務償還費・利子及割引料がともに増加していく見込みである。とりわけ利子及割引料については、2000年代半ば以降の金利低下によって負担が軽減されてきた部分があるが、先行き、日本銀行が今後も金融政策の正常化を進める可能性があるなかでは、残高の累増と相まって大幅に増加する可能性が否定できない。

b 歳　入

現在の税収は、毎年約70兆円前後の過去最高水準で推移している。しかしながら、先行きは景気回復を追い風にある程度の税収増を見込むことは可能だが、少子高齢化が進行するなか、日本の潜在成長率は低水準にとどまるとみられるため、持続的に高い経済成長や、それを背景とした税収の大幅な自然増を見込むことはむずかしい。

税収の自然増が限定的である場合、国債発行増加によって歳出と税収の差分を埋める必要がある。

今後の日本の国債発行残高については、以下のように試算されている。2024年7月の「中長期の経済財政に関する試算（内閣府）」における過去投影ケースでは、国の公債等残高（復旧・復興対策およびGX対策の経費および財源の金額を除いたベース）は2023年度の1,054兆円から2033年度には1,235兆円へと、10年間で約180兆円増加する試算となっている（図表5）。

成長移行ケースにおいても、2033年度の国の公債等残高は1,227兆円と、10年間で約170兆円増加する試算となっている。

以上をふまえると、歳出・歳入に関する政策方針の変化などの特段の対応

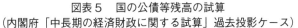

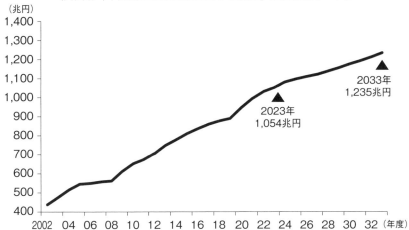

(注) 復旧・復興対策およびGX対策の経費および財源の金額を除いたベース。
(出所) 内閣府「中長期の経済財政に関する試算」より三菱UFJ銀行作成

がなければ、国債発行残高が減少基調をたどることは予想しがたく、むしろ増加基調をたどる可能性が高い。この点は、国債の安定消化を考えるうえでも重要なポイントとなる。

　中長期的に財政規律を保つためには、国債発行に頼らない歳入増加（増税の選択肢を含む）および政策効果が低い歳出の削減などが求められる。

2　国債の消化構造の変化と展望

　2013年から始まった「量的・質的金融緩和」以降、日本銀行が大規模に国債を買入れ、国債全体に占める日本銀行の保有割合は大きく上昇した。国債発行残高が基調的に減少する目途が立たず、日本銀行が国債買入れの減額に向かうなか、先行き、国債の安定消化が維持されるかどうかについて考察する。

a　日本銀行による国債買入れ

　前述のとおり、「量的・質的金融緩和」以降、日本銀行が大規模に国債を買い入れたことで、2012年度末時点の日本銀行の国債保有残高（含む国庫短期証券）は128兆円（保有割合13％）であったのに対し、2023年度末には580兆円（同47％）まで大きく増加した（図表6）。これまで国債発行残高が増加し続けていても、安定消化が保たれていたのは、日本銀行が国債保有残高を大幅に増加させてきたことが大きな要因である。しかしながら、2024年7月の金融政策決定会合で、日本銀行は国債買入れの減額計画を発表し、2024年7月時点で約5.7兆円の月間買入額を2026年1月～3月までに段階的に3兆円程度まで減額することを示した。また、本計画によって、日本銀行の国債

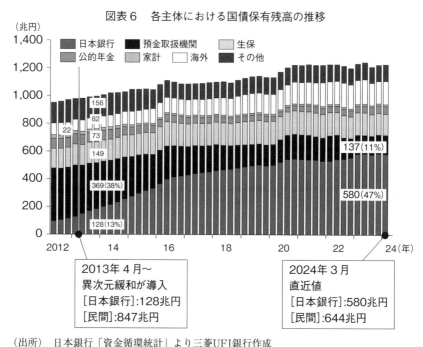

（出所）　日本銀行「資金循環統計」より三菱UFJ銀行作成

保有残高は約2年後に7％～8％減少する試算であることが示されている。すなわち、これまで国債保有を増加させ、結果的に国債の安定消化に寄与してきた日本銀行が、金融政策の正常化局面に入ったことで、今後は国債保有を段階的に減らすことを意味する。したがって、今後、最大の国債保有主体である日本銀行のかわりに、国債を保有する主体が必要になる。

b　預金取扱機関の国債消化余力

　日本銀行にかわる国債保有主体としていちばんに注目されるのが、銀行を含む預金取扱機関である。「量的・質的金融緩和」導入前の2012年度末では、預金取扱機関の国債保有残高は369兆円（保有割合38％）であり、最大の国債保有主体であった。しかしながら、日本銀行による大規模な国債買入れを背景に金利水準が大幅に低下したことを受けて、その保有残高は2023年度末には、137兆円（同11％）まで減少している。この間の預金取扱機関のバランスシートをみると、国債が大きく減少している一方で、日本銀行当座預金が大きく増加している。このことから、現在、預金取扱機関は国債購入の原資となりうる日本銀行当座預金を多額に保有していることがわかる。それでは、仮に日本銀行が「量的・質的金融緩和」導入前までの水準に国債の保有残高を減らした場合、国債購入の原資となりうる日本銀行当座預金を有しているからといって、預金取扱機関だけで国債の安定消化を支えられるのだろうか。結論からいうと、預金取扱機関だけでは日本銀行の保有残高減少分の国債をすべて消化することはむずかしいと考えられる。その理由は2つある。

　第1は、全体の国債発行残高が増加していることである。2012年度末の国債残高が975兆円であったのに対して、2023年度末では1,224兆円と、249兆円増加している。これは、日本銀行が「量的・質的金融緩和」前の水準に国債保有残高を戻した場合、日本銀行以外の主体が消化しなければならない国債保有残高は、当時と比べて249兆円増加していることを意味する。つまり、2012年度末の日本銀行以外の国債保有残高は847兆円だが、日本銀行が2012

3　国債の安定消化への展望　241

年度末と同じ128兆円まで保有を減らせば、日本銀行以外の主体は1,096兆円（2012年度末対比＋249兆円）の国債を保有することになる。加えて、歳入・歳出のバランスをまかなう観点から、国債発行残高は毎年増加傾向にあり、今後もその残高は増えることが予想される。

　第2は、預金取扱機関における規制やリスク管理に基づく国債購入の制約が厳しくなってきたことがあげられる。国債購入の制約の具体例としては、レバレッジ比率規制、IRRBB（Interest Rate Risk in the Banking Book）規制、VaR（Value at Risk、内部リスク管理）、評価損益などがある（第6章にて後述）。とりわけ、リーマン・ショック以降、金融機関の健全性向上を企図し、国際金融規制が強化された結果、国債購入の制約要因として機能していることは重要な点である。

(a)　レバレッジ比率規制

　レバレッジ比率とは、Tier 1 資本（事業を継続するなかで（破綻に至る前の段階で）損失を吸収できる資本・負債等）をエクスポージャー額（バランスシートにおける対象となる額）で割った比率であり、規制上、各金融機関には、健全性を維持する観点から、当該比率が一定の水準を上回ることが求められ、順守すべき下限値が存在する。国債購入は、分母であるエクスポージャー額の増加につながり、レバレッジ比率の低下要因となるため、レバレッジ比率規制は国債購入の制約になりうる。なお、日本銀行当座預金残高はレバレッジ比率の計算上、分母であるエクスポージャー額の対象外となっていることから、日本銀行当座預金残高を原資に国債を購入する場合でも、同比率の低下要因となる。

(b)　IRRBB規制

　IRRBB規制とは、金利リスク量に該当する経済価値（ΔEVE）を、国際統一基準行についてはTier 1 資本、国内基準行については自己資本で割った比率に対する規制であり、各金融機関には、当該比率を一定の水準以下に抑えることが求められる（上限目途値が存在）。したがって、国債購入が

242　第4章　国債の安定消化への課題と日本の国債リスク

バランスシートの金利リスクを増加させる場合には、分子である金利リスク量の増加を通じて上昇要因となることから、IRRBB規制は国債購入の制約になりうる。

(c) VaR（内部リスク管理）

VaRとは、将来のある一定期間に、ある一定の確率で起こりうる可能性がある最大損失額を指し、主に金融機関で市場業務への資本配賦に使われている。実務上、VaRの上限が定められ、その範囲内で国債投資戦略が策定されることになる。国債購入がバランスシートの金利リスクを増加させる場合には、想定される最大損失額VaRの増加要因となることから、VaRは国債購入の制約になりうる。

(d) 評価損益

評価損益とは、本章では、その他有価証券における評価損益を指しており、評価損になれば、一部の金融機関（国際統一基準行）では、資本の毀

図表7　日本銀行のバランスシート

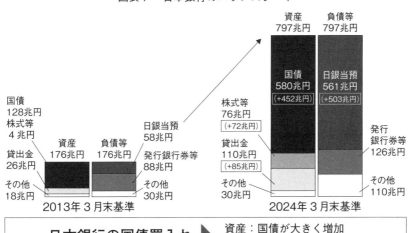

(出所)　日本銀行「資金循環統計」より三菱UFJ銀行作成

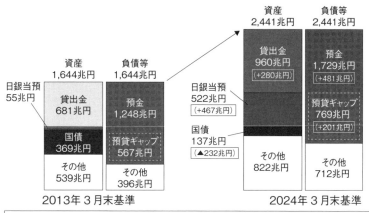

図表8　預金取扱機関のバランスシート

（出所）　日本銀行「資金循環統計」より三菱UFJ銀行作成

損につながることから、評価損を一定の範囲内に抑えることが求められる。国債購入にあたって、先行きの金利上昇が生じうる場合には、資本の毀損可能性を通じて制約条件となり、保有する金利リスク量が大きければ資本の毀損リスクも高まる。また、既存のその他有価証券が評価損を抱えている場合には、特に、追加の評価損失の発生を回避する観点でも、国債購入の制約になりうる。

　上記の国債発行残高の増加と各種規制・リスク管理に基づく国債購入の制約要因をふまえると、日本銀行が「量的・質的金融緩和」導入前と同程度まで国債保有残高を減らす場合に、預金取扱機関のみでその役割をかわりに担うことは困難であると考えられる。

c　そのほかの国債保有主体

　預金取扱機関以外の国債保有主体として、生命保険、公的年金、海外、家計などがある。

生命保険と公的年金は、「量的・質的金融緩和」前の2012年度末時点では国債をそれぞれ153兆円、73兆円保有しており、2023年度末時点ではそれぞれ154兆円、54兆円保有している。生命保険では保有残高はほぼ変わらず、公的年金では減少した。過去保有残高と比べた増加余地という点で考えると、日本銀行が今後減らすであろう国債保有残高の大部分をまかなうまでには至らないと考えられる。なお、生命保険については、近年、超長期国債の購入を増やしてきた経緯があるが、これは、2025年に施行予定である経済価値ベースのソルベンシー規制への対応が背景にある。ただし、2024年7月時点では、生命保険の超長期国債の購入ペースは落ち着いてきており、今後同規制対応としての大幅な超長期国債の購入は見込みがたい。

　海外と家計は、2012年度末時点では国債をそれぞれ82兆円、23兆円保有しており、2023年度末時点ではそれぞれ168兆円、14兆円保有している。海外と家計の国債保有を増やす取組みが国債の安定消化に寄与するかについては後段にて考察する。

❸　国債の安定消化に向けた方向性・手段

　中長期的な観点から、国債の安定消化を考えるうえで、発行残高の縮減、平均残存年数の短期化、保有者層の多様化の3つの方向性が重要になる。

a　発行残高の縮減

　国債保有主体の購入余力に限界があるなか、国債発行残高自体が減少すれば、安定消化は維持されやすくなる。具体的には、政策効果の低い歳出を減らし、政策効果の高い歳出を増やすこと（ワイズスペンディング）などを通じた財政健全化や、税制改革・成長戦略などによる税収増を通じた安定財源の確保などが考えられる。

b　平均残存年数の短期化

　前述したとおり、金利リスク量が関係する預金取扱機関の国債購入の制約にはIRRBB規制、VaR、評価損益がある。一般に、金利リスク量≒保有残

高×残存年数の関係が成り立つため、保有残高は同じでも、残存年数を短くすることで、金利リスク量は減らすことができる。したがって、仮に発行残高の平均残存年数を短期化すれば、残高ベースでみたときに、預金取扱機関はより多くの国債を保有することができるようになる。また、残存年数自体を短期化しなくても、固定利付国債のかわりに変動利付国債を発行することで、残存年数短期化と同様に金利リスク量を減らすことが可能である。したがって、発行残高の平均残存年数の短期化や変動利付国債の発行は国債の安定消化を支えるひとつの手段となる。

　ただし、平均残存年数を短くした場合、将来金利が大きく上昇すると、借換えの際に調達コストが大幅に上昇するということが起こりうるため、平均残存年数の短期化は、借換リスクを高めるというデメリットももつ。

c　保有者層の多様化

　国債保有残高が増加している海外や現状保有が少ない家計の国債購入を促進することも国債の安定消化の一手段として考えられる。

　海外投資家の一部は、為替スワップ市場で保有する米ドルを円に転換したうえで、国債を購入しており、ドル円ベーシス（米ドル保有者が円調達時に受け取るプレミアム）などを通じた投資妙味があれば、米ドル保有者は日本国債を購入する誘因をもつ。これまでドル円ベーシスなどを通じて投資妙味がある状況が続いてきたため、海外の保有残高は価格変動リスクが抑えられる短期国債を中心に増加している。ここからさらに海外投資家の国債保有を促すことは、国債の安定消化を支える選択肢となりうるが、海外の国債保有割合が高まることに伴い生じうるリスクもある。一般的に、国内投資家は海外資産よりも国内資産への投資を選好しやすいという「ホームバイアス」がある。日本が他国と比べても突出して高い名目GDP対比250％超の政府総債務残高を有するほどの財政状況であることを考慮すると、仮に今後、海外投資家の国債保有割合が上昇していけば、日本国債に対してより高い利回りを求めるようになることが懸念される。

海外投資家の日本の財政状況に対する信認を確保するためには、日本として財政健全化の道筋をしっかりと示し、発信することで、日本国債の信用力を維持しておくことが肝要である。また、短期的な投資妙味を追求する海外投資家のみならず、外貨準備、年金基金、投資信託などの中長期的な目線をもつ海外投資家による国債購入を促進する施策も、国債の安定消化に寄与するものと考えられる。

　一方で、家計は「ホームバイアス」をもつ国内投資主体である。家計は貯蓄主体であり十分な国債購入の原資をもつ。個人向け国債や投資信託を通じた国債購入などを促進することは、「資産運用立国実現プラン」のひとつである「家計の安定的な資産形成」に寄与するとともに、国債の安定的な消化を支える手段となる。

　なお、保有者層の多様化という点では、市場機能度の回復も重要である。「量的・質的金融緩和」以降、日本国債の流通市場の機能度は低下した状態が継続している。かかる状況下では、取引量が少なく、取引執行のコストが高くなることに加えて、将来の経済・物価や政府の財政状態などについて適切に価格が反映されていないことを意味している。流通市場の機能度が回復した場合には、取引執行コストの低減を通じて、また、将来の経済・物価や政府の財政状態などについて適切に価格が反映されることを通じて、より幅広い層の投資家が国債市場に参加しやすくなる。日本銀行が大量に国債を保有することで低下した市場機能度を回復させることは、日本銀行以外の多様な投資家が国債を保有する状況を目指し、国債の安定消化を図っていくうえで重要である。

3　国債の安定消化への展望　247

04

国債の格下げによる影響

1　ソブリンリスクの顕在化

ソブリンリスクとは、国や国家に対する信用リスクである。ソブリンリスクが顕在化する過程には段階があるが、ここで重要なのは、国債がデフォルト（利払いや償還が約束どおりに行われない債務不履行の状態）に陥らずとも、国債の格付けが一定水準以下になると、後述のとおり、民間セクターを含めた一国の経済に深刻な影響が生じうるということである。言い換えれば、自国通貨建ての国債がデフォルトしないか否かの議論に関係なく、格付機関が格下げの判断を下した段階で、実際には、ソブリンリスクは顕現する。本節では、ソブリン格付けにおける評価ポイントと格下げにつながるリスク事象、そして、格下げが起きた際の具体的な影響について考察する。

2　ソブリン格付けの評価とリスク事象

a　ソブリン格付けの評価ポイント

ソブリン格付けについて考えるうえで、主要格付機関の評価ポイントを抑えることは重要である。評価ポイントは大別すると４つあると考える（図表９）。第１は、財政・金融政策の有効性や規制の質・政治的安定性などの制度・ガバナンスなどである。第２は、経常収支・対外純資産を含む国際収支や通貨信用力などである。第３は、政府総債務残高などの財政である。第４は、経済成長率や経済規模などの経済力である。主要格付機関はこれらの評価ポイントについて定量面・定性面の双方の観点から格付けの判断していると考えられる。

図表9　主要格付機関の評価ポイントの考え方

評価ポイント	詳　　細
制度 ガバナンス等	➢ 財政・金融政策の有効性 ➢ 規制の質・政治的安定性等
国際収支 通貨信用力等	➢ 経常収支・対外純資産 ➢ 国際取引上の通貨信用力
財政	➢ 政府総債務残高 ➢ 財政収支等 　（例：プライマリー・バランス黒字化目標）
経済力	➢ 経済成長率 ➢ 経済規模

（出所）　三菱UFJ銀行

b　格付けにかかわる具体的なリスク事象

　主要格付機関の評価ポイントの観点から、日本のソブリン格付けについて考えると、以下3点が特に注目される。

(a)　経常収支の赤字化（評価ポイント：国際収支・通貨信用力等）

　仮に日本が恒常的な経常収支の赤字国となった場合、国債発行などの政府の調達が国内資金でまかなえず、海外資金に頼らざるをえない状況になる可能性がある。この場合、前述のとおり、「ホームバイアス」の低い海外投資家の保有比率が高まり、そのうえで、海外投資家が日本の財政状況に対するリスクプレミアム（リスクの見返りとして上乗せされる利益）を求めることで国債利回りに上昇圧力がかかる可能性も考えられる。したがって、日本国債の格付けおよび安定消化を考えるうえでも、経常収支の黒字が維持されるかどうかは注目すべきポイントのひとつである。

　経常収支の推移をみると、現行基準で比較可能な1996年度以降で経常収支の黒字額が最低となったのは、2013年度であり、東日本大震災後の原発

4　国債の格下げによる影響　249

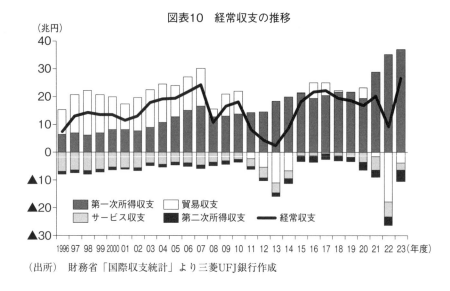

図表10　経常収支の推移

（出所）　財務省「国際収支統計」より三菱UFJ銀行作成

停止に伴う火力発電用の燃料（天然ガス、原油など）輸入量の増加や価格上昇を受けた貿易収支の大幅赤字により、経常黒字の幅は約2兆円まで縮小している（図表10）。また、2022年度も、ロシアのウクライナ侵攻などによる燃料価格の高騰で貿易赤字が拡大し、経常黒字は約9兆円まで落ち込んでいる。

　また、サービス収支も、経常収支を下押しする要因となっている。サービス収支内の旅行収支では、2022年度以降、円安が進行し、インバウンドが拡大したことで、その黒字幅は拡大傾向にある。一方で、米国のGAFA（Google、Amazon、Facebook（現Meta）、Amazonの4社の総称）などのデジタルプラットフォーム企業への支払いなどが増えていることにより、デジタル関連収支は大幅な赤字にある。2023年度では、その赤字幅は旅行収支の黒字幅以上であり、結果としてサービス収支の赤字が継続している（図表11）。

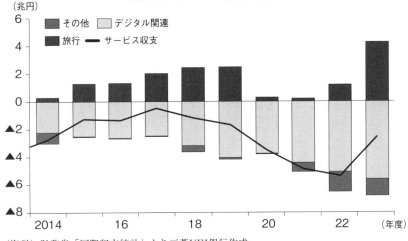

図表11 サービス収支の推移

（資料）財務省「国際収支統計」より三菱UFJ銀行作成

　2023年度の経常収支は、貿易・サービス収支の赤字を超える所得収支の大幅な黒字により、全体では黒字を維持している。しかしながら、先行き、地政学リスクの顕在化などにより、再度、エネルギーコストが高騰する懸念やデジタル関連収支を中心としたサービス収支の赤字が拡大する可能性などを考慮すると、経常収支の黒字幅縮小や赤字に転じる可能性には留意が必要である。

　また、経常収支は国内の貯蓄・投資バランスでもあるので、経常収支の先行きを見通すにあたって、国内各部門のフローの貯蓄・投資バランスの推移がポイントとなる。

　まず政府については、前述したとおり、財政赤字の継続が見込まれることが示すように、投資超過が継続する公算が大きい（図表12）。

　次に、企業については、足元までの動きを確認すると、ストックベースでは負債超過状態にあるが、フローの貯蓄・投資バランスは貯蓄超過が続

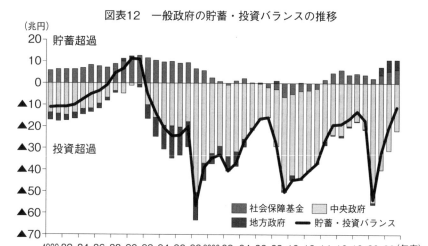

図表12　一般政府の貯蓄・投資バランスの推移

(注)　1993年度以前は1993年SNA、1994年度以降は2008年SNAに基づく計数を使用。
(出所)　内閣府「国民経済計算」より三菱UFJ銀行作成

いてきた（図表13）。これは、1990年代末以降、貯蓄（配当・税引後の内部留保に相当）の増加が続いた一方、設備投資が低水準で推移したことによるものである。2022年度の貯蓄超過の縮小は設備投資の増加に加えて、新型コロナウイルス感染症の拡大時における雇用維持・事業継続のための政府からの補助金が剥落したことで、貯蓄が減少したことが理由となっている。いまだ貯蓄超過が解消したとはいえないものの、先行きについては、エネルギーコスト上昇などから企業の貯蓄に下押し圧力がかかり、フローの貯蓄超過幅がさらに縮小する可能性がある。

　家計の貯蓄率は、高齢化の進行によって貯蓄取崩し層である60歳以上の比率が高まっていることを背景に、低下傾向をたどっており、2013・2014年度には、貯蓄率は小幅マイナスに転じている（図表14）。新型コロナウイルス感染症の拡大時における給付金の影響などで大幅に上昇した2020年度を除いて、茲許では、貯蓄率は小幅のプラス圏で推移している。フロー

図表13　企業の貯蓄・投資バランスの推移

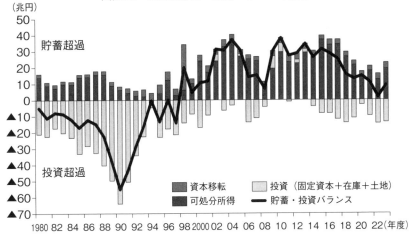

（注）　1993年度以前は1993年SNA、1994年度以降は2008年SNAに基づく計数を使用。
（出所）　内閣府「国民経済計算」より三菱UFJ銀行作成

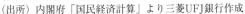

図表14　家計の貯蓄率の推移

（注）　1993年度以前は1993年SNA、1994年度以降は2008年SNAに基づく計数を使用。
（出所）　内閣府統計より三菱UFJ銀行作成

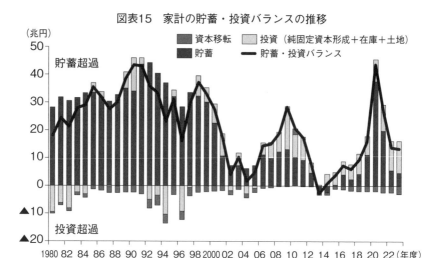

図表15　家計の貯蓄・投資バランスの推移

(注)　1993年度以前は1993年SNA、1994年度以降は2008年SNAに基づく計数を使用。
(出所)　内閣府統計より三菱UFJ銀行作成

の貯蓄・投資バランスとしてみた場合、高齢者率（65歳以上）が足元の約3割からさらなる上昇が予想されるなか、貯蓄率の低下が貯蓄超過幅の下押し要因となる一方、住宅投資などの減少が貯蓄超過幅をある程度押し上げる方向に作用することになる。そのため、貯蓄・投資バランスが一気に投資超過に転じる可能性は小さいものの、貯蓄超過幅は足元の水準から徐々に縮小していくことになろう（図表15）。

　以上より、政府の投資超過が継続し、企業、家計の貯蓄超過幅が縮小する可能性をふまえると、国内全体の貯蓄・投資バランスが縮小に向かうことも考えられる。

(b)　**財政収支の悪化（評価ポイント：財政）**

　ソブリン格付けにおいて、財政状況は、債務の持続可能性を示す重要な指標である。長期的な財政赤字は債務比率の上昇と債務負担能力の低下を招くことにつながりうる。以下では、日本における財政状況を振り返る

（第 2 章第 2・3 節にて前述）。

　IMFの統計によると、日本の財政収支の名目GDP比率は約▲ 6 ％であり、継続的な財政赤字が続いている。また、プライマリー・バランスでみても、赤字の状態が続いている（第 2 章第 3 節にて前述）。継続的な財政赤字の結果、前述したとおり、2023年末の政府総債務残高の名目GDP比率は250％を超えており、他国と比べると突出した水準になっている。

　財政健全化の取組みとしては、2024年の骨太の方針にて、 3 年ぶりに国と地方のプライマリー・バランスを2025年度に黒字化させる目標が明記されている。2024年 7 月の内閣府による「中長期の経済財政に関する試算」では、2025年度に国と地方のプライマリー・バランスは黒字化するという試算が示されている。ただし、この試算には、2024年に制定された経済対策は織り込まれてはいない。

　これらをふまえると、日本では、継続的な財政赤字、突出した政府総債務残高という状況であるなかでも、今後、債務の持続可能性に関する懸念が高まる状況を回避するためには、さらなる財政収支の悪化を防ぐとともに、プライマリー・バランスの黒字化目標の堅持を含めて、財政健全化に取り組む姿勢を示し続けることが重要であると考える。

(c)　**国債の安定消化が崩れるリスク（評価ポイント：制度・ガバナンス等）**

　日本のソブリン格付けにおいて、日本銀行の金融政策と幅広い国内投資家基盤が政府の資金調達能力を支えていることは考慮されるポイントのひとつである。実際に、スタンダード・アンド・プアーズ（S&P）グローバル・レーティングのシニア・ディレクター、キムエン・タン氏へのインタビュー記事では、「日銀が長期間にわたり金利を抑制し、大量の国債を購入し続けたことで多くの人はそれが普通のことだと認識しており、急激に金利を引き上げて国債の買入れを減らすと経済に大きなショックを与え、「日本国債の格下げが現実になるリスクがある」とタン氏は指摘」となっている（日高正裕・Ayai Tomisawa「 1 ～ 2 年は日本格付け変わらない、日銀

正常化波乱ならリスク―S&P」bloomberg、2023年8月22日）。格付機関の見解が変化する可能性には留意が必要なものの、このことは、日本銀行が金融政策の正常化局面のなかで国債買入れの減額を進めていく際、国債の安定消化を維持することも含めて、経済への大きなショックを回避することが、日本のソブリン格付けにおいて重要であることを示唆していたものととらえることもできる。2024年7月の金融政策決定会合で日本銀行が国債買入れの減額計画を発表した後も、日本の国債利回りの急上昇は起こらず、安定消化が維持されている状況にある。しかしながら、今後、日本銀行がさらなる金融政策正常化を進める際に、国債発行残高が増加し続け、前述した主要投資家の国債購入余力が限界に達するような状況となれば、国債の安定消化が崩れ、その影響が日本のソブリン格付けに及ぶリスクも考えられる。

3 国債の格下げ時の影響

　日本国債の格付けは、たとえば、スタンダード・アンド・プアーズ（S&P）ではA＋である（2024年7月末時点）。仮に国債の格付けが、BBB格（現状比3段階格下げ）、BB格（現状比6段階格下げ）などに格下げされた場合、日本全体にどのような影響が出るのかについて考えてみたい。

　ソブリン格下げ時の具体的な影響を図表16にて整理している。格下げ時、一般的に、カントリー・シーリング（通常、国債の格付けがその国に属する企業などの格付けの上限になること。ただし、企業などの信用度によっては当てはまらないケースもあり）の影響から、日本の一部の民間の大手事業法人・金融機関に加えて、政府をはじめ一部の地方自治体を含む公的主体の格付けも、それ以下の格付けへ連座で下がり、あらゆる主体の信用力が悪化する事態に陥る可能性がある。その場合、貿易・サービス・金融取引における調達条件が悪化し、原材料などの調達難や外貨建てを含む調達コストの上昇などが生じる。さらに取引規模が縮減し、海外企業との取引減、外貨建て調達・

図表16 格下げによる影響

― 国の経済活動 ―

民間主体

事業法人	金融機関
▶実物取引(原材料・製品の輸出入等) ▶資金調達(社債発行・銀行借入等) ▶出資・運用(M&A、証券運用等)	▶外貨建て資金調達(預金・社債発行等) ▶外貨建て貸出(本邦企業向け等) ▶有価証券運用(JGB、外貨建て債券等)

公的主体

政府・地方自治体
▶歳入(税収等) ▶国債・地方債等の発行 ▶歳出(社会保障費、公共事業等)

― 格下げによる影響(例) ―

ミクロ

調達条件の悪化(コスト面)	原材料等の調達難	外貨等の調達 コストの上昇	債券の発行コスト増/海外投資家の国債売却
取引規模等の縮減(量)	海外企業との取引急減	外貨建て調達運用(含、資比)急縮小	財政支出(公的サービス支出の縮減
円建て有価証券価格の下落	保有有価証券の価格下落		

マクロ

市場 経済動向等	持続的な円安・株安・債券安	経常収支の赤字化	インフレの高止まり

― 一国の経済への深刻な影響・国力の低下(例) ―

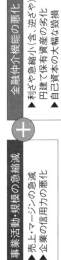

事業活動・規模の急縮減	金融(仲介)機能の悪化	財政の弾力性・余力の低下
▶売上・マージンの急減 ▶企業の信用力の悪化	▶利ざや急縮小(含、逆ざや) ▶円建て保有資産の劣化 ▶自己資本の大幅な毀損 ▶急激な信用収縮	▶急激な歳入減、調達コスト増 ▶公的サービスの劣化・一時停止

(出所) 三菱UFJ銀行

4 国債の格下げによる影響 257

運用の急縮小、財政支出・公的サービス支出の縮減などの事態に陥る。また、持続的な円安・株安・債券安、インフレの高止まりなどが同時に発生する可能性が想定される。

さらに、これらの悪影響を通じて、事業活動・規模の急縮小、金融仲介機能の悪化、財政の弾力性・余力の低下などが、互いに連動しながら、より悪い方向に進んでいく負のスパイラルが生じ、その結果として、一国の経済に深刻な影響が、一過性ではなく常態的に及ぼされ、国力の低下を招く事態に陥るおそれが出てくる。

上記のようなリスクシナリオは、投資不適格であるBB格以下に格下げされた際に、より影響が大きくなるものと考えられる。ただし、BBB格への格下げであっても、かろうじて投資適格を保っている状況であり、投資不適格であるBB格への下落も意識されることで、一国の経済に影響が及び始める可能性がある。したがって、実体経済への著しい悪影響を回避すべく、日本にとって現状のA格を維持することが、国債管理政策上きわめて重要であり、さらに、A格を維持していくためには、前述したとおり財政健全化に取り組む姿勢を示し、国債の安定消化を維持していくことが大事になってくる。

（参考文献）

Calvo, Guillermo. A. 1988. Servicing the Public Debt: The Role of Expectatins. American Economic Review Vol. 78（September）

『公共経済学』井堀利宏、新世社、1998年

The staffs of International Monetary Fund and the World Bank（2001）"Guidelines for Public Debt Management"（https://www.imf.org/external/np/mae/pdebt/2000/eng/guide.pdf）

『財政 第3版』井堀利宏、岩波書店、2008年

Romer, David. Advanced Macroeconomics（fourth edition）. McGraw-Hill Irwin Banque de France. 2012. Public debt, Monetary policy and Financial Stability.

「国債市場の持続可能性」金融調査研究会、2012年2月

Financial Stability Review（April 2012）

「日本国債市場における海外投資家の動向」竹川隼人（「今週の指標 No.1225」、内閣府）、2019年7月31日

「現物国債市場における海外投資家の投資行動」寒川宗穂太郎（日本銀行ワーキングペーパーシリーズ2020年）、2020年9月4日

「コスト・アット・リスク（Cost at Risk, CaR）分析入門」服部孝洋（「財務総研スタッフ・レポート」財務総合政策研究所）、2021年2月18日

Moody's「ソブリン格付手法」2021年10月22日

「トラス・ショックを踏まえた経常収支・国債の海外保有・安全資産の関係」（財務省「ファイナンス」2023年6月号 P50-51）細江塔陽・楠原雅人、2023年6月

Bloomberg記事「1～2年は日本格付け変わらない、日銀正常化波乱ならリスク ―S&P」2023年8月22日

Fitch Ratings commentary「日本の格付を「A」に据え置き、アウトルックは「安定的」」2024年4月23日

第 **5** 章

銀行における
国債運用と国債の活用

01

国債の投資利回り

　国債投資を行うにあたり重要となる利回りについて簡単に内容を整理した
うえで、銀行における国債投資の投資収益の考え方を説明する。銀行が国債
に投資する目的はいくつかあるが、そのひとつは投資収益を得ることであ
り、その際に必要となる基本的な項目を理解することが重要である。

1　国債投資の利回りについて

a　利回りとは

　国債には、残存期間、クーポンレート（クーポン、表面利率）、発行残高、
市中残高などが異なるさまざまな銘柄がある。それらのなかで投資を検討す
る際には「利回り」が重要な要素となる。一概に「利回り」といっても、国
債市場では、「クーポン」「金利」「リターン」などの表現がある。また、利
回りを表すものとして、「単利」「複利」「直利」などの考え方・違いを理解
する必要がある。

図表 1　利回り種類の比較

	利回り種類		
	単利利回り	複利利回り	直利利回り
利用頻度	高い	高い	低い
債券価格への換算	やさしい	むずかしい	やさしい
再投資収益	考慮せず	考慮	考慮せず

262　第 5 章　銀行における国債運用と国債の活用

20年第189回債（2024年7月11日時点）

	単利利回り	複利利回り	直利利回り
国債利回り	1.910％	1.909％	1.900％

（出所）　日本証券業協会

b　単利利回り

　国債取引においては、主に「単利利回り」が利用される。また、特に銀行の国債投資における投資計画や投資目線などにおけるレンジ設定は「単利利回り」を基準として議論されることも多い。実際の国債取引においては、「単利利回り」から算出した「債券価格」で売買金額などが計算されることになる。

（a）　割引債の単利利回り計算

　債券を購入時点から満期まで保有することを前提に購入価格との差額（償還差額という）を残存年数で割ったもの。したがって、購入単価と額面の差額を1年当りに換算したもの。

$$単利利回り（\%）= \frac{\dfrac{額面（円）-債券価格（円）}{残存年数（年）}}{債券価格（円）}$$

$$債券価格（円）= \frac{額面（円）}{1+単利利回り（\%）\times 残存年数（年）}$$

（b）　固定利付債の単利利回り計算

　固定利付債を購入時点から満期まで保有した場合に得られる収益は、半期ごとに受け取るクーポンと償還差額である。固定利付債のクーポンは半年ごとに受け取るが、同収益（資金）の再投資による収益を考慮していない利回り計算方法である。

$$単利利回り(\%) = \frac{クーポン(\%) + \dfrac{額面(円) - 債券価格(円)}{残存年数(年)}}{債券価格(円)}$$

$$債券価格(円) = \frac{額面 + クーポン(\%) \times 残存年数(年)}{1 + 単利利回り(\%) \times 残存年数(年)}$$

c　複利利回り

　国債投資において、償還年月が同じであってもクーポンが異なる複数の銘柄が存在する。具体的には、10年債375回と20年債149回は、償還が2034年6月と同一だが、クーポンは前者が1.10％、後者が1.50％であり、当該銘柄間で市場取引される単利利回りは異なっている（図表2）。この違いは、銘柄間の需給などにも影響されるが、利回り計算の違いによるところも大きい。他方、「複利利回り」では、クーポン収益の再投資が勘案されるため、当該銘柄間格差の差異は小さくなる。

図表2　単利利回りと複利利回りの比較（2024年7月11日時点）

銘柄	単利利回り	複利利回り
10年債375回	1.080％	1.081％
20年債149回	1.060％	1.079％
差異	0.020％	0.002％

（出所）　日本証券業協会

(a)　割引債の複利利回り計算

　単位期間（年複利計算であれば1年）ごとに元金が増加するものとして、投資の収益率を計算する。

$$債券価格(円) \times (1 + 複利利回り(\%))^{残存年数(年)} = 額面(円)$$

$$債券価格(円) = \frac{額面(円)}{(1 + 複利利回り(\%))^{残存年数(年)}}$$

$$複利利回り(\%) = \sqrt[残存年数(年)]{\frac{額面(円)}{債券価格(円)}}$$

(b) 固定利付債の複利利回り計算

　まずは、100億円の資金を単利利回り10％と複利利回り10％で２年間運用した場合の違いを確認する。図表３例１のとおり、単利利回りでは２年後に得られる収益は＋20億円（120億円－100億円）である。一方で、例２のとおり、複利利回りでは２年後に得られる収益は＋21億円となる。この違いは、１年後に得られたであろう収益＋10億円（100億円×10％）を元本に組み入れたと考えることで、２年目の収益が11億円（110億円×10％）になるからである。

　ここで例３のとおり、１年後にクーポンとして10億円が支払われた場合を考える。同資金を年率10％で１年間運用できたとすると、２年後に＋１億円の追加利益が得られる。この場合、得られるであろう＋１億円も含め収益額は21億円で、例２の複利利回り10％と同じ収益額となる。複利利回りの考え方は、このように途中で得た収益を再運用し、再投資収益を得ることに基づいている。

図表３　単利利回りと複利利回りの考え方

(単位：億円)

	投資時点	１年後	２年後	合計
例１：単利利回り10％	▲100	＋0	＋120	＋20
例２：複利利回り10％	▲100	＋0	＋121	＋21
例３：複利利回り10％	▲100	＋10　運用 ➡	＋110　〔＋１〕	＋21

1　国債の投資利回り　265

債券価格(円)

$$= クーポン \times \sum_{t=1}^{残存年数(年)} \frac{1}{(1+複利利回り(\%))^t} + \frac{額面(円)}{(1+複利利回り(\%))^{残存年数(年)}}$$

d 直利利回り

　償還差額を考慮せず、クーポンを購入価格で割ったものであり、クーポン収益だけの利回りを直利利回りという。なお、金融機関の国債投資において利用される頻度は高くない。

$$直利利回り(\%) = \frac{クーポン(\%)}{債券価格(円)}$$

2 国債利回りの変動要因

　金利は、主に市場取引により変動するが、その背景には、景気変動、物価動向、需給、金融政策など、さまざまな要因がある。これらは独立して影響するのではなく、互いに影響しながら複合的に影響すると考えられる。国債利回り、社債利回り、地方債利回りなど、債券の種類によっても異なるが、金利全般として、共通して考えられる変動要因の概要は、以下のとおりである。

a 景気動向

　一般的に好況時には、企業活動や消費などが活発化し、金利は上昇すると考えられる。一方で、不況時には企業活動は鈍り、消費も低迷することから、金利は低下する。景気動向を探る経済統計は、GDP（国内総生産）、企業短期経済観測調査（日銀短観）、家計調査などがある。

b 物価動向

　物価が上昇すると予想される場合には、家計や企業はモノの値段が上昇する前に購入しようとする傾向がある。こうした活動は、資金需要を高め、金利が上昇する。逆に、物価が下落すると予想される場合には、金利は低下す

る。物価動向を探る統計には、消費者物価指数や企業物価指数などがある。また、賃金の上昇は将来の物価上昇につながりうることから、毎月勤労統計調査などの賃金に関する指標も、将来の物価動向の予測に活用されることがある。なお、2023年以降の植田体制下の日本銀行では、物価動向に加え、価格転嫁、企業の賃金・販売価格設定など企業行動の変容も注目されてきた。

c　需　　給

　金利は、市場参加者の需要（債券買い）が供給（債券売り）を上回れば低下し、需要が供給を下回れば上昇する。需要と供給は、基本的には参加者の資金運用状況によって変動するが、政府の財政政策、すなわち予算の策定による国債増発や日本銀行の国債買入政策などによっても金利が大きく変動する場合がある。

d　金融政策

　日本銀行は、さまざまな金融調整の手段を用いて物価の安定や金融システムの安定化に努めている。具体的には、政策金利の変更や、市場での債券売買を通じた金融機関の資金量の調節などがあり、一般的には金融引締め政策は金利上昇、金融緩和政策は金利低下につながる。なお、日本銀行と市場参加者とのコミュニケーションについては、日本銀行が金融政策の方向性を示す可能性があるため、金利変化をみるうえにおいても注目度が高い。

e　株式市場

　株価の上昇時は、債券市場から株式市場に資金が流れる傾向がある。これは、債券が売られ、金利が上昇することを意味する。逆に、株価の下落時は、株式市場から債券市場に資金が流れ、金利は低下する。また、一般的には、ａの景気変動要因と相まって、株価の上昇時には国内景気がよくなると予想されている場合が多く、国内景気がよくなることを受けて金利が上昇するとも考えられる。

f　財　　政

　財政状況の悪化は、国債増発など債券市場における需給の悪化やリスクプ

レミアムの上昇を通じて、金利の上昇要因となりうる。また、国債格下げの可能性が高まると、第4章第4節で説明したとおり、金利上昇につながる可能性がある。逆に、財政状況の好転は、一般的に金利低下の要因となる。

g　為　替

　為替相場の動向も、金利を変動させる要因のひとつになる。たとえば、円高になると、輸出減・輸入増をもたらし、aの景気動向につながる可能性や、輸入品価格が下落し、bの物価動向に波及する要因になると考えられる。

	景気動向		物価動向		金融政策		株式市場	
	好況	不況	上昇	下落	引締め	緩和	上昇	下落
金利	↑	↓	↑	↓	↑	↓	↑	↓

02

国債投資の金利リスク

　債券の価格は、利回り、クーポン、残存期間によって決定される。日々の国債市場においては、「利回り」が変化することで国債価格も変動することになる。利回りが上昇すれば価格が下落し、利回りが低下すれば価格が上昇する（利回りが上昇することを金利が上昇するなどと表現することも多い）。本節では、固定利付国債の利回りが変化することで生じる、価格変動リスクについて説明する。

❶ 利回りと債券価格の関係

a 単利利回りと債券価格の関係

　日々の国債市場においては、国債の単利利回りを基準に取引が行われており、それに伴い債券価格も変動する。図表4、図表5は10年物国債375回と5年物国債170回の単利利回りと債券価格の関係を示したものである。単利利回りが上昇すると債券価格が下落するという関係になる。

b 残存期間と債券価格の関係

　前掲の債券価格と利回りからも推察されるとおり、残存期間の長い国債は利回りの上昇に対して、債券価格の下落率が大きい。単利利回りと債券価格の関係については、残存期間が長い国債ほど価格変化が大きくなる。この利回り変化に対する価格変化の大きさを比較する指標として、「デュレーション」を用いることが多い。

図表4　10年375回債の利回りと債券価格

単利利回り	0.980%	1.030%	1.080%	1.130%	1.180%
債券価格（単位：円）	101.086	100.631	100.179	99.731	99.288
債券価格差（単位：円）（単利1.080%を基準）	＋0.907	＋0.452	－	▲0.448	▲0.891

（出所）　日本証券業協会、Bloombergより三菱UFJ銀行作成

図表5　5年170回債の利回りと債券価格

単利利回り	0.505%	0.555%	0.605%	0.655%	0.705%
債券価格（単位：円）	100.457	100.216	99.976	99.736	99.498
債券価格差（単位：円）（単利0.605%を基準）	＋0.481	＋0.240	－	▲0.240	▲0.478

（出所）　日本証券業協会、Bloombergより三菱UFJ銀行作成

2 デュレーション

a デュレーションとは

固定利付国債のデュレーション（マコーレー・デュレーション）とは、クーポンや償還額面などのキャッシュフローを現在価値に割り引いた、債券投資の平均回収期間のことを示す。なお、平均残存期間は、現在価値に割り引く前のキャッシュフローの平均回収期間である。また、修正デュレーションは、利回り変化に対する債券価格の変化率である。デュレーションに関する基本的な概念・利用方法を、以下に説明する。

b デュレーションの計算例

満期3年の債券（年1回利払い）のデュレーションは以下のように計算される。分子は、受取キャッシュフローの現在価値に年限を掛け合わせている。分母を債券価格とすることで、キャッシュフロー発生時点の「期間加重平均」を求めている。

$$デュレーション＝\frac{1 \times \dfrac{クーポン}{(1＋利回り)} ＋2 \times \dfrac{クーポン}{(1＋利回り)^2} ＋3 \times \dfrac{クーポン＋額面}{(1＋利回り)^3}}{債券価格}$$

c 修正デュレーションおよび債券価格変化との関係

実務上では、デュレーションは、債券の価格変化を算出する際に利用することが多い。以下にその関係を示す。

$$修正デュレーション＝\frac{デュレーション}{(1＋利回り)}$$

価格変化率＝修正デュレーション×利回り変化

価格変化額＝債券価格×修正デュレーション×利回り変化

（微小な利回り変化に対する価格変化率、価格変化額）

3 コンベクシティ

修正デュレーションは、微小な利回り変化に対する価格変化率や価格変化額を計算するのに有効である。一方で、実際の国債価格と修正デュレーションを用いた価格変化には乖離が生じる。この乖離を少なくする場合に使用する概念がコンベクシティである。具体的には、債券の利回りと価格の関係式を、利回りで1回微分した項と利回りで2回微分した項で近似したときの、2回微分（利回りの2次関数）をコンベクシティという。

国債においては、金利が低下したときに債券価格が上昇する割合のほうが、同単位の金利が上昇したときに債券価格が下落する割合よりも大きくなる。図表6はコンベクシティの一例を図示したものである。実線は、金利変化による実際の債券価格の変化を示し、点線の傾きがデュレーションによって計測される、金利変化による債券価格の変化率を示している。図表6のような例の場合、金利低下時は、債券価格は点線の傾き以上に上昇し、また、

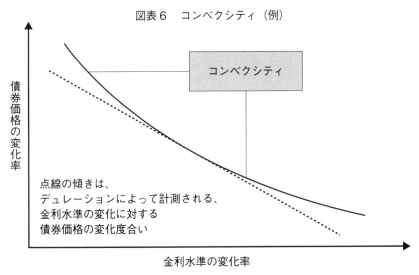

図表6　コンベクシティ（例）

（出所）　三菱UFJ銀行

金利上昇時は点線の傾きほど価格は低下しないことがわかる。

4 ボラティリティ

a インプライド・ボラティリティ

ブラック・ショールズ・モデルなどのオプション理論価格の算出モデルを用いて、市場で取引されているオプション・プレミアムがどの程度のボラティリティを織り込んだものであるかを逆算したものを、インプライド・ボラティリティ（IV）と呼ぶ。言い換えるとIVは、将来予想される原資産価格の予想変動率であることから、市場が織り込んでいる原資産価格の予想を分析することができる。

(a) スマイル・カーブ

プット・コール別（本章第5節にて後述）、権利行使価格の別に算出したIVをグラフに表示すると、通常、グラフの形状が人が微笑んだときの口元のかたちに似ているため、「スマイル」と呼ばれる（図表7）。相場上昇

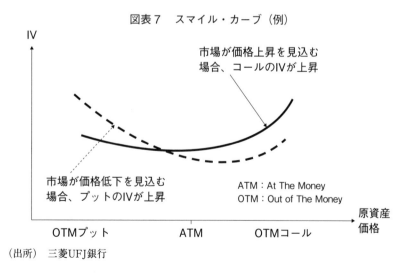

図表7　スマイル・カーブ（例）

（出所）　三菱UFJ銀行

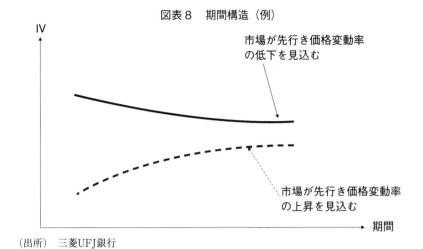

(出所) 三菱UFJ銀行

観測が強まるとコールサイドのIVが上昇し、逆に下落観測が強まるとプットサイドのIVが上昇する。

(b) **期間構造**

オプションの満期までの期間ごとのIVをグラフにし、期間ごとの原資産価格の予想変動率を比較分析する（図表8）。先々に相場変動要因となりうるような大きなイベントなどを控えている場合、期間の長いオプションのIVが高くなりやすい一方、足元に大きなイベントがあり、それを通過すると相場変動要因がなくなるような場合、期間の短いオプションのIVが高くなり期間の長いオプションのIVが低くなる傾向がある。

b ヒストリカル・ボラティリティ

原資産価格の変動率の過去の一定期間における実績値をヒストリカル・ボラティリティ（HV）と呼ぶ。HVは、以下の方法で算出される。

①原資産価格（St）の前日比の対数値（Rt）を求める。

$$Rt = ln(S_t / S_{t-1})$$

②任意の期間（n，営業日ベースで20日（1カ月分）などが多く用いられる）について Rt の分散（σ^2）を求める。

$$\sigma^2 = \frac{\Sigma(Rt - \overline{R}t)^2}{(n-1)}$$

③σ^2 は日次変化率として算出されているため、年間の取引日数（M）を乗じ年率に換算した分散を求めたうえで、その平方根をとり標準偏差に直したものがHVとなる。

$$\sigma_m^2 = M\sigma^2, \ \mathrm{HV} = \sqrt{\sigma_m^2}$$

　オプション市場の売買主体は、それぞれ、HVに対する分析をひとつの要素としつつ原資産価格の将来の変動率を予想し、オプション価格の適正なIVを推定し、オプションの売買を行う。

03

イールドカーブと銘柄間スプレッド

　イールドカーブとは、残存年数の異なる債券（国債）の償還までの期間と利回りの関係をグラフ化したもので、金利の期間構造を表し、「利回り曲線」ともいわれる。10年利付国債については、残存が1年未満の銘柄から10年のものまで存在する。一方で5年利付国債も残存1年未満のものから残存5年のものまで存在し、それら複数の銘柄を一定のルールに基づき、残存年限ごとに線でつなぐことでイールドカーブを作成し、投資判断に用いることがあ

る。

◨　イールドカーブの形状と変化

　多くの局面でイールドカーブは図表9のように残存年限が長くなるほど右肩上がりの曲線を描く。これを順イールドという。しかし、景気や需給の環境により図表10のような残存年限の短い金利（短期金利）が残存年限の長い金利（長期金利）より高いような曲線を描くことがある。これを逆イールドという。

　また、イールドカーブの変化は図表11のように4つに大別される。

・ブルフラット化：長期金利主導で金利が低下。

・ブルスティープ化：短期金利主導で金利が低下。

・ベアフラット化：短期金利主導で金利が上昇。

・ベアスティープ化：長期金利主導で金利が上昇。

◩　イールドカーブの決定要因

　ここではイールドカーブの形状とその変化に関する決定要因につき、いくつかの説を紹介する。

a　流動性プレミアム仮説

　運用期間が長いほど金利が変動するリスクは大きくなる。よって、より長期の金利は、そのリスク分だけ短期金利よりも高くなるという説に基づく。この短期金利に上乗せされるリスク部分をリスクプレミアムという。

b　純粋期待仮説

　長期金利は将来予想される短期金利の幾何平均で決定され、長期金利で運用しても、短期金利で運用しても、結果は同じになるよう長期金利が決定される。こうした説に基づき市場参加者が行動することで、裁定取引が発生、短期金利と長期金利での運用結果が等しくなるところで金利が決定される。

3　イールドカーブと銘柄間スプレッド　275

図表9　順イールド時のカーブ形状（例）　図表10　逆イールド時のカーブ形状（例）

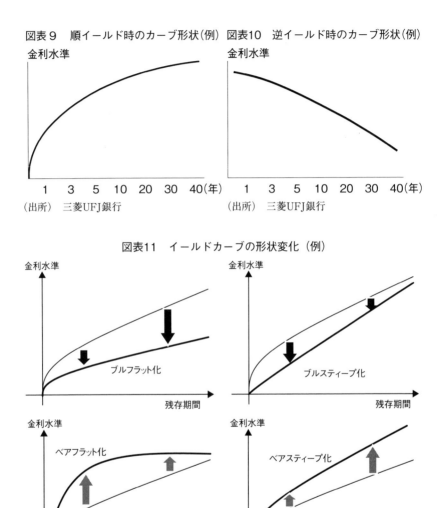

図表11　イールドカーブの形状変化（例）

（出所）　三菱UFJ銀行

c　市場分断仮説

　短期金利と長期金利は異なった市場であり、各期間の資金需給により価格が決定されるという説に基づく。 b 純粋期待仮説のような、短期市場と長期市場の間の裁定取引が行われない。

❸　景気・物価・金融政策とイールドカーブ変化

　国債利回りの変動要因（本章第１節で前述）でも説明したように、イールドカーブは、景気・物価・金融政策・需給環境などにより変化し、その変動要因は多岐にわたる。ここでは一般的な事例として景気・物価の変動に伴う金融政策変更によりどのようにイールドカーブが変化するかを示す（以下図表12、図表13参照）。

❹　銘柄間スプレッド

a　銘柄間スプレッドとは

　同残存期間の固定利付国債間で発生する複利利回り較差のことをいう。利付国債の入札においては市場流動性を高めることを目的にリオープン発行が行われることが多いが、入札時の利回り水準次第ではリオープンとならず、同じ償還日でありながらクーポンが異なる銘柄が存在しており、当該銘柄間で利回り較差が発生することがある。通常、当該銘柄を満期まで保有し続けた場合の収益は同額となるため、当該銘柄の複利利回りは同一となることが期待される。

b　銘柄間スプレッドの発生要因

　(a)　アモチ・アキュム

　　銀行などの機関投資家が国債を取得し、その取得価格（購入価格）が償還価格を上回る場合、帳簿価格（購入価格）を一定の方法で減額する会計処理のことをアモチゼーション（アモチ）、その逆をアキュムレーション（アキュム）といい、両方を称して「アモチ・アキュム」とされることも

図表12　景気・物価と金融政策変更に伴うイールドカーブの形状変化（例）

景気物価	①景気・物価安定	②景気好転・物価上昇圧力低	③景気過熱・物価上昇圧力高	④景気・物価安定	⑤景気減速・物価下落圧力低	⑥景気後退・物価下落圧力高	⑦景気・物価安定
金融政策	金融政策不変	金融引締観測	金融引締開始	金融引締終了	金融緩和観測	金融緩和開始	金融緩和終了
カーブ形状	横這い	ベアスティープ	ベアフラット	ブルスティープ〜横這い	ブルフラット	ブルスティープ	ベアフラット〜横這い

（出所）　三菱UFJ銀行

図表13　過去の金融引締め・緩和局面（上記①〜⑦）における短期金利の推移と国債2年・10年利回りのスプレッドの推移（2004年4月〜2012年3月）

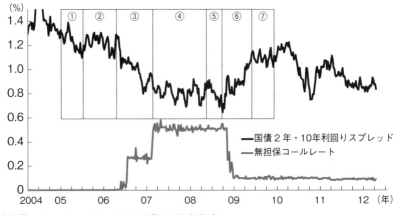

（出所）　Bloombergデータより三菱UFJ銀行作成

図表14　同一償還日の銘柄間の差異の事例（2024年7月11日）

回号	発行額 （単位：億円）	償還日	クーポン	複利利回り
5年162回	26,744	2028年9月20日	0.30%	0.505%
5年163回	54,400	2028年9月20日	0.40%	0.506%

（出所）　日本証券業協会より三菱UFJ銀行作成

多い。特にアモチについては、前期末時点での当該銘柄の保有有無などによる違いはあるものの、価格が100円を大きく上回る債券を期末近くに購入するとアモチ損として債券購入した期の収益が下振れする。このため、期末（特に2月～3月）には価格単価が100円近くの債券が選好されやすい。

(b)　**発行残高**

現在の国債発行は、2年債を除くすべての利付国債でリオープン方式が採用されており、同一の銘柄が複数回発行されることがある。それに加え日本銀行による国債買入オペがあり、銘柄ごとに市中残高（発行額から日本銀行の買入れ、財務省による買入消却などを除いた金額）が異なっている。発行残高が少ない銘柄は市場流動性が低くなりやすいものの、需要が供給を上回ることで、低い金利水準で取引される可能性がある。

Column 1　アモチ・アキュム

- 「その他有価証券」で保有する国債については、アモチ・アキュム損益が発生するが、その基本的な考え方・計算方法を説明する。
- 金融機関においては、会計期間の収益額（アモチ・アキュム損益が含まれる）が重視される傾向にあるなか、アモチ・アキュム損益が金融機関の国債投資に影響を与える。
- アモチ・アキュム損益は、国債の前期末保有状況、当期末保有状況に応じて計上される。以下に計算事例を示し、その基本的な考え方を解説する。

3　イールドカーブと銘柄間スプレッド　279

	事例①	事例②	事例③	事例④
購入時期	期末	期末	期初	期初
前期末保有有無	無	有	無	有
アモチ・アキュム計算期間	6カ月（下期期間中）	12カ月（下期期間中）	3カ月（上期期間中）	6カ月（上期期間中）
計算実例				
購入日	2024年3月	2024年3月	2023年4月	2023年4月
銘柄	5Y#156	5Y#155	5Y#156	5Y#155
購入金額	1,000億円	1,000億円	1,000億円	1,000億円
購入利回り（単価）	0.265%（99.755）	0.265%（100.131）	0.115%（100.398）	0.105%（100.914）
前期末保有有無	無	有（2,000億円）	無	有（2,000億円）
購入時点保有残高	無	無	無	無
アモチ・アキュム額	＋28.8百万円	▲27.6百万円	▲22.1百万円	▲96.2百万円

事例①

　前期末に保有していない銘柄を下期に新規購入した場合、6カ月分のアモチ・アキュムが発生。

$$アモチ・アキュム額 = \frac{（額面 - 簿価）\times 6}{（当期末から償還日までの月数 + 6）}$$

$$= \frac{（1,000億円 - 997.55億円）\times 6}{（45 + 6）} = 28.8百万円$$

事例②

　前期末に保有していたが期中に売却。当該銘柄を下期に再び購入した場合、12カ月分のアモチ・アキュムが発生。

$$アモチ・アキュム額 = \frac{（額面 - 簿価）\times 12}{（当期末から償還日までの月数 + 12）}$$

$$= \frac{（1,000億円 - 1,001.31億円）\times 12}{（45 + 12）} = ▲27.6百万円$$

事例③

　前期末に保有していない銘柄を上期に新規購入した場合、2023年度上期には3カ月分のアモチ・アキュムが発生。

$$アモチ・アキュム額 = \frac{(額面-簿価)\times 3}{(当期末から償還日までの月数+3)}$$

$$= \frac{(1{,}000億円-1{,}003.98億円)\times 3}{(51+3)} = ▲22.1百万円$$

事例④

前期末に保有していたが期中に売却。当該銘柄を下期に再び購入した場合、2023年度上期には6カ月分のアモチ・アキュムが発生。

$$アモチ・アキュム額 = \frac{(額面-簿価)\times 6}{(当期末から償還日までの月数+6)}$$

$$= \frac{(1{,}000億円-1{,}009.14億円)\times 6}{(51+6)} = ▲96.2百万円$$

Column 2　日本銀行が保有する国債の銘柄別残高

- 日本銀行は保有する国債について、月3回、毎月10日、20日および最終営業日時点の残高を、各々の2営業日後の夕刻に「日本銀行が保有する国債の銘柄別残高」として公表している。これらの国債は日本銀行が国債買入オペなどにて買入れをしたものである。
- 日本銀行は、銘柄別の保有残高が当該国債銘柄の発行額の一定割合を超えた銘柄を、国債買入オペの対象銘柄から除外する傾向がある。
- したがって、国債買入オペ対象外の銘柄および日本銀行保有残高の割合が高い銘柄を購入する場合には注意を要する。
- 特に10年債の多くについては、図表16で示されるとおり日本銀行の保有割合が80%以上となっており、なかには90%を超える銘柄も散見される。
- これは、通常の大規模な国債買入オペに加えて、2022年から2023年にかけて複数回実施された10年カレント債*の指値オペ、およびチーペスト銘柄**の指値オペによって、多くの10年債が日本銀行に買い入れられたことも要因のひとつにあげられる。
- 当時、日本銀行はイールドカーブ・コントロール（以下、YCC）政策を実施していたが、グローバルな高インフレや海外金利の上昇を背景に、日本でも金利上昇圧力が強まり、長期金利は日本銀行が設定したYCCにおける変動幅の上限まで上昇した。さらにYCC政策の修正による一段の

金利上昇をねらった、いわゆる「YCCアタック」による国債や先物の売りが海外勢などを中心に多くみられた。

● こうしたことなどに対応するため、日本銀行は通常の国債買入オペを増額することに加え、「毎営業日」「無制限」などの強力な指値オペを行うことにより、長期金利を0.25％や0.5％といった水準に維持し、YCC政策を堅持した。

● その結果、市中に流通する国債の量が著しく減少し、YCC政策が終了した2024年12月現在でも国債買入オペについては、多くの10年債が買入対象銘柄から除外されている。また、将来のチーペスト銘柄のほとんどを日本銀行が保有することによって、将来的に債券先物を含めた国債市場の流動性が著しく低下しかねない懸念も生じている。

● こうした問題を受けて、日本銀行は「チーペスト銘柄等にかかる国債補完供給制度（SLF）の要件緩和措置」を講じている。SLFとは、条件付売買取引のかたちで日本銀行が保有する国債を一時的かつ補完的に市場へ供給する制度であるが、この措置においてはチーペスト銘柄に限定して、連続利用日数に関する上限の引上げや、原則としてすべてのチーペスト銘柄を補完供給の対象とするといった銘柄要件の緩和などを行っている。

● また、日本銀行は2024年6月の金融政策決定会合にて長期国債買入れの減額方針を固め、同7月会合にて具体的な減額計画を決定した。日本銀行の植田総裁は6月会合での記者会見で、長期国債買入オペの減額の背景について「中長期的なタームでみて、市場における金利形成の自由度を高めていくという観点」と述べているが、チーペスト問題も含めた国債市場の流動性・機能度の回復には相応の時間を要することが見込まれ、異次元緩和による歪み・副作用に対しては、今後もさらなる対応が求められよう。

＊直近に発行された回号の銘柄をカレント債、カレント物、カレント銘柄などと呼ぶ。
10年カレント債の指値オペでは、直近3銘柄（カレント3銘柄）が買入対象となっていた。

＊＊債券先物における受渡可能銘柄のうち、最も割安な銘柄。債券先物取引において売買最終日までに反対売買で決済されなかった建玉は、受渡決済期日に現物国債の受渡しによって決済するが、その際に選択されるのがチーペスト銘柄である。現在の金利水準では、長期国債先物においては受渡可能銘柄のうち最も残存期間の短い7年残存の国債がチーペストとなるため、債券先物は残存7年の国債利回りとおおむね連動する。

図表15　5年債

(額面ベース、単位：億円)

銘柄	日本銀行の保有残高 （2024年7月10日時点） （A）	市中発行額 （B）	日本銀行保有残高／市中発行額 ＝（A）／（B）
141回債	52,059	63,268	82.28%
142回債	47,606	62,592	76.06%
143回債	47,107	60,600	77.73%
144回債	60,722	80,222	75.69%
145回債	67,067	82,116	81.67%
146回債	57,783	75,961	76.07%
147回債	60,232	78,158	77.06%
148回債	63,139	77,638	81.32%
149回債	60,877	82,602	73.70%
150回債	53,091	75,240	70.56%
151回債	35,332	51,755	68.27%
152回債	16,643	28,180	59.06%
153回債	62,090	85,084	72.97%
154回債	52,445	75,775	69.21%
155回債	21,435	30,290	70.77%
156回債	44,214	54,724	80.79%
157回債	15,896	26,980	58.92%
158回債	33,482	54,816	61.08%
159回債	11,683	27,509	42.47%
160回債	15,370	24,993	61.50%
161回債	15,614	27,481	56.82%
162回債	15,925	26,744	59.55%
163回債	42,268	54,400	77.70%
164回債	11,824	25,720	45.97%
165回債	8,046	24,992	32.19%
166回債	7,121	27,301	26.08%
167回債	2,899	22,995	12.61%
168回債	6,670	25,066	26.61%

3　イールドカーブと銘柄間スプレッド　283

169回債	4,041	22,994	17.57%
以上計	992,681	1,456,199	－

（出所）　日本銀行、財務省より三菱UFJ銀行作成

図表16　10年債

（額面ベース、単位：億円）

銘柄	日本銀行の保有残高 （2024年7月10日時点） （A）	市中発行額 （B）	日本銀行保有残高／市中発行額 ＝（A）／（B）
335回債	70,860	84,893	83.47%
336回債	26,108	30,795	84.78%
337回債	46,393	53,504	86.71%
338回債	75,270	83,956	89.65%
339回債	82,509	90,767	90.90%
340回債	78,300	87,123	89.87%
341回債	76,269	84,723	90.02%
342回債	77,174	85,875	89.87%
343回債	75,356	83,226	90.54%
344回債	75,978	88,347	86.00%
345回債	79,552	91,521	86.92%
346回債	74,408	85,694	86.83%
347回債	71,533	81,374	87.91%
348回債	69,501	80,479	86.36%
349回債	68,322	81,001	84.35%
350回債	89,525	104,172	85.94%
351回債	71,774	82,143	87.38%
352回債	69,011	79,631	86.66%
353回債	66,433	77,285	85.96%
354回債	62,719	70,451	89.03%
355回債	62,896	71,722	87.69%
356回債	66,567	72,565	91.73%
357回債	66,923	74,702	89.59%

358回債	59,112	69,118	85.52%
359回債	74,337	83,526	89.00%
360回債	74,814	85,109	87.90%
361回債	72,826	82,916	87.83%
362回債	69,970	82,587	84.72%
363回債	67,081	82,780	81.04%
364回債	69,485	84,016	82.70%
365回債	70,339	84,042	83.69%
366回債	82,262	86,344	95.27%
367回債	75,804	84,540	89.67%
368回債	83,281	89,361	93.20%
369回債	74,625	84,175	88.65%
370回債	68,143	84,509	80.63%
371回債	53,272	89,835	59.30%
372回債	50,141	85,215	58.84%
373回債	30,971	85,351	36.29%
374回債	17,958	81,954	21.91%
以上計	2,697,802	3,251,326	－

（出所）　日本銀行、財務省より三菱UFJ銀行作成

04 国債ポートフォリオ運用

　以下では、実際に国債ポートフォリオ運用を行う際に必要となるサイクルについての説明を行ったうえで、具体的な運用戦略に付言する。

1　債券ポートフォリオ運用のサイクル

a　運用の目的・方針の策定

　それぞれの投資主体には、運用により満たすべきニーズとその際に受入可能なリスクが存在する。これらのニーズとリスクをふまえ運用の目的を設定、各種の資産（商品）への配分手法などの運用方針を決定していく。しかし、当然にこうしたニーズとリスクは互いに相いれない側面がある。そこで投資主体は、まず組織として満たすべき基本要素について優先順位を明示し、運用の目的そして方針を策定しなければならない。

　ここでは、金融機関が債券運用を行ううえで考慮しなければならない基本

図表17　ポートフォリオ運用のサイクル

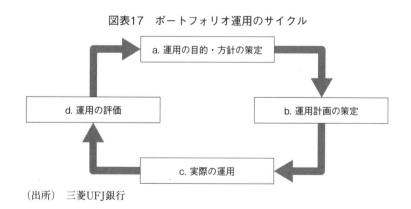

（出所）　三菱UFJ銀行

要素として考えられるものを以下列挙する。

  (a) **安　全　性**

    元本償還にかかわるリスクが低いかどうか。債券運用を行ううえで最大の決定要因となるもの。

  (b) **流　動　性**

    市場での売買の容易さ、また担保に差し出すことや貸し債を通じての換金の容易さ。

  (c) **資　金　量**

    投資可能な資金の総額。

  (d) **収　益　性**

    債券のクーポン収入、市場価格の変動に伴う売買損益、償還差損益など、当該投資主体が重きを置く損益（または収益）の種別（または種類）。

  (e) **金利変動のリスクコントロール**

    相場の変動により債券価格の上下が生じた場合における損益のコントロールのしやすさ。

  (f) **制　　　度**

    会計基準をはじめとした制度面の違いによる金融機関の投資スタンス。

  以上のような要素をふまえ運用方針を策定するが、こうした要素の優先順位は硬直的なものではなく、債券運用を行う時期や投資主体の経営環境によって変化していくものであることも含みおく必要がある。

b　運用計画の策定

  上記aにおいて、債券ポートフォリオ運用の目的や方針が明確にされたことで、これを充足すべく実際の運用計画を策定する。この計画策定では、以下の点を明確にせねばならない。

  ① 運用する期間

  ② 運用に利用する商品

  ③ 目標とする収益

④ 運用に際しての流動性や受容可能な損失水準、最大取得可能なリスク量

⑤ 各運用担当者の裁量範囲

リスク管理部門はここで決定された計画の諸点が励行されているかどうかをチェックしていくこととなる。

c 実際の運用

実際の運用局面ではa、bで策定された運用目的・方針、そして運用計画に基づいた投資を行う。この投資実践段階では運用戦略として、大きく分別するとパッシブ運用もしくはアクティブ運用のどちらか、もしくはその混合による戦略を選択、こうした戦略のもとで局面ごとにおいて採用する戦術手法を決定していくこととなる。

(a) パッシブ運用

パッシブ運用は、主体的な金利予想や投資判断を行わず、投資による特定のリスクを極力減らしていく運用方法である。バイアンドホールド型運用、インデックス型運用などがあげられる（詳細は後述）。

①バイアンドホールド型運用は、満期まで債券を保有する方法。金利変動による元本の変動が回避される。これによりポートフォリオの収益は、クーポン収益の再投資収益によってのみ左右される。

②インデックス型運用は、特定の債券インデックス（ある市場の動きを示す指標）と同水準の収益を上げることを目的とすることで、そのインデックスに連動するようなポートフォリオを構築・運用していく方法。

③イミュニゼーション型運用は、資産と負債のデュレーションに着目し、両者を一致させることで金利変動リスクを低減させる方法。

④キャッシュフローマッチング型運用（デディケーション型運用）は、あらかじめ確定している負債のキャッシュフローに合わせて、複数の債券のクーポンと償還金を組み合わせる方法。

（b）　アクティブ運用

　アクティブ運用は、金利予測などに基づき債券ポートフォリオの絶対量や年限および銘柄の入替えなどを行い、積極的にリスクをとることでリターンを最大限に高めようとする運用方法。

d　運用の評価

　上記a、b、cに基づいて運用を行った成果の評価が行われ、次年度もしくは次期の運用に改善を促すことが目的とされる非常に重要なフェーズとなる。

（a）　評価の目的

①運用担当者に対し、パフォーマンスを示すとともに、与えられた運用方針・計画を遵守した運用が行われているかを提示する。なお、運用評価は、運用担当者・担当部署が行うほか、企画部署が行うなどさまざまな場合がある。

②パフォーマンス分析を参考にすることで、運用者として改善点を発見、今後のパフォーマンス向上に結びつける。

（b）　評価の方法

①パッシブ運用、とりわけインデックス型運用ではリターンをベンチマークと連動させつつ、そこからのずれをできるだけ抑制する運用が行われることから評価の物差しが一定でかつ、年度の途中に運用方針が変わることも少ないことからポートフォリオの運用評価は明確で比較的わかりやすい。

②一方、収益の絶対水準を追求するようなアクティブ運用は評価がむずかしいといえる。アクティブ運用における評価として、実運用とベンチマークとのリターン差（アクティブリターン）を計測し、リターン差が出てきた寄与度を分解し評価をすることが重要である。投資した商品・年限などのアロケーション要因や個別銘柄要因といったように要因分解を行っていく。

③次に、どれくらいのリスク量をとったうえでアクティブリターンが生じ

4　国債ポートフォリオ運用　289

たかを認識することが重要である。ベンチマークを定めた運用では、ベンチマークからの乖離リスク量を計測する。債券ポートフォリオであれば、こうしたリスク量の違いがデュレーションやコンベクシティなどの差異によって生じることになる。

④評価の頻度としては、運用方針やポートフォリオの性格にもよるが、金融機関であれば最低１カ月に１度は評価分析や運用担当者への説明を行うことが望ましい。また、運用担当者に対して日次ベース（またはリアルタイムベース）にて、運用の状況を伝えることで、リスク管理強化、ベンチマークを意識した運用も可能となる。

２ 債券ポートフォリオ運用の実践

a パッシブ運用

パッシブ運用は、金利予測や投資タイミングなど主観的な判断を入れずに、一定のルールに基づく運用を行うことで、投資に伴う特定のリスクを極力減らしていく運用方法である。

パッシブ運用は、バイアンドホールド型運用、インデックス型運用、イミュニゼーション型運用、デディケーション型運用の大きく４つに分類される。

(a) バイアンドホールド型運用

購入した債券を長期間保有するという手法である。債券ポートフォリオを運用期間中の金利変動リスクに関係なく、一定のリターンを得られるよう組み合わせる。

① ラダー型運用

運用可能な年限に応じて、その年限ごとに債券を均等に保有する。ポートフォリオの形状が、はしごを横に寝かせたような形状にみえることから「ラダー型」と呼ばれる。ここでは短期債から超長期債までを均等に保有した場合を想定し、償還される短期債の資金をいちばん年限の長い債券に

290　第5章　銀行における国債運用と国債の活用

再投資する。

② ブレット型運用

運用可能な年限のなかでも特定の年限の債券を保有する。ポートフォリオの形状が銃弾の形状に似ていることから「ブレット型」と呼ばれる。ここでは長期債に集中して運用した場合を想定、一定以下の残存年数となった長期債を売却し新たな長期債に投資する。

③ ダンベル型運用

運用可能な年限のなかでも短い年限と長い年限の債券のみを均等に保有する。ポートフォリオの形状がダンベルの形状に似ていることから「ダンベル型（バーベル型）」と呼ばれる。ここでは短期債と超長期債のポートフォリオを保有した場合を想定、満期を迎えた短期債の償還金を新たな短期債に投資し、一定以下の残存年数となった超長期債を売却して新たな超長期債に投資する。

上記の3つのバイアンドホールド型運用においていずれもデュレーションが同じとなるように債券ポートフォリオを造成した場合、すべての年限

図表18　戦略ごとのポジション分布

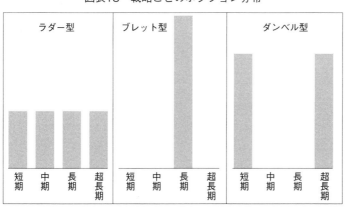

（出所）　三菱UFJ銀行

の金利が同じ幅で変動したとすると、各ポートフォリオの価格変動幅は同じである。

　一方、デュレーションには金利水準の変動に伴い、デュレーション自身も変化する性質がある。これは前述のコンベクシティという指標で計ることができる。コンベクシティとは同一の金利変動幅に対し、デュレーションがどれだけ変化するかを示す指標である。国債の場合は、一般的にコンベクシティは正の値となるため（ポジティブコンベクシティ）、コンベクシティが大きい債券ほど、金利変動幅に対するデュレーション変動幅が大きく、コンベクシティが小さい債券ほど、金利変動幅に対するデュレーション変動幅が小さい。なお、モーゲージ債（住宅ローン債権などを裏付け資産とした債券）などは、ネガティブコンベクシティであり、上記とは反対の動きとなる。

　この性質を考えると、国債投資においては、デュレーションが同じでも、コンベクシティの大きい債券ポートフォリオを組むことで、金利がより変動する局面で高い収益が確保できる可能性がある。コンベクシティはデュレーションの長い債券ほど大きく、その大きさは逓増していく。そのため、同じデュレーションの債券ポートフォリオでコンベクシティを最大化しようとした場合、短期と超長期の債券を組み合わせ、ダンベル型ポートフォリオを造成すればよい。

　一方、ブレット型ポートフォリオは同じデュレーションで、最もコンベクシティの小さいポートフォリオといえる。なお、ブレット型運用はロールダウン戦略として有効である。特に、短期金利がゼロかその付近に長い間とどまると想定され、長短金利差が相応に存在している場合に有効な戦略となる。具体的にはイールドカーブ上でロールダウン効果（イールドカーブが右肩上がりの状態では残存期間が短くなるにつれて金利は低下する。この時間経過に伴う債券価格の上昇をロールダウン効果という）およびキャリー収益が高いとみられる年限の債券、たとえば残存9年物国債を購入し

292　第5章　銀行における国債運用と国債の活用

て、残存期間が7年になるまで保有し続けた後、売却し再び9年物を購入するという運用を続けることでイールドカーブの形状に伴うロールダウン効果およびキャリー収益を享受することが可能となる。このロールダウン効果は、金利上昇した際に評価損が発生するまでのクッション（損失吸収余力）としてとらえることもできる。

(b) インデックス型運用

　一定の債券インデックスに連動するポートフォリオを構築する方法である。ポートフォリオの構築方法としては一般的に以下があげられる。

①フルキャップ法：インデックス採用全銘柄を運用総額に比例して組み入れる方法。

②層化抽出法：セクターごとに任意抽出した銘柄を組み入れる方法。

③最適化法：何らかの最適化問題を解いて銘柄選択を行う方法。

　債券インデックス型運用においては、採用すべき銘柄の数が膨大である場合、流動性がきわめて乏しい銘柄も存在することから、全銘柄を組み入れようとするフルキャップ法は現実的ではない。一方、債券の場合、多くの銘柄がかなり類似した価格変動をするため、銘柄間の代替が容易で、ポートフォリオにできるだけ多くの銘柄を組み入れるような必要性は低いことから、最適化法が適するとされる。

(c) イミュニゼーション型運用

　デュレーションを使って、ポートフォリオの金利変動リスクを排除する手法である。ポートフォリオのデュレーションと投資期間を一致させ、随時リバランスを行うことで、運用利回りの変動をミニマイズさせる。これは負債を仮想の割引債の集合と考え、資産である債券ポートフォリオと負債の時価評価額の変動を一致させようとするものである。デュレーションは利回り変動に対して現在価値がどの程度変動するかを表す指標であることから、これを資産と負債で一致させることは、両者の時価評価変動の大きさをほぼ同じとする試みとなる。

4　国債ポートフォリオ運用　293

(d) キャッシュフローマッチング型運用（デディケーション型運用）

　将来の支払額が確定している負債のキャッシュフローに合わせて、複数の債券のクーポンと償還金を組み合わせて運用する手法である。この運用は、キャッシュフローが確定しているという債券の性質を利用しており、途中償還リスクのない債券で運用しなければならない。

b　アクティブ運用

　アクティブ運用は、金利予測などに基づいてリスク量の水準を変化させる方法と、金利リスク量の水準を変えずに年限や銘柄入替えを行う方法があげられる。当然アクティブ運用は、予測が外れた場合に、大きな損失、もしくは機会収益の喪失を被ることになることは念頭に置いておくことが重要である。

(a) デュレーション戦略（リスク量の水準を変化させる運用）

　金利低下（価格上昇）が予想される場合には、その値上り幅が大きいと予想される年限の債券を中心にポートフォリオを組む。逆に、金利上昇（価格下落）が予想される場合、債券ポートフォリオを縮小する、もしくは値下り幅が小さいと予想される年限の債券中心のポートフォリオを組み、値下りによる損失を最小限に抑えるようにする。

(b) ポートフォリオ・銘柄の入替戦略（リスク量の水準を変化させない運用）

① 金利見通しの変化による入替え

　景気悪化などで金利低下（価格上昇）が予測される場合、短い年限の債券から、より価格変動性の高い長い年限の債券へ入替えを実施する。また、金利低下が予測される局面で、特に中央銀行による一連の金融緩和（政策金利の引下げ）が予測される場合には、政策金利に最も連動しやすい短い年限の債券へと入替えを行うことが有効な戦略となる。

　インフレや景況感の改善などで金利上昇（価格低下）が予測される場合には、年限の長い債券から価格変動リスクの少ない年限の短い債券への入替えを行う。また、金利上昇が予測される局面で、特に中央銀行による一

連の金融引締め（連続的な政策金利の引上げ）が予測される場合には、政策金利に連動しやすい短い年限の債券を避け、連動性の低い年限のより長い債券への入替えを行うことが有効な戦略となる。

また、現在のイールドカーブから、一定期間後のイールドカーブを予測し、これに基づいて個々の銘柄の予想リターンを計算のうえ、相対的に有利と考えられる銘柄に入替えを行っていく方法もある。金利や景気見通し、需給変化に伴うイールドカーブの将来のフラットニング、スティープニングなどを予想して銘柄入替えを行うことも考えられる。

なお、上記操作の結果として、パッシブ運用にて説明したようなラダー型運用・ブレット型運用・ダンベル型運用のようなポートフォリオとなることがある。

② 最終利回りを向上させる入替取引

イールドカーブが右肩上りであるとき、短期債から中長期債への入替えを行う。入替前後でリスク量を維持するためには入れ替える金額を調整する必要がある。ただし、最終利回りの向上を図る入替取引は、金利変動リスクを高めたり、場合によっては流動性の低い銘柄を選択することになり、換金性を悪くする可能性がある。

③ 直利を向上させる入替取引

期間収益を重視する場合には、直利の高い（利率の高い）銘柄に入替えを行う。

④ 流動性を向上させる入替取引

金融危機の発生が予測されるなど、ポートフォリオの換金性を高めたい場合に行う。一定の年限のなかでも流動性の低い銘柄から、直近発行されたような流動性の高いカレント物などの銘柄への入替えを行う。当然、流動性（換金性）を高めるかわりにリターンを犠牲にする可能性がある。

4 国債ポートフォリオ運用 295

Column 3　需給分析

- 国債市場の変動要因として、前述のとおり、景気／物価動向・金融政策動向・財政政策動向などを取り上げたが、市場を短期的に動かす要因としては各市場参加者による「需給」があげられる。

- 需給とは、市場において買いたい人と売りたい人の勢力状況をいう。国債を買いたい市場参加者が多く、逆に売りたい人が少なければ国債価格は上昇しやすくなり、この状況を「需給が良い」という。逆に国債を売りたい参加者が多く、国債価格が下がりやすくなる状況を「需給が悪い」という。基本的には、前述の景気動向などのようなファンダメンタルズの要因は、市場参加者たちの需給を動かす背景となるものである。

- ただし、どんなに景気の見通しが悪くとも（本来は国債価格上昇要因）、国債を売りたい人が市場の大勢を占め、買いたい人がいなくなった場合、国債価格の上昇余地は縮小し、逆に反転下落する可能性がある。

- こうしたことから国債市場の変化を予測するうえで「需給分析」は欠かせない。国債市場における需給分析には数々の手法があろうが、以下のような分析ステップを踏むことで、より国債市場への理解が深まるものと思われる。

〔STEP 1〕　主要な市場参加者の主体別特性・取引年限の理解

主体	特性	取引年限 （主要年限）
財務省	国債発行体（国債の供給主体）	全年限
日本銀行	国債買入オペなどを通じた恒常的かつ安定的な購入主体	全年限
大手銀行	活発な売買主体。預超構造の拡大もあり、国債運用を金利リスクコントロール手段のひとつとして積極的に活用	短期〜超長期 （中期・長期）
地域金融機関	活発な売買主体。地方財政の季節性有。バイアンドホールド主体。アセット・スワップも積極的に活用	短期〜超長期 （中期・長期）
農林系金融機関	長期・超長期セクターを中心とした安定的な購入主体。アセット・スワップも積極的に活用	長期以降 （長期・超長期）
生命保険	超長期セクターを中心とした安定的な購入	長期以降

296　第5章　銀行における国債運用と国債の活用

	主体（15年超でのメインプレイヤー）	（超長期）
年金 （信託銀行）	アクティブ運用は活発な売買主体。パッシブ運用は月末にポートフォリオ入替えおよびデュレーション長期化。特に2月、5月、8月、11月末はビッグ・エクステンションと呼ばれる大規模な買いの傾向有	全年限
海外投資家	マクロファンドは先物やアセット・スワップを含めて多様なプロダクトに投資。CTAファンドは先物中心に売買（順張り型）。海外中央銀行は外貨準備運用を目的に短中期国債の購入主体 ※CTA（Commodity Trading Advisor, 商品投資顧問業者）は、商品先物のみではなく、通貨、株価指数先物など広範な金融商品に投資し、顧客から預かった金融資産を運用する企業や運用者を指す。	全年限
証券会社	入札や売買の仲介機能を担う主体。自らも在庫玉を調整しつつ、短期売買による値鞘収益をねらう	全年限

図表19　国債および国庫短期証券の保有者別内訳（2024年3月末速報値）

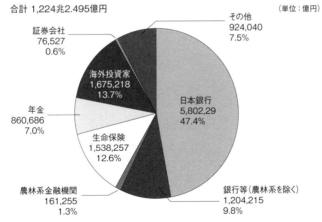

＊「銀行等（農林系を除く）」は、大手銀行・地域金融機関のほか、在日外銀、中小企業金融機関などを含む。
（出所）　日本銀行

〔STEP 2〕 市場参加者のポジション、売買フローの定点チェック

データ	特性	短所
金融機関決算資料	主に四半期ごと。年限別の国債保有残高など主要参加者の期末時点でのポジションがおおむね把握可能	即時性が無く、公表時期は2カ月程度経過後
投資家別売買動向	毎月。日本証券業協会が公表。前月の流通市場における各主体の売買動向が把握可能	発行市場データを含まないことから入札での投資動向の把握については不十分
対内対外証券投資	週次。財務省が公表。日本に対する海外（非居住者）からの証券投資動向が把握可能	データの振れが大きいため、ならしてみる必要がある

〔STEP 3〕 季節パターンの分析

- 月ごと：図表20は、過去20年のうち金利上昇した回数を右軸に示しているが、2003年から2023年までの過去20年のデータを振り返ると日本国債は3月から5月は金利が上昇しやすい傾向がある一方で、8月や11月は低下しやすいことがわかる。
- 期末／期初：大手銀行／地域金融機関による期末期初の利益確定の売却や、生保の新年度入り後の購入など、各主体を取り巻く経営・収益環境によって、明確な季節性がみられる時期がある。

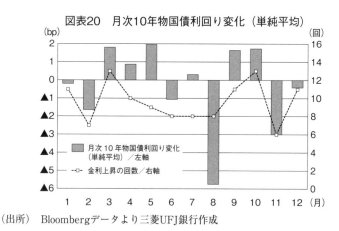

図表20　月次10年物国債利回り変化（単純平均）

（出所）Bloombergデータより三菱UFJ銀行作成

〔STEP 4〕 日々の値動き、市場参加者とのコミュニケーション
● 各年限、各銘柄の日中の値動き。
● 日本証券業協会による当日引け値表からみる各年限・各銘柄の強弱。
● 証券会社などとの対話により、市場参加者がいかなる相場観をもっているかを網羅的に把握・推測。

Column 4　需給動向チェックに重要な国債入札

● 現在の国債管理政策のもとでは、2年以上の年限だけでも週1回〜2回の国債入札が実施されており、投資家・証券会社のディーラーはともに、国債入札を起点にポジション構築や組替えを図る。特定年限に大量の金利リスク量が供給されるため、金利水準やイールドカーブ形状を変化させる契機にもなりやすい。
● たとえば、超長期セクターに投資家需要が集まり、同セクターの利回り水準が低く、イールドカーブ上でも割高に推移している状況を想定し、そこに超長期国債の入札を迎えるというケースについて考察する。
● 通常時であれば、超長期国債の発行による需給緩和を見越して、投資家や証券会社から相応のヘッジ売りが入り、超長期国債入札で十分な需要

図表21　2024年度国債発行計画（2年以上）

区分	1回の発行額（兆円）	年間の発行回数	総発行額（兆円）
40年債	0.7	6	4.2
30年債	0.9	12	10.8
20年債	1.0	12	12
10年債	2.6	12	31.2
5年債	2.3	12	27.6
2年債	2.6	12	31.2
10年物価連動国債	0.25	4	1.0
10年クライメート・トランジション利付国債	0.35	2	0.7
5年クライメート・トランジション利付国債	0.35	2	0.7

（出所）　財務省ホームページより三菱UFJ銀行作成

を集める金利水準まで調整が進む。しかし、入札前に投資家の購入需要がかなり強いと、証券会社が投資家への超長期国債を売却することによってショートポジションが造成され、入札に向けて新たなショートメイクは行われず、また投資家の需要が入札前に一定程度満たされてしまう。その場合、十分な金利水準調整がされないまま、入札を迎えることになり、価格の高値水準（金利の安値水準）での落札結果になる可能性が高まる。その高値水準の入札における投資家の購入需要が弱いと、落札後に超長期国債の利回り水準が反転上昇することも起こりうる。一方で、入札前に証券会社のショートポジションが十分でない場合、平均落札価格と最低落札価格との格差（テール）が拡大し、落札結果の公表後にヘッジ売りが急増し、超長期国債の利回り水準が大きく上昇することも起こりうる。

● 国債入札に直接参加できる金融機関も一部あるが、多くの金融機関は証券会社に委託する形式で間接的に入札に参加している。セカンダリー市場での流動性に限界があるなか、国債入札は、一定の価格で相当量の国債購入を可能にさせる有効な機会を提供する場でもある。

05

国債ポートフォリオ運用の応用

■ 銘柄選択

国債のような流動性の高い債券であっても、銘柄選択により投資効率を変えることが可能である。

a 金利予測に基づく運用

予測する金利変化の方向により投資効率の高い銘柄選択を行う。金利低下を予測する場合、より年限の長い長期債を選好すべきであるほか、同一年限であれば低クーポン債のほうが、デュレーションが長く投資効率が高い。一

300　第5章　銀行における国債運用と国債の活用

方、金利上昇を予測する場合、より年限の短い短期債を選好すべきである。また、同一年限であれば高クーポン債のほうが、デュレーションが短く投資効率が高い。

b　銘柄間格差をとらえた運用

　市場参加者全体の投資行動に偏りがある場合、同年限の銘柄間で一時的に、ある銘柄が相対的に高利回り（割安）、または相対的に低利回り（割高）になることがある。相対的に低利回り（割高）である銘柄を保有している場合、当該銘柄を売却し、相対的に高利回り（割安な）銘柄を購入する入替えを実施することにより投資収益性を高めることができる。投資家・証券会社による売買の偏重や需給の歪みによって発生した割高割安関係をとらえる投資行動（レラティブバリュー戦略）は、単純に相場の上下をとらえる投資行動（ディレクショナル戦略）よりも低リスクで運用効率を高められる可能性がある。

c　銘柄分散

　割高割安などの価格関係とは別に、自己の投資効率を最も高めるような銘柄分散を図る。たとえば、ある銘柄について発行額の相応量を保有することは、当該銘柄の価格決定に大きな影響を及ぼすことになり、保有継続時は割高となりやすいが、売却時には大量売却により割安な売却を強いられるリスクもある。各銘柄の発行残高とポートフォリオの全体量を考慮し、バランスよく銘柄分散を図ることが重要である。

d　流 動 性

　国債の場合、相応の流動性が確保されており、発行残高の多い債券や新発債ほど流動性が高い。同年限の債券でもリオープンを繰り返した債券は発行残高が多く一般論としては流動性が確保されている場合が多い。一方、発行後利回りの変動が生じたことによりリオープンがなされなかった債券や当初発行残高が少なかった債券の流動性は低い。一般的に発行残高が多く流動性が高い債券は、購入・売却ともに容易である一方、発行残高が少なく流動性

5　国債ポートフォリオ運用の応用　301

が低い債券は、希少性が強まりやすく、購入・売却時に流動性の高い債券よりも高いコストを支払うことになる可能性が高い。

e ESG投資

近年、経営や投資において新たに重要視されてきた概念がESGである。Environment（環境）・Society（社会）・Governance（ガバナンス）の頭文字をとった言葉で、これらを考慮した投資活動をESG投資という。日本の債券市場においても、環境に配慮した事業を資金使途とするグリーン・ボンドや、教育・福祉や格差解消といった社会課題の解決を目的とした事業を資金使途とするソーシャル・ボンドなどが、社債や地方債、財投機関債といった領域において広がりをみせている。そして日本国債においては、2024年2月よりGX経済移行債の個別銘柄であるクライメート・トランジション利付国債の発行が開始され、世界初の国が発行するトランジション・ボンド（脱炭素／低炭素社会経済に移行するためのプロジェクトを資金使途とする債券）として今後の市場拡大が期待されているほか、投資家・企業として環境・社会に配慮する姿勢も求められてきている。

また、ESG投資においても、前述の銘柄間格差や流動性といった論点が存在する。たとえばグリーン・ボンドやソーシャル・ボンドなどは投資家需要が強いため、同年限・同発行体のESG以外（ノンラベル）の債券と比べ、低い利回りで発行されることがある。この利回りの差分はプレミアムと呼ばれるが、特にグリーン・ボンドの場合は「グリーニアム」（グリーンとプレミアムをかけ合わせた造語）と表現することがある。

② 債券先物を利用したヘッジ戦略

a 買いヘッジ

国債の購入の代替として、金利低下による価格上昇リスク回避のため、先物を買い建てる。金利が低下した場合には、買い付ける国債の価格上昇分を先物転売による利益でカバーすることができる。

b 売りヘッジ

　金利上昇による保有債券の価格低下リスク回避のため、先物を売り建てる。金利が上昇した場合には、保有債券の価格低下による損失を先物の買戻しによる利益で相殺することができる。

c ヘッジ比率

　ヘッジ取引を行うにあたっては、先物とヘッジ対象の債券の価格変動性を一致させるよう留意しなければならない。ただし、先物と対象債券の間には、金利リスクに加え、通常イールドカーブリスクが存在する。イールドカーブのパラレルシフトを前提とした金利リスクのヘッジは理論的に可能であるが、イールドカーブの変化を完全に予測しヘッジすることはむずかしい。

　金利リスクを完全にヘッジしたい場合、ダラーデュレーション（DD）を活用したデュレーションヘッジが有効である。DDは債券の複利利回りが1ベーシスポイント変化した場合、当該債券の価格が何銭変動するかを表している。

　通常、ある債券に対する先物によるヘッジ比率は以下のように表される。

$$\text{ヘッジ比率} = \frac{\text{当該債券のDD}}{\text{先物のDD}}$$

　また、先物のDDは最割安銘柄と交換比率から表せるため、上記式は以下のとおりとなる。

$$\text{ヘッジ比率} = \frac{\text{当該債券のDD}}{（\text{最割安銘柄のDD} \div \text{交換比率}）}$$

　なお、上記ヘッジ比率によるヘッジは、イールドカーブのパラレルシフトに対しては有効であるが、イールドカーブの傾きの変化はヘッジできない。たとえば、ヘッジ対象債券が10年カレント債の場合、現在の最割安銘柄は通

5　国債ポートフォリオ運用の応用　303

常7年であるため、7年〜10年のイールドカーブがパラレルにシフトする場合は完全にヘッジすることができるが、7年〜10年のイールドカーブがスティープ、フラットする場合には完全にはヘッジできない。

こうしたイールドカーブの形状変化までヘッジしたい場合には、回帰分析やボラティリティ分析などから将来のイールドカーブの動きを予想し、ヘッジ比率を変更することが考えられるが、いかなる手法を使ってもヒストリカルなイールドカーブの形状変化を基にした分析となるため、将来のイールドカーブ変化をヘッジ比率の調整で完全にヘッジできる保証はないといえる。逆に、相場観に応じてヘッジ比率を調整することで、想定どおりの金利変化、イールドカーブ変化をした場合の収益化をねらう方法も検討できる。

3 オプションを利用したヘッジ戦略

a オプションの概要

オプションとは、特定の商品について、あらかじめ決めた価格で売却あるいは購入する権利のことである。ここで、特定の商品を原資産、あらかじめ決めた価格を行使価格と呼ぶ。オプション契約とは、オプションの買い手から、売り手に、その権利の対価として、オプション・プレミアムを支払う契約である。買う権利はコール・オプション、売る権利はプット・オプションと呼ばれる。

オプションの買い手、すなわち権利の買い手にはそのオプションを行使する権利はあるが、義務はない。逆に、オプションの売り手は買い手から権利を行使された場合、契約により定められた金額での原資産の売買を行う義務がある。

304　第5章　銀行における国債運用と国債の活用

コール・オプション	買い手	行使価格で原資産を購入する権利あり
	売り手	買い手が権利行使した場合、行使価格で原資産を売却する義務あり
プット・オプション	買い手	行使価格で原資産を売却する権利あり
	売り手	買い手が権利行使した場合、行使価格で原資産を購入する義務あり

オプション取引は、オプションの買い手は売り手に対し、オプション・プレミアムを支払うことで、原資産の価格変動リスクをヘッジできるものとして、1980年代から普及が拡大した。

b　オプションのタイプ

オプションは、上記のコール・オプション、プット・オプションなど、売買のサイドによる分類のほかにもさまざまな分類がある。

(a)　取引場所による分類

店頭オプション	店頭で相対取引されるオプション
上場オプション	取引所に上場されたオプション

(b)　権利行使の期間による分類

ヨーロピアン・オプション	オプション契約期間の期日にのみ行使可能なオプション
アメリカン・オプション	オプション契約期間ならば常に権利行使可能なオプション

(c)　原資産による分類

現物オプション	原資産を金利・債券などの現物とするオプション
先物オプション	原資産を債券先物など、現物ではなく先物とするオプション

5　国債ポートフォリオ運用の応用　305

c　プレミアムの価格形成

プレミアムは、主に以下の要素で価格が形成される。

(a)　**原資産価格と行使価格との関係**

オプション・プレミアムは、原資産価格と権利行使価格の大小関係の影響を受ける。コール・オプションとプット・オプションについて具体的に大別すると、以下のとおり。

権利行使価格が原資産価格を上回っている場合	コール・オプションの価値はゼロ、プット・オプションの価値は正
権利行使価格が原資産価格を下回っている場合	コール・オプションの価値は正、プット・オプションの価値はゼロ

また、原資産価格と権利行使価格の大小関係について、一般的に以下のとおり分類される。

ATM （アット・ザ・マネー、 At The Money）	原資産価格と権利行使価格が等しい状態であること 例：原資産価格100円の債券を対象とした、行使価格100円のコール・オプション
OTM （アウト・オブ・ザ・マネー、 Out of The Money）	オプションの買い手から見て、権利行使価格が原資産価格に対して不利な状態であること 例：原資産価格100円の債券を対象とした、行使価格102円のコール・オプション
ITM （イン・ザ・マネー、 In The Money）	オプションの買い手から見て、権利行使価格が原資産価格に対して有利な状態であること 例：原資産価格100円の債券を対象とした、行使価格98円のコール・オプション

一般に、オプション・プレミアムはOTMであるほど低く、ITMであるほど高くなる。

⒝ 原資産価格の変動性

　原資産価格の変動性はボラティリティと呼ばれる。ボラティリティが高い場合、権利行使の可能性が高くなるため、オプション・プレミアムは高くなる。一方で、ボラティリティが低い場合は、権利行使の可能性が低くなるのでオプション・プレミアムは低くなる。

⒞ オプション契約期日までの残存期間

　満期までの時間が減少するほど、権利行使の可能性は低くなると考えられ、オプション・プレミアムは低下する。このように、時間の経過によってオプション・プレミアムが低下することをタイム・ディケイと呼ぶ。

d　オプション戦略

　オプション取引を活用し、ポートフォリオの利回り向上、保有債券のヘッジなどを行うことが可能である。

⒜ コール買い・コール売り

　コール買いは、損失リスクを限定したうえで相場上昇による収益をねらうことを目的とする。ただし、相場に変化がなければ時間の経過とともにプレミアムが低下し損失が発生する。

　コール売りは、相場上昇が限定的と予想する際にプレミアムの獲得をねらうことを目的とし、相場に変化がなければ時間の経過とともにプレミアムが上昇し利益が発生する。ただし、予想に反して相場が大きく上昇した際は損失が膨らむリスクがある。

　コール・オプションを購入した場合、その後相場が行使価格を上回った場合は、オプションの権利を行使することによりオプションの売り手から行使価格で国債を購入することができる。逆に、相場が行使価格を下回った場合には国債購入は実施されず、当初支払プレミアム分がそのまま損失となる。ただし、オプション購入の代替として国債を購入していた場合に生じたはずの値下りリスクを回避することができる。

　コール・オプションを売却した場合、相場が行使価格を上回らない限

5　国債ポートフォリオ運用の応用　307

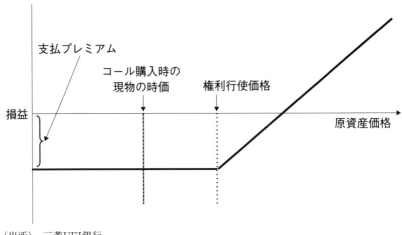

図表22　コール買いの損益図

(出所)　三菱UFJ銀行

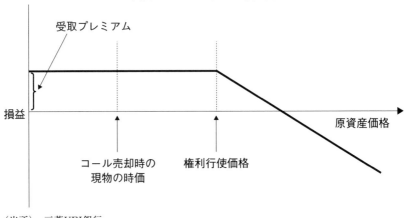

図表23　コール売りの損益図

(出所)　三菱UFJ銀行

り、当初のプレミアムがそのまま利益となる。逆に、相場が行使価格を上回った場合、オプションの買い手により権利が行使されることにより行使価格で国債を売却する義務を負う。したがって、オプションの購入時とは違い、損失が無制限に拡大するリスクを伴う。

(b) **プット買い・プット売り**

プット買いは、損失リスクを限定したうえで相場下落による収益をねらうことを目的とする一方、プット売りは、相場下落が限定的と予想する際にプレミアムの獲得をねらうことを目的とするが、予想に反して相場が大きく下落した場合は損失が膨らむリスクがある。投資家は、保有国債のヘッジ手段としてプット・オプションを購入するケースが多い。保有国債のヘッジ効果について、プット・オプション購入と先物売りを比較すると、プット・オプション購入はプレミアムの支払コストがかかる半面、金利が低下した場合に保有国債のキャピタルゲインを享受することができる。一方、先物売りの場合はプレミアムの支払コストはかからないが、金

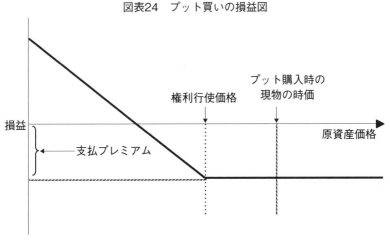

図表24　プット買いの損益図

(出所)　三菱UFJ銀行

5　国債ポートフォリオ運用の応用　309

図表25 プット売りの損益図

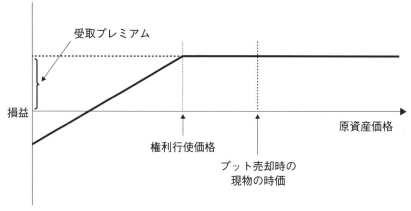

(出所) 三菱UFJ銀行

利が低下した場合に保有国債のキャピタルゲインと先物売りの損失が相殺されることから、国債の値上り益を享受できない。このため、相場状況に応じて、プット・オプションの購入と先物売りを使い分けることが重要である。

また、原資産価格よりも行使価格がある程度低いOTMのプット・オプションを購入する場合は、プレミアムの支払コストも抑えることができるが、一方でヘッジ効果も薄れる。相場急落に備えた保険的な意味合いで活用されるケースが多い。

(c) 国債とオプションを組み合わせた戦略

① カバード・コール

保有している国債を売却することを目的として、時価よりも高い水準に権利行使価格を設定したOTMのコール・オプションを売却する戦略。

コール・オプションの満期日までに価格が下がるか変化しなければオプションは行使されず、プレミアム受取分だけ運用利回りを向上させること

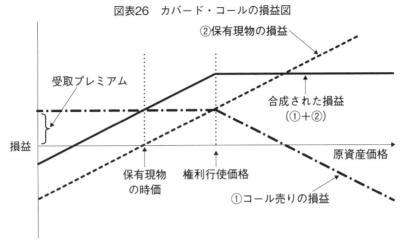

図表26 カバード・コールの損益図

(出所) 三菱UFJ銀行

ができる。ALM運営の観点からは、保有債券の簿価を行使価格とするコールを売却し、プレミアムを受け取りながら、相場が上昇した場合には、権利被行使を通じて損失を出さずに国債を売却することが可能である。

② バイライト

現物買いとコール・オプション売りを同時に行うことでプット・オプション売りポジションを合成する戦略。先行きの相場にそれほど強気ではなく、単純に国債を購入することは避けたいが、相場の急落も予想していない場合に実施することが多い。相場が上昇した場合には、権利被行使を通じて国債は売却されるが、プレミアム受取分は収益として残る。一方、相場下落時には、国債はそのままポートフォリオに残るほか、急落時にはプレミアム受取分でもカバーできない損失が発生する。

③ ターゲット・バイイング(押し目買い型)

投資家が、ある国債の押し目買いを検討する際に、押し目買いの期待水準を行使価格としたOTMのプット・オプションを売却する戦略。実際、

国債が値下りして行使価格を下回れば、プット・オプションの買い手が当該国債の売る権利を行使することによって、当該国債を行使価格で購入することになる。一方、国債が値上りした場合には、プット・オプション売却時のプレミアム受取分だけ投資利回りを向上させることができる。

　ただし、想定以上に金利が大幅上昇した場合には、権利被行使されて購入した国債に評価損が生じる。また、国債購入目的でターゲット・バイイングを実施した場合には、国債が値上りするとプレミアムを受け取ることができるが、国債は購入できず、購入ニーズを満たすことはできない、といった点は留意を要する。

(d)　**ガンマロング**

　相場の大きな変動を予想する場合、オプションの買いポジションを構築する戦略。

　現在のオプション・プレミアムに内包されているインプライド・ボラティリティよりも、予想する将来のボラティリティが大きくなるとみた場合（たとえば、レンジ相場が煮詰まり、一方向に相場が動くもしくは乱高下すると予想される場合）、予想対比割安なプレミアムを支払ってオプションを購入し、予想どおり相場のボラティリティが高まった場合、より高いプレミアムでオプションを転売するなどによって収益化することができる。相場が一方向に動くとみた場合には、コール、プットどちらかのオプションを購入するが、レンジ相場が煮詰まった場合にはコール、プット両方を購入するケースもある。

　コール、プット両方を購入する場合、コール、プットが同一権利行使価格の場合を「ロング・ストラドル」、異なる権利行使価格（コールの権利行使価格が高く、プットが低い）の場合「ロング・ストラングル」と呼ぶ。予想どおり相場が一定レンジを超えて変動すれば、利益が得られる一方、相場が予想より変動しなかった場合には、損失が発生する。

図表27　ロング・ストラドルの損益図

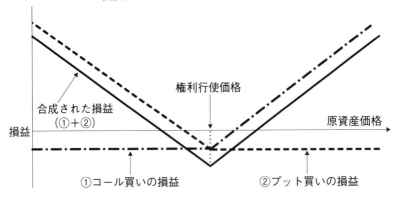

(出所)　三菱UFJ銀行

図表28　ロング・ストラングルの損益図

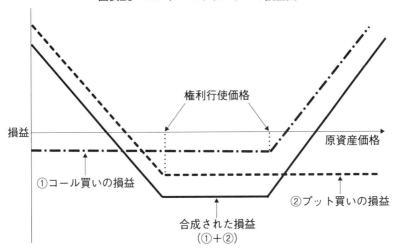

(出所)　三菱UFJ銀行

5　国債ポートフォリオ運用の応用　313

(e) ガンマショート

相場が一定のレンジ内で推移すると予想する場合、そのレンジ内に相場がとどまれば収益が生じるようなオプション売りのポジションを構築する戦略。現在のオプション・プレミアムに内包されているインプライド・ボラティリティよりも、予想する将来のボラティリティが小さくなるとみた場合（たとえば、相場乱高下からレンジ相場に移行すると予想される場合）、オプション売却により、予想対比割高なプレミアムを獲得することができる。コール、プット一方を売却する場合もあるが、コール、プット両方を売却するケースが多い。

コール、プット両方を売却する場合、コール、プットが同一権利行使価格の場合を「ショート・ストラドル」、異なる権利行使価格（コールの権利行使価格が高く、プットが低い）の場合「ショート・ストラングル」と呼ぶ。予想どおり相場がレンジ内にとどまっていれば、利益が得られる一方、相場が想定レンジから外れて変動した場合には、損失が発生する。

(f) シンセティック・ロング

同一の権利行使価格でコール買いとプット売りを同時に行うことにより擬似的なロングポジションを構築する戦略。通常の国債購入と比較すると、資金負担なく、かつ既存ポートフォリオの簿価を変えることなく、国債のロングポジションを構築できる利点がある。

ただし、オプションを相殺せずに、相場の上下によりコール買い・プット売りのいずれか一方を権利行使した場合は、実際に国債の受渡しが生じるため、保有国債ポートフォリオの簿価も変化する。

(g) シンセティック・ショート

同一の権利行使価格でコール売りとプット買いを同時に行うことによりショートポジションを構築する戦略。先物売りのヘッジ戦略とは異なり、ベーシス・リスク（ヘッジ対象の国債と先物の値動きが完全には連動しないリスク）やイールドカーブの変動リスクにさらされず、保有国債のフル・

図表29　ショート・ストラドルの損益図

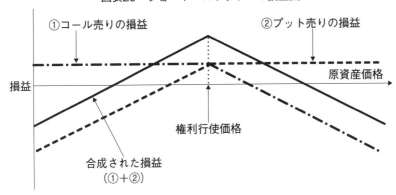

（出所）　三菱UFJ銀行

図表30　ショート・ストラングルの損益図

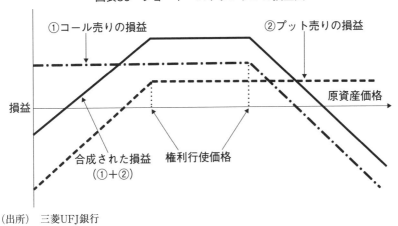

（出所）　三菱UFJ銀行

ヘッジが可能である。

5　国債ポートフォリオ運用の応用　315

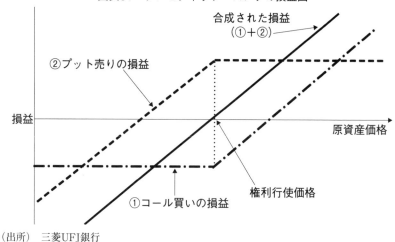

図表31　シンセティック・ロングの損益図

(出所)　三菱UFJ銀行

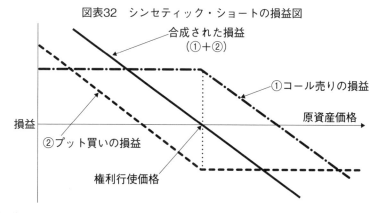

図表32　シンセティック・ショートの損益図

(出所)　三菱UFJ銀行

Column 5　ガンマトレードと相場水準

- 証券会社が投資家からオプションの売買を受けた場合、証券会社はオプションから発生するデルタ（原資産価格の動きに対し、オプション・プレミアムがどれだけ変動するかという値）をニュートラルに保とうとヘッジするのが一般的である。たとえば、顧客からコールを100億円買い受け、そのときのデルタが0.5であった場合には、原資産を50億円売却すればデルタニュートラルとなる。
- 実際には、デルタの大きさは原資産価格の水準により変わるため、金利リスクコントロールの観点から（たとえばデルタニュートラルを維持するために）証券会社は価格変動に合わせて原資産を追加的に売買することが多い。
- また、相場が権利行使価格近辺に戻ってきたとしても、原資産を追加的に売買することによりデルタ・リバランスを行うことで、その間の相場変動により収益計上が可能となる。
① たとえば、権利行使価格100円のコールを1単位購入し、デルタ分（0.5単位）原資産を売却。
② 原資産価格が101円に上昇。このとき、デルタが0.8単位になっていたとすると、デルタニュートラルポジションを維持するために、原資産を追加的に0.3単位売却。
③ その後原資産価格が100円に戻ると、再びデルタが0.5単位となるため、0.3単位のデルタを買戻し。
  この結果、（101円－100円）×0.3単位分の収益が発生する。

- 投資家はプレミアム獲得目的にオプション売りを行うケースが多いため、証券会社のオプション・ポジションは買持ちとなっている場合が多い。
- このため、相場上昇局面では証券会社による原資産（国債）売却、相場下落局面では原資産（国債）購入が多くなる。実際、投資家が同じ行使価格で大量のオプション売りを行っている場合、相場の上昇・下落の両局面において、証券会社が上記のデルタ・ヘッジ操作を繰り返すことにより行使価格近辺に相場が戻る傾向がある。もちろん、デルタ・ヘッジ圧力を上回る相場変動の要因が起きた場合にはこの限りではない。

5　国債ポートフォリオ運用の応用　317

4 イールドカーブの形状変化を利用した戦略

保有債券ポートフォリオの金利リスク量を保ちながら複数年限の取引を行い、特定のイールドカーブの変化によって収益をねらう戦略もある。

a　カーブ（スプレッド）取引

イールドカーブにおける2点間の動き（傾き）に着目し、その2つの年限の債券を逆方向に売買する取引。たとえば、残存5年の債券を購入し、同時に金利リスク量の等しい分だけ残存20年の債券を売り建てるとする。この時、5年から20年のイールドカーブがパラレルに動いた場合に損益は発生しないが、5年金利の変動に対して20年金利が相対的に上昇（イールドカーブがスティープ化）した場合は収益を得ることができる。このように、ある年限の債券を購入したうえで、より長い年限の債券を売り建てることで、イールドカーブがスティープ化した際に収益を得られる戦略をスティープナーという。反対に、ある年限の債券を購入したうえで、より短い年限の債券を売り建てることで、イールドカーブがフラット化した際に収益を得られる戦略をフラットナーという。

b　バタフライ取引

カーブ取引が2点間のカーブの傾きを取引するのに対し、イールドカーブ

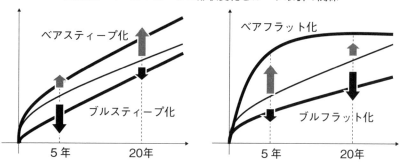

図表33　イールドカーブの形状変化とカーブ取引の関係

（出所）　三菱UFJ銀行

における3点間の動き（曲率）に着目する取引をバタフライ取引という。3つの年限のうち、中間の年限の債券（ボディ）を購入し、両端の2つの年限の債券（ウイング）を売り建てる場合にはロング・バタフライ取引、その反対はショート・バタフライ取引と呼ばれる。カーブ取引と異なり、カーブの傾きの変化により生じるリスクを最小化した戦略である。たとえば、残存20年の債券を購入し、同時に合計の金利リスク量がゼロ（ニュートラル）になるように残存10年の債券と残存30年の債券を売り建てるとする（ロング・バタフライ取引）。この時、10年から30年のイールドカーブがパラレルに動いた場合には損益は発生しないが、20年金利が10年・30年金利に対して相対的に低下するようにイールドカーブの曲率が変化すると収益を得ることができる。

図表34　イールドカーブの形状変化とバタフライ取引の関係

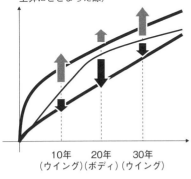
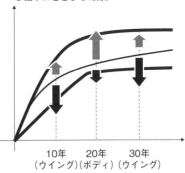

（出所）　三菱UFJ銀行

5 金利スワップを利用したヘッジ戦略

　金利スワップとは、同一通貨で異なる種類の金利（固定金利と変動金利あるいは異なる種類の変動金利など）を交換する取引である。ここでは、固定金利と変動金利を交換する金利スワップを利用した国債のヘッジ戦略について説明する。

　金利スワップを活用することで、保有する固定金利の国債（アセット）から入ってくるキャッシュフローを異なるキャッシュフローに変換する取引をアセット・スワップといい、国債保有による金利変動リスクをヘッジすることができる。具体的には、保有する国債の残存年限と同期間かつ同額面の金利スワップの払い（固定金利の払い、変動金利の受け）を行うことで、国債から得られる固定金利を変動化することができる。国債を購入し（売り建て）、同年限の金利スワップを払う（受ける）パッケージの取引をアセット・スワップの買い（売り）という。この取引において、国債利回りとスワップ金利がパラレルに変動するならば、当該アセット・スワップ取引について相場変動による損益は発生しない。しかしながら、スワップ金利対比で国債利回りが相対的に低下した（上昇した）場合、アセット・スワップの買いについては収益が得られる（損失が発生する）。このように、国債とスワップのスプレッド（アセット・スワップ・スプレッド）が拡大（縮小）している（国債が割安（割高）に放置されている）際にアセット・スワップの買い（売り）を取り組むことで、金利変動リスクをヘッジしながら、その後のアセット・スワップ・スプレッドの縮小（拡大）を収益化することが可能となる。

Column 6 異次元緩和がもたらしたアセット・スワップ・スプレッドの変遷

- アセット・スワップ・スプレッドは、国債市場特有の需給要因、スワップ市場特有の需給要因によって左右される側面が強い。特に日本銀行が買入オペによる日本国債の購入を大幅に増やして以降は、買入オペの動向が国債の需給に大きな影響を与えている。また、伝統的な金融政策として日本銀行が政策金利を動かすことで市場における短期金利も変動し、ひいてはその短期金利（変動金利）と固定金利を交換する金利スワップ市場も変動する。以下では、近年の日本銀行の金融政策がもたらしたアセット・スワップ・スプレッドの変遷について概況を説明する。

- 2013年に黒田東彦氏が日本銀行総裁に就任するとともに始まった異次元の金融緩和によって、日本国債の買入れが大幅に増額された。それに伴い、国債の需給環境は好転し、国債利回りが低下基調をたどるなかでアセット・スワップは割高化（金利スワップ対比国債の割高化）が進んだ（図表35①）。特に投資家がより高い利回りを追い求めたことで、国債のなかでも超長期セクターでその傾向は顕著となった。

- しかし、マイナス金利とイールドカーブ・コントロールが導入された2016年頃からは、国債利回りが低位安定したことでアセット・スワップの割高化傾向は止まり、おおむねレンジ内で推移することになった（図表35②）。レンジ相場のなかでも、新型コロナウイルス感染症の拡大により一時的に割安化が進行した（図表35③）ほか、その後の国債増発を見込んだ割安化の進行（図表35④）といった動きがみられた。

- 2022年に入ると様相は変わる。世界的に金利が上昇するなかでスワップ金利も上昇したが、イールドカーブ・コントロールにより10年物国債利回りは一定の水準（2022年12月までは0.25%、2023年7月までは0.5%）に抑えられていた。これにより、アセット・スワップは特に10年のセクターで割高化が進行した。

- 2022年6月以降に日本銀行が先物のチーペスト銘柄に対する指値オペを実施したことをきっかけに先物市場が混乱した。先物のヘッジ機能が喪失することで、投資家や証券会社が国債を安定的に保有することが困難になるとの見方から、国債利回りが上昇し、結果として広い年限でアセット・スワップは一時割安化している（図表35⑤）。

- 2024年に入ってからアセット・スワップは新たな転換点を迎え、割安化

5　国債ポートフォリオ運用の応用　321

傾向が続いている（図表35⑥）。これには日本銀行の金融政策変更が大きくかかわっている。

- ひとつは、2024年3月のマイナス金利政策解除である。マイナス金利政策下においては、日本銀行当座預金へのマイナス金利適用を回避するためのキャッシュの運用先として国債を購入するニーズが存在し、その国債の金利リスクのヘッジのために金利スワップを払い（固定金利払い、変動金利受け）、アセット・スワップの買いとして保有するケースがあった。しかしながら、マイナス金利解除に伴いマイナス金利適用回避のためのキャッシュ運用ニーズが減少し、結果としてアセット・スワップの買いニーズも減退した。

- また、国債保有のための調達コストであるGCレポレートは、マイナス金利解除後にTONA（無担保コールレート（オーバーナイト物）加重平均）よりも上昇幅が大きくなった。資金流動性に一定の制約がある投資家が国債に投資する際、レポによる資金調達を前提とする場合があり、特に短中期セクターの国債利回りはGCレポレートの影響を大きく受ける。マイナス金利解除後にこの資金調達コストであるGCレポレートが上昇したことによって投資家から要求される国債の利回り水準が上昇したことも、アセット・スワップが割安化した一因といえる。

- 加えて、日本銀行の国債買入れの減額である。日本銀行は最大の国債購入主体のひとつであり、その国債買入れに関する動向は市場の需給を大きく左右する要素として注目されてきた。金融政策の正常化の過程での国債買入れの減額が市場で意識されるなかで、将来の国債の需給が悪化する懸念から国債利回りがスワップ金利以上に上昇し、結果としてアセット・スワップが割安化した。

- もちろん、日本銀行の金融政策以外にもアセット・スワップ・スプレッドに影響を与える要因は多く存在する。たとえば2020年の新型コロナウイルス感染症の拡大時には、市場の流動性低下に伴って一時的にアセット・スワップは割安化したが、その後経済対策としての大規模な国債発行を織り込み、国債の需給が金利スワップの需給対比悪くなるなかで、アセット・スワップの割安化がさらに進行した。

- また、過去のアセット・スワップ・スプレッドの推移を考えるうえでは、主要な指標金利の変動についても留意が必要である。かつては円LIBORが主要な指標金利であったが、2021年12月末をもって円LIBORが廃止となって以降は、TONAが主要な指標金利となっている（より正確には、

円LIBOR廃止の2021年12月末に向け、徐々にTONAが指標金利として利用される頻度が増加した）。円LIBOR廃止以前もTONAを指標とする金利スワップは存在したが、金利スワップ市場においても流動性の高低が価格に影響を与えるため、円LIBOR廃止の前後での単純比較はむずかしい。

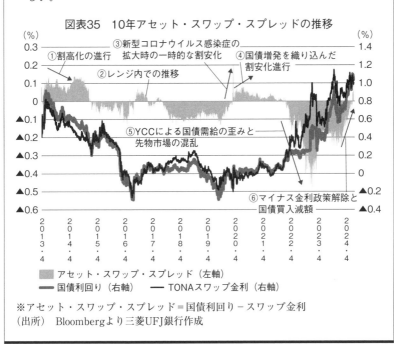

図表35　10年アセット・スワップ・スプレッドの推移

※アセット・スワップ・スプレッド＝国債利回り－スワップ金利
（出所）　Bloombergより三菱UFJ銀行作成

6　投資信託（ファンド）を利用したヘッジ戦略

　債券先物や金利スワップを直接取引するのではなく、これらを投資対象商品とした投資信託（ファンド）を組成し保有することで、ファンドを通じて間接的にこれら商品への投資と同等の効果を得ることができる。特に、債券先物の売建て、金利スワップの払いに限定するなどして、金利上昇時に評価益が上がるように組成したファンドをベア型ファンドといい、金利上昇リス

クに対するヘッジツールとして活用することができる。

　ファンドを組成するメリットは、ファンドをその他有価証券として保有できることである。先物や金利スワップを直接取引した場合、日々のマーケットの変動により、それらの評価損益は時価として日次で実現する（ただし、金利スワップについては、貸出や預金などの将来の利息収入・支出や評価損益の変動などをヘッジするために取り組むものと認められるヘッジ会計スワップの場合はその限りではない）。他方で、その他有価証券であれば、損益は日次では実現せず、期末の評価損益がその他有価証券評価差額金という勘定科目でバランスシートの純資産の部に計上される。銀行のALM運営では、国債を保有する場合はその他有価証券または満期保有目的の債券というかたちで保有するが、その他有価証券として保有している国債のヘッジとしてベア型ファンドを活用することで、会計上の取扱いも一致させることができる。すなわち、金利上昇局面におけるその他有価証券の評価損益の悪化をヘッジすることが可能となる。

　一方、ファンドを組成するデメリットとしては、信託報酬や手数料の存在があげられる。また、ファンド組成や期中管理にあたりオペレーションの負荷がかかるほか、マーケットの変動に対して先物などのヘッジ手段と比べて即時的に購入・解約することがむずかしく、機動的な運営をするうえでは相対的に制約となる可能性もあるため留意が必要である。

7　国債の保有目的区分

　有価証券の評価方法や会計処理にはいくつかの区分があるが、日本において銀行がALM運営のために国債を保有する場合は、会計上、その他有価証券もしくは満期保有目的の債券として保有する。

a　その他有価証券

　会計上の保有目的が明確に認められない債券で、公正価値の変動がその他有価証券評価差額金という科目でバランスシートの純資産の部に計上され

る。金利変動によって会計上の影響が発生するが、ALMニーズに応じた売却が可能である。なお、売却した場合は売買損益が実現し、損益計算書に計上される。

b　満期保有目的の債券

満期まで保有する意思および能力を有する場合に保有する債券で、会計上公正価値評価はされず償却原価で計上されることから、金利変動がもたらす会計上の影響を抑えることができる。ただし、原則として売却はできない。

国際統一基準行においては、その他有価証券の評価損益が普通株式等Tire1（CET1）資本に含まれることから、相場変動の影響を受けないように満期保有目的の債券として保有する場合がある。

金利環境の急変などにより資金需要が発生した場合、機動的な売却による資金化は困難であるという点には留意が必要である。ただし、売却はできなくともレポ取引により資金調達することは可能である。

c　保有目的区分の変更

満期まで保有する意思の有無は取得時点において判断されるため、その他有価証券として保有している債券を満期保有目的の債券に変更することは認められない。

一方、満期保有目的として保有している債券をその他有価証券に保有目的区分を変更したり売却したりすることは可能ではあるが、この場合には残りのすべての満期保有目的の債券をその他有価証券または売買目的有価証券に、変更時の償却原価をもって振り替えなければならない（ただし、銀行ALM運営においては売買目的有価証券の保有は適さないとされる）。また、保有目的区分の変更を行った事業年度を含む2事業年度は取得した債券を満期保有目的の債券に分類することができない。

ただし、以下のケースでは例外的に、残りの満期保有目的の債券をその他有価証券または売買目的有価証券に振り替える必要はなく、一部の満期保有目的の債券を他の保有目的区分に振り替えることが認められている。

5　国債ポートフォリオ運用の応用　325

① 債券の発行者の信用状態の著しい悪化

② 税法上の優遇措置の廃止

③ 法令の改正または規制の廃止

④ 監督官庁の規制・指導

⑤ 自己資本比率などを算定するうえで使用するリスクウェイトの変更

⑥ そのほか、予期できなかった売却または保有目的の変更をせざるをえない、保有者に起因しない事象の発生

06

資金調達手段としての国債の活用

　国債投資は単なる資金運用のみならず、資金調達の手段として活用されている。国債を担保として資金を調達する手段として現先取引や債券レポ取引がある。日本銀行による資金供給オペレーション（公開市場操作）を通じた資金調達にも国債が担保として利用されている。国債の高い信用力・流動性を反映して、安定的かつ低利な資金調達が可能となる。

■ 日本銀行の適格担保

　適格担保とは、日本銀行が適格と認める担保であり、金融機関などは、日本銀行に差し入れている適格担保の範囲内で、共通担保資金供給オペレーションなどを利用することで日本銀行から資金を調達することができる。

② 債券レポ取引（現金担保付債券貸借取引・新現先）

　現金担保付債券貸借取引とは、現金を担保として受け入れ、債券を貸し出

す債券の消費貸借契約の取引を指す。国債をベースとしたレポ取引の流れを示すと、国債の借り手は国債を借り受け、貸借料を払う一方で担保金（現金）の利息を受け取る。他方、国債の貸し手は、国債を貸し付け、賃借料を受け取る一方で担保金（現金）の利息を支払う。ここで担保金の利息から債券貸借料を差し引いた部分がレポレートとなる。ちなみに、レポ取引を行うには「債券貸借取引に関する基本契約書」を事前に取り交わす必要がある。

　新現先取引とは、グローバル・スタンダード化を目的として旧来の現先取引にリスクコントロール条項などを加えた取引形態である。2018年５月の国債決済期間短縮化（T＋１）を機会に、それまで主流であった現金担保付債券貸借取引から新現先方式への普及が浸透している。一般的に広義の意味で新現先取引と現金担保付債券貸借取引を合わせて「レポ取引」という。

　現在主流である新現先取引は、「銘柄後決め取引」と通常の「銘柄先決め取引等」に二分される。「銘柄後決め取引」は額面ではなく金額で約定するため、運用／調達金額の確定がスムーズであることや約定日中の取引が可能であるため、利便性が高く大手行中心に相応な規模感で取引されている。「銘柄先決め取引等」は従前主流であった現金担保付債券貸借取引と親和性

図表36　国債の担保価格（変動利付国債、物価連動国債等を除く）

期間	掛目
残存期間１年以内のもの	時価の99％
残存期間１年超５年以内のもの	時価の99％
残存期間５年超10年以内のもの	時価の98％
残存期間10年超20年以内のもの	時価の97％
残存期間20年超30年以内のもの	時価の95％
残存期間30年超のもの	時価の94％

（出所）　日本銀行

が高く、引き続き幅広い市場参加者により取引されている（なお、レポ取引とほぼ経済効果が同義である有担保コールも国債を使った資金調達手段としてかつては多く取引されていたが、マイナス金利政策導入以降、取引残高は大幅に縮小した。また、レポ取引に付随して発生するマージン・コール（値洗い）やヘアカットについては本章第7節にて説明する）。

07

外貨調達手段としての国債の活用

　資金調達手段としての国債の利用は、円貨の調達以外にも、近年は外貨の調達手段のひとつとしての活用が進んでいる。レポ取引を含めた調達市場の拡大と、国内外の有価証券保管銀行（カストディアン）による決済サービスの拡充による利便性の高まりにより、外貨の調達手段の分散化や多様化に寄与している。円貨の資金調達と同様に、外貨に関しても国債の高い信用力・流動性を反映した安定的かつ低利な資金調達が可能となる。

■ 国債を利用した外貨調達手段

　2010年以降、大手行をはじめとした邦銀は、外貨での貸出を伸ばす一方で、その貸出を外貨預金や中長期円投（円貨資金を原資に中長期の外貨資金を調達する取引）、社債といった安定調達によって支えてきた。加えて、近年は調達の分散化や多様化を進めており、国債を担保として外貨資金を調達するクロスカレンシー・レポ取引や、国債を担保に外国債券を調達するコラテラル・スワップ取引（調達した外国債券は、海外レポ取引を通じて外貨資金調達に使用）など、国債を使った外貨の調達手段の多様化が進んでいる。

328　第5章　銀行における国債運用と国債の活用

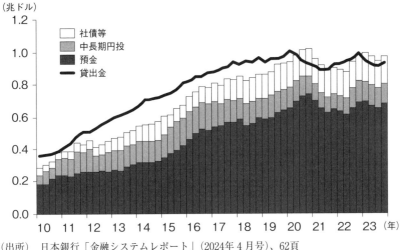

図表37　大手行の運用・調達ギャップ

(出所)　日本銀行「金融システムレポート」(2024年4月号)、62頁

近年では、カストディアンによる決済サービスの拡充や、担保管理サービスなどの委託サービスによる利便性の高まりを受けて、大手行を中心に利用が進んでいる。

2　クロスカレンシー・レポ取引

　クロスカレンシー・レポ取引とは、担保証券と異なる通貨建てのレポ取引のことを指し、国債を担保に外貨資金を調達する取引は、クロスカレンシー・レポ取引に該当する。

　クロスカレンシー・レポ取引の契約書には、標準契約書として、債券等の現先取引に関する基本契約書、MRA（Master Repurchase Agreement）やGMRA（Global Master Repurchase Agreement）、その他各国の基本契約書等が存在するが、クロスボーダーのレポ取引においては、ICMA（国際資本市場協会）が公表しているGMRA（Global Master Repurchase Agreement）に基

図表38　クロスカレンシー・レポ取引スキーム

（出所）　三菱UFJ銀行

づいて取引されることが一般的である。

　クロスカレンシー・レポ取引は、国債の高い信用力・流動性を反映して、安定的かつ低利な外貨資金調達が可能となることに加え、金融機関の保有国債の有効活用や外貨資金調達手段の多様化に資する。

3　コラテラル・スワップ取引

　コラテラル・スワップ取引とは、有価証券担保による債券貸借取引の一形態として証券と証券を一定期間交換する取引のことを指し、国債を担保に外国債券を調達する取引は、コラテラル・スワップ取引に該当する。

　一般的には、授受される債券において、相対的に信用力や流動性の低い証券の出し手が契約上の借り手（Borrower）となり、貸し手（Lender）に貸借料を支払う。

　コラテラル・スワップ取引の契約書には、標準契約書として債券貸借取引に関する基本契約書、MSLA（Master Securities Loan Agreement）、GMSLA（Global Master Securities Lending Agreement）、その他各国の基本契約書等が存在するが、クロスボーダーのコラテラル・スワップ取引においては、

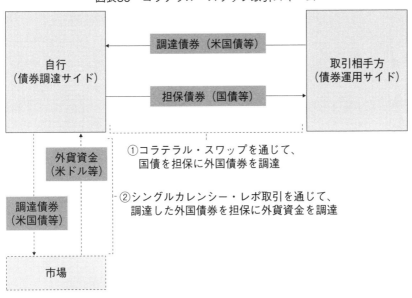

図表39 コラテラル・スワップ取引スキーム

(出所) 三菱UFJ銀行

ISLA（国際証券貸借協会）が公表しているGMSLA（Global Master Securities Lending Agreement）に基づいて取引されることが一般的である。

コラテラル・スワップ取引を通じて国債を担保に外国債券を調達し、シングルカレンシー・レポ取引（担保証券と同一通貨建てのレポ取引）と組み合わせることで、国債の高い信用力・流動性を反映した安定的かつ低利な外貨資金調達が可能となる。

4 マージン・コール（値洗い）

マージン・コール（値洗い）とは、取引期間中、時価変動による取引対象債券などの価値変動に応じて、その取引において受払いをしている資金／債

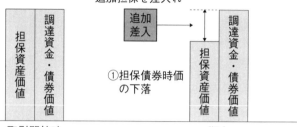

図表40　マージン・コール　概念図

(出所)　三菱UFJ銀行

券の価値との乖離（エクスポージャー）を調整するオペレーションのことを指す。

具体的には、債券を担保とした資金調達取引の場合、資金の出し手は担保債券の時価が下落すると担保価値が減少するため、この減少分をカバーする追加の担保（＝マージン）差入れを請求し、エクスポージャーの低減を図る。

マージン・コールの詳細は、基本契約書や付帯契約書（Annex）などにて取引相手方と事前合意を図る。マージン・コールの頻度は合意事項のひとつであり、「日次」でのマージン・コールが一般的である。追加で授受する担保種類についても、基本契約書や付帯契約書（Annex）などにて定める。

なお、マージン・コール業務はオペレーションの負荷も相応に高いことから、取引相手と直接マージン・コールおよび担保決済を実施する「バイラテラル形式」の取引スキームに加え、マージン・コールを含む担保管理業務を第三者（担保管理カストディアンなど）に委託する「トライパーティ形式」の取引スキームも存在する。

5　ヘアカット

　ヘアカット（率）とは、担保資産の価値に対して適用される割引率（掛目）のことを指す。

　ヘアカットは、担保資産の将来的な価格変動リスクなどに加え、担保資産の発行体の信用力（格付け）、残存期間、流動性リスク、マージン・コール頻度、取引相手の信用力など、取引に内在するリスクなどを総合的に勘案し、担保資産ごとに設定することが一般的である。

　ヘアカットの詳細は、マージン・コールと同様、基本契約書や付帯契約書（Annex）などにて取引相手方と事前合意を図る。

6　ダウングレード・トリガー条項と国債格下げ時の外貨調達への影響

　ダウングレード・トリガー条項とは、取引相手方や担保資産において一定基準の格下げないしはそれに準ずる事象が発生した場合に、取引相手方に対して取引の停止、ヘアカット率の変更、追加担保の差入れ、担保資産種別の変更などの権利を定めた条項をいう。

　国債を担保とするクロスカレンシー・レポ取引やコラテラル・スワップ取引において、ダウングレード・トリガー条項が設定される場合がある。

　国債は、現時点で安全性の高い優良資産のひとつとみなされており、海外の金融機関も担保として受け入れている。しかし、仮に、今後国債の格下げが実施される場合には、ヘアカット率の上昇に伴う追加担保差入れの請求により外貨調達コストが上昇する可能性や、担保としての受入れが拒否され外貨調達に支障をきたす可能性は否定できない。

Column 7　国債を活用した外貨調達スキーム構築までの流れ

● 具体的に外貨調達ニーズが出てきた場合には、国債を使った外貨を提供できる取引相手を探す必要が生じる。一般的には、証券会社が取引相手として候補にあがるものの、外貨を保有する銀行、生命保険会社、年金基金、事業法人なども取引相手として考えられる。取引相手の選定にお

図表41　取引組成フロー（例）

① 取引相手の選定
・クロスカレンシー・レポ取引、コラテラル・スワップ取引の選定

② 組成可否判断
・取引先と条件をすり合わせ
　（金額、最小取引単位、取引期間、レート、銘柄入替頻度）

③ 案件スキーム決定
・取引スキーム（バイラテラル形式、トライパーティ形式）

④ GMRA／GMSLA 締結
・GMRA（Global Master Repurchase Agreement）
　……クロスカレンシー・レポ取引にかかる契約
・GMSLA（Global Master Securities Lending Agreement）
　……コラテラル・スワップ取引にかかる契約

⑤ 事務面、与信枠の整備
・口座開設、取引テストディールの実施
・与信枠等の確保

⑥ 取引の約定

（出所）　三菱UFJ銀行

いては、外貨調達手段（クロスカレンシー・レポ取引、コラテラル・スワップ取引）の協議に加えて、外貨を提供する取引相手の外貨調達能力も加味して、選定を行う。

● 具体的に取引相手が決まったら、交渉に入る前に取引金額やレートなどの目線合わせを事前にして、自行の調達ニーズと合っているかを確認する。特に、コラテラル・スワップ取引において、受け取った債券をレポ取引などで使用することを検討する場合、受け取る外国債券の最小単位や取引期間中における銘柄入替えの頻度などを把握しておくと、受け取った債券を使ったレポ取引における管理負荷の低減につながる。

● 取引条件が合致した場合には、取引スキームの具体的な構築に入る。直接やり取りするバイラテラル形式にするか、カストディアンを含めたトライパーティ形式にするかなど、具体的なスキームの構築を、取引相手と詰めるとともに、カストディアンやバックオフィスを含めて協議を行う。

● 具体的な取引スキームを詰めると同時に、契約書の締結を行う。契約書に、取引スキームや担保授受、マージン・コールの条件、ヘアカット、ダウングレード・トリガー条項、期限前解約の取扱いなどを記載し、取引基本契約を締結する。あわせて、口座開設やテストディールを実施、内部のクレジット審査部署による与信審査も同時に実施する。

● これら取引組成には、一般的には2カ月～3カ月程度を要するため、慎重に取引相手と交渉を進める必要がある。

（参考文献）

『オプション取引のすべて―デリバティブズとリスク管理』日本銀行金融市場研究会、金融財政事情研究会、1995年2月

「国債取引の決済期間の短縮（T＋1）化に向けたグランドデザイン」国債の決済期間の短縮化に関する検討ワーキング・グループ、2014年11月

『新・債券運用と投資戦略〔改訂版〕』太田智之、金融財政事情研究会、2016年

「日本国債格下げが日本企業・金融機関に与える影響の考察」（三菱UFJリサーチ＆コンサルティング調査レポート）廉了、2016年6月7日

「金融システムレポート（2024年4月号）」日本銀行、2024年4月

第 **6** 章

銀行ALM運営における
国債投資とリスク管理

01

銀行ALM運営と国債投資の変遷

■ 昭和40年代（1965～1974年）～国債発行再開期

　第1章で記述したように、国債発行の歴史をさかのぼると、戦前より国債の発行は行われていた。当時は日本銀行や旧大蔵省資金運用部などによる引受けが行われており、現在のように広く流通する投資商品ではなかった。銀行をはじめとした金融機関も国債を保有するようになったのは、東京オリンピック直後の1966年からである。戦後から約20年にわたりわが国では、収支均衡予算が編成・執行されてきたことから、国債は発行されていなかった。本項では、銀行ALM運営の変遷をみるうえで、まず戦後の国債発行と銀行における国債業務の歴史について振り返る。

　戦後の均衡財政主義が崩れ、国債発行が再開された背景には、昭和30年代（1955～1964年）の設備投資の反動が現れ始め、日本経済が厳しい景気後退局面に入ったことがある。大型の企業倒産が相次いだほか、証券市場の悪化から1965年5月には山一證券の経営悪化懸念が強まり、日銀特融が実施された。この不況に起因した歳入不足を補うため、1966年1月に補正予算を編成し、歳入補填債として国債の発行が再開された。1966年度には、2,000億円の赤字国債が発行され、都市銀行、長期信用銀行、地方銀行などによるシンジケート団メンバーと資金運用部による引受方式で国債が消化された。翌年度には、積極財政政策への転換を受けて、建設国債の発行も再開された。その後も、1971年のニクソン・ショック、1973年の第1次石油危機などの不況により税収不足から国債発行が累増し、1974年度末には、国債発行残高が9兆6,584億円へと拡大した。

　昭和40年代（1965年～1974年）の国債発行は、建設国債を主体に緩やかに

累増したが、国債引受シ団と資金運用部による国債消化構造が定着していた。一方、国債の円滑な消化に向けて、日本銀行による長期国債の金額無条件買入れ（買切り）が発行後1年超の国債を対象に実施された。

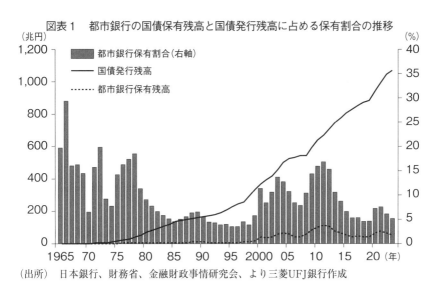

図表1　都市銀行の国債保有残高と国債発行残高に占める保有割合の推移

（出所）日本銀行、財務省、金融財政事情研究会、より三菱UFJ銀行作成

2 昭和50年代（1975～1984年）～石油危機以降の大量発行時代

しかし、石油危機によって引き起こされた2度の不況によって税収が大幅に落ち込み、1975年度には赤字国債の発行再開（5.3兆円）を余儀なくされた。これ以降、日本は本格的な国債の大量発行時代に突入する。日本経済が高度成長期から安定成長期に入ると、成長通貨の供給ペースが鈍り、一方で大幅な国債発行が続いたため、国債引受シ団メンバーである銀行（都市銀行・長期信用銀行・地方銀行・信託銀行・相互銀行）の国債保有残高も大幅に拡大した。1978年までに景気対策として公定歩合を9％から3.5％まで引き下げるなど積極的な金融緩和政策が打ち出されたことも、民間金融機関の国債保有ニーズを高めた。前述した国債の売却制限も大量国債を金融機関に残存さ

せる要因になった。しかし、1978年に入ると、一般会計に占める国債依存度が30％にまで到達し、石油価格の上昇を受けてインフレ圧力が高まった。1977年から国債の売却制限が漸次緩和され、長期金利の変動が徐々に大きくなったこともあり、1979年には長期国債の流通利回りが一時12％台まで上昇する事態にもなった（いわゆる "ロクイチ国債暴落"）。こうした動向をふまえ、国債の大量発行を円滑に市中で消化させるべく、国債の流動化が進んでいった。なかでも銀行の国債保有にも影響のあったものを中心に、以下に抜粋する。

年	月	概要
1976年	3	債券の条件付売買（現先売買）の取扱いについて通達（公式認知）
1977年	4	特例国債の流動化開始〜発行１年経過で売却可能
	10	建設国債の流動化開始〜発行１年経過で売却可能
1978年	6	入札方式による国債買いオペレーション実施
	7	金融機関の経理基準を一部改正(国債価格変動引当金を新設)
1979年	4	国債の大口売買取引制度導入
	6	国債整理基金による国債の市中買入れを初実施
	10	大蔵省資金運用部資金により市中から国債の売戻条件付買入れを実施
	12	債券の会計上の評価方法を変更（原価法もしくは低価法の選択式）
1980年	2	国債振替決済制度導入
1981年	3	割引国債を日銀貸出担保として許容
	4	シ団金融機関による引受国債の売却制限を緩和
1983年	4	銀行等による公共債の窓口販売を開始
	11	銀行等による中期利付国債の窓口販売を開始

340　第6章　銀行ALM運営における国債投資とリスク管理

1984年	6	都市銀行等主要金融機関にて国債等公共債のディーリング業務を開始（残存2年未満の公共債に限定）
1985年	6	金融機関によるディーリング業務を開始（残存期間の制限を撤廃）
	10	株式会社東京証券取引所に債券先物市場創設

　国債の大量発行時代を迎えるなか、上記のように国債の流動化措置が次々と実施された。その一方で財政再建の必要性が問われるようになった。1980年8月には経済審議会（圓城寺次郎会長）から「1980年代経済社会の展望と指針」が打ち出され、特例国債（赤字国債）に依存しないようにすることが示された。その後、1987年には国債発行額が24.8兆円まで膨らんだものの、バブル景気による税収増に支えられ、1988年度からは国債発行額も減少した。特に、赤字国債については、1990年から1993年まで発行されていない。この間、銀行での国債投資については、シ団で引き受けた国債を銀行勘定で保有してきたが、1980年から1995年までの間、都市銀行の国債保有残高は6兆～10兆円程度で安定的に推移している。

❸　昭和60年代（1985～1988年）～国債ディーリング業務開始による市場の活性化

　1984年6月より国債のディーリング業務が開始されたことにより、銀行では「商品有価証券業務」として、国債に係る既発債の売買、売買の媒介、取次または代理（ブローキング）、売出しの目的をもってする引受け、売出し、募集または売出しの取扱いなどの業務が可能となった。続けて、1985年には株式会社東京証券取引所に債券先物市場が創設されたことにより、銀行でも、国債の売買業務に加え、そうした顧客取引などを基に市場でのヘッジ取引（フロートレーディング）や国債の価格変動により収益をねらう取引（プ

1　銀行ALM運営と国債投資の変遷　341

ロップトレーディング）を拡大させた。こうした国債流通市場の改革は金利自由化を促進させるとともに、先物取引やオプション取引の開始、債券貸借市場の創設などインフラ整備を加速させることになった。

　各銀行では、債券ディーリングを主体とした市場業務の拡充に向けて、人員やインフラを増強させた。本格的なディーリングルームを開設し、銀行勘定における国債ポートフォリオ運営に加えて、商品勘定における対顧債券売買などの組織を編成し、国債の流通市場を活性化させた。また、1993年の金融制度改革により、銀行業務と証券業務の相互参入が認められたことにより、都市銀行、信託銀行、長期信用銀行、地方銀行は相次いで証券子会社を設立し、国債のディーリング業務を銀行本体から証券子会社に移管する動きが強まった。

4　1990年代〜バブル崩壊以降の国債保有残高増加

　バブル崩壊後の1990年代に入ると、国内経済の低迷が長期化し、企業の資金需要が縮小し始めた。図表2にみられるように都市銀行の貸出残高は1993年をピークに、その後は減少傾向に転じている。一方、銀行預金については、増加傾向をたどった。これは企業がバランスシート調整や財務基盤の強化のために、新規投資を抑制し、有利子負債の削減や手元流動性の確保を優先させたことや、バブル崩壊の影響から家計の金融資産選択において安全資産選好が強まったことが背景としてあげられる。この間、超低金利局面の長期化により預金と貸出から生み出される資金運用収支が低下しており、銀行は非金利収入による利益の増大と経費削減に迫られた。そうしたなかで、多くの銀行で国債投資を主体とした有価証券運用を強化する動きが拡大した。実際、1995年頃を境に都市銀行の国債保有残高は急増している。これは不良債権問題の深刻化や国内経済の低迷長期化を背景に長期金利は弱含み推移を続けるなか、国債運用による資金収益の確保と金利低下による国債の売却益（キャピタルゲイン）計上の双方をねらったものである。

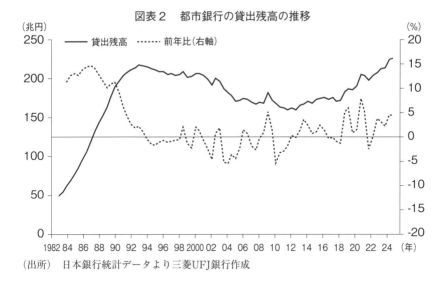

(出所) 日本銀行統計データより三菱UFJ銀行作成

　1998年に入ると、前年のアジア通貨危機の影響に加えて、金融システム不安や企業倒産の増加によって消費や設備投資等の最終需要が減少し、景気が急速に悪化し、マイナス成長に陥った。こうしたなか、同年4月には「総合経済対策」が策定され、さらに同年11月16日には20兆円規模の緊急経済対策が組成され、財源に12兆円を上回る国債が手当されることとなった。これを受けてたとえば、翌17日には米国の格付機関Moody'sが、公的部門の債務膨張を主因に、日本国債の格付けを最高位のAaaからAa1に引き下げると発表した。さらに12月には、大蔵省資金運用部の国債引受比率の低下と国債買入れ（毎月2,000億円）の停止が日本銀行から公表されると国債相場が暴落。わずか3カ月足らずで10年物国債利回りが、0.80％台から2.50％近辺まで急上昇する、いわゆる"運用部ショック"が起こった。しかしながら、当時銀行は取得原価主義（正確には原価法と低価法の選択式）を採用していたため、長期金利が大幅に上昇しても、保有国債を売却しない限り、評価損は表面化

しなかった。折しも、有価証券やデリバディブ取引が拡大するにつれ、銀行はリスク管理の手段を獲得しつつ、大きな市場リスクにさらされるようになっていた。こうした環境下、金融商品の評価の重要性が高まり、銀行のみならず企業の実態、抱えるリスクの程度、リスク管理能力等の判断に有効と思われる時価評価が導入されることになった。都市銀行に時価会計が導入されたのは、いわゆる"運用部ショック"から2年経過した2001年3月期決算からである。

5 2000年以降～時価会計導入から"VaRショック"へ

　日本銀行がゼロ金利政策（1999年2月～2000年8月）を導入していた時期に、時価会計に関しても動きがあった。時価会計の導入は2000年度からであるが、多くの銀行ではトレーディング勘定について、先行して時価評価を実施していた。時価会計の導入により影響を受けることとなったのは、銀行勘定いわゆる"バンキング勘定"である。金融商品の時価会計適用のためには、国債を保有目的別に区分して取り扱うとともに、それを取り扱う組織面でも、保有目的に応じた部署の適切な分離が求められることとなった。

　時価会計導入と時期を同じくして米国ではITバブルが崩壊し、世界経済は景気低迷期に突入した。国内でもバランスシート調整からデフレが深刻化し、日本銀行は2001年3月に量的緩和政策を導入した。2000年を境に銀行のバランスシートは、預金総額が貸出総額を上回る預超状態に転じており、その預超部分を国債運用に充てる動きが広がった。そうしたなかで実施された日本銀行の量的緩和政策や時間軸政策の導入は、銀行の国債保有インセンティブを高める結果となった。しかし、貸出資産と違って、国債運用は金利変動により評価損益が増減するなどの市場リスクが存在する。時価会計導入後は、国債の評価損益が資本に影響を与えることから、資本の毀損リスクを管理するためにバリュー・アット・リスク（以下、VaR）によるリスク管理手法が多くの銀行で採用されていた（注：時価会計導入前より採用していた銀

344　第6章　銀行ALM運営における国債投資とリスク管理

行も一部ある）。VaRはその仕組み上、緩やかに金利低下が進むボラティリティの低い相場環境では、国債保有を増やしてもVaRがそれほど増加しない。日本銀行の時間軸政策によって、短期ゾーンの金利ボラティリティが低下し、それが徐々に中長期ゾーンの金利ボラティリティに波及するかたちで国債投資の長期化が進んだ。そうした低ボラティリティの金利低下トレンドのなかで2003年6月11日には10年物国債利回りが0.430％、20年物国債利回りが0.745％、30年物国債利回りが0.960％と各々（当時）過去最低利回りを記録し、異常な超低金利水準が現出した。その後、株式市況の反転や経済指標の改善を受けて債券相場が急落、国債利回り上昇に伴いボラティリティも一気に上昇し、VaRも大幅に増加した。直前のVaRによるリスク管理（VaRに関してある一定の上限枠などを設定し、リスク管理を行うなど）を行ってきた銀行では、バンキング勘定のVaRにおける上限枠を超過する事態に至り、当該枠内での運営遵守のためにも保有国債を縮小せざるをえなくなった。しかし、この局面では低ボラティリティの金利低下局面とは逆に、国債を売却して国債ポジション量を減額してもVaRがあまり減少せず、さらに国債売却を余儀なくされるという「売りが売りを呼ぶ」展開となった。10年物国債利回りが3カ月足らずで1％以上も上昇したいわゆる“VaRショック”である。

⑥ “VaRショック”以降〜国債運用スタンスとリスク管理の再構築

　この“VaRショック”を契機に、銀行の国債運用スタンスやリスク管理は一段と強化された。“VaRショック”の教訓として、ボラティリティ上昇の影響を受けやすい長期ゾーンの国債のリスク量を圧縮し、中短期ゾーンの国債運用を主体とするポートフォリオ運営が基本となった。また、リスク管理においてもVaRによるリスク管理に加えて、金融危機や国債急落などテールリスク（未曾有の事態を想定した損失）を想定したストレステストを導入し、金利、株価、為替の急変動に伴う投資有価証券の評価損益の増減や資本への毀損などをシミュレーションするリスク管理の手法が取り入れられた。

1　銀行ALM運営と国債投資の変遷　　345

上記のように、"VaRショック"以降、銀行の国債投資は残高・金利リスク量ともに抑制的な運営が続いてきた。この背景は、"VaRショック"を受けた銀行の国債投資行動の変化だけではなく、マクロ経済環境の変化も影響している。

　1990年代のバブル崩壊以降の日本経済は、いわゆる3つの過剰（雇用・設備・債務）が2000年代に入っても解消されておらず、構造不況が続いていた。そうした環境を受け、前述の通り2001年3月より日本銀行による量的緩和政策が行われた。また、2002年10月には金融庁により示された「金融再生プログラム」に基づき、都市銀行をはじめ国内金融機関64行に公的資金が注入され、金融システムが強化されるとともに不良債権処理問題の進展につながった。2004年には、財務省による大規模な為替介入も行われ、実効為替レート低下による円安が進行したことや、新興国・北米などへの好調な需要も牽引し、輸出産業を中心に多くの企業が当時として過去最高の増収増益を記録することとなった。加えて、外資系企業の積極的な投資が大都市中心に不動産市場を活性化させた。戦後最長の景気拡大局面の後半期において、ようやく内外需に牽引された自律回復の動きが強まり、企業の設備投資などからの貸出回復に伴い、銀行は国債投資を抑制する環境にあったといえる（国債保有残高の推移については、図表3（期間①）を参照）。

７　"リーマン・ショック"以降～預超幅拡大を受け、銀行ALM運営における重点項目や優先順位が変化

　世界経済の回復を受けて2006年に日本銀行が5年4カ月ぶりに量的緩和政策を解除した。金利正常化に向けて、銀行の国債投資は抑えられてきたが、その流れに大きな変化を生じさせたのが、2008年9月の"リーマン・ショック"である。図表3の期間②をみると、都市銀行による国債保有残高が再度拡大に転じている。ここで、"リーマン・ショック"前後の三菱UFJ銀行のバランスシート状況を図表4、図表5で確認する。

図表3　都市銀行の国債保有高と発行残高に占める割合の推移

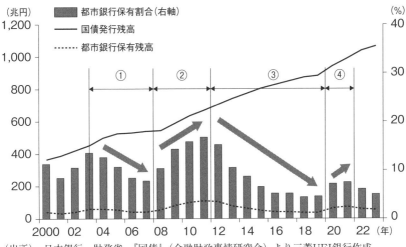

(出所)　日本銀行、財務省、『国債』(金融財政事情研究会)より三菱UFJ銀行作成

図表4　円貨バランスシートにおける保有国債の比率の推移

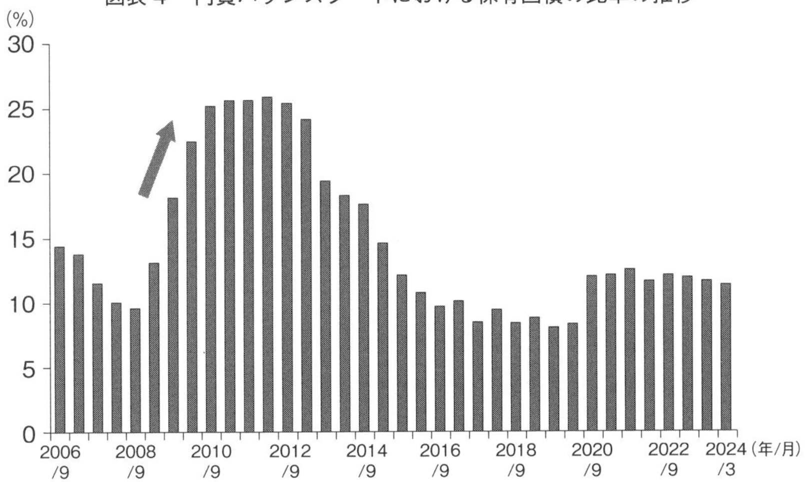

(出所)　決算説明資料より三菱UFJ銀行作成

1　銀行ALM運営と国債投資の変遷　347

図表5　円貨バランスシートにおける預超額(国内預金残高－国内貸出金残高)の推移

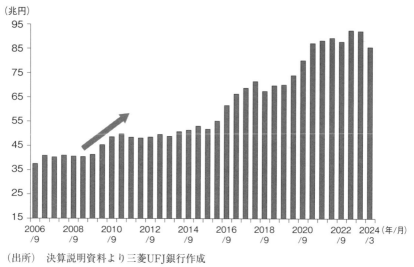

(出所)　決算説明資料より三菱UFJ銀行作成

　"リーマン・ショック"に端を発したグローバルな金融危機は世界経済に深刻な景気低迷をもたらした。主要国の大規模な財政出動によって、世界経済は2009年以降に緩やかな回復局面に入ったが、この間の円高進行や売上げ減少により企業の投資抑制や設備圧縮などの動きが強まり、資金需要は長期にわたり低迷した。企業部門を中心とした借入金圧縮と手元預金積上げの流れはとどまらず、図表5にあるとおり「預超」額は、2008年9月期以降、ほぼ一本調子に拡大しており、これに軌を一にするかたちで国債保有残高も増加傾向をたどった。

　こうした資金循環の構造変化に加えて、"リーマン・ショック"以降に打ち出された、国際財務報告基準やバーゼルⅢといった国際金融規制の強化や会計制度の変更に加え、2010年から2012年に発生した欧州ソブリン危機や2011年の東日本大震災等を経て、銀行ALM運営における国債保有の位置づけを変化させた。国債の大量発行という環境変化は、この時期より、銀行

ALM運営において、国債運用は預超部分の余資運用におけるリスク・リターンの最適化という位置づけから、貸出・預金を中心とした経常資産負債の動態分析をふまえてバランスシート全体のリスク・リターン最適化を実現させる金利リスクコントロール手段としての位置づけに変化した。

8　異次元緩和政策導入以降〜預超幅拡大継続も、投資妙味低下により国債投資を削減

　日本銀行はデフレ脱却を目指し、2013年4月に「量的・質的金融緩和」の導入を発表した。具体的には、金融市場調節の操作目標を無担保コールレート（オーバーナイト物）からマネタリーベースに変更すると同時に、マネタリーベース拡大、および長期国債の買入拡大・年限長期化のほか、ETFやJ-REITの買入拡大などを決定した。

　国内経済は、2013年に入り、前年から続いた株価上昇に伴う資産効果や消費者マインドが改善するなかで個人消費が底堅さを増したほか、海外経済が持ち直しをみせるなど、内外需要を反映し緩やかに回復し始めた。

　こうした経済環境に加え、日本銀行の金融緩和による低金利環境のもとで、企業や個人の資金需要が拡大し、民間銀行の貸出残高は増加傾向に転じた。一方で、預金残高は、貸出の増加ペース以上に増加し、預超幅の拡大は継続した。都市銀行が保有する国債残高は、図表3の期間③のとおり、預超幅拡大とともに国債保有量が増加したリーマン・ショック以後の局面（図表3の期間②）とは違い、預超幅が拡大するなかにおいても減少していることがわかる。こうした背景には、日本銀行による大規模な国債買入れを含めた異次元緩和のもとで、利回り低下によって国債の投資妙味が下がったことが要因と考えられる。なお、別の視点でみれば、日本銀行が目指したマネタリーベース拡大の手段としての国債買入れに対し、民間銀行が国債の売り手としての役割を果たしたともいえる。

　このように民間銀行は、日本銀行による異次元緩和導入以降、国債保有残

1　銀行ALM運営と国債投資の変遷　349

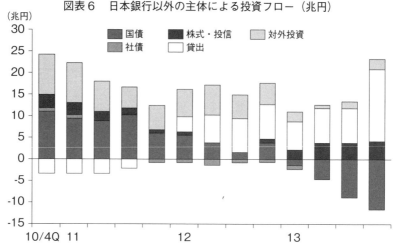

図表6　日本銀行以外の主体による投資フロー（兆円）

（注）　四半期フローの後方4期移動平均。日本銀行「資金循環統計」でカバーされる主体のうち、日本銀行以外のすべての主体を含む。対外投資は国内部門による対外直接投資と対外証券投資の合計。
（出所）　齋藤雅士、法眼吉彦、西口周作、日銀レビュー2014-J-4「日本銀行の国債買入れに伴うポートフォリオ・リバランス：資金循環統計を用いた事実整理」（2014年6月）、1頁

高を減少させた一方、前述したとおり貸出に加えて、社債や株式・投信などの残高を増加させており、国債以外で収益性を追求する動きが確認できる。

　また、日本銀行は、2016年1月に「マイナス金利付き量的・質的金融緩和」を導入し、金融機関が保有する日本銀行の当座預金の一部に対し▲0.1%のマイナス金利の適用を開始した。日本銀行によるマイナス金利政策の導入後、民間銀行の預金残高の増加ペースは一段と加速した。この背景としては、短期市場金利がマイナスに転じた一方で、預金金利は0%近傍と短期市場金利対比では相対的に高い水準で設定されたため、従来、企業が短期市場で運用していた資金を銀行預金にシフトさせる動きが進んだことが要因として考えられる。

結局、市場金利は、2016年7月には10年物国債利回りが▲0.3％、20年物国債利回りがゼロ％など、過去最低利回りを記録し、広範な年限で国債利回りがマイナス圏で推移する異常な超低金利環境となった。民間銀行にとって、国債は、調達した預金の運用先として、長らく安定収益源として機能していたが、マイナス金利環境のもとで多少のデュレーション・ギャップをとるだけでは預金金利もまかなうことができない状況に陥った。国債投資は、バランスシート全体のリスク・リターン最適化を実現させる金利リスクコントロール手段としての位置づけにありながらも、利回り低下を受けて収益獲得手段としての機能が低下したといえよう。

　なお、こうした国債イールドカーブの過度な低下やフラット化が広い意味での金融機能の持続性に対する不安感をもたらし、マインド面などを通じて経済活動に悪影響を及ぼす可能性などをふまえ、日本銀行は2016年9月に「長短金利操作付き量的・質的金融緩和」を導入し、長期金利にも操作目標を設定するイールドカーブ・コントロールを行うことを決定した。

　民間銀行は、このような預超幅拡大と低金利環境における収益性低下に対応する必要性から、（特に地域金融機関を中心とした）債券のデュレーション長期化（図表7）のほか、外国国債やクレジット商品などの外国資産や投資信託への投資拡大を進め（図表8）、収益源の多様化をねらって外貨流動性リスクやクレジットリスクなどを追加的にとる動きが広まることとなった（図表9、図表10）。

9　新型コロナウイルス感染症の拡大以降〜国債の増発と預超幅のさらなる拡大

　2020年、新型コロナウイルス感染症の拡大により、世界経済は急速に悪化した。感染抑制のために、経済活動が制約され、実体経済が急失速するなか、日本においても大規模な経済政策が講じられた。経済政策の実施にあたって、財源は国債増発によってまかなわれることとなり、国庫短期証券・

1　銀行ALM運営と国債投資の変遷　351

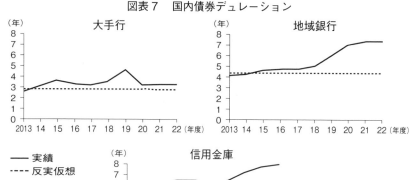

図表7　国内債券デュレーション

（出所）　安部展弘、石黒雄人、小池洋亮、古仲裕貴、高野優太郎、平形尚久、日本銀行ワーキングペーパーシリーズ　No.24-J-6 多角的レビューシリーズ「大規模金融緩和の金融システムへの影響に関する反実仮想分析」（2024年6月）、25頁

長期国債はそれぞれ大規模に増発された。

　銀行の貸出は、実質無利子・無担保のいわゆるゼロゼロ融資といった政府による強力な支援のもと、企業の手元資金確保の動きも相まって増加した預金は、こうした手元資金を確保する目的での借入れや、家計や企業向けの給付金といった財政支出の拡大などを背景に、貸出以上のペースで残高が増加し、その結果、民間銀行の預超幅は大きく拡大することとなった。このような要因で急増した預金の将来の滞留性（粘着性）評価は、後述するコア預金（流動性預金のうち、長期間にわたって銀行に滞留する部分）の計測に際し重要な論点となった。

　また、新型コロナウイルス感染症の拡大に伴う世界経済の不透明感の高まりや内外金融資本環境の不安定化を受けて、日本銀行が金融緩和強化の一環

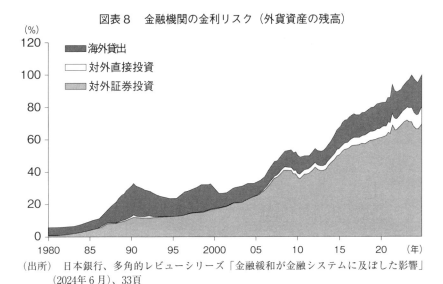

図表8　金融機関の金利リスク（外貨資産の残高）

(出所)　日本銀行、多角的レビューシリーズ「金融緩和が金融システムに及ぼした影響」（2024年6月）、33頁

として導入した「新型コロナウイルス感染症にかかる企業金融支援特別オペレーション」は、民間銀行の国債保有状況にも影響を与えることとなった。図表5の期間④のとおり、低金利局面のなかにおいても都市銀行の国債保有量は小幅増加に転じている。その背景としては、民間銀行がこの制度を利用して日本銀行から資金調達をする際、日本銀行に対して担保の差入れが必要となるため、担保となる国債を購入する需要が拡大したことが考えられる。金融機関が日本銀行に差し入れた担保残高推移をみると、国債・国庫短期証券などを中心に増加していることがわかる（図表11）。

10　2022年からの欧米における金融引締め以降～金利・流動性リスク管理の重要性の再認識

　新型コロナウィルス感染症への対応として実施された、各国政府による積極的な景気刺激策、中央銀行による金融緩和の結果、世界経済は急速に回復

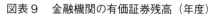

図表9　金融機関の有価証券残高（年度）

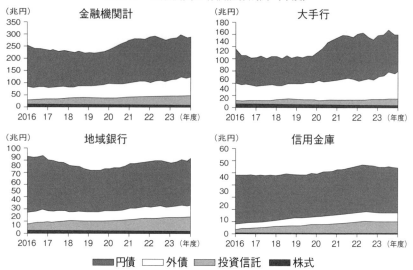

（注）「投資信託」は内国籍・外国籍合算ベース。投資信託以外の有価証券を一部含む。「株式」は取得価額または償却価額ベース（簿価ベース）。外国株式は含まない。国内店と海外店の合計。ただし、大手行の「株式」は国内店のみ。直近は2024年2月末。
（出所）　日本銀行「金融システムレポート」（2024年4月号）、20頁

した。欧米諸国においては、景気の急回復に加え、エネルギー価格などの商品価格上昇も相まって、インフレが大幅に加速し、2022年には前年同月比で＋9％〜10％程度までの物価上昇が示現した。

　そのため、インフレを抑制しようと欧米主要国の中央銀行は、2022年から2023年にかけて、近年例のない急速なペースで政策金利の引上げを行った。積極的な金融引締めとともに、外国国債の利回りは急上昇し、銀行が保有する債券は外国国債を中心に評価損が拡大した（図表12）。

　また、急速な政策金利の引上げにより、短期金利が長期金利を上回る逆イールドに陥ったことで、短期の外貨資金調達を行い、中長期の外国国債に投資していた国内民間銀行の収益性を圧迫した。図表13のとおり、過去の逆

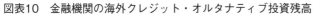

図表10　金融機関の海外クレジット・オルタナティブ投資残高

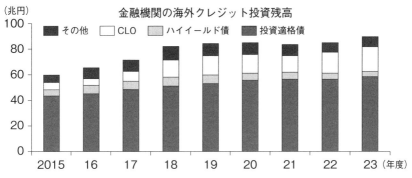

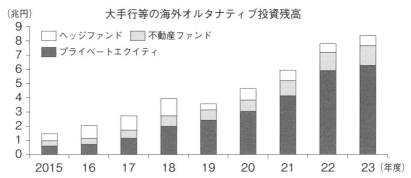

(注)　上図の集計対象は、大手行・地域銀行・信用金庫のほか、ゆうちょ銀行や一部の系統上位金融機関を含む。下図の集計対象は、大手行のほか、ゆうちょ銀行や一部の系統上部金融機関を含む。「不動産ファンド」は上場REITを含まない。直近は2023年9月末。
(出所)　日本銀行「金融システムレポート」(2024年4月号)、21頁

イールド局面と比較しても、逆イールド幅が大きく、長期間継続したこと、加えて、金利上昇局面で売却益（キャピタルゲイン）による収益が期待できなかったことなども、国内民間銀行の外国国債投資の逆風となった。

こうしたなか、2023年3月には、総資産規模で全米16位の銀行であったSVB（Silicon Valley Bank）が破綻した。SVBは、金利感応度の高い預金を中

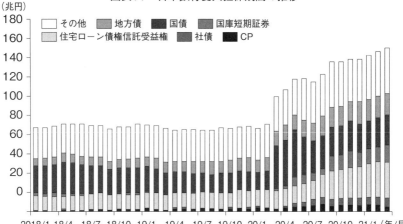

図表11 日本銀行受入担保残高の推移

(出所) 日本銀行「2020年度の金融市場調節」(2021年6月)、26頁

長期の債券で運用しており、金融政策の引締めによる市場金利の急上昇により、その保有債券の評価損が急速に拡大した。同行は、保有有価証券売却による資金繰りへの手当や増資を発表するも、信用不安を高める結果となり、預金の流出が加速、資金繰りに支障を来し、増資発表からわずか数日で破綻に陥った(図表14)。

SVB破綻の背景には、金利上昇に対するヘッジ操作を含めた対応が不十分だったことや、預金の適切な滞留性評価がなされなかった結果、実態として低滞留預金を主体とする負債構造下で、売却による資金化が困難な満期保有目的の債券を含めた有価証券運用を積極化したことなど、金利リスク・流動性リスク管理機能の欠如が指摘されている。

そのほか、預金が特定業種に集中していたこと、大部分の預金が預金保険保護の対象外だったこと、ソーシャルメディア上の情報拡散、レポによる債券資金化や中央銀行の貸出制度といった資金調達手段の利用体制整備が不十

356 第6章 銀行ALM運営における国債投資とリスク管理

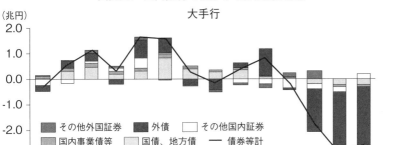

図表12 国内銀行の債券等の評価損益推移

(注) その他国内証券、同外国証券には、投資信託やファンド投資等を含む。
(出所) 日本銀行、金融システムレポート別冊シリーズ「2023年度の銀行・信用金庫決算」(2024年7月)、18頁

分だったことなど、複合的な要因が重なった点も特徴的である。

　SVBの破綻は、国内銀行にとっても、特に金利上昇局面における金利リスクや流動性リスク運営の観点で、銀行ALM運営の重要性をあらためて認識する機会になった。加えて、ソーシャルメディアの普及に伴う情報拡散の加速、オンラインでの口座開設や振込みが容易化され資金移動の敷居が低下したこと、といった情報社会の進展において新たなリスクがあることについ

図表13 米国債利回りと短期市場調達金利の推移

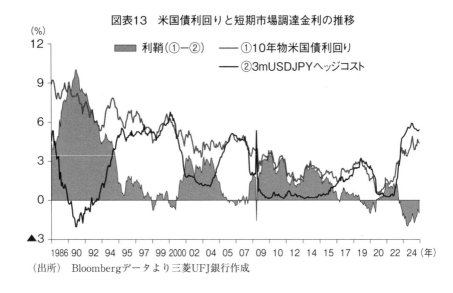

(出所) Bloombergデータより三菱UFJ銀行作成

図表14 SVB破綻までの時系列経緯

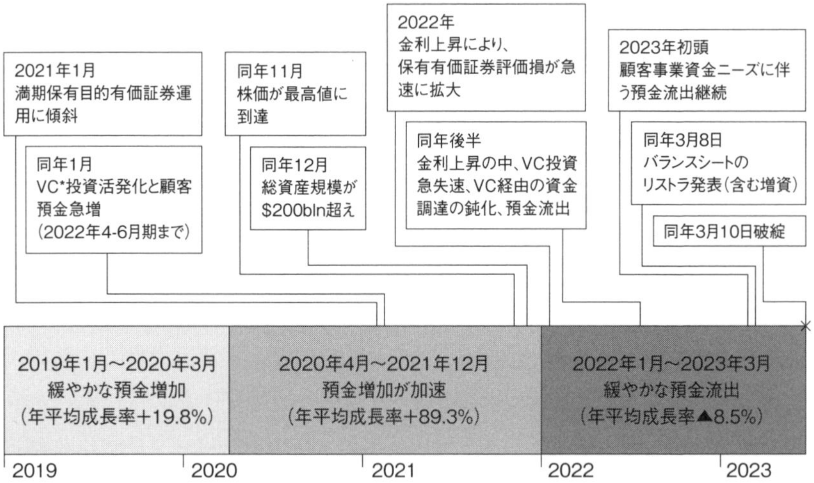

2021年1月
満期保有目的有価証券運用に傾斜

同年1月
VC*投資活発化と顧客預金急増
(2022年4-6月期まで)

同年11月
株価が最高値に到達

同年12月
総資産規模が$200bln超え

2022年
金利上昇により、保有有価証券評価損が急速に拡大

同年後半
金利上昇の中、VC投資急失速、VC経由の資金調達の鈍化、預金流出

2023年初頭
顧客事業資金ニーズに伴う預金流出継続

同年3月8日
バランスシートのリストラ発表(含む増資)

同年3月10日破綻

2019年1月～2020年3月
緩やかな預金増加
(年平均成長率+19.8%)

2020年4月～2021年12月
預金増加が加速
(年平均成長率+89.3%)

2022年1月～2023年3月
緩やかな預金流出
(年平均成長率▲8.5%)

*ベンチャーキャピタル
(注) FRB資料に基づき三菱UFJ銀行作成

て、多くの示唆・教訓を提供した。

　なお、国内銀行は、小口で粘着性が高い個人預金が中心であり、預金保険保護の対象が多いことなど、安定した調達基盤を有していることに加え、有価証券の評価損益規模に対して資本が十分にあると考えられ、こうしたリスクは限定的と評価されているものの（日本銀行「金融システムレポート」2023年10月号）、各行それぞれが預貸特性やその変化を把握することを含め、適切な金利リスク・流動性リスク運営を行うことが肝要となる。

⓫　日本銀行の金融政策の正常化開始～金利ある世界の銀行ALM運営

　2024年3月、日本銀行は、先行き、2％の「物価安定の目標」が持続的・安定的に実現していくことが見通せる状況に至ったと判断したことを受け、マイナス金利政策を解除し、無担保コールレート（オーバーナイト物）を0～0.1％程度とする金融市場調節方針とした。イールドカーブ・コントロールなどを含めた「長短金利操作付き量的・質的金融緩和」も終え、短期金利の操作を主たる政策手段とする枠組みに戻ったことで、長らく続いた異次元緩和は終了を迎えた。また、同年7月には無担保コールレート（オーバーナイト物）を0.25％程度とする金融市場調節方針に引き上げたほか、長期国債買入れの減額計画を公表した。今後、日本銀行の物価安定の目標の達成が見通せる状況下においては、さらなる段階的な利上げが想定されるほか、国債買入れの減額とともに日本銀行のバランスシート拡大政策が転換していくことが見込まれる。

　前述のとおり、日本銀行による異次元金融緩和導入以降、日本銀行の国債保有量の増加に伴って、民間銀行は国債保有量を削減してきた。その背景には、異次元緩和のもとでの国債の投資妙味の低下に加え、特に足元では将来的な金利上昇を見据え、国債投資を抑制していることが考えられる。

　今後の金融政策の正常化に伴う市場動向や顧客行動の変化が予見されるなか、銀行ALM運営として市場性取引（たとえば保有有価証券の評価損益コント

1　銀行ALM運営と国債投資の変遷　359

ロール)と預貸取引(たとえば、預金の量や質)の双方における金利リスク運営の重要性が高まっている。

　国債の運用体制の観点では、異次元金融緩和のもとでの低金利・低ボラティリティ環境が続いたことで、金融機関が国債投資を含めた銀行ALM運営に対する人員を削減した可能性が指摘される。日本銀行が2023年11月に金融機関向けに実施した調査では、円貨債券取引部門におけるリソース配分は、日本銀行が異次元金融緩和を導入した2013年対比で、特に人材面で減少させたと回答した金融機関が多数見受けられている(図表15)。今後、銀行の金利リスク運営の観点で重要度を増す円貨債券取引業務に対しては、人的リソース確保のほか、国債市場や運用に関する知見の蓄積・向上に努め、金利ある世界における銀行ALM運営体制を維持・強化していくことが求められよう。

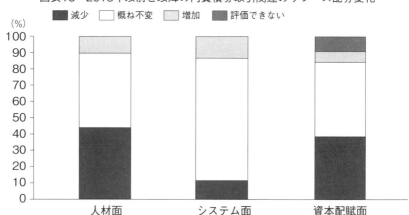

図表15　2013年以前と以降の円貨債券取引関連のリソース配分変化

(注)　「調査対象先数」は、国債売買オペ対象先のうち調査協力を得られた先、および大手機関投資家(生命保険会社、損害保険会社、投資信託委託会社等)。
(出所)　日本銀行「債券市場サーベイ・特別調査」より三菱UFJ銀行作成

以上を総括すると、日本の金融政策が歴史的な転換局面を迎えているなか、適時・適切に金利リスク・流動性リスクをコントロールする銀行ALM運営の重要性はますます高まっているといえる。激変する環境のもとで、市場動向や顧客行動の変化を迅速にとらえ、環境変化に即したALM運営を通じて銀行の健全性・収益性を高め続けることが求められている。まさに銀行ALM運営の巧拙は、銀行経営の根幹のひとつといっても過言ではない。次節では、銀行ALM運営の詳細について解説する。

02

銀行におけるALM運営体制

■ 銀行のALM運営とは

　ALMとはAsset Liability Managementの略称であり、一般的には「資産・負債の総合管理・運営」と紹介されている。表現を変えるとすれば、「バランスシート（資産・負債）に内在するリスクを総合的に管理・運営」していくことであり、金融機関に限らず一般の企業であっても通常の財務運営として行われている。一般の企業であれば、自社の収益力向上、財務内容改善、引いては企業価値向上を目的に、複数の経営管理指標を設定しながら、資産・負債・純資産を能動的にコントロールしている。金融機関の場合は、銀行のようにストックをベースにビジネスを行う業態と、証券会社のようにフローが中心になっている業態では、バランスシート構造や規模が異なる。特に銀行においては、序章で記載のとおり、銀行のバランスシートに内在するリスクを総合的に管理・運営するものであり、銀行経営の根幹のひとつである。

国債投資という観点でみれば、銀行や証券会社といった金融機関だけが国債を保有しているわけではなく、一般の企業においても一部で国債投資を行っている先が存在する。しかし、これらの一般の企業の投資目的は、資金化が可能な流動資産や余剰資金の一時的な運用という位置づけが一般的である。これに対して、銀行は、資金循環における家計・企業の資金余剰と公的の資金不足の仲介としてバランスシート上に国債を保有する必然性があるほか、総合的な資産・負債管理のもとで、金利リスクや流動性リスクのコントロール手段として国債投資を行っている。

a　銀行ALM運営における国債投資の位置づけ

　これまで長い間、民間資金需要の低迷による国内貸出金の減少と、企業部門の内部留保積上げ等に伴う預金の増加が相まって、国内銀行の預超幅は拡大基調が続き、「量的・質的金融緩和」政策によるマネタリーベースの増加や、新型コロナウイルス感染症への対応による財政支出の拡大に伴う家計貯蓄の増加も、預金の増加を背景とした預超幅の拡大をよりいっそう加速させた。また、低金利環境の長期化やマイナス金利政策の導入の影響もあり、国内貸出金資産の変動金利化（固定金利型貸出から変動金利貸出へのシフト、または顧客の変動金利貸出選好傾向）が進んだ。多くの銀行では、預超部分に対応する資金運用の一部を国債に投資しているのが実情である。その理由は、国債が信用度・流動性ともに高く、預超部分の見合い運用として適していることや、日本銀行当座預金や国債以外に国内銀行の預超額を吸収しうる代替的手段が存在していないことが大きい。

　銀行ALM運営において国債投資は、資金運用の手段であるとともに、特に低金利環境下において貸出・ローンの年限の短期化によって、資産サイドの収益性が低減するなか、バランスシート全体の金利リスクコントロールの手段としての重要性も高まった。

b　銀行ALM運営における金利リスクコントロール

　銀行ALM運営は、バランスシートに内在する金利リスクをコントロール

し、最適なリスク・リターンを達成するものであるが、特に日本の大手銀行においては、安定的な財務収益への貢献も同時に求められている。ここでいう財務収益とは、毎期決算で示される短期的な収益ではなく、将来の一定期間における期間損益を指す。そのためには、将来のバランスシート予測とそれに基づいた国債投資計画が必要となってくる。将来予測を行うためには、マクロ経済動向や貸出・預金など顧客行動の分析・予測などをいかに精緻に行うかが鍵を握る。

(a) **制約条件としての金利リスク量**

　期間収益の極大化を目標とした場合、単純に金利リスク量を増やせば増やすほど期待収益は大きくなる。しかし、顧客の預金を安全に運用してそのリターンを預金者（利子）や社会に還元（納税）することが銀行業の根幹であり、銀行経営の健全性・安全性を維持する必然性から、銀行の国債運用には一定の制約条件が導かれる。現行会計下（日本会計基準）では、銀行ALM運営で保有する国債は「その他有価証券」と「満期保有目的の債券」に区分される。リスク管理手法として、国債等の損失による自己資本の毀損リスクを抑制するために、Value at Riskにより金利リスク量を制限する場合がある。具体的には、ALM運営を担当する部署（ALM部署）が国債投資計画を策定し、それをリスク管理部署がストレステスト等でリスク評価をし、妥当性を検証する。各銀行におけるリスク量の許容度や"VaR"計測上の信頼水準の設定などは、バランスシートの状況や金利リスクに対する経営方針によって異なる。

　また、多くの銀行に対して設定されていたIRRBB（Interest Rate Risk in the Banking Book：銀行勘定の金利リスク）規制による「アウトライヤー基準」にかわって、2018年より「重要性テスト」が導入され、複数の金利シナリオを基に経済価値の変化額（ΔEVE）を計算し、最大損失額が国際統一基準行についてはTier 1 資本の15％、国内基準行については自己資本の20％の範囲内に収まることが求められている。抵触すると、オフサイトモ

2　銀行におけるALM運営体制　363

ニタリングデータの追加分析により、収益性・リスクテイク・自己資本の
バランスや、金利ショックが自己資本に与える実質的な影響についても分
析することが求められ、これらを用いて当局と深度ある対話を行うことと
されている。ここでいう金利リスク量とは、国債などの有価証券の金利リ
スク量だけではなく、バンキング勘定で保有する資産側と負債側の金利リ
スク量を合算した全体の金利リスク量を指している。このため大手行で
は、資産・負債項目別に金利リスク量基準のバランスシートを作成し、リ
スクプロファイルを確認しながら国債の投資方針等を検討している。

(b) 金利シナリオ

期間収益の極大化を目指し、収益予測やストレステスト、金利感応度分
析等を行うことが一般的であるが、その分析を進めるうえでは、精緻な金
利シナリオの策定が重要である。精緻な金利シナリオを策定するために
は、内外のマクロ経済分析をはじめ、財政状況や政治要因、金融制度・規
制などの影響分析が鍵を握る。さまざまな角度からの検討を加えて、蓋然
性の高い金利シナリオ（メインシナリオ）が設定される。このメインシナ
リオに基づき各種の収益シミュレーションが行われ、銀行ALM運営の方
針が決められていく。ただし、メインシナリオの想定どおりに金利が動く
とは限らない。実際の金利変動がメインシナリオから大きく乖離した場
合、収益や自己資本への影響度合いが大きく変わってくる可能性もある。
メインシナリオが外れた際のリスクについても定量的に把握しておく必要
がある。特に国債保有については、その評価損益が自己資本額に直接的に
影響を与える場合もあることから、メインシナリオ以外の複数の金利シナ
リオ（サブシナリオ、リスクシナリオ等）による影響を確認していく必要が
ある。

(c) 経常資産負債（貸出・預金）動向

複数の金利シナリオの策定に加えて、預金および貸出の動向を精緻に分
析し、予測の精度を高めていくことが重要である。国内銀行においては、

引き続き預金総額が貸出総額を上回る預超状態が続いている。ただし、そうした構造的な預超状態のもとでも、貸出・預金や資金需給においては季節性（四半期末付近に貸出の実行が多い、納税月に預金の引出しが多いなど）があり、その季節性の特徴に留意しなくてはならない。貸出・預金の季節性による金利リスク量の変化を把握し、あらかじめ予測しておくことによって、プロアクティブな銀行ALM運営が可能となる。一定の観測サイクルを設定し、貸出・預金について科目別・期間別の残高構成や平均年限等の変動を確認するなど、きめ細かくバランスシートをチェックしていくことが銀行ALM運営の効率性を高める。

c　銀行ALM運営における流動性リスクコントロール

(a)　資金流動性リスク

　金融仲介機能や決済機能を果たすためには、顧客のニーズに応じて必要量の資金を必要なタイミングで提供できる状態を常に維持していくことが重要である。そのためには、資産・負債両サイドの資金をいかに適切に配分していくかをさまざまなリスク分析のもとで管理していかなければならない。それが資金流動性リスク管理である。日本銀行金融機構局金融高度化センター資料（平成23年5月）や金融庁金融検査マニュアル（流動性リスク管理態勢の確認検査用チェックリスト）（2018年に廃止）によると、「流動性リスクとは、運用と調達の期間のミスマッチや予期せぬ資金の流出により、必要な資金確保が困難になる、又は通常よりも著しく高い金利での資金調達を余儀なくされることにより損失を被るリスク」と記されている。具体的なイメージで示すと、国内銀行が日々の資金繰り運営において貸出実行や資金決済などができない、もしくは、市場実勢を大きく上回る金利水準で資金の調達を行わなければならないリスクを指している。このリスクを抑えるために、銀行ALM部署は、一定水準の資金流動性の確保あるいは資金調達力を維持しておく必要がある。一般の企業であれば、資金調達手段は、CP発行や銀行借入れ、社債発行などに限られる。他方、銀行

2　銀行におけるALM運営体制　365

の場合は、より多様な資金調達手段を有しており、一例として日本銀行に差し入れている担保を活用して資金流動性を確保することが可能である。日本銀行に差入れ可能な担保については、幅広い種類の債券や証書貸付債権が認められている。各金融機関によって、差し入れる担保の種類に多少の差異はあるが、日銀担保の主体のひとつは国債である。国債が日銀担保として活用されている理由は、

①担保価値を決める掛け目が最も高く資金効率性が高い

②日銀ネットで決済されるため即日の入担／出担も可能であり機動性が高い

③1回で多額の担保差入れが可能かつ信用判定手続きが不要であることから事務コストが低い

といった点があげられる。すなわち、国債は、銀行にとって資金流動性リスクを管理するうえで適切な資産であるということがいえる。

　2008年の"リーマン・ショック"を受け、銀行が想定外の損失に直面した場合でも経営危機に陥ることのないよう、バーゼルⅢをはじめとした各種規制が段階的に導入されている。そのなかでは、資金流動性リスク管理強化についても、流動性比率規制であるLCR（流動性カバレッジ比率）やNSFR（安定調達比率）といった新たな管理指標が導入された。こうした新規制においては、国債は現金に匹敵する適格流動資産とされており、流動性リスクの観点から国債を保有することの重要性は一段と高まっている。なお、近年では資金流動性リスク管理の高度化として、早期警戒指標であるEWI（Early Warning Indicators）の設定や、資金流動性の逼迫度合いに応じた管理態勢およびCFP（Contingency Funding Plan）と呼ばれる緊急時調達計画の整備などが行われている。

⒝　市場流動性リスク

　前述の日本銀行金融機構局金融高度化センター資料（平成23年5月）や金融庁金融検査マニュアル（流動性リスク管理態勢の確認検査用チェックリ

スト）によると、市場流動性リスクとは「市場の混乱等により市場において取引ができなかったり、通常よりも著しく不利な価格での取引を余儀なくされたりすることにより損失を被るリスク」と記されている。銀行は国債や社債をはじめとした市場性資産を保有しているが、金融環境の変化による投資方針の変更やその他ALM運営上の理由から、保有する有価証券を一定期間内に売却しなくてはならないことがある。極端な例を示せば、1日の売買取引量が1億円程度しかない市場において、自社だけが同じ日に2億円の市場性資産を売却しようとしても困難であるように、市場規模や売買高、投資家の多様性などによって処分可能な売買金額が異なっている。このことは市場性資産に限らず、為替取引やデリバティブ取引についても同様のことがいえる。銀行ALM運営における有価証券運用は、こうした市場流動性も考慮に入れて、当該証券の保有可能額を決定する必要がある。

d 銀行ALM運営を取り巻く規制

(a) IRRBB（Interest Rate Risk in the Banking Book：銀行勘定の金利リスク）規制

バーゼルIIにおける第2の柱（金融機関の自己管理と監督上の検証）で導入された銀行勘定の金利リスク規制である。銀行勘定の金利リスク規制に関して、当初は「アウトライヤー基準」が設けられており、金利ショックとして2つのシナリオ（①上下200ベーシスポイントの平行移動による金利ショック、または、②保有期間1年（240営業日）、最低5年の観測期間で計測される金利変動の1パーセンタイル値と99パーセンタイル値）により金利リスク量を算出し、自己資本の20％に収まるように運営することとされていた。これが国際統一基準行は2018年、国内基準行においては2019年から計測手法の変更が行われ、金利ショックは通貨別に最大6つの金利シナリオ（①上方パラレルシフト、②下方パラレルシフト、③スティープ化、④フラット化、⑤短期金利上昇、⑥短期金利低下）が設定され、複数の金利シナリオ

を基に金利リスク量に該当する経済価値の変化額（ΔEVE）を計算し、その最大損失額が国際統一基準行についてはTier 1資本の15％、国内基準行については自己資本の20％に収まるように銀行勘定の金利リスクを運営することとなった。本規制において国債購入は、分子（金利リスク量）の増加要因にもなり当該比率を上昇させる要因にもなることから、今後の国債投資戦略を考える際には留意が必要となる。

IRRBB規制の計算式

$$\frac{金利リスク量}{自己資本} = \frac{\Delta EVE}{Tier\,1\,資本^{※1}} < 15-20\%^{※2}$$

（※1） 事業を継続するなかで（破綻に至る前の段階で）損失を吸収できる資本・負債等（going concern capital）。普通株式等Tier 1（CET1）資本とその他Tier 1（AT1）資本に区分される
（※2） 国際統一基準行：15％、国内基準行：20％

(b) レバレッジ比率規制

　"リーマン・ショック"以降に導入されたバーゼルⅢにおいて、自己資本の質および量の強化に加えて、流動性比率規制やレバレッジ比率規制の導入が行われた。なかでもレバレッジ比率規制に関しては、銀行システムにおける自己資本対比で過大な資産の積上げを抑制するため、簡素な非リスクベースの指標として自己資本比率を補完する目的で導入が行われた。日本では、2015年より第3の柱（開示規制）として導入され、2019年より第1の柱（最低所要自己資本）として導入されており、対象は国際統一基準行となっている。最低所要水準である3.15％（グローバルなシステム上重要な銀行（以下、G-SIBs）は3.20％）に加えて、2023年3月期よりG-SIBsに対してはレバレッジ・バッファ（邦銀の場合、0.5％～0.75％）が導入されており、所要水準を下回った場合には早期是正措置が発動される。

　本邦では、新型コロナウイルス感染症への対応において金融機関の貸出

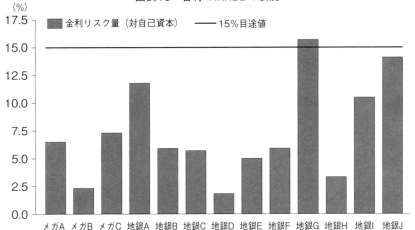

図表16　各行のIRRBBの状況

(注) すべて単体ベース、国際統一基準行、2024年3月末基準、金利リスク量は⊿EVEを示す。
(出所) 各行開示資料より三菱UFJ銀行作成

　余力を確保する観点から、「日銀預け金」をエクスポージャー額(分母)から除外する措置が導入されている。今後の国債投資戦略を考えたとき、日本銀行当座預金に置かれている資金が国債購入に向かった際に、国債購入はレバレッジ比率の分母(エクスポージャー額)の増加要因となり当該比率を低下させる要因にもなる。今後の国債投資戦略を考える際には、重要な制約となる点を考慮する必要がある。

レバレッジ比率規制の計算式

$$\frac{\text{Tier 1 資本}^{※1}}{\text{エクスポージャー額}^{※2}} \geqq 3.15\%^{※3} \sim$$

（オンバランス項目＋オフバランス項目）

- （※1） 事業を継続するなかで（破綻に至る前の段階で）損失を吸収できる資本・負債等（going concern capital）。普通株式等Tier 1（CET1）資本とその他Tier 1（AT1）資本に区分される
- （※2） 2024年4月以降は、「日銀預け金」をエクスポージャー額から除外しつつ、最低所要水準を3.15％（G-SIBsは3.20％）に引き上げる枠組みに移行
- （※3） 2023年3月期より、G-SIBsに対してレバレッジ・バッファが導入されている（邦銀の場合、0.5％〜0.75％を上乗せ）

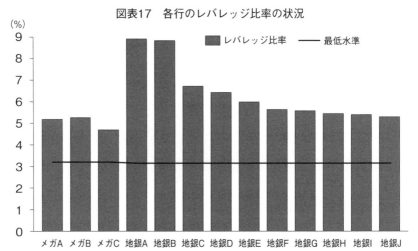

図表17　各行のレバレッジ比率の状況

（注1） メガは持ち株ベース、地銀は単体ベース、国際統一基準行、2024年3月末基準。
（注2） 上記式の総資産等は総エクスポージャーを示す。
（出所） 各行開示資料より三菱UFJ銀行作成

（c）　**LCR（Liquidity Coverage Ratio：流動性カバレッジ比率）規制**

　　LCR規制に関しては、金融危機の際、多くの銀行が資金繰りに困難を生じた反省に基づき、30日間のストレス下での資金流出に対応できるよう、良質の流動資産を保有することを求める規制である。対象は、国際統一基準行となっており、本邦では2015年より段階的に導入されており、2019年にLCR規制の最低水準が100％とされている。

LCR規制の計算式

$$\frac{\text{適格流動資産}^{※1}}{\text{30日間のストレス期間における純資金流出額}} \geq 100\%$$

（※1）　現金、中銀預金（日銀預け金等）、国債、社債、上場株式、住宅ローン担保証券等、レベル1A、2A、2Bに分類され、レベルごとに掛け目あり

（d）　**NSFR（Net Stable Funding Ratio：安定調達比率）規制**

　　LCR規制と同様に、金融危機後の流動性規制の一環として導入されたものであり、流動性が低く売却が困難な資産を保有している場合、該当資産に対応し、中長期的かつ安定的な調達を求める規制である。対象は、国際統一基準行となっており、本邦では2021年から導入されており、最低水準が100％とされている。

NSFR規制の計算式

$$\frac{\text{利用可能な安定調達額}^{※1}}{\text{所要安定調達額}^{※2}} \geq 100\%$$

（※1）　資本＋預金・市場性調達、科目ごとに掛目あり
（※2）　適格流動性資産、短期貸付、長期貸付、科目ごとに掛目あり

2 銀行ALM運営のプロセス

本節では、具体的な銀行ALM運営のプロセスにつき、日本の大手銀行における事例に基づいて説明する。

a 銀行におけるALM運営

ALM運営とは、前述のとおり、バランスシートに内在するリスクの総合的な管理・運営、と定義される。そして、銀行のバランスシートの主な資産は貸出金、主な負債は預金である。通常、貸出金と預金を合わせて預貸と呼ぶ。銀行におけるALM運営の目的は、一般に、預貸に内在する金利リスクや流動性リスクを総合的に管理・運営することを通じて、バランスシートの健全性と収益性を追求することである。

預貸に内在する金利リスクや流動性リスクは、お客さまと取引を行う顧客部署（営業部署）から、ALM部署に移転・集約される。移転・集約によってリスクの一元的な把握・管理が可能となる。移転・集約する手段としての役割を担うのが、内部仕切りレート（FTP：Funds Transfer Pricing、またはTP：Transfer Pricingと呼ぶ）である。内部仕切りレートは、市場で観測される取引金利から算出される各銀行の資金調達レートなどを基に取引期間ごと・商品ごとに決定され、ALM部署によって顧客部署に対し提示される。

図表18　銀行におけるALM運営

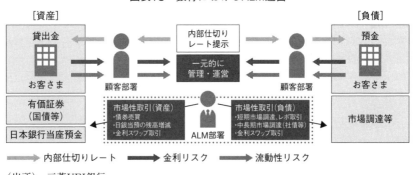

（出所）　三菱UFJ銀行

そして、ALM部署が、移転・集約されたリスクを基に、国債投資をはじめとした市場性取引を能動的に活用して総合的なコントロールを行う。このような管理・運営が、銀行における一般的なALM運営モデルである。

b　ALM運営に係る計画策定

　銀行の事業計画の骨格となる中期経営計画やALM運営方針の策定に係るタイムスケジュールの一例を示す（図表19）。タイムスケジュールに沿って中期経営計画が策定されていくなかで、ALM運営方針については、全行的な経営方針や金利などのシナリオを基に、貸出金や預金の計画などを反映したバランスシートの姿や金利リスク量を予測しながらまとめていくことになる。関係部署が多岐にわたるため、ALM部署は経営企画部署、リスク管理部署、顧客部署と多面的に情報交換を行い、リスク分析や収益影響分析を共有しながら運営計画・方針を決定していく。銀行全体の業務運営方針や収益・投資・経費の計画がまとまると、それらが関係部署に展開されたうえで、個別の施策が策定される。ALM運営についても、関係部署の計画も加味しながら、期待される収益規模や金利リスク量を算出・検証していく。

　ALM部署は、複数の金利シナリオに基づいて適切な金利リスク量を算出し、各々シナリオごとに予想されるバランスシートを作成、収益シミュレーションを行う。それぞれのシミュレーション結果に基づき実現可能性の検証を行うことで、計画案を絞っていく。当該計画案はリスク管理部署に展開され、リスク管理部署では、試算結果や投資計画などの妥当性チェックやリスク面の検証が行われる。さらに、ストレスシナリオによって、銀行全体としての財務影響や経営リスクなどの検証が行われる。ストレステストによる検証を経て最終案が固まると、経営層での審議を経て、ようやくALM運営の計画・方針が確定することになる。

　中期経営計画が策定された以降も、年度ごとに計画・方針があらためて策定され、市場環境の変化などをふまえて軌道修正（計画の見直しなど）が行われる。ALM運営においても、中期経営計画策定時の金利シナリオやバラ

ンスシートなどの予測と実際の状況には当然ながら乖離が生じてくるため、その時点で、再び複数の金利シナリオを策定して金利リスク量を測定し直す。新たな収益シミュレーションによって、中期経営計画での当初計画からどの程度、リスク量や収益計画を修正すればよいのか再検討する。この見直し過程で、国債投資の計画にも、残高や年限などの変化が生じてくる。このように、策定した計画の実行状況や環境変化をふまえて確認を繰り返し、アップデートが行われ、つど軌道修正が重ねられる。ALM運営は、バランスシート運営や財務運営にも直結するため、定期的に、経営層まで含めた確認プロセスがとられている。

そして、年度ごとの事業計画でALM運営についても方針策定が行われるとともに、年度が開始する期初に、リスク量や収益計画が策定される。リスク量や収益計画は、経営会議もしくはこれに準ずる意思決定機関にて決定されたうえで、ALM部署や顧客部署に対して配分・設定される。この計画を基に、ALM運営が行われていくことになる。

c　ALM運営体制

銀行のALM運営体制の一例として、関連する会議体のストラクチャーを

図表19　中期経営計画のタイムスケジュール（例）

春	中期経営計画期間における内外マクロ環境や今後予想されている制度変更等などの洗い出し
春～夏	中期経営計画策定に際してのビジョンを検討
夏	方向感（ビジョンや大きな強化軸など）や金利シナリオの策定
夏～秋	第1次案としての業務運営方針・業務計画（投資計画）の検討
秋～冬	経営計画の骨子策定、第2次案としての業務運営方針・業務計画（投資計画）の検討
冬～春	経営計画の確定、業務運営方針・業務計画の確定

（出所）　三菱UFJ銀行

示す（図表20）。経営会議傘下の各種委員会のひとつとして「ALM委員会」が置かれ、ここで、各リスクやALM運営の状況を確認するとともに、方針などの重要事項を審議する。また、「ALM委員会」に加え「バランスシートマネジメント会議」を置き、特にバランスシートの動向や分析、施策による対応などに焦点を当て、実務的な観点から深掘りして議論を行う場合もある。

　「ALM委員会」は、基本的には月次開催で、市場急変時や重要な事象が生じた際などには必要に応じて随時、開催される。参加者は、経営会議のメンバー、顧客部署、リスク管理部署およびALM部署などである。国内外の経済・物価の情勢や金融政策、市場環境やバランスシートの動向、ALM運営などに関する当月直近までの状況がアップデートされるとともに、翌月の見通しや方針に関する検討が行われる。国債など有価証券投資の方針も、「ALM委員会」で検討が行われる。検討された内容をふまえ、ALM部署が

図表20　会議体のストラクチャー（例）

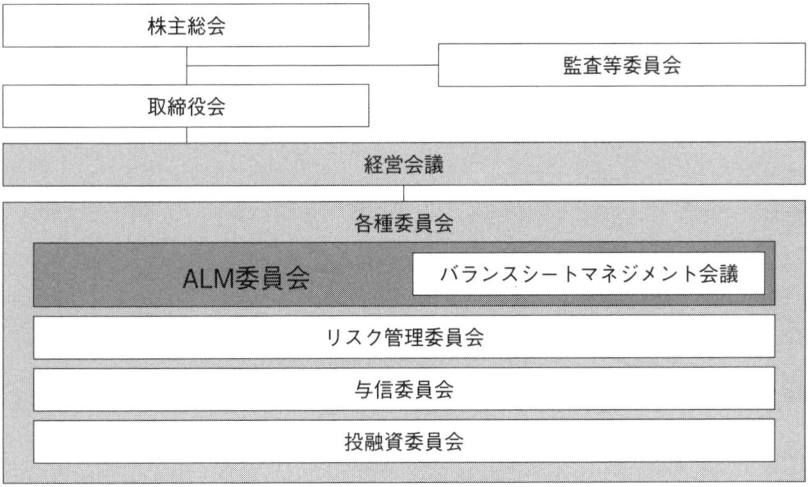

2　銀行におけるALM運営体制　375

実際のポジション運営を行う。

　ALM部署では、さらに、月次・週次・日次の各頻度で、金融政策決定会合や経済指標発表、市場動向などの各種分析をふまえ、ポジション運営方針に沿った具体的操作内容の検討や、操作執行前後でのリスク量や収益状況の確認などが行われる。ポジション運営や損益の状況は、ALM部署やリスク管理部署から経営層に対し、日次、あるいは必要に応じて随時、報告される。

　なお、「ALM委員会」でALM運営について審議が行われる点は業界標準といってよいのに対し、ALM運営に係る組織体系や運営手法は、各銀行のビジネスモデルや、経営層がALM運営に求める要件、たとえば期待される収益規模などによって、異なる。組織体系をみると、ALM部署は、米欧の金融機関ではCFO（Chief Financial Officer）傘下に位置づけられることが多い一方、国内銀行では、経営管理機能として位置づけられる場合や、市場関連のビジネス部門との位置づけで機能発揮が求められる場合など、複数の類型がある。ALM部署の組織名称をみても、米欧の金融機関では「Treasury」や「Balance Sheet Management」と呼ばれることが多いのに対し、国内銀行では「経営企画」や「ALM」といった呼称が一般に使用されている。また、国債投資をはじめとした市場性取引の操作執行までを担うALM部署である場合には、「市場」「資金」「証券」などの用語が使われることが多い。そして、運営手法は、国内外でのビジネス展開状況や、バランスシートの規模や特性、ALM部署が操作対象とする市場性取引の範囲、指向されるALM運営の機動性の程度、適用される規制や内部管理枠組などのさまざまな要素によって、金融機関ごとに特徴づけられる。

❸　預貸運営のプロセス

a　預貸運営の高度化

　多くの銀行においては、円貨は預金総額が貸出総額を上回る預超状態が続

いている一方、外貨は預金総額が貸出総額を下回る貸超状態が続いている。預金および貸出は、銀行ビジネスにおいて根幹となるものであり、これらの動向を精緻に分析し予測の精度を高めていくことが重要であることに加えて、経営会議メンバー、顧客部署等と、バランスシート全体の動きや課題を共有し議論することが必要である。資産・負債の両面からの課題や、ALM部署と顧客部署との間で使用する内部仕切りレートの適切性を議論することで、適切なバランスシートの維持や、バランスシートの収益性の向上などが期待される。国債投資という観点においても、バランスシートにおける預超部分に対して、どのような国債投資計画とするか、バランスシートの金利リスクとしてどのような年限の国債を購入するか等にも直結することから、近年ではこれらの議論、すなわちバランスシートコントロールの重要性が増している。

b　バランスシートマネジメント会議の設置

　バランスシートコントロールの重要性が高まるなか、「ALM委員会」で議論していた預貸運営を、より深く議論する場として、図表20のとおり「バランスシートマネジメント会議」等の名称で、「ALM委員会」の傘下に会議体を設置し、その下にワーキンググループ等の議論の場を設置する。「ALM委員会」は、ALM運営方針を議論する会議であり月次で開催するのに対して、「バランスシートマネジメント会議」は、バランスシート計画等の中長期的なテーマが中心であることから、四半期または半期ごとの開催がベースとなる。傘下のワーキンググループでは、顧客部署での議論や、直近のバランスシート動向の確認、「バランスシートマネジメント会議」で打ち出された施策等のPDCAチェックの場としての活用も期待される。

　「バランスシートマネジメント会議」では、内外事業環境の状況見通しをふまえた貸出・預金運営の方針策定や、運営方針に対するリスク管理部署によるストレステストの検証などが議論するテーマとなる。加えて、他行比較を通した自行のバランスシートの強み弱みを把握することや、環境変化や調

達状況をふまえた内部仕切りレート算出方法等の変更により、バランスシートの収益性と健全性への影響を議論する。これらの議論を通じて、バランスシート全体の収益性や健全性、付随する金利リスク量を把握し、国債投資計画の策定に役立てることが可能となる。預貸運営の高度化は、銀行ALM運営の重要な課題のひとつとなっている。

03

国債投資のリスク評価

　前述のとおり、有価証券を含むバランスシート全体に内在する金利リスクや流動性リスクを適切に管理することが、銀行ALM運営である。本節では、その銀行ALM運営における金利リスク管理と収益性評価について、国債運用のリスクに焦点を当てながら概要を説明する。

◼ 銀行ALM運営における金利リスク管理・収益性評価

　銀行ALM運営における金利リスク管理指標は、時価変動をベースに考えるものが主流であり、機動的な操作の元となる金利感応度を示すものと、中期的な経営戦略の元となる資本リスクに関連するものに大別できる。なお、時価変動をベースとしない考え方もあり、後述本章第4節「銀行ALM運営高度化への取組み」を参照されたい。

　一方、収益性評価の指標は、各行個別に異なり、銀行業界全体として画一的に使用されているものは現在存在していないが、代表的な管理指標をいくつか紹介する。

a　金利リスク管理指標

(a)　金利リスク量（BPV・GPS）とポジション運営

　ここでいう「金利リスク量」とは、基本的には「金利が一定変化した場合の時価変化量」、すなわち金利感応度と表現できる。ただし、リスク管理において対象となるものは、預貸や、国債などの保有有価証券ポートフォリオも含めたバランスシートにオフバランス取引も含めた全体である。

　金利リスク量は、金利リスク全体を把握するベーシスポイントバリュー（以下、BPV）と、年限別の金利リスクを把握するグリッドポイントセンシティビティ（以下、GPS）がある。

　BPVは、「イールドカーブ全体が平行に1ベーシスポイント上昇したときの対象ポートフォリオの時価変化」である。一方、GPSは、「ある年限の金利のみが1ベーシスポイント上昇したときの対象ポートフォリオの時価変化」であり、両者の関係は下式①で表される。

$$BPV = \sum_i CF_i \cdot DF_i^{r+1} - \sum_i CF_i \cdot DF_i^r \quad \text{……①}$$

$$GPS_i = CF_i \cdot DF_i^{r+1} - CF_i \cdot DF_i^r$$

$$DF_i^r = \exp(-z_i \cdot y_i)$$

　i：将来時点i
　BPV：ベーシスポイントバリュー
　GPS_i：時点iにおけるグリッドポイントセンシティビティ
　CF_i：期間y_iのディスカウントファクター
　DF_i^r：金利イールドrから算出される現在から時点iまでのディスカウントファクター
　DF_i^{r+1}：金利イールドr全体を1bp平行に引き上げたイールドから算出されるディスカウントファクター
　z_i：期間y_iの連続複利利回り（ゼロレート）
　y_i：現在から時点iまでの期間を年換算したもの

3　国債投資のリスク評価　379

上式の関係が示すとおり、GPSの全期間の総和がBPVとなる。実際のリスク管理では、図表21のように表された一覧表を使用する。それをもって本章第2節におけるALM組織体系で説明した「ALM委員会」等の場において、後述の市場リスク資本を勘案しながら、バランスシート全体および有価証券ポートフォリオにおけるBPVおよび各GPSの上限値（もしくは、レンジ）を定める。ALM部署は、その範囲内で有価証券ポートフォリオのコントロールを行うことが機動的な国債保有戦略の基本となる。

図表21　BPVおよびGPSの表示とリスク管理（例）

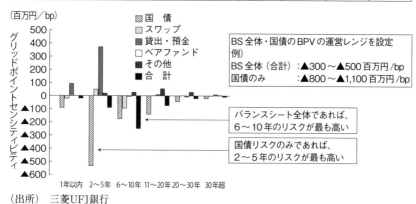

（出所）三菱UFJ銀行

(b) 金利VaR（Value at Risk）と割当資本

　VaRは、主に金融機関で市場業務への資本配賦に使われており、言い換えれば、国債を保有するALM部署は、資本配賦を基にVaRの上限が定められ、その範囲で中期的な国債投資戦略を策定することになる（全体像は図表22参照）。

　図表22における経済資本とは、金融機関において自己資本を毀損する可能性がある多岐にわたるリスクを統一的な尺度で測定し、その特性に応じた適切な保有期間に対して、一定の信頼水準で生じうる潜在的な損失額に見合う資本のことを表している。この経済資本を部門別・リスクカテゴリー別等の各セグメントに配賦する計画値を割当資本といい、市場リスクに関しての割当資本算定に使用されているリスク管理指標がVaRである。

　ここでは、VaRのなかでも、特に国債にかかわる「金利VaR」について説明する。

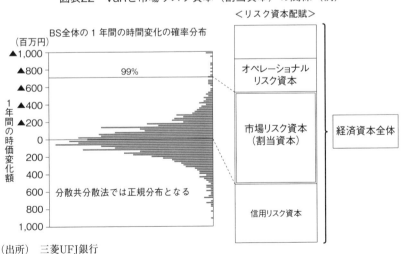

図表22　VaRと市場リスク資本（割当資本）の関係（例）

（出所）　三菱UFJ銀行

VaRの定義は、「将来のある一定期間に、ある一定確率で起こりうる可能性がある最大損失額」であり、全取引に共通の基準でリスク量を示すことができ、比較・合算が可能な指標である。また、発生しうる"ある信頼水準"での最大損失額として金額で表示されるので、リスクの規模感の把握が容易である。

　具体的なVaRの計算手法は分散共分散法とモンテカルロ・シミュレーション法、ヒストリカル法の3つに大別され、それぞれ基本形は下式で表される（※本書では国債のリスクを理解することを主目的としており、オプション等に含まれるガンマ・ベガなどのリスクファクターは考慮していない）。

（i）　分散共分散法

$$VaR = \lambda \cdot \sqrt{\phi^T \cdot \Sigma \cdot \phi} \quad \text{································②}$$

$$\phi = (x_1, x_2, \cdots, x_n)$$

$$\Sigma = \begin{pmatrix} \sigma_1^2 & \rho_{12} \cdot \sigma_1 \cdot \sigma_2 & \cdots & \rho_{1n} \cdot \sigma_1 \cdot \sigma_n \\ \rho_{21} \cdot \sigma_2 \cdot \sigma_1 & \sigma_2^2 & & \vdots \\ \vdots & \vdots & \ddots & \vdots \\ \rho_{n1} \cdot \sigma_x \cdot \sigma_1 & \rho_{n2} \cdot \sigma_n \cdot \sigma_2 & \cdots & \sigma_x^2 \end{pmatrix}$$

　　VaR：バリュー・アット・リスク
　　λ：VaRのパーセント点に対応する掛目（99％ VaR：$\lambda = 2.33$（信頼水準99％のときの信頼係数））
　　ϕ：各リスクファクターのセンシティビティx_iのベクトル（国債の場合はGPS）
　　Σ：リスクファクター間の分散共分散行列
　　σ_i：リスクファクターiのボラティリティ（VaR期間に換算したもの）
　　ρ_{ij}：リスクファクターiおよびjの変化率の相関係数

　分散共分散法の利点は、各リスクファクターの分布を正規分布と仮定して、計算負荷を軽減することで、多くのリスクファクターを考慮することが可能な点である。一方、非線形リスクに有効でない点、また、市場の変

動は必ずしも正規分布ではなく、大きな変動が頻繁に発生する場合には
VaRが過小評価されるといった欠点がある。

(ⅱ) モンテカルロ・シミュレーション法

(ⅰ)の分散共分散法は、各リスクファクターの分布を正規分布と仮定した
算出方法である一方、モンテカルロ・シミュレーション法は、デジタル技
術等を活用して乱数を発生させて繰り返し各リスクファクターの予想値を
生成させる。この乱数を用いて発生させたリスクファクターの値を用い
て、ポートフォリオの価値変動をシミュレーションし、ポートフォリオの
価値を降順に並べ、信頼水準（99％等）に相当するパーセンタイル値を基
にVaRを算出する。

　このモンテカルロ・シミュレーション法は、リスクファクターの分布が
正規分布以外も想定可能であること等が利点の一方、リスクファクターを
発生させるモデルが複雑であり、大量のデータを扱うと、計算負荷が重く
なるという欠点がある。

(ⅲ) ヒストリカル法

Ⅰ）　$VaR = Q_p^h (\delta_t \cdot \phi)$ ・・・③

Ⅱ）　$VaR = Q_p^h (V_t - V_{t-\gamma})$

$\phi = (x_1,\ x_2,\ \cdots,\ x_n)$

$\delta_t = (\varpi_1^{t-\gamma},\ \varpi_2^{t-\gamma},\ \cdots,\ \varpi_n^{t-\gamma})$

　VaR：バリュー・アット・リスク
　$Q_p^h\ (F)$：ヒストリカルデータhにおける各時点で計算された関数Fにおけるp
　　　　　　パーセンタイル点（99％ VaR：$p=99$％）
　ϕ：各リスクファクターのセンシティビティx_iのベクトル（国債の場合はGPS）
　γ：VaR測定期間
　δ_t：ある時点tにおいて$t-\gamma$時点からの時点tまでリスクファクターの変化
　　　$\varpi_i^{t-\gamma}$のベクトル（国債の場合は各年限の利回り変化）

3　国債投資のリスク評価　383

V_t：ある時点tにおける資産・負債の時価

　ヒストリカル法は、分散共分散法と同様にセンシティビティを基に算出するアプローチ（式③のⅠ）と、実際の資産・負債の時価変化を直接算出するアプローチ（式③のⅡ）がある。

　ヒストリカル法の利点は、特定の分布を仮定せずに実際の市場変動を適用するため、大きな変動をとらえることが可能であり、実際の過去の市場変動にてVaRを算出するため、推計しやすい点である。一方、欠点は、VaRが過去の特定の市場変動に依存するため、ストレスイベントとなる市場変動が観測期間から外れるとVaRが急減することや、その変動をポジション増減要因と市場変動要因とに分解しにくい点があげられる。

　分散共分散法は分布形状を特定するため、計算負荷は軽減される一方で、未曾有の事態を想定した損失（テールリスク）を捕捉できないという難点がある。また、モンテカルロ・シミュレーション法は利用するモデルにより一定のテールリスクを捕捉できるが、モデルを用いた仮想的なリスクファクターの変動生成であり、実際の市場と乖離する可能性が相応にある点、また、計算負荷がかかることから、現在ではヒストリカル法が一般的となっている。

(c)　**銀行勘定の金利リスク量（ΔEVE）の計測**

　次に、バーゼルⅡにおける第2の柱（金融機関の自己管理と監督上の検証）で導入された銀行勘定の金利リスク規制における金利リスク量（ΔEVE）の計測手法に関して説明する。

　金利ショックに対する経済価値の減少額として定義されている金利リスク量（ΔEVE）の計測に関しては、通貨ごとに図表23の6つのシナリオにおけるΔEVEを計算し、その最大値を用いる。（国内基準行は、①上方パラレルシフト、②下方パラレルシフト、③スティープ化の3つのシナリオのみ計算すればよい。）

図表23　銀行勘定の金利リスク規制における金利ショックシナリオ

シナリオ	加算する金利変動幅
①上方パラレルシフト	図表25のパラレルの欄の値
②下方パラレルシフト	図表25のパラレルの欄の値にマイナス1を乗じた額
③スティープ化（短期金利低下＋長期金利上昇）	$\Delta S_{steepner,c}(t) = -0.65 \times \left| \bar{S}_{short,c} \times e^{-\frac{t}{4}} \right| + 0.9 \times \left| \bar{S}_{long,c} \times (1 - e^{-\frac{t}{4}}) \right|$
④フラット化（短期金利上昇＋長期金利低下）	$\Delta S_{flattener,c}(t) = 0.8 \times \left| \bar{S}_{short,c} \times e^{-\frac{t}{4}} \right| - 0.6 \times \left| \bar{S}_{long,c} \times (1 - e^{-\frac{t}{4}}) \right|$
⑤短期金利上昇	$\Delta S_{short,c}(t) = \bar{S}_{short,c} \times e^{-\frac{t}{4}}$
⑥短期金利低下	$\Delta S_{short,c}(t)$にマイナス1を乗じた額

※ c は通貨、t は将来の期間を年数で表した値、$\bar{S}_{short,c}$は図表24の短期の欄の金利変動幅、$\bar{S}_{long,c}$は長期の欄の金利変動幅を表す。
　また、計算する際の金利ショックシナリオ変化幅は通貨ごとに決められ、図表24のとおりとなっている。

図表24　銀行勘定の金利リスク規制における通貨ごとの金利ショックシナリオ変化幅

	アルゼンチン	オーストラリア	ブラジル	カナダ	スイス	中国	ユーロ	英国	香港	インドネシア	インド
パラレル	400	300	400	200	100	250	200	250	200	400	400
短期	500	450	500	300	150	300	250	300	250	500	500
長期	300	200	300	150	100	150	100	150	100	300	300

	日本	韓国	メキシコ	ロシア	サウジアラビア	スウェーデン	シンガポール	トルコ	米国	南アフリカ
パラレル	100	300	400	400	200	200	150	400	200	400
短期	100	400	500	500	300	300	200	500	300	500
長期	100	200	300	300	150	150	100	300	150	300

※以下は、2026年1月に適用予定の通貨ごとの新金利シナリオ変化幅

	アルゼンチン	オーストラリア	ブラジル	カナダ	スイス	中国	ユーロ	英国	香港	インドネシア	インド
パラレル	400	350	400	200	175	225	225	275	225	400	325
短期	500	425	500	275	250	300	350	425	375	500	475
長期	300	300	300	175	200	150	200	250	200	300	225

	日本	韓国	メキシコ	ロシア	サウジアラビア	スウェーデン	シンガポール	トルコ	米国	南アフリカ
パラレル	100	225	400	400	275	275	175	400	200	325
短期	100	350	500	500	375	425	250	500	300	500
長期	100	225	200	300	250	200	225	300	225	300

（出所）　三菱UFJ銀行

b 収益性評価の指標

　ここでは、ALMおよび国債ポートフォリオにおける収益性の評価について説明する。

　ALMの収益は、キャッシュフローベースの"財務収益"と時価ベースの"評価損益"に大別される。財務収益は実現損益であり、国債ではクーポン、償還差損益および売買損益からなり、いわゆる会計上の損益を指す。特にクーポンと償還差損益の合計を"資金収益"と定義する。

　一方、評価損益は未実現損益であり、国債では購入時の簿価と時価の差額を示す。国際統一基準行においては、国債を含めた有価証券ポートフォリオの評価損益は、自己資本（Tier 1・Tier 2）に算入されるため、資本管理において重要な指標である。

　また、その2つの損益を組み合わせた「財務収益＋一定期間（決算期中）における評価損益変化」は、対象のポートフォリオが生み出した価値の増減を示し、単位期間での収益性を図る有効な指標である（ここでは"総合損益"と呼ぶことにする）。この総合損益に経営目標もしくは損失のリミットを設定

図表25　バランスシート・国債ポートフォリオの収益性評価（例）

（単位：億円）

	2022年度上期	2022年度下期	2023年度上期	2023年度下期	2024年度上期	2024年度下期（予）
①資金収益	＋100	＋80	＋120	＋130	＋150	＋180
②売買損益	▲50	▲200	▲80	＋20	＋50	±0
③財務収益（①＋②）	＋50	▲120	＋40	＋150	＋200	＋180
④評価損益	▲150	▲300	▲150	＋120	＋280	＋200
（内、その他有価証券）	▲100	▲150	▲20	＋100	＋200	＋100
総合損益（③＋（④の期中変化））	▲20	▲270	＋190	＋420	＋360	＋100

一般的には③財務収益に収益目標を設定
例）半期：50億円、3年間累積500億円

評価損（その他有価証券）に一定の閾値を設定し、それに抵触した際は、今後の運用方針について再検討する等がリスク管理として考えられる

（出所）　三菱UFJ銀行

386　第6章　銀行ALM運営における国債投資とリスク管理

する運営も考えられる。

銀行ALM運営では、国債のみではなく、バランスシート全体で管理される（事例は図表25参照）。

❷　国債市場全体のリスク

国債の保有者別内訳（残高・構成比）は図表26のとおりとなっており、日本銀行、銀行等、生損保等の3つのセクターで約8割を占めている。

さらに、この3つのセクターについて、前述のGPSを推計したものが図表27である。

図表27の生損保等のGPSをみると、10年超の超長期国債への投資割合が多いことが推定される。これは、生命保険会社の負債の多くが保険契約準備金であるため、負債の平均残存年限が他業態より長くなり、資産の年限を長期に合わせることにより利鞘を確定する投資行動によるものと考えられる。そのため、10年超の金利リスクが大きくなっている。

一方、銀行においては、5年以内の中短期債の投資比率が他セクター比大きい要因として"コア預金"の存在があげられる。コア預金は本章第4節で述べるが、アウトライヤー規制導入時に定義された、「負債勘定の流動性預金のうち、長期間にわたって銀行に滞留する部分」を示すものである。コア預金の認定手法において、監督指針で示された「標準的手法」を適用する銀行は、5年のラダー（元金均等返済）形式（平均残存期間2.5年）が主流であり、その金利リスクを相殺する5年以内への投資に集中する傾向がある。

加えて、本推定を基に各セクターの保有国債の保有期間1年、99％のVaRを試算すると図表28となり、保有残高が多い日本銀行、および超長期国債を多く保有する生損保等が大きい。

3　国債投資のリスク評価　　387

図表26　日本国債(含む国庫短期証券)の保有割合(2022年度末)

(単位：残高兆円、割合%)

	一般政府(除く公的年金)	公的年金	財政融資	日銀	銀行等[2]	生損保等[3]	年金基金	海外	家計	その他[4]	合計
保有残高[1]	1.8	46.3	0.0	581.6	157.9	209.5	31.0	178.3	12.8	10.6	1,229.8
割合	0.1	3.8	0.0	47.3	12.8	17.0	2.5	14.5	1.0	0.9	100.0

※1：時価ベース
※2：「銀行等」には、「ゆうちょ銀行」、「証券投資信託」および「証券会社」を含む
※3：「生損保等」には、「かんぽ生命」を含む
※4：「その他」は「非金融法人企業」および「対家計民間非営利団体」

(出所)　財務省「債務管理リポート2023」158頁より三菱UFJ銀行作成

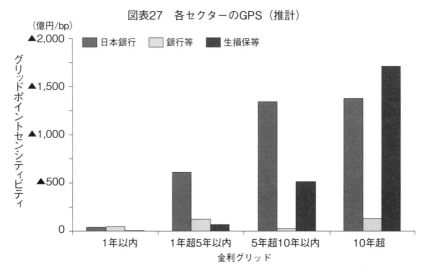

図表27　各セクターのGPS(推計)

(出所)　財務省「債務管理リポート」、日本銀行統計データおよび主要金融機関の有価証券報告書等を基に三菱UFJ銀行により推計(2022年度末基準)

図表28　各セクター保有国債のVaR（保有期間1年、99％）

	VaR（億円）
日本銀行	599,995
銀行等	49,286
生損保等	442,727
3セクター合計	1,092,008

（出所）　財務省「債務管理リポート」、日本銀行統計データおよび主要金融機関の有価証券報告書等を基に三菱UFJ銀行により推計（2022年度末基準）

04

銀行ALM運営高度化への取組み

　本章第1節で述べたように、日本の金融政策が歴史的な転換局面を迎えているなか、適時・適切に金利リスク・流動性リスクをコントロールする銀行ALM運営の重要性はますます高まっている。激変する環境のもとで、市場動向や顧客行動の変化を迅速にとらえ、銀行の健全性・収益性を高め続けるべく、銀行ALM運営のいっそうの高度化が重要となる。本節では、収益性の向上と健全性の確保の観点で重要な金利シナリオの高度化・精緻化、バランスシートの将来予測、コア預金の認定、NII・EaR分析の強化等に加え、AI手法を活用した資金繰り予測等のALM運営高度化への取組みを紹介する。

■　金利シナリオの高度化・精緻化

　金利シナリオ（将来予測）は、銀行の収益・リスク管理などにおいては必須のファクターである。特に銀行経営においては、バランスシート等から発生する金利リスクをコントロールすることは非常に重要であり、金利シナリ

オは銀行ALM運営にとどまらず銀行全体の経営判断に影響を与える重要な指標となる。したがって本件は、旧来からの銀行ALM運営の一部である一方で、不断の高度化・精緻化が求められる領域でもある。

ここでは、国債利回りを中心として、金利シナリオ設定手法とその活用方法、高度化・精緻化の方向性について具体例をあげながら説明する。

a　銀行ALM運営における金利シナリオの位置づけ

銀行ALM運営に使用される金利シナリオは、"メインシナリオ（予想シナリオ）"、"金利上昇シナリオ（リスクシナリオ）"、"金利低下シナリオ（サブシナリオ）"、それに銀行によっては、"ストレスシナリオ"を付け加えて、3、4本のシナリオを使い分けることがある（図表29）。

メインシナリオは中央銀行の政策金利運営およびマクロ景況感の予測をふまえた最も蓋然性が高いと考えられる将来金利の設定であり、各行の予想収益の算出等に使用されるものであるため、各シナリオのなかでベースとなる最も重要な位置づけである。

金利上昇シナリオは、一定の発生確率を想定した金利が上昇するシナリオである。本シナリオは、保有国債の時価が下落した場合の下落幅の推定とそ

図表29　政策金利のシナリオ設定（例）

	政策金利見通し	想定確率（%）
メインシナリオ	7月に利上げ開始 初回+15bpで0.25%、以降6カ月ごとに+25bp 最終的に1%まで上昇	70
金利上昇シナリオ	7月に利上げ開始。 初回+15bpで0.25%、以降3カ月ごとに1%までは+25bp、その後は6カ月ごとに+25bp 最終的に1.75%まで上昇	20
金利低下シナリオ	9月に付利金利撤廃とともにゼロ金利政策に突入 以降、長期に亘りゼロ金利を維持	10

（出所）　三菱UFJ銀行

の際のアクションプランを立てるために活用される。国債ポートフォリオにとって金利上昇は評価損失の拡大につながるため、"リスクシナリオ"と呼ぶ銀行もある。

金利低下シナリオは、保有国債の時価が上昇した場合の売却戦略等の策定に活用される。

以上の3つのシナリオについて、常に時価変化・損益推移を把握しながら、国債の投資戦略を含むALM運営方針を策定する。その際に、後述するバランスシートの予測を組み合わせて考えることが一般的である。

b　金利シナリオの設定手法

具体的な金利シナリオの設定ロジックは、銀行により異なるが、ここでは基本的な手順を示していく。

まず、短期金利、特に政策金利の予測から始める。日本銀行の金融政策の中心となる無担保コールレート（オーバーナイト物）について、政策決定会合におけるスタンスを確認しながら、主要国中央銀行の金融政策および本邦のインフレ率などのマクロ指標予測などを加味して、各シナリオの利上げ、利下げのタイミングを想定する。

次に、短期国債金利の推定は、政策金利から導出される将来の短期金利予測に、タームプレミアム（期間の長さに伴う上乗せ利回り）を加えるという考え方（式④参照）が理論的に受け入れやすく、一般的でもあると思われる。

$$r_{t,x} = \frac{\sum_{i=t}^{t+x-1}(C_i \cdot DF_i)}{DF_{t+x} \cdot d_x} + P_{t,x} \quad \text{\dotfill ④}$$

$r_{t,x}$：t時点の期間 x の短期国債利回り
C_i：i 時点の政策金利の1日のクーポン
DF_i：i 時点からの現時点までのディスカウントファクター
d_x：期間 x の日数
$P_{t,x}$：t時点の期間 x のタームプレミアム

4　銀行ALM運営高度化への取組み　391

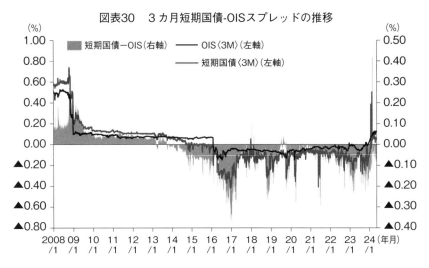

（出所） Bloombergデータより三菱UFJ銀行作成

なお、上式タームプレミアム（P_t）は、市場金利の特徴として長い期間のほうが高い金利がつく傾向を表すものであり、理論的に導出することは非常にむずかしい。各銀行において独自の推定方法を用いていると考えられるが、ひとつ現実的な方法として考えられるのが、過去データから類推する方法である。

タームプレミアムのデータの例として、同期間の短期国債とOIS（Overnight Index Swap）のスプレッドを考えてみる。図表30に過去の3カ月OISと短期国債利回りとそのスプレッドの推移を示す。

図表30で確認できるとおり、本スプレッドは±10bp前後で推移しているため、これを基に3カ月のタームプレミアムと仮定することも可能であろう。一方で、急激なスプレッド拡大等も発生しており、このような突発的な動きには留意が必要となる。なお、金利ある世界においては短期国債とOISの差分がプラスで推移しているが、金利ない世界においては、短期国債と

OISの差分はマイナス圏にて推移していることがわかる。

　次に中長期のイールドカーブの推定は、大きく分けると今後3カ月から6カ月程度の期近については国債市場における投資家などの需給を意識して推定する一方で、期先はファンダメンタルズの予測をベースに推定するという考え方が一例として考えられる。

　まず、期近における需給は、ファンダメンタルズからの予測をベースとしながらも、日本銀行の金融政策に加え、大手国内銀行、生命保険等の機関投資家等の資金繰り・投資行動および証券会社の在庫状況を勘案し、イールドカーブの将来シナリオを変化させることが必要となる（需給環境が良好と考える場合には、それに合わせた金利低下を考慮。需給環境が悪化すると考える場合には、それに合わせた金利上昇を考慮）。

　需給の例としては、たとえば以下のような事象があげられる。

　・日本銀行による国債買入オペ額増減に伴う国債需給環境の変化

　・大手銀行のコア預金金額・期間見直しによる中長期国債の売買動向変化

　ただし、これらのイールドカーブへのインパクトについては経験に頼ることも多く恣意性が入りやすいため、あえて需給を考慮せずシナリオを設定する考え方もある。

　次に、期先のイールドカーブ推定については、ファンダメンタルズを示す指標と国債の中長期イールドカーブの関連性に、決まった算出式が存在するわけではない。一方で、世界経済の動きの起点となる米国債・米国株および為替市場との関係性は必ず考慮すべきだろう。たとえば、図表31および図表32に示す過去4年間の日本国債5年利回りと為替および米国債5年利回りとの関係を確認すると、それらの指標間にはある程度の相関関係が存在していることがわかる。

　この線形関係を利用して、米国の経済・市場予測を基に日本国債のシナリオを構築する手法も広く用いられている。図表29に示した政策金利のシナリオのなかに米国連邦準備制度のFFレート（Federal Fundsレート、米国の民間

4　銀行ALM運営高度化への取組み　393

図表31　日本国債5年利回りとドル円為替相場の散布図
（2020年1月～2023年12月）

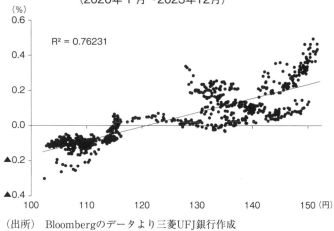

（出所）　Bloombergのデータより三菱UFJ銀行作成

図表32　日本国債5年利回りと米国債5年利回りの散布図

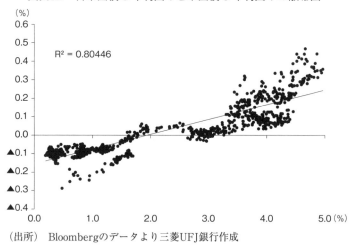

（出所）　Bloombergのデータより三菱UFJ銀行作成

銀行が資金を融通しあう際に適用される短期金利であり、米国の中央銀行が行う金融政策の誘導目標金利）の将来推移を入れることも考えられる。当然のことながら、これらの市場指標についても米国のマクロ経済環境等から予測をする必要があるが、市場のコンセンサスは比較的入手しやすく、シナリオ構築の手助けとなろう。

　続いて、上記のように一定の年限の国債のシナリオを設定したときに、整合性のとれたイールドカーブ全体の形状を描く方法として、ここでは、主成分分析（多くの量的な説明変数をより少ない説明変数に要約する手法）を基にしたアプローチを紹介する。

　これは、イールドカーブ全体の変化が"平行移動"、"傾き変化"、"たわみ（曲率の変化）"の3種類でほとんどが説明できるという特徴を生かすものである。

　3つの年限のシナリオを設定したと仮定した場合、イールドカーブ全体の構造を表すと、次式のようになる。

$$X_t = X_0 + \lambda_1 \cdot \Omega_1 + \lambda_2 \cdot \Omega_2 + \lambda_3 \cdot \Omega_3$$

$$x_t^a = x_0^a + \lambda_1 \cdot \omega_1^a + \lambda_2 \cdot \omega_2^a + \lambda_3 \cdot \omega_3^a$$

$$x_t^b = x_0^b + \lambda_1 \cdot \omega_1^b + \lambda_2 \cdot \omega_2^b + \lambda_3 \cdot \omega_3^b \quad \text{......⑤}$$

$$x_t^c = x_0^c + \lambda_1 \cdot \omega_1^c + \lambda_2 \cdot \omega_2^c + \lambda_3 \cdot \omega_3^c$$

X_t：t時点のイールドカーブを表すベクトル $(x_t^1, x_t^2 \cdots, x_t^{10})$
X_0：現時点のイールドカーブを表すベクトル $(x_0^1, x_0^2 \cdots, x_0^{10})$
Ω_p：固有値がp番目に大きい固有ベクトル $(\omega_p^1, \omega_p^2 \cdots, \omega_p^{10})$
x_0^i：t時点のi年国債利回り
x_0^i：現時点のi年国債利回り
x_0^a, x_t^b, x_t^c：t時点の当初設定した3つの年限（a年、b年、c年）の国債利回り
x_0^a, x_0^b, x_0^c：現時点の3つの年限（a年、b年、c年）の国債利回り

$\omega_p^a, \omega_p^b, \omega_p^c$：当初設定した３つの年限（$a$年、$b$年、$c$年）に該当する固有ベクト
　　　　　ル成分
$\lambda_1, \lambda_2, \lambda_3$：定数

　イメージをつかむために、過去のデータから実際に固有ベクトルを算出し
たものを図表33に示す。最も固有値の大きい固有ベクトルΩ１は、全年限に
おいておおむね同じ値となっており、イールドカーブの平行移動を示してい
ることがわかる。Ω２は傾きの変化を、Ω３がたわみ（曲率の変化）を示し
ていることが理解できるはずである。かつ、この上位３つの固有ベクトルの
累積寄与率（選んだ主成分が元のデータの全情報のうちどれだけ説明できている
か）は99％を超えており、イールドカーブの変化はほぼすべてが、この３つ
のベクトルの組合せで表現できることを示している。

　実際に上記の主成分分析を利用して、イールドカーブを構築するイメージ
を図表34に示す。

　以上に例示するようなプロセスをふまえ、図表35のようにイールドカーブ
の将来シナリオを設定し、国債ポートフォリオの収益性・リスクの把握のみ
ならず、後述のバランスシート予測等にも活用されていく。

c　ストレスシナリオ

　2010年から2012年にかけて深刻化した欧州ソブリン危機や、2022年９月の
英国のトラスショック等をふまえれば、日本においても、財政危機の深刻化
による大幅なソブリン格下げ等に見舞われた場合の国債ポートフォリオのリ
スク管理や事前対応策の検討が必要である。また、そのためには、前述の金
利上昇シナリオの想定範囲を超える金利上昇のシナリオ、つまり"ストレス
シナリオ"を常に用意しておくことが重要である。

　一方で、ストレスシナリオは短期的には発生の蓋然性が低いものであり、
その構築方法は前述のメインシナリオの構築方法とは異なった考え方をする
必要がある。たとえば、国債格下げから銀行のバランスシート毀損までのス
トーリーを描き、主要な市場指標の大枠のイメージを置くという方法が考え

図表33　国債イールド変化の固有ベクトル（2020/1～2023/12）

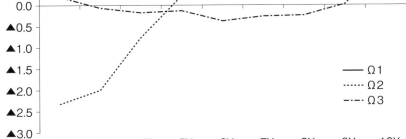

（出所）　Bloombergのデータより三菱UFJ銀行作成

図表34　主成分分析からイールドカーブを構築するイメージ

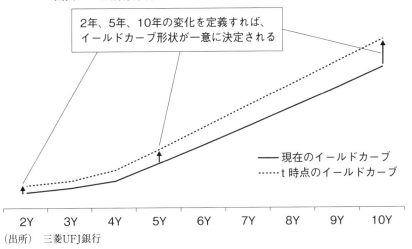

（出所）　三菱UFJ銀行

4　銀行ALM運営高度化への取組み　397

図表35　シナリオ一覧表（例）

（単位：%）

		2024年			2025年				2026年			
		6月	9月	12月	3月	6月	9月	12月	3月	6月	9月	12月
メインシナリオ	政策金利	0.10	0.25	0.25	0.50	0.50	0.75	0.75	1.00	1.00	1.00	1.00
	2年国債	0.10	0.40	0.40	0.65	0.75	0.90	1.00	1.15	1.15	1.15	1.15
	5年国債	0.35	0.70	0.70	0.90	1.00	1.10	1.20	1.30	1.30	1.35	1.35
	10年国債	1.05	1.15	1.20	1.30	1.40	1.50	1.60	1.70	1.70	1.75	1.75
	20年国債	1.75	1.95	2.00	2.10	2.20	2.30	2.40	2.50	2.50	2.55	2.55
	米FFレート	5.375	5.125	4.875	4.625	4.375	4.125	3.875	3.625	3.375	3.125	3.125
金利上昇シナリオ	政策金利	0.10	0.25	0.50	0.75	1.00	1.00	1.25	1.25	1.50	1.50	1.75
	2年国債	0.50	0.60	0.85	1.10	1.35	1.35	1.60	1.60	1.75	1.75	1.90
	5年国債	0.80	0.90	1.15	1.40	1.65	1.65	1.85	1.85	2.00	2.00	2.15
	10年国債	1.40	1.50	1.75	1.95	2.15	2.15	2.30	2.30	2.40	2.40	2.50
	20年国債	2.20	2.30	2.50	2.65	2.80	2.80	2.90	2.90	3.00	3.00	3.10
	米FFレート	5.375	5.375	5.625	6.125	6.375	6.375	6.375	6.375	6.125	5.875	5.625
金利低下シナリオ	政策金利	0.10	0.00	0.00	0.00	0.00	0.00	0.00	0.00	0.00	0.00	0.00
	2年国債	0.06	0.05	0.00	0.00	0.00	0.00	0.00	0.00	0.00	0.00	0.00
	5年国債	0.20	0.20	0.15	0.10	0.10	0.10	0.10	0.10	0.10	0.10	0.10
	10年国債	0.65	0.40	0.30	0.20	0.20	0.20	0.20	0.20	0.20	0.20	0.20
	20年国債	1.35	1.00	0.90	0.80	0.80	0.80	0.80	0.80	0.80	0.80	0.80
	米FFレート	5.375	4.375	2.375	1.125	1.125	1.125	1.125	1.125	1.125	1.125	1.125

（出所）　三菱UFJ銀行

られる（国債格下げ前提としたストレスシナリオを検討する際のプロセスの一例は、第4章第4節図表16参照）。

　このようなストーリーを描いた後に、金利水準など詳細なシナリオ構成をつくりあげていくことになる。

　本シナリオをベースに、預金流出等のバランスシートのストレスシナリオも勘案したうえで、収益・リスク量を把握し、国債の金利リスク量削減のアクションプランを立てる（図表36）。

図表36　ストレスシナリオにおける国債売却プランの試算（例）

（単位：百万円）

		2024年度上期	2024年度下期	2025年度上期	2025年度下期
金利上昇時も国債売却せず	財務収益	5,000	5,000	5,000	5,000
	ベーシスポイントバリュー	▲ 1,000	▲ 1,000	▲ 1,000	▲ 1,000
	評価損益（全体）	▲ 70,000	▲ 170,000	▲ 170,000	▲ 170,000
	（内　国債）	▲ 50,000	▲ 150,000	▲ 150,000	▲ 150,000
金利上昇時に国債売却によりリスク量削減	財務損益	5,000	▲ 50,000	20,000	20,000
	（内　売買損益）	0	▲ 50,000	0	0
	ベーシスポイントバリュー	▲ 1,000	0	▲ 1,000	▲ 1,000
	評価損益（全体）	▲ 70,000	▲ 20,000	▲ 20,000	▲ 20,000
	（内　国債）	▲ 50,000	0	0	0

（出所）　三菱UFJ銀行

② バランスシートの将来予測

　預金や貸出といった顧客起点の取引をベースに、将来の金利リスクに備え、国債投資やスワップを用いたプロアクティブなALM戦略の策定を目指す場合、貸出・預金の残高や金利期間（デュレーション）構成などの予測が重要なポイントとなる。実際に欧米のトップバンクを中心に、経営目標とは異なったロジカルな手法によるバランスシートの予測、およびそれから導かれる収益の予測を基にALM戦略を策定するアプローチが主流となってきている。

　ここでは、銀行バランスシートの主要な構成要素となる"預金"、"貸出"、"有価証券（国債）"の将来予測手法について、代表的な予測モデルを紹介しながら基本的な考え方を述べる。

a　預金予測の手法

　預金は大きく定期預金・流動性預金に分けられる。ここでいう"流動性預金"とは、普通預金、当座預金等いつでも引出しが可能な預金の総称である。当然ながら、定期預金は預入期間によってさらに分けることができる。

一方で流動性預金は、商品の科目で分けて考えることも必要ではあるが、銀行ALM運営上の観点からは、滞留性をもつものとそれ以外のもの（非滞留性）をバランスシート上で分別することが大切になる。滞留性とは、つど引出可能な預金であっても、流動性預金全体で考えた場合に、長期にわたり残高に残る金額を示し、本節で述べるコア預金の概念と共通するものだが、コア預金は金利リスク管理の観点から保守的に見積もる傾向があることに比べ、滞留性の予測は、経営戦略のベースとなる以上、期待値として予測できるロジックであることが求められる。一方、非滞留性とは、流動性預金のなかで滞留性以外をもつものであるが、言い換えれば、いつでも引き出されるリスクのある預金となる。ただし、翌日に非滞留性の全額が引き出されることは考えがたいため、この非滞留部分にも、残高予測は必要となる。

　基本的には、上記の各科目について、それぞれに残高・預入期間構成の予測を立てていくことになる。この残高構成の全体像と、各科目の予測モデルとして主に考えられるものを図表37に示す。

図表37　基本的な預金構成および予測モデル

定期預金	1カ月物	残高：重回帰モデル　等 金利期間構成：ロジットモデル　等
	2カ月物	
	………	
	10年物	
流動性預金	非滞留性	重回帰モデル　等
	滞留性（コア預金）	コア預金モデル ヴィンテージ・モデル　等

（出所）　三菱UFJ銀行

まずは、定期預金の予測から説明する。基本構成としては、定期預金は、満期継続時や新規発生時の金利期間選択の自由度が高く、金利変動に伴い複雑に変化するため、金利期間ごとに残高を予測するのではなく、定期預金の残高の予測と預入期間構成を分けて考えるほうが一般的である。

　残高については、金利・マクロ経済指標を説明変数とした重回帰モデル式⑥等を活用することによって予測することが可能となる。

$$V = \alpha + \sum_i \beta_i \cdot x_i \quad\text{\dotfill}⑥$$

　V：ある時点の定期預金残高（被説明変数）　※前期比を用いる場合も有り
　α：定数項
　x_i：定期預金残高に影響を与える指標iの値（説明変数）
　β_i：指標iにかかる係数（ベータ）

　上式の説明変数（上式中x）に入る指標は、短期金利、長期金利、家計貯蓄率、人口動態等が想定されるが、つど過去のデータを分析しながら対象の指標を更新していくことが求められる。加えて、金利リスク管理上は、預入期間の構成比率を予測することも重要となる。その場合、比率・確率を表現する場合に適したロジットモデル式⑦等を利用することが考えられる。

$$P_t = \frac{1}{1 + \exp\left(\alpha + \sum_i \beta_i \cdot x_i\right)} \quad\text{\dotfill}⑦$$

　P_t：ある時点の預入期間t以内の定期預金の割合（被説明変数）
　α：定数項
　x_i：定期預金残高に影響を与える指標iの値（説明変数）
　β_i：指標iにかかる係数（ベータ）

　特に、上式の説明変数は、短期・中長期の金利期間構造（イールドカーブ）が主になる。これは、預金者側からみて、定期預金作成時には期間ごとの預金金利や金利の先行きを注視することにかんがみれば当然といえる。なお、

4　銀行ALM運営高度化への取組み　401

通常のロジットモデルでは、ひとつの式でひとつの割合しか表現できない。各預入期間の構成割合を1回のプロセスで算出するには、多項ロジットモデル等の応用が考えられる。

　次に、流動性預金について考えてみる。非滞留性の残高は前述の定期預金と同様に重回帰モデル等を使って推定できる。説明変数としては、金利水準、可処分所得等が考えられる。ただし、注意する点は流動性預金の非滞留性の部分には、納税、ボーナス、決算などの特定の時期に発生する季節性をもった動きが存在する。それを捕捉するためには、非線形（波形）のファクターや季節性を考えた説明変数の導入も必要となる。滞留性の部分は、前述のとおり"コア預金"と非常に概念が近いものであり、コア預金の金額を固定値で利用することも考えられる。一方で、これも繰り返しになるが、残高予測は保守的な値である必要性はなく、別のモデルをあてる場合もある。

　なお、滞留性と非滞留性の合計を重回帰モデル等でひとつのモデル式で表現する方法も考えられるほか、定期預金と流動性預金のシフトをモデル化するアプローチを活用している金融機関もあり、基本的な考え方に相違はなくとも、各銀行が独自の手法で予測を行っている。

b　貸出予測の手法

　前述のとおり、日本の銀行においては長期にわたる預超構造が継続するなか、預金と異なり、貸出は経営（営業）目標をもって将来予測とする考え方が根強い。一方で、国内経済の大幅な改善が期待できないなか、国内貸出の伸び悩みを背景に、多くの銀行では中長期的な代替資産投資戦略を求められている。ここでは、客観的に貸出予測を行う手法について考える。邦銀（商業銀行）における貸出は、法人貸出と個人ローン（主に住宅ローン）に大別される。法人貸出の予測については、預金の予測でも説明した重回帰モデル等を活用し金利、経済指標を説明変数とした関数で表現する考え方が主流である。説明変数としては、金利に加えて、GDP・CPI・設備投資・鉱工業生産・短観DI（Diffusion Index）などのマクロ経済指標があげられる。加えて、

さらなる精緻化を図るためには、リーマン・ショック時に起きたような"社債から貸出へのシフト"や東日本大震災後のような"復興需要"などの個別の影響の予測を加えていくことも必要となろう。

次に、個人ローンについて考えてみる。残高については法人貸出と同様に重回帰モデル等が用いられ、説明変数については金利および住宅価格指数（国土交通省が公表する全国住宅価格指数や不動産価格指数）などの住宅需要・供給にかかわる経済指標が考えられよう。一方で、一般的な住宅ローンは、繰上返済が自由でかつ変動から固定、固定から変動への乗換えができる商品設計になっており、残高と同時に金利期間の構成比を推定することは、バランスシート予測のなかでは比較的むずかしい項目である。

繰上返済の予測について、一般的に広く使われているのが、比例ハザードモデルである。このモデルは、契約時からの経過時間を変数とした繰上返済額を、ベースラインハザード式と経済指標等によって変化する回帰式の組合せによって表現する。基本式⑧と概念図（図表38）は、以下を参考にされたい。

$$P_t = \lambda(t) \cdot \exp\left[\sum_i \beta_i \cdot x_i\right] \quad\text{⑧}$$

P_t：あるローン商品の経過時間tにおける（期待）繰上返済率（ハザード率）
$\lambda(t)$：経過時間tの関数（ベースラインハザード）
x_i：繰上返済率に影響を与える指標 i の値（説明変数）
β_i：指標 i にかかる係数（ベータ）

なお、上式 $\lambda(t)$ については概念図に示すとおり、実際にも経過時間とともにいったん上昇した後、反転して低下していく傾向がある。これは、当初は返済資金に余裕のある借入者層が加速度的に繰上返済を行う一方で、後半になると返済余力の乏しい借入者層の貸出が残るという住宅ローンのマクロ的な行動を示しており、この住宅ローン固有の特徴を一般的に「バーンアウト効果」と呼ぶ。

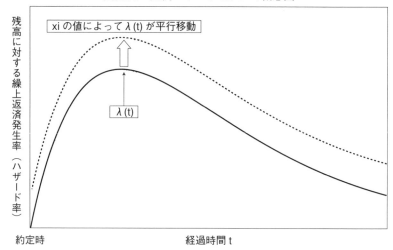

図表38　比例ハザードモデルの概念図

(出所)　三菱UFJ銀行

　加えて、上式の説明変数としては、金利環境、季節性(ボーナス時期等)などがあげられる。なお、この繰上返済行動の分析については、貸出金利のプライシングの観点からの重要性もあり、早くから研究・開発がなされており、実際に運用されている。

　次に、金利の期間構成比であるが、厳密には金利の年限の選択行動を同時に多次元(変動⇔各固定年限、各固定年限⇔各固定年限)で表現することが必要となり、スタンダードなモデルは現状存在せず理論的に予測を立てている金融機関は多くないと考えられる。多項ロジットモデルの応用等で対応は可能であろう。

　住宅ローンには、ローンの全期間にわたって金利が固定される固定金利ローン以外に、金利を固定する期間を任意に決定できる金利期間選択型ローン、変動金利ローンがある。変動金利ローンと金利期間選択型ローンは、双方向で、金利期間終了後(変動金利ローンの場合は約定返済日)に、あらため

て金利期間を選択することができる。

　低金利環境が長く続いてきた本邦においては、住宅ローン全体に占める全期間固定住宅ローンの割合が低く、繰上返済額よりむしろ、住宅ローンの金利期間終了後に選択される金利期間をいかに予測するかが、将来の資金収益を予測するうえで重要なファクターとなっている。

　住宅ローンのスイッチングモデルは、住宅ローンが金利期日を迎えた時の次の金利期間選択行動をモデル化したものである。

　期前返済の二項変数とは異なり、選択肢が複数存在し、また、選択に順序関係がないため、多項ロジットモデルを採用している。

多項ロジットモデル

$$定義：Pr(y_n=j)=\exp(a_j+\sum_{i=1}^{m}\beta_{ji}x_i)/\left(1+\sum_{k=1}^{J-1}\exp(a_k+\sum_{i=1}^{m}\beta_{ki}x_i)\right)$$

$$Pr(y_n=J)=1/\left(1+\sum_{k=1}^{J-1}\exp(a_k+\sum_{i=1}^{m}\beta_{ki}x_i)\right)$$

　n番目の個人がJ個の選択肢からj番目の選択肢を選択する確率は上式上段で表される。

　ここで、n番目の個人は、J個の選択肢のなかから１つ選んでいるので、J個の選択確率の総和は１となり、$j=J$については、上式下段となる。

　住宅ローンのスイッチングモデルでは、図表39のとおり、金利期日到来前およびスイッチ対象となる金利期日到来後の金利期間を「変動」を含め１年から10年まで各々７期間設定している。

住宅ローンスイッチングモデル

$$Pr(y_n=j)=\exp(a_{lj}+\sum_{i=1}^{m}\beta_{lji}x_i)/\left(1+\sum_{k=1}^{7-1}\exp(a_{lk}+\sum_{i=1}^{m}\beta_{lki}x_i)\right)$$

$$Pr(y_n=J)=1/\left(1+\sum_{k=1}^{7-1}\exp(a_{lk}+\sum_{i=1}^{m}\beta_{lki}x_i)\right)$$

　a_{lk}：金利期日到来前の金利期間lが金利期日到来後に金利期間kを選択する場合のa

図表39　住宅ローンの金利期間選択

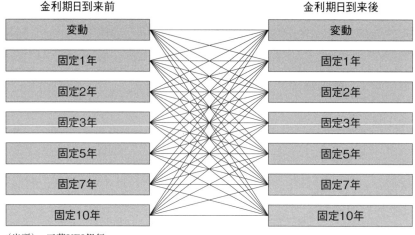

(出所)　三菱UFJ銀行

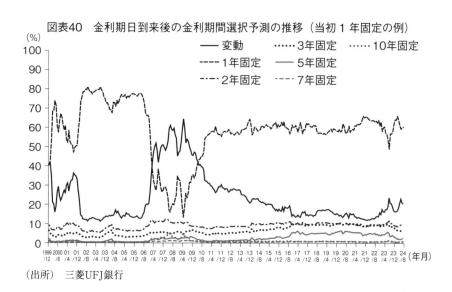

(出所)　三菱UFJ銀行

β_{lk}：：金利期日到来前の金利期間 l が金利期日到来後に金利期間 k を選択する場合の β

c 有価証券（国債）保有構成予測

前述の預金、貸出とは異なり、有価証券（国債）投資は能動的にコントロールできる要素が強い。将来の有価証券運用を予測するには、以下の手法がある。

最もシンプルな方法は、再投資期間を一定にする方法である。具体的には、現在保有している有価証券が満期を迎えたときに順次同期間の同証券に再投資することを前提とする。この方法であれば、将来の収益予測も比較的容易かつ計算インフラも大規模なものは必要ない。一方、既存保有国債の満期構成に偏りが存在することによって、将来の金利リスク量（ベーシスポイントバリュー、必要リスク資本額）が変動するため、リスク管理の観点から結果に現実性を欠く可能性もある。

そこで、次に考えられるのは有価証券ポートフォリオの平均残存期間を一定にする方法である。たとえば、現在の有価証券の平均残存年限が5年であれば、現在保有している有価証券が満期を迎えた時に順次同額の10年債を購入するという仮定を用いれば、将来においても平均残存期間を約5年に維持することが可能となり、これは有価証券の金利リスク量を一定に保つ条件であることと、ほぼ同義といえる。

さらに前述の預金、貸出の変化予測も加味する場合には、バランスシート全体の金利リスク量（ベーシスポイントバリュー）を一定にする方法が考えられる。この方法は、再投資の年限構成などの前提条件は必要となるが、これによって預金、貸出およびそれによる運用余力の変化に対して自動的に有価証券運用戦略が決定される仕組みで将来のバランスシートを予測することが可能となる。加えて、バンキング勘定の金利リスク管理も考慮しながらの投資予測も可能になる。

図表41　バランスシート予測一覧（例）

1年後 （単位：億円）

資産		負債	
短期貸出	1,635	短期預金	2,413
法人貸出	（ 869）	流動性預金	（1,564）
当座貸越	（ 207）	短期定期預金	（ 849）
個人貸出	（ 433）		
その他	（ 127）		
長期貸出	472		
法人貸出	（ 154）		
個人貸出	（ 198）		
その他	（ 120）		
有価証券	2,610	長期預金	1,235
短期国債	（ 571）	定期預金	（ 339）
中長期国債	（1,737）	流動性預金	（ 896）
株式	（ 141）		
その他	（ 162）	その他	1,070

2年後 （単位：億円）

資産		負債	
短期貸出	1,664	短期預金	2,397
法人貸出	（ 881）	流動性預金	（1,553）
当座貸越	（ 200）	短期定期預金	（ 844）
個人貸出	（ 456）		
その他	（ 127）		
長期貸出	499		
法人貸出	（ 149）		
個人貸出	（ 180）		
その他	（ 120）		
有価証券	2,558	長期預金	1,233
短期国債	（ 305）	定期預金	（ 337）
中長期国債	（1,981）	流動性預金	（ 896）
株式	（ 141）		
その他	（ 162）	その他	1,071

3年後 （単位：億円）

資産		負債	
短期貸出	1,671	短期預金	2,382
法人貸出	（ 865）	流動性預金	（1,536）
当座貸越	（ 197）	短期定期預金	（ 846）
個人貸出	（ 482）		
その他	（ 127）		
長期貸出	437		
法人貸出	（ 147）		
個人貸出	（ 171）		
その他	（ 120）		
有価証券	2,707	長期預金	1,234
短期国債	（ 223）	定期預金	（ 338）
中長期国債	（2,182）	流動性預金	（ 896）
株式	（ 141）		
その他	（ 162）	その他	1,199

（出所）　三菱UFJ銀行

ただし、この方法については、預金、貸出が特にダイナミックな変化をする場合は、有価証券についても売却を行うことも考えなければ、リスク量を安定化させることがむずかしくなるため、そのロジック明確化（場合によっては、金利シナリオによって変更する必要があるかもしれない）や精緻化かつ比較的大規模なインフラが必要になる。

　ここまで説明してきた、バランスシート全体の予測を図表41のように定期的に管理し経営層と共有していくことによって、プロアクティブなALM戦略および国債投資戦略が可能となる。たとえば、変動金利貸出増加に応じた中長期国債購入や固定化スワップ導入などが考えられる。さらに、個別の商品の選定ではなく、国債ポートフォリオ全体を最適化する手法も考えられる。

❸　コア預金の認定

　流動性預金は、いつでも自由に引き出すことができる商品性だが、実際はその大部分が毎日滞留する。監督当局は、IRRBB規制における金利リスク量を算出する際、負債勘定の流動性預金のうち、長期間にわたって銀行に滞留する部分をコア預金（監督指針では、明確な金利改定間隔がなく、預金者の要求によって随時払い出される預金のうち、引き出されることなく長期間金融機関に滞留する預金と定義している）としてとらえることを認めている。コア預金の残高や満期を算定するにあたっては、監督指針において具体的に定められた「標準的手法」か、当該金融機関が内部管理で用いているモデルを活用する「内部モデル手法」のいずれかを選択できるとしているが、コア預金は、定義によって、計算されるリスク量が大きく変動することを理解し、コア預金の内部定義を適切に行い、バックテスト等による検証を行うことを求めている。

　流動性預金は「満期のない預金」として、90年代前半までは、金利リスク管理上のグリッドは「期日なし」として扱われていた。当時の日本における

4　銀行ALM運営高度化への取組み　409

国債投資は、貸出総額が預金総額を上回るいわゆる"貸出超過（貸超）"状態だったこともあり、純粋に長短金利ギャップ収益といった超過収益をねらったものであり、ALM運営上の必要性という観点は薄かった。90年代中頃から主要欧米銀行において、流動性預金の事実上の満期を基に金利リスクを計量化しようとする動きがみられ、国内主要銀行においても、90年代後半から2000年代前半にかけて、コア預金を金利リスク管理や収益管理に導入する動きが広がった。さらに、バーゼルⅡの第2の柱で「経済価値の視点に加え期間損益（Net Interest Income）を評価する手法が必要」と指摘されるなか、流動性預金が期間損益に及ぼす影響がいっそう認知されるところとなった。

なお、日本銀行の金融システムレポート（2023年10月号）によると、内部モデル手法を選択した金融機関のコア預金の平均満期は、標準的手法（平均満期2.5年以内）を上回る傾向がある（図表44）。こうした背景には、ペイオフが全面解禁された2005年以降、日本の金融機関が本格的な預金流出を経験していないことや、米国のMMF（マネー・マーケット・ファンド）のような預金代替となりうる金融商品が限られることが指摘されている。

図表42　金利リスク量ベースの預貸バランスシートイメージ

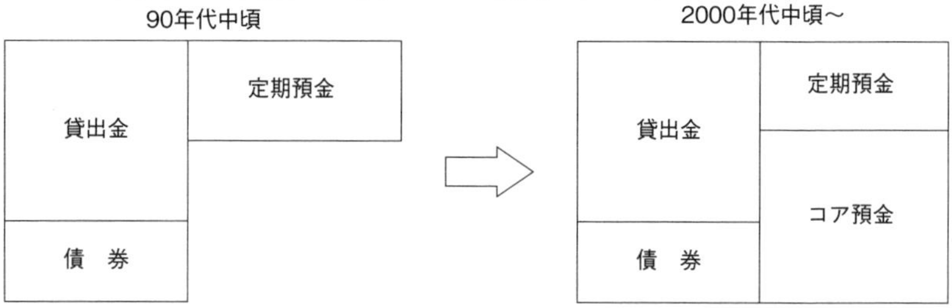

（出所）　三菱UFJ銀行

410　第6章　銀行ALM運営における国債投資とリスク管理

図表43　コア預金モデルにおける標準的手法と内部モデル手法

標準的手法	①過去5年の最低残高、②過去5年の最大年間流出量を現在残高から差し引いた残高、または③現在残高の50％相当額のうち、最小の額を上限とし、満期は5年以内（平均2.5年以内）として銀行が独自に定める。
内部モデル手法	銀行の内部管理上、合理的に預金者行動をモデル化し、コア預金額の認定と期日への振分けを適切に実施している場合は、その定義に従う。
留意点	コア預金の定義によって、計算されるリスク量が大きく変動することを理解し、コア預金の内部定義を適切に行い、バックテスト等による検証を行っているか。 一度選択したコア預金の定義は、合理的な理由がないかぎり継続して使用しなければならない。 金利リスク量の算出にあたって、内部管理で使用しているモデルに基づく高度なリスク計算方法は、その合理性を当局に説明できる場合には使用することができることとする。

（出所）　監督指針より三菱UFJ銀行作成

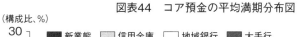

図表44　コア預金の平均満期分布図

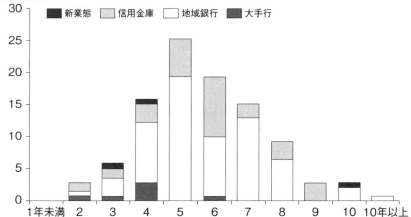

（注）　集計対象は、内部モデル手法を採用している金融機関、2022年度末時点。
（出所）　日本銀行「金融システムレポート」（2023年10月号）、89頁

2024年現在、国内全体の預金残高は右肩上りに増加し続けており、銀行ALM運営において、コア預金を用いてバランスシート上で増加した流動性預金をどのように金利リスク評価・流動性リスク評価をするか、という点はますます重要性が高まっているといえる（図表45）。こうした預金の"量"の増加の観点に加え、長期間にわたって継続した低金利環境からの転換局面における預金の動態など、預金の"質"を評価する観点でも、コア預金管理の高度化に取り組む必要性がいっそう強まっている。

日本では低金利環境が長期化したことで、金利上昇局面における預金の挙動は観測困難であり、内部モデル手法によるコア預金計測において、金利上昇時の預金の滞留性をどのように推計するか、という点が長らく課題であっ

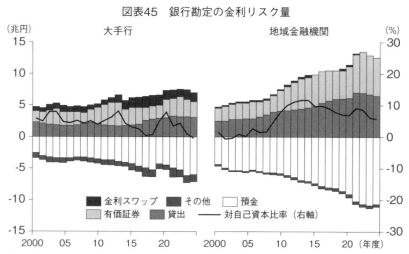

図表45　銀行勘定の金利リスク量

（注）　単位は100bpv。コア預金を勘案したベース（2017年度以前のコア預金残高は試算値）。「対自己資本比率」は、国際統一基準行の2012年度以降はCET 1 資本ベース、国内基準行の2013年度以降はコア資本ベース、それ以前はTier 1 資本ベース（経過措置を除く）。2023年度は2023年9月末時点。
（出所）　日本銀行金融機構局　多角的レビューシリーズ「金融緩和が金融システムに及ぼした影響」（2024年6月）、32頁

た。こうした前提下、金利上昇時のデータを用いなくとも金利上昇ショック時の影響を推計可能にするという観点で、後述する伊藤・木島モデルが有用であり、当該モデルが広く使われることとなった背景である。しかし、2024年3月の日本銀行によるマイナス金利政策の解除、同年7月の追加利上げ、そして今後展望されるさらなる利上げの継続とともに、金利上昇局面における預金動態のデータ蓄積が進めば、過去データに基づいて金利上昇時の預金の滞留性を推計できる環境が整っていくことが予想される。

　一方、金利上昇局面のデータが十分に集まる環境になったとしても、過去データに基づくモデルは、過去経験していない急激な環境変化─インターネット専業銀行の台頭による預金獲得にかかる競争環境の変化、人口動態の変化（相続に伴う資金移動の加速）、NISA普及などの貯蓄（預金）から投資へのシフト、前例のない水準までの政策金利の引上げなど─をとらえきれない可能性がある点には留意が必要である。したがって、内部モデル手法を選択する場合は、モデルのリスクを正しく認識し、一定の保守性を考慮することの検討に加え、モデルの妥当性検証を続け、環境変化に応じて必要があればアップデートを行うなどの取組みを続けていくことが求められる。

　モデルの誤りや不適切な使用が金融機関経営に重大な損害をもたらした事例として、本章第1節で言及した、米銀SVBの破綻をあげることができる。SVBは、保有する有価証券の金利リスクを相殺させるため、預金のデュレーションが長期化するような裏付けに欠ける内部モデルに変更したことがFRBによって指摘されている。その結果は、銀行ALM運営の失敗による破綻である。これは、適切な金利リスク・流動性リスク運営を行ううえで、誤った預金の滞留性評価が致命的な影響を招くことを示している。

　以下では、具体的な内部モデル手法の例として、過去から広く知られている伊藤・木島モデルと、より粒度の高いデータに基づいて預金の滞留性を評価するヴィンテージ・モデルの2つを紹介する。なお、モデルの種別にかかわらず、預金の動態や金利感応度が顧客属性・預金種類によって違う点も考

4　銀行ALM運営高度化への取組み　413

慮することでコア預金をより精緻に推計することが可能である。

a　伊藤・木島のAA-Kijima Model

　内部モデルとして地方銀行で広く活用されている伊藤・木島［2007］のAA-Kijima Model（以降木島モデル）は、レジーム・シフト・モデルとハザード・モデルを組み合わせたモデルであるが、特にレジーム・シフト・モデルを用いて「金利上昇ショック時を想定するために、過去データでは観測できない"金利上昇レジーム"をどのように推計するか」について、いち早く合理的な回答を提示していた点が評価された。

　観測される流動性預金の残高データを$\{\nu_0, \nu_1, \cdots, \nu_T\}$とし、残高の変化$y_t = \log \nu_t - \log \nu_{t-1}$について

$$y_t = \mu_{R_1} + \sigma \varepsilon, \ \varepsilon \sim N(0, \ 1) \quad\text{⑨}$$

というレジーム・シフト・モデルを考える。ここで、$\{R_1, R_2, \cdots, R_T\}$はレジームを表す1次元マルコフ連鎖であり、$\{1, 2, \cdots, N\}$の値をとる確率変数である。レジーム間の遷移は$\Pr(s_{t+1} = j \mid s_t = i) = p_{ij}$という斉時的な推移確率行列で表される。

　式⑨は、残高変動率ドリフト$\{\mu_{R_1}, \mu_{R_2}, \cdots, \mu_{R_T}\}$がレジームによって確率変動することを表現しており、流動性預金が市場環境等の変化により、増加局面（$\mu_R > 0$）、不変局面（$\mu_R = 0$）、減少局面（$\mu_R < 0$）を確率的に遷移するモデルである。

　伊藤・木島［2007］では過去データの制約から残高増加（金利低下）レジームと残高安定（金利安定）レジームの2局面についてパラメータの推計を行い、「預金者グループは金利の上下変動に対して対称な反応を示す」、「将来のレジームは金利上昇レジームから遷移しない」という2つの仮定を置くことで、残高減少（金利上昇）レジームを組み込んでいる。

b　ヴィンテージ・モデル

　"ヴィンテージ・モデル"の基本的な考え方は、個々の預金者について、口座開設から閉鎖に至るまでの預金残高推移を口座開設からの経過時間

(ヴィンテージ）の関数として表し、ある時点での預金者の経過時間の割合により流動性預金残高を推定するものである。関数については、過去の預金者のデータから推定する。イメージは図表46を参考にされたい。

具体的には、口座開設時期ごとに預金をグルーピングし、経過時間ごとの口座数推移から求めた解約率(a)と、経過時間ごとの預金残高変動(b)に基づき、口座開設から経過時間に応じた預金の滞留性(c)を計測する。

(a) 口座残存率

(b) 1口座当り預金残高増減

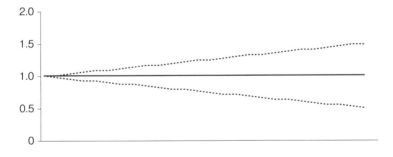

4 銀行ALM運営高度化への取組み 415

(c) 将来の滞留推定率

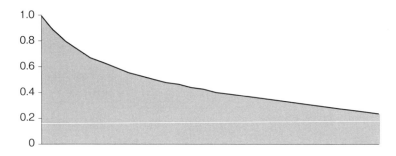

将来の滞留推定額を推計するにあたっては、たとえば、上記(a)と(b)のデータを用いて、残存率カーブ（$RemRatioCurve$）に対し、指数関数（$RemRatioSmoothing$）によりスムージングを行い、スムージング後残存率カーブ（$RemRatioCurveSmoothed$）を得る方法（残存率の乖離の二乗和の最小化を条件に推計）があげられる。以下の数式は一例であるが、推計対象口座が資金流出率の異なる2種類（資金流出が早い口座群と遅い口座群）からなるとの仮定を置き、将来の滞留推定率を関数化している。

$$RemRatioCurve(1, tEnd, dataFrom, dataEnd) \\ = \begin{pmatrix} RemRatio(1, 2, dataFrom, dataEnd), \\ \vdots \\ RemRatio(1, tEnd, dataFrom, dataEnd) \end{pmatrix}$$
… （式1）

$$RemRatioCurveSmoothed(1, tEnd) = \begin{pmatrix} RemRatioSmoothing(2), \\ \vdots \\ RemRatioSmoothing(tEnd) \end{pmatrix}$$
… （式2）

$$RemRatioSmoothing(t) \\ = WeightFast \times e^{-DrawFast \cdot t} + (1 - WeightFast) \times e^{-DrawSlow \cdot t}$$
… （式3）

$WeightFast$：資金流出が早い口座群の比率

図表46 ヴィンテージ・モデルの概念図

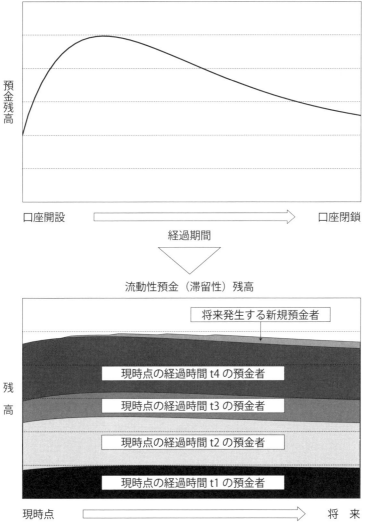

(出所) 三菱UFJ銀行

4 銀行ALM運営高度化への取組み

DrawFast ：資金流出が早い口座群の残高減少率
DrawSlow ：資金流出が遅い口座群の残高減少率

　過去の残高推移データを直接参照するうえで、金利環境や財政政策などの外部要因による預金残高変動も含まれる点には留意が必要である。日本で観測できる過去データは、金利低下・財政拡大など、預金増加方向で外部要因が作用している期間が中心であるため、将来の滞留性を推計するうえでは、保守性の観点で、こうした外部要因による影響を極力取り除く仕組みが求められる。

　なお、本モデルを用いるには、口座開設時期ごとの粒度での過去の預金動態データの蓄積が必要となる。また、銀行によっては過去の店舗統廃合等に伴う（店番などの）口座情報の変化も勘案する必要があり、データの蓄積・整備にあたっては、一定の工夫が求められる場合もある。

４　NII（Net Interest Income）・EaR（Earning at Risk）分析の強化
a　ALM運営の特性とインカムアプローチの必要性

　ALM運営における金利リスク管理は、経済価値の側面に加え、期間損益の観点から評価することが必要である。ここでは、NII/EaRといったその期間損益の側面から評価するインカムアプローチの必要性について考える。

　まず、ALM運営の特性として、貸出・預金などの顧客行動をいかに予測するかが、重要である。

　また、「顧客取引の継続性（オプション性）」も考慮する必要がある。たとえば、1年物の定期預金があった場合、この定期預金は1年後に必ず解約されるかというとそうではなく、流動性預金も引出し自由とはいえ、大部分が日々滞留する。特に日本の銀行においては、経済合理性だけにとどまらない顧客との強固なリレーションシップに基づく預貸取引の継続性・粘着性が強みと考えられている。一方、定期預金の中途解約や住宅ローンの期限前返済

418　第6章　銀行ALM運営における国債投資とリスク管理

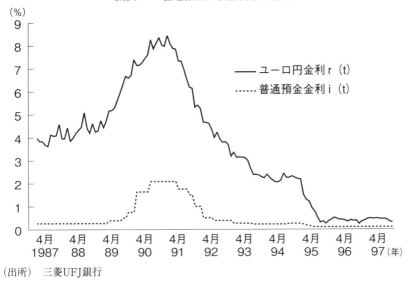

図表47　普通預金の価値評価の推移

(出所)　三菱UFJ銀行

といったオプション性を内包する商品も多数存在している。つまり、ALM運営においては、既存取引に加え、将来発生するであろう新規取引や既存取引を継続する取組みによって生じるキャッシュフローを、顧客行動分析に基づき予測する必要がある。

　次に、「完全には市場金利と連動しない対顧金利＝ベーシスリスク」があげられる。その代表が流動性預金の金利である。ヒストリカルなデータでは市場金利の変動1に対して10％から20％程度しか反応していない。

　このとき、流動性預金の現在価値コストは⑩式のように表され、また、⑩式は⑪式のように変形することができる。

4　銀行ALM運営高度化への取組み　419

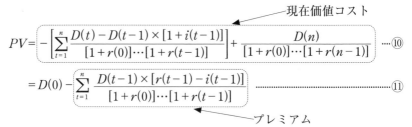

$D(t)$：預金残高
$i(t)$：支払金利
$r(t)$：t期の調達金利

⑪式は、流動性預金の現在価値コストは、額面金額から調達金利と預金金利の投資ファンドから求められる資金収益の現在価値の合計を差し引いたものに等しいことを示している。つまり、普通預金の金利が市場金利の10％〜20％で推移しているということは、普通預金のプレミアムが額面金額の90％〜80％（現在価値コストが額面金額の10％〜20％）であることを意味する（実際には、このプレミアムには預金保険料や、通帳、カード、ATM等のファシリティコストが含有されている）。このような複雑なキャッシュフローを有する預貸の正確な価値を測定するには現在価値指標は適しておらず、たとえ現在価値を正確に測定できても、日本においては預貸商品を売買する市場の流動性はきわめて乏しく、売買により金利変動リスクをコントロールすることは事実上不可能である。

さらに、ALM運営における会計上の損益が「期間損益」ベースであるということがあげられる。むろん、資本直入等の関係から実務上、評価損益も金利変動リスク管理上無視することはできないが、現在の会計制度は、債券（その他有価証券）の価格変動が資本に影響を与える一方で、預貸は影響を与えない。たとえば、2003年のVaRショック時においても、金利上昇に伴って債券の価格が暴落する一方で、預金の価値は急騰していたはずであり、債券の価格変動への過度な反応が、結果的に期間損益の悪化へと結びついたこと

は否めず、ALM運営において、NIIの金利変動リスク管理指標としての重要性は増している。また、国際会計基準（IFRS）の導入時には、債券（その他有価証券）に対しても償却原価法が適用される場合があり、評価損益に比し期間損益の重要性は増加する。

また、「バーゼルⅡの第2の柱」では、「バンキング勘定の金利リスク管理」において、「経済価値の視点」に加え「期間損益の視点」から評価する手法が必要、と指摘されている。

このような観点から、「取引の継続性」などALM運営が有する業務・リスク特性を中長期的な視点から評価するため、金利リスクを期間損益の変動リスクとしてとらえたNII/EaRといったインカムアプローチの必要性が再認識された（図表48参照）。

図表48　ALM運営の特性とインカムアプローチ

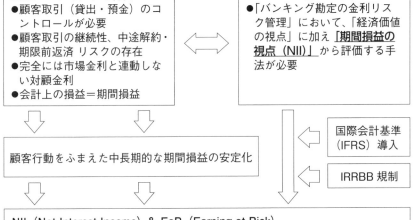

（出所）　三菱UFJ銀行

4　銀行ALM運営高度化への取組み　421

IRRBB規制においても、金利変動に対し、たとえば、金利上昇時に、経済価値（ΔEVE）が減少する一方で、短期的な期間損益は増大するなど、異なる動き方をする可能性があるため、金利リスクを多面的に評価することが重要となる。

b　NII・EaRの活用手法とその課題

　NII（Net Interest Income）とは、いわゆる資金収益シミュレーションのことであり、期間損益の概念が中長期的な資金収益の安定化を目的としたALM運営のリスク管理に必要なことや、時系列比較や他行比較などもしやすい指標であること等を理由に、欧米の主要行の多くでVaRを補完するバンキング勘定の金利リスク管理指標として採用され定着している。

　NIIの活用手法の概要を、以下に示す。

　まず、基準金利シナリオ（金利横ばいシナリオなど）下における一定期間（1年間・3年間など）のターゲットNII（イールドカーブが変化しないときのNII＝基準値）を設定する。次に、特定の金利ショックシナリオ（±50BP・±100BPのパラレルシフトなど）を与えたときのNIIを計算する。ここで各NIIをグラフにプロットし結んだものをNIIカーブという（図表49参照）。一般に、金利ショックシナリオ時のNIIを、ターゲットとしたNIIから一定の乖離内に抑えるようにALM運営を行う。図表49の例では、金利上昇により収益が拡大するポジション、いわゆるショートポジションのポートフォリオに対して、国債等の固定金利資産を積み増すことによって、NIIカーブをフラット化するオペレーションを実施し、ターゲットNIIからの乖離を抑制している。

　NIIの利点として、時系列の比較・要因分析がしやすいことがあげられるが、図表49右のような2時点間のターゲットNIIの変化要因を金利要因（2時点間の金利シナリオの違いによるもの）とバランスシート要因（2時点間のバランスシート構成の違いによるもの）に分解、さらにバランスシート要因はベースレート要因（短期プライムレートなどのベースレートの違いによるもの）とスプレッド要因（ベースレートと対顧金利の差の違いによるもの）および残

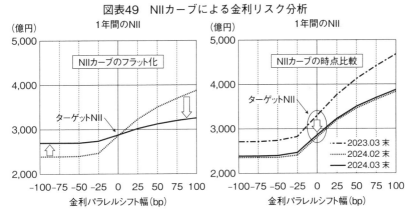

(出所) 三菱UFJ銀行

高要因(2時点間の残高および残高シナリオの違いによるもの)に分解することができる(図表50)。

　これらのNIIの変化要因を定期的に分析し、同時に、①対顧金利動向、②スプレッド動向、③預貸残高動向の実績値とともに時系列比較することで、現在のみにとどまらず、将来のバランスシートの変化要因・問題点などを早期に発見し、収益の安定化に向けたALMの運営方針や収益力強化に向けた施策の策定に活用する。

　NIIは先述のとおり、わかりやすく扱いやすい金利変動リスク管理指標ではあるが、想定外のシナリオが実現した場合のリスクは把握できず、またシナリオに恣意性が相応に存在するため、客観的な統計量として処理できないといった弱点を有している。以降では、こういった弱点を補完する金利変動リスク分析手法(管理指標)であるEaR(Earning at Risk)について述べる(図表51)。

　EaRとは、金利モデル等を用いて客観的な金利パスを多数発生させたときの、NIIの統計的な特性を把握する手法で、一般的にワースト値(下位1%

図表50　2時点間のNIIの変化要因分析の雛形（例）

PL主要科目(単位:億円)　損益要因内訳

BS主要科目(単位:兆円)

資産	2024/3	前年比
貸出		
一般貸出		
ローン		
債券		
短期国債		
中長期国債		
その他		
市場運用		
円投・内部放出		
その他		
スワップ・金先		

負債		
預金		
流動		
定期		
借入・劣後・社債		
市場調達		
円投・内部調達		
その他		
資本		

合計		

	2024/3		金利要因		BS要因		
		前年比	金利横這い	金利変化	スプレッド	ベースレート	残高要因
受取利息							
貸出							
一般貸出							
ローン							
債券							
短期国債							
中長期国債							
その他							
市場運用							
円投・内部放出							
その他							
スワップ・金先							
支払利息							
預金							
流動							
定期							
借入・劣後・社債							
市場調達							
円投・内部調達							
その他							

（受取利息－支払利息）

NII							
貸出・預金							
貸出・預金以外							
除く円投等							

（出所）　三菱UFJ銀行

図表51　NIIとEaRの比較

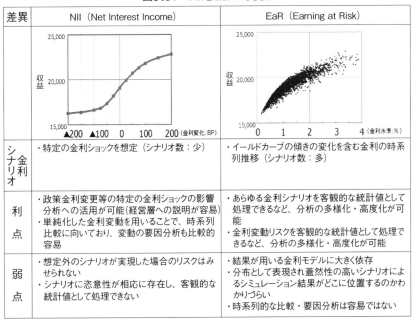

差異	NII（Net Interest Income）	EaR（Earning at Risk）
シナリオ金利	・特定の金利ショックを想定（シナリオ数：少）	・イールドカーブの傾きの変化を含む金利の時系列推移（シナリオ数：多）
利点	・政策金利変更等の特定の金利ショックの影響分析への活用が可能（経営層への説明が容易） ・単純化した金利変動を用いることで、時系列比較に向いており、変動の要因分析も比較的容易	・あらゆる金利シナリオを客観的な統計値として処理できるなど、分析の多様化・高度化が可能 ・金利変動リスクを客観的な統計値として処理できるなど、分析の多様化・高度化が可能
弱点	・想定外のシナリオが実現した場合のリスクはみせられない ・シナリオに恣意性が相応に存在し、客観的な統計値として処理できない	・結果が用いる金利モデルに大きく依存 ・分布として表現され蓋然性の高いシナリオによるシミュレーション結果がどこに位置するのかわかりづらい ・時系列的な比較・要因分析は容易ではない

（出所）　三菱UFJ銀行

点・下位5％点など）そのものや、中央値とワースト値の乖離額などが管理指標として用いられる。

　EaRの一般的な算出プロセスを、以下に示す。

　まず、金利モデル（期間構造モデルなど）から確率的に市場金利シナリオを生成し（シナリオ数は少なくとも数千シナリオ程度は必要）、それを基に派生金利モデルを用いて短期プライムレートなどの指標金利、各種商品金利なども同時に生成する（図表52①）。

　次に、それらの金利シナリオおよび「契約情報・ラダー情報」を基にキャッシュフローを展開し、期間損益シミュレーション（モンテカルロ・シ

図表52　EaR算出プロセス（例）

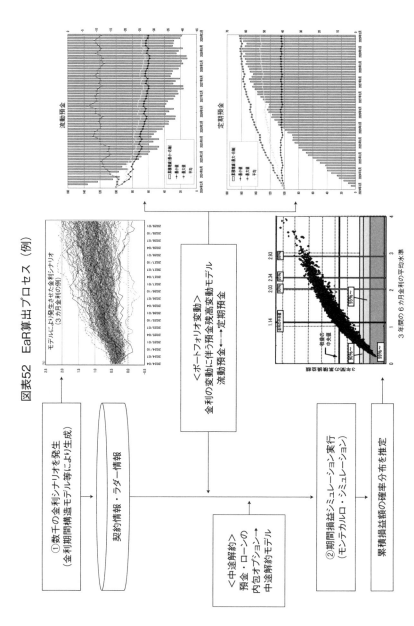

（出所）三菱UFJ銀行

426　第6章　銀行ALM運営における国債投資とリスク管理

ミュレーション）を実行する（図表52②）。その際には、中途解約モデルによる定期預金の中途解約や住宅ローンの期限前返済を勘案する。また、長年の低金利環境下で流動性預金に積み上がった本来は金利感応度の高い預金が、今後の金利上昇に応じて、定期預金に振り替わっていく過程なども預金残高変動モデルを用いて組み込む必要がある。以上のように算出されたNIIの結果に統計処理を施しEaRを算出する。

図表53は、EaRの算出結果の例示で、NIIのおよび個別シミュレーションの算出結果とあわせて表示したものである。

横軸が3年間の6カ月金利の平均金利水準、縦軸が3年間の累積期間損益を表しており、平均金利水準と累積期間損益それぞれの中央値・90％点・95％点・99％点を合わせて表示している。

ここで、黒い小さな点がEaRのシミュレーション結果（5千プロット）、また、比較的大きな白の丸い点がイールドカーブの即時パラレルシフトを想定

図表53　EaRとNIIの算出結果

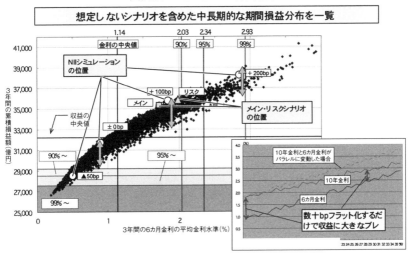

（出所）　三菱UFJ銀行

した場合のNIIの結果であり、±０bpと表示されている点が現在のイールドカーブのまま横ばいで推移した場合、▲50bp・＋100bp・＋200bpと表示されている点は現在のイールドカーブが即時にパラレルシフトし、その後金利横ばいで推移した場合である。さらにALM部署等で作成した金利シナリオに基づく個別シミュレーションの結果を灰色の四角（メインシナリオ）および灰色の三角（リスクシナリオ）でプロットした。同時にプロットすることで、メインシナリオやリスクシナリオの妥当性についても確認される。

　NIIとEaRの算出結果の位置関係をみてみると、総じてNIIがEaRの分布の上側に位置している。例示のNIIの各プロットは、イールドカーブの即時パラレルシフトを想定しているので、長短金利の金利差はそのまま保持されるが、３年間の金利水準が同じであっても、EaRではイールドカーブがフラットニングしていく過程もシナリオに含まれているため、その影響による収益の下振れリスクが計測される。

　図表54は、EaRの「金利変動リスクを統計量として処理できる」という利点を活用した分析事例である。上段にはメインシナリオ下における半期ごとの期間損益とそれに対応したEaRの期待値およびワースト値を表示している。下段は、当該バランスシートに対して追加ポジション操作を行った場合、収益分布がいかに変化するかを分析したものである。たとえば、固定化金利スワップを導入した場合、ワースト損益は底上げされる一方で、ベスト損益は大きく低下するといったトレードオフの関係にあることを提示している。また、膨大なシステムリソースを必要とするが、期間収益の分散を最小化するようなオペレーションの最適解を求めることも可能である。

　追加ポジション操作によって、期間収益の分散を抑えた場合であっても、金利変動のタイミングやスティープ化やフラット化、ツイスト化などイールドカーブの形状の変化によって期間収益は大きく変動する。しかし、EaRの分布をみただけでは各金利シナリオの何が収益の変動要因になっているかはわからない。そこで、個々の期間収益と金利シナリオを対応させ、クラス

図表54 EaR分析の活用例〜追加ポジション操作による影響分析〜

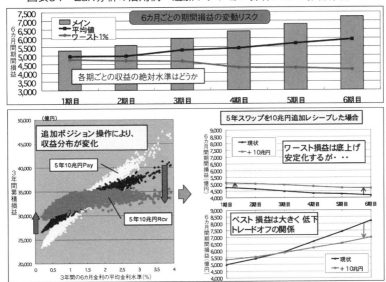

(出所) 三菱UFJ銀行

ター分析等を用いて収益クラスごとに金利シナリオを類型化することで、低収益クラスの金利シナリオ（リスクシナリオ）、あるいは、高収益クラスの金利シナリオはいかなるものなのかを視覚的かつ定量的に把握することで、より具体的なヘッジ戦略の立案が可能となる。

前述のとおり、現行の会計制度では「その他有価証券」の価格変動が自己資本に影響を与える場合もあるため、評価損益の観点も無視できない。しかし、VaRを金利リスクの管理指標とした場合、VaRショック時にみたように、短期的な価格変動リスクを過度に見積もる可能性があり、それに基づく誤ったオペレーションが、期間収益の悪化を招き、ALM運営が目指すべき中長期的な期間収益の安定化を阻害するおそれもある。

ここで、「経営体力＝自己資本＋評価損益＋期間収益力」ととらえると、

4 銀行ALM運営高度化への取組み 429

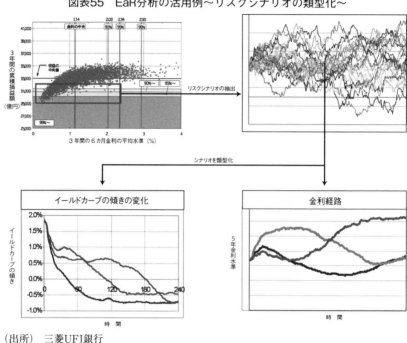

図表55 EaR分析の活用例〜リスクシナリオの類型化〜

(出所) 三菱UFJ銀行

　自己資本を毀損せずに（自己資本＝一定）、経営体力を維持するためには、「評価損益＋期間収益力」を一定水準以上に保つことが必要となる。

　いま、一定期間の資金収益（EaR）に自己資本に影響を与える債券の評価損益増減を加えたものをCaR（Capital at Risk、第1章の「コスト・アット・リスク（CaR）」とは別指標）と呼ぶ。図表56の例では債券の評価損は金利上昇に伴ってワースト値で数千億円に達するが、一方で、預金金利と市場金利のスプレッドが拡大するため（特に流動性預金において大）、資金収益は増大し、「評価損益＋期間収益力」は一定水準以上を保っている。これは、金利上昇に伴う預金の市場価値の増大が資金収益の増大というかたちで顕在化した結

図表56　CaRへの拡張

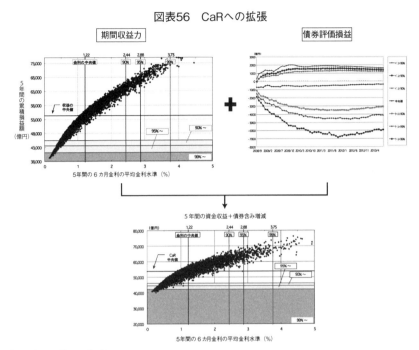

（出所）　三菱UFJ銀行

果であり、バランスシートの期間収益力が評価損益の悪化を補っている。結果的にCaRは金利上昇に対して右肩上りになっている。

　以上、EaRの活用事例をみてきたが、その算出にあたっては、それぞれの銀行が設定する金利変動リスク管理の枠組みや志向する運営スタイルを可能な限り再現できることが望ましい。

　たとえば、一般的に時価損益で管理された実際の銀行ALM運営では、その他有価証券の評価損の金額等に応じたロスカットリミット（損失が一定の水準に達した場合、保有しているポジションを自動的にクローズ（売却または買戻し）するための設定値）が存在し、一定のリスク、もしくは損失に達した

場合は、ポジションの圧縮などの能動的な操作が行われる。

　また、現在のポートフォリオを将来にわたって単に継続させればよいわけではなく、「預貸の残高や期間構成の変動に応じBPV（ベーシスポイントバリュー）を一定に保つようにポジション管理を行う」など、金利変動リスクのコントロールの指針にのっとった操作を反映する必要もあるだろう。

　さらに、預貸残高の変動を考慮する場合、残高変動モデルに金利以外のさまざまな経済指標を説明変数として組み込む場合もあり、こういったさまざまなリスクファクターや制約条件を取り入れて、モンテカルロ・シミュレーションを行うためには、相応のシステム投資が必要であり、価格対費用効果を見極めながら開発を行う必要があろう。

⑤　国債と株式の一体投資運営

a　銀行の抱える株式リスク（政策保有株式関連の動向）

　バブル崩壊後の不良債権問題の深刻化や株式市場の低迷により、多くの銀行が株式リスク削減を経営上の重要課題として位置づけたうえで、90年代後半から政策保有株式の売却を進めてきた。特に、2000年の連結決算制度や2002年の時価会計制度導入により、事業会社が株式リスク削減を行ったことや、2002年に施行された「銀行等の株式等の保有の制限等に関する法律」により銀行自体が政策保有株式の売却を推し進めたことで、企業と金融機関の株式持合いの解消が進むこととなった。2005年から2008年にかけて、海外投資家による買収リスクからの回避等を背景に株式持合いの動きがみられたものの、その後の株式市場低迷の動きから政策保有株式を削減する傾向は続いた。また銀行に限らず、生命保険会社・損害保険会社についても、ソルベンシー・マージン比率の算出基準の厳格化に向けた取組みもあり、株式リスクの削減を進める流れとなった。その後、2010年4月以降は政策保有株式の銘柄数や貸借対照表計上額について有価証券報告書での開示が求められるようになり、個別銘柄の開示も要請されるようになった。

2012年に発足した安倍政権は、経済成長を促進させるため、アベノミクス政策の第3の矢で投資を喚起する成長戦略を打ち出した。そのなかで、コーポレートガバナンス改革を「経済成長を実現する重要な施策」と位置づけ、企業の収益力向上を図る目的から、より効率的な経営を企業に促す仕組みづくりを目指した。コーポレートガバナンス・コードにおいては、企業の競争力向上に直結しない政策保有株式に関しても言及がなされ、上場企業に対して政策保有株式に関する方針の開示、長期的な視点からのリスクとリターンの検証と保有の合理性などに関する説明などが求められるようになった。2023年12月には、金融庁が大手損害保険会社4社に対して、独占禁止法に抵触すると考えられる行為および同法の趣旨に照らして不適切な行為ならびにその背景にある態勢上の問題が認められたとして、業務改善命令を発出。金融庁はこの業務命令のなかで、政策株式の保有割合等が独占禁止法等抵触等リスクを発現しやすい環境になったと指摘し、これを受け、大手損害保険会社は政策保有株式の売却の加速を計画する経緯となった。また、本件を契機にそのほかの金融機関も含め政策保有株式の売却の加速が意識されるようになった。

　株式分布状況調査によると、2000年3月末時点における都銀・地銀等（銀行法および長期信用銀行法に規定する国内普通銀行）の株式残高は時価ベースで52兆円であったが、2011年3月末時点では時価ベースで13兆円まで減少している。その後は株価の上昇もあり、2024年3月末時点では時価ベースで21兆円程度になるも、2000年3月末比で減少となっている（図表57）。

　図表57のとおり銀行は政策保有株式の削減を進めてきたものの、依然として相応の規模を保有していることから、銀行にとって株価下落リスクのコントロール強化は引き続き重要な課題であるといえる。

　以下で、この株価下落リスクのコントロールのひとつである国債と株式の相関性を活用した運営を紹介する。

4　銀行ALM運営高度化への取組み　433

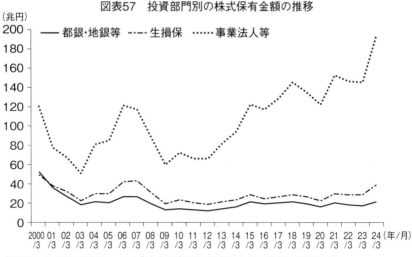

(出所) 日本取引所グループ「株式分布状況調査」より三菱UFJ銀行作成

b 国債と株式の相関性

　銀行が保有する債券の多くが国債であることから、「その他有価証券」に区分される国債と株式のリスクを適切に管理し、自己資本比率を安定的にコントロールすることがある程度可能になる。

　相場がリスクオン局面にある場合、国債が売却され、よりリスクの高い株式が選好される傾向があり、この投資行動により国債の金利は上昇（価格は低下）し、株式の価格は上昇する。また、相場がリスクオフ局面にある場合には、国債が買われ、株式が売却される傾向にあるため、国債の金利は低下（価格は上昇）し、株式の価格は下落する。このように、国債の金利変化と株式の価格変化が同方向に動く傾向にあるとき、国債の金利変化と株式の価格変化は順相関になっているという。一方、それぞれが逆方向に動く局面にあるときは、国債の金利変化と株式の価格変化は逆相関になっているという。

　たとえば、2006年1月から2024年6月まで、国債は10年債利回り、株式は

TOPIXの週次データにより、それぞれの変化の相関係数（25週ベース）を算出した（図表58）。

国債の金利変化と株式の価格変化は順相関となっている期間が多い。この期間では、国債に加えて株式を保有したポートフォリオを構築することにより、評価損益等を安定的にコントロールすることができる。また、国債の価格変動リスクのヘッジとして株式を保有するという捉え方もできる。

一方で、逆相関になっている時期もある。特に、2020年に発生した新型コロナウイルス感染症の拡大、およびその後のグローバルな物価上昇過程においては、国債の金利変化と株式の価格変化は逆相関となっている期間が長い。順相関が崩れ、逆相関になった際は国債と株式からなるポートフォリオの評価損益の振れ幅が拡大する可能性を秘めており、留意を要する。このように、国債と株式の分散投資は両者の相関関係を把握しながらポートフォリオ全体のリスクをコントロールしていくことが重要である。なお、政策保有

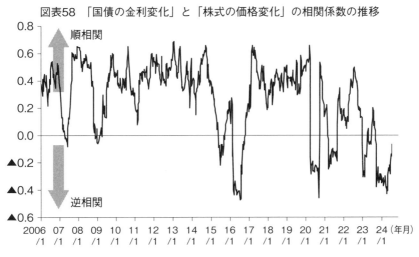

図表58　「国債の金利変化」と「株式の価格変化」の相関係数の推移

（出所）　Bloombergデータより三菱UFJ銀行作成

株式の売却が進むとともに、量的側面としての残高の変化や、質的側面としての構成銘柄の変化なども踏まえたコントロールが求められる。

c 国債と株式の一体投資運営手法

前項で示したとおり、国債の金利変化と株式の価格変化が順相関の関係であるときには、ポートフォリオの価格変動リスク量を抑制できる。加えて、この相関関係を利用してポートフォリオの価格変動リスクを抑制できるため、例えば投資残高の拡大を通じて、収益力の向上を目指すことができる。

ここで、国債と株式の一体運営手法のプロセスについて、例を示す。

①評価損益コントロールの目的を決定

「国債と株式の合算ポートフォリオの評価損益変化の平均がゼロに近づく」ようにそれぞれの運用目処値を算出する、もしくは、「国債と株式の合算ポートフォリオの評価損益変化が最小になる」ようにそれぞれの運用目処値を算出する、といった評価損益コントロールの目的を決定する。

②「国債と株式の合算ポートフォリオ」の国債、株式それぞれの運用目処値を決定

③効率的な評価損益コントロールを可能とする国債の年限構成を決定

相関関係の状況に応じて、「国債と株式の合算ポートフォリオ」の評価損益コントロールの目的を達成できるように国債の保有デュレーションを決める。

④国債の金利変化と株式の価格変化の相関性が崩れたときの対処法を決定

国債と株式の相関性が崩れた場合、ポートフォリオの評価損益悪化を防ぐため、たとえば、デリバティブを用いて各資産に対するヘッジを行うことでポートフォリオの評価損益をコントロールする。

⑤国債と株式それぞれの相場見通しに基づく追加の財務収益獲得

国債、株式それぞれの相場見通しに基づき、各種規制などに基づき決められたリスク水準のもと、アクティブな操作を組み入れて追加の財務収益の獲得を目指す。

6 ソブリンリスクのモニタリング

序章の課題で述べたソブリンリスクについて、モニタリングする手法を説明する。

一般的にソブリンリスクを計測する手段の代表的なものにCDS（Credit Default Swap）のプレミアムを観測する手段がある。CDSとは、企業や国（ソブリン）等の債務を参照資産として、参照資産に債務不履行（デフォルト）が発生した場合に、CDS取引を行った相手から契約金額が支払われるものであり、その契約金額に対する手数料に当たるプレミアムを計測することで、ソブリンリスクの発生度合いを測るものである。しかしながら、CDSのプレミアムのみではソブリンリスクの兆候やリスクの深刻度合いを判断するには不十分であり、より多面的な指標をもとに判断する必要がある。

そこで有用となるのが、図表59のような複数の指標をもとにしたソブリン

図表59 ソブリンリスクモニタリング（例）

モニタリング指標					
項目	指標	YYYY/MM	前月	前月比	閾値
格付け	S&P				
	Moody's				
	Fitch				
国際収支	経常収支				
	対外純資産				
財政	政府総債務残高				
	プライマリー・バランス				
経済	経済成長率				
	経済規模				
市場	ドル円				
	10年債				
	ソブリンCDS				

（出所）　三菱UFJ銀行

4　銀行ALM運営高度化への取組み　437

リスクモニタリングを活用した定点チェックである。各種マクロ経済指標や、第4章で紹介した財政統計や格付動向などのモニタリングを通して定量的に分析することに加えて、政治動向や財政政策の方向性等の定性的な観点での分析なども総合的に勘案し、ソブリンリスクのモニタリングを行う。

ソブリンリスクモニタリングの運営方法としては、閾値を設定して閾値に到達するつど影響度合いを分析し、必要であれば経営会議メンバーやリスク管理部署等に報告する。閾値をベースとしたソブリンリスクの水準変化に応じて、国債投資に対する金利リスク量に制限を設けたり、ソブリンリスクの高まりを受けて預金が流出していないか等の預貸構造の分析も重要となる。また、本モニタリングと合わせて、前述したストレスシナリオを作成して国債の損益シミュレーションを実施し、経営への影響をふまえてリスクヘッジ手段の実行などの対応策を講じることも必要である。

７　資金繰り予測の高度化〜AI手法を活用した事例

銀行における資金繰り予測は、銀行が将来の資金の過不足を適切に管理するための運営プロセスであり、流動性リスクを管理するとともに、収益性の観点からは、資金尻となる日本銀行当座預金（日銀当預）へ効率的な資金配分を行うためにきわめて重要なプロセスである。資金繰り予測の精度を上げることで、バランスシートの健全性や収益性を向上することが可能である。

一例として、先のマイナス金利政策時の日銀当預運営についてみてみる。当時、日銀当預は、以下のような三層構造で運営されており、各層で異なる金利を適用することで、日本銀行は、金融機関の日銀当預への預入インセンティブをコントロールしていた。

マイナス金利政策時における日銀当預の三層構造

ポジティブ金利層・基礎残高

基礎残高は、金融機関が日本銀行に預け入れる当座預金のうち、正の（ポジティブ）金利が適用される部分で、当時の金利環境下においては、比較的高い金利が設定され

438　第6章　銀行ALM運営における国債投資とリスク管理

ており、預金インセンティブが高い。

> **ゼロ金利層・マクロ加算残高**
> マクロ加算残高は、基礎残高を超えるある一定の範囲内で、金融機関が保有する日銀当預の大部分を占める層であり、ゼロ金利が適用される。金融機関は、収益を上げることはできないが、超過流動性を日本銀行に預け入れることができるため、マイナス金利政策環境下においては、相応の預入インセンティブが働く。

> **ネガティブ金利層・政策金利残高**
> 政策金利残高は、マクロ加算残高を超える部分に適用される層で、負の（ネガティブ）金利（マイナス金利）が適用され、日本銀行への利息の支払が発生するため、預入インセンティブは低く、余剰資金を市場に放出する圧力が働く。

　基本的に、金融機関は、残高判定期間（積み期）の平残着地予測がネガティブ金利（マイナス金利）層である政策金利残高に達しないように資金繰りを運営していた。

　図表60の上段は、積み期のＮ日目を表している。平残着地予測は、マイナス金利層からバッファを考慮した安全域にある。図表60下段、翌日のＮ＋1日目に、予測を大幅に上回る資金流入があり、平残着地予測は、ゼロ金利層内ではあるものの、バッファ領域を抵触したため、安全域へ回帰するように、資金放出を実施する。

　ここで、資金繰り予測の精度が高いほど、所要バッファ領域は小さくなり、また、想定外の資金調達や放出の必要がなくなるため、マクロ加算残高をより安定的かつ効率的に活用することが可能となることは言うまでもない。

　銀行における資金の変動は、預金や貸出といったポジションによる影響が大きく、また、その変動要因は多様で複雑である。そのため、予測にあたり従来は、属人的なスキルや経験によるところが大きく、担当者により資金繰り運営の安定性や収益性にバラツキが生じていた。しかし、近年、機械学習などのAIテクノロジーを用いた資金繰り予測を導入する動きが広がっており、大量のデータからパターンを学習し、従来の手法では見落としがちな微

4　銀行ALM運営高度化への取組み　439

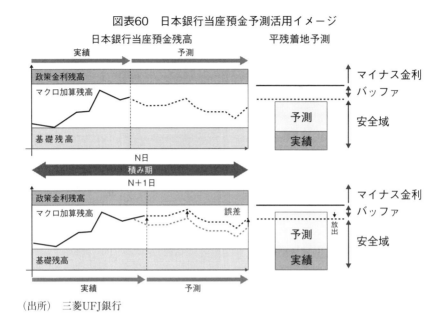

(出所) 三菱UFJ銀行

細な傾向をとらえることで、より安定的で高精度な資金繰り予測が可能となっている。

a 最終資金尻となる日本銀行当座預金の予測

預金や貸出、有価証券運用など、銀行における様々な資金移動の最終資金尻となる日本銀行当座預金の予測プロセスについて述べる（図表61）。

(a) 預貸残高データ

今回使用する機械学習モデルの一種である「Treeモデル」の注意点として、外れ値の予測が不得意ということがあげられる。預貸残高データには、大口先などの特殊要因が含まれているため、担当部署によって個別管理されている大口先／特定先に関するデータを除外することで、ノイズ除去を施している。

図表61　日本銀行当座預金の予測の基となる預貸Gap予測プロセス

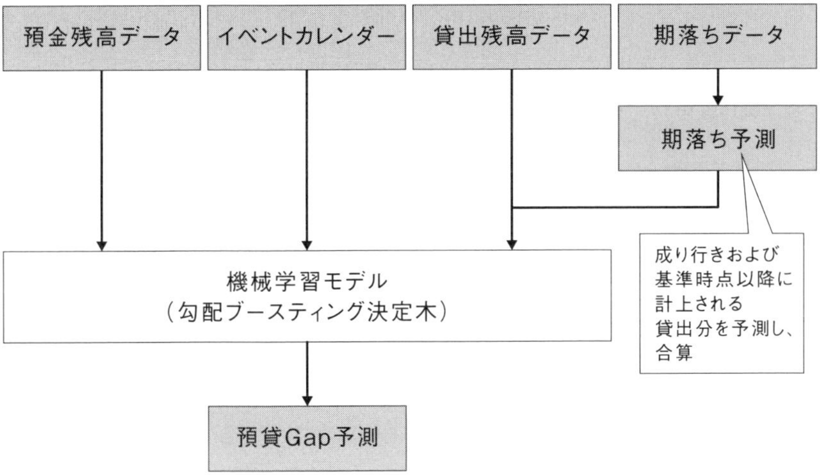

（出所）　三菱UFJ銀行

⒝　イベントカレンダー

　銀行における資金の流入・流出要因には、預金の預入れや引出し、貸出の取組みや返済、債券の購入や売却、投資からの収益などがあるが、資金繰りを予測するうえで重要なのは、担当者が培ってきた資金変動の経験則を計量化することである。

　預貸の流出入要因を細かくみていくと以下のような特徴がある。

	法　人	個　人
流動性預金	• 年間を通して変動幅が非常に大きい • 年間：1月から、6月の大量税揚げに向けて大幅拡大し、税揚げ後、年末に向けて減少 • 月：月初～中旬まで減少、月後半にかけて増加	• 年間を通して変動幅大 • 年間：ピークは12/25（第二ピークは6/25）、底は秋（10月か11月の15日付近） • 年金払い日（偶数月の15日、休日の場合は前営業日）に増加 • 給料日（25日）は増加

4　銀行ALM運営高度化への取組み　441

流動性預金	● 税揚げ日（月初2営業日目、前月末が休日の場合は3営業日目）に減少 ● 源泉税揚げ日（10日の2営業日後、休日の場合は後倒し）に減少 ● 5・10日は増加傾向 ● 月末は増加傾向（翌月の税揚げに向けて） ● 給料日（25日）は減少	● その他、10日、20日、月末に増加する傾向あり
定期預金	● 年間を通して変動幅少 ● キャンペーンに反応するも、影響は限定的	
貸出	● 地方公共団体など特定先向けや大口先の貸出は動きが特殊であるため、要個別対応 ● 預金との両建てで月末に大幅増加、月初に大幅減少 ● 5・10日は増加傾向、その翌営業日は反動で減少	

　これらから、日本の商慣習などにより、預金や貸出の残高が経験的に大きく変動することがわかっている日（＝イベント日）を特定したものが、イベントカレンダーであり、イベントのなかから、予測モデルの精度への寄与度が高いものが、予測モデルの特徴として組み込まれる。

イベント日	事　由	定　義
税揚げ日	法人税納付 （3月末決算企業は5月末までに納付）	第2営業日 （前月末が休日の場合は第3営業日）
源泉税揚げ日	7月・1月は多め （零細企業は年2回）	10日（休日：翌営）＋2営業日
5・10日	法人の決済が多い	毎月5・10・15・20・30日 （休日：前営）
給料日（25日）	給料日が多い	毎月25日（休日：前営）
ボーナス日	ボーナス支給日が多い	6、12月の15日、25日 （休日：前営）
第1営業日	月初は増加傾向 （当月の税揚げに向けて）	毎月の最初の営業日

最終営業日	月末は増加傾向 （翌月の税揚げに向けて）	毎月の最終営業日
国債大量償還日	国債償還日および利払い日	四半期20日、休日の場合は翌営業日
祝日翌営業日	祝日の翌営業日の取引は増加	前日が祝日の営業日
四半期末	決算期限	四半期末の最終営業日
年末年始	法定休日以外の本社休みが多い	12月最終週の営業日
お盆	法定休日以外の本社休みが多い	お盆期間の営業日
GW	担当者休みが多い	ゴールデンウィーク中日の営業日
連休日数	連休前後に動きが大きい	営業日前後の連休の日数

図表62　イベントカレンダー入力例（2024年4月）

日付	営業日フラグ	当月営業日日数	前休日日数	後休日日数	年金	税揚げ	源泉税揚げ	月末	月初	5日	10日	‥‥
2024/ 4/ 1	1	1	2	0	0	0	0	0	1	0	0	・・・
2024/ 4/ 2	1	2	0	0	0	0	0	0	0	0	0	・・・
2024/ 4/ 3	1	3	0	0	0	1	0	0	0	0	0	・・・
2024/ 4/ 4	1	4	0	0	0	0	0	0	0	0	0	・・・
2024/ 4/ 5	1	5	0	2	0	0	0	0	0	1	0	・・・
2024/ 4/ 8	1	6	2	0	0	0	0	0	0	0	0	・・・
2024/ 4/ 9	1	7	0	0	0	0	0	0	0	0	0	・・・
2024/ 4/ 10	1	8	0	0	0	0	0	0	0	0	1	・・・
2024/ 4/ 11	1	9	0	0	0	0	0	0	0	0	0	・・・
2024/ 4/ 12	1	10	0	2	0	0	1	0	0	0	0	・・・
2024/ 4/ 15	1	11	2	0	1	0	0	0	0	0	0	・・・
・ ・ ・												
2024/ 4/ 25	1	19	0	0	0	0	0	0	0	0	0	・・・
2024/ 4/ 26	1	20	0	3	0	0	0	0	0	0	0	・・・
2024/ 4/ 30	1	21	3	0	0	0	0	0	1	0	0	・・・

（出所）　三菱UFJ銀行

(c) 期落ちデータと予測

　基本的に、貸出の返済額は契約情報に従うため、期落ちデータを用いて取引の継続性を勘案することで、予測精度が有意に向上する。

　ただし、予測基準時点から予測期間の将来時点までに、貸出の新規実行やロールがあるため、成り行き分に加え、前月期落ち分から翌月期落ちする短期のロール分と新規分を含めた将来の期落ち額の予測が必要である（図表63）。

(d) 機械学習モデル

　機械学習モデルには、勾配ブースティング決定木（Gradient Boosting Decision Tree, GBDT）を使用している（図表64）。

　「決定木」とは、分類や回帰タスクに使用される機械学習のアルゴリズム、弱学習器（単純なモデル）のひとつである。「ブースティング」とは、

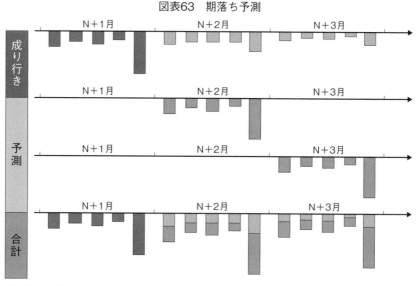

図表63　期落ち予測

（出所）　三菱UFJ銀行

図表64　ブースティングイメージ図

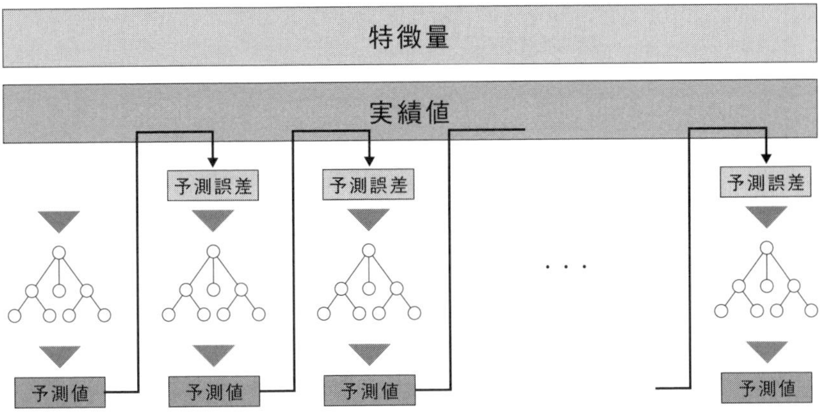

| 特徴量 |
| 実績値 |

（出所）　三菱UFJ銀行

　機械学習におけるアンサンブル学習の一種で、複数の学習器（この場合、決定木）の組合せによって、ひとつの強力なモデルを構築する手法である。各決定木は前の決定木の誤り、つまり、予測値と実績値の誤差を修正する様に設計される。

　ここで、次の決定木による予測誤差を最小化するような方向が損失関数（コスト関数）の「Gradient（勾配)」であり、逐次、追加される決定木が予測を改善するために最も効果的な方向を決定する（図表65)。

b　機械学習モデルの運用と留意点

　機械学習モデルの運用において、モデルの性能を維持し、ALM運営の収益拡大や効率化、市場競争力の強化など、ビジネス価値を最大化するための主な留意点について述べる（図表66)。

　・モデルの性能検証

　　データの変化（コンセプトドリフト）やモデルの過学習、ビジネス環境の変化などによって、モデル性能の低下が生じる可能性があり、モデルの

4　銀行ALM運営高度化への取組み　445

図表65　勾配イメージ図

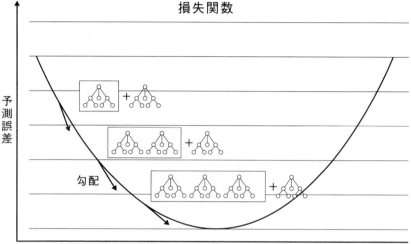

（出所）　三菱UFJ銀行

性能を定期的に監視し、予測精度が低下していないか検証する必要がある。

・データの品質管理

　入力データの品質がモデルの予測性能に大きく影響するため、データの欠損、異常値、バイアスなどがないかを定期的にチェックし、必要に応じてデータクレンジングを行う。

・コンセプトドリフトへの対応

　モデルが学習した時点のデータパターンや関係性が、時間が経つにつれて変化することにより、モデルの予測性能が低下する現象をコンセプトドリフトと呼ぶ。モデルを定期的に再学習させることで、この問題に対処できる。

・説明可能性と透明性

　モデルにおいて、予測がどのように行われているかを理解し、説明でき

図表66　モデルの性能検証プロセス

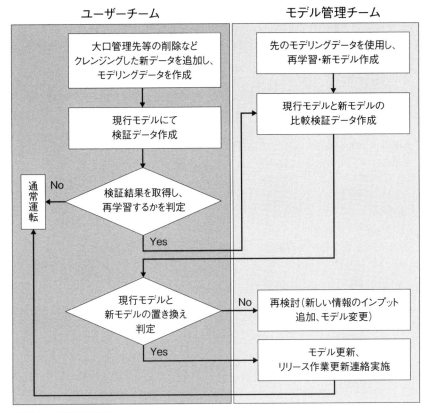

(出所)　三菱UFJ銀行

ることは重要であり、モデルの信頼性を高めるだけでなく、社内外のステークホルダーへの説明責任を満たすためにも必要である。

　そのためには、ユーザーチームとモデル管理チーム（データサイエンティスト・エンジニアなど）のチーム間の効果的なコミュニケーションが重要である。

（参考文献）

「銀行勘定金利リスク管理のための内部モデル（AA-Kijima Model）について」伊藤優・木島正明、証券アナリストジャーナル、2007年4月

「コア預金内部モデルについて」（日本銀行金融高度化センターワークショップ）、2013年10月

「日本銀行の国債買入れに伴うポートフォリオ・リバランス：資金循環統計を用いた事実整理」（日銀レビュー　2014-J-4）齋藤雅士・法眼吉彦・西口周作、2014年6月

「2020年度の金融市場調節」日本銀行、2021年6月

「金融システムレポート（2023年10月号)」日本銀行、2023年10月

「金融システムレポート（2024年4月号)」日本銀行、2024年4月

多角的レビューシリーズ「金融緩和が金融システムに及ぼした影響」日本銀行、2024年6月

多角的レビューシリーズ「大規模金融緩和の金融システムへの影響に関する反実仮想分析」（日本銀行ワーキングペーパーシリーズ　No.24-J-6）安部展弘・石黒雄人・小池洋亮・古仲裕貴・高野優太郎・平形尚久、2024年6月

金融システムレポート別冊シリーズ「2023年度の銀行・信用金庫決算」日本銀行、2024年7月

索　引

記号・数字

ΔEVE ……………………………… 384
60年償還ルール
　………………… 4, 59, 81, 100, 103, 139

A〜Z

AI ………………………………………… 438
ALM ……………………………………… 361
ALM委員会……………………………… 375
ALM部署………………………………… 372
ATM（アット・ザ・マネー、
　At The Money）……………… 306
BoE ……………………………………… 222
Bond Connect ………………………… 213
BPV（ベーシスポイントバリュー）
　………………………………379, 432
CaR（コスト・アット・リスク）…… 76
CaR（Capital at Risk）……………… 430
CDS（Credit Default Swap）……… 437
CTA……………………………………… 297
DVP決済（Delivery Versus
　Payment）……………………… 91
EaR ……………………26, 77, 418, 423
ESG投資 ………………………………… 302
EWI（Early Warning Indicators）
　……………………………………… 366
FB（Financial Bill）………………… 83
FFレート………………………………… 393
GC取引…………………………………… 99

GMRA（Global Master Repurchase
　Agreement）………………………… 329
GMSLA（Global Master Securities
　Lending Agreement）…………… 330
GPS ……………………………………… 379
GX経済移行債…………82, 104, 107, 302
GX推進法………………………………… 80
IRRBB…………………………………363, 367
ISDA（International Swaps and
　Derivatives Association）………… 79
ITM（イン・ザ・マネー、In The
　Money）…………………………… 306
LCR規制 ………………………………… 371
LTRO…………………………………… 215
MSLA（Master Securities Loan
　Agreement）……………………… 330
NII ………………………………………26, 418
NIIカーブ ……………………………… 422
NSFR規制 ……………………………… 371
OTM（アウト・オブ・ザ・マネー、
　Out of The Money）…………… 306
RTGS（Real-Time Gross Settlement）
　……………………………………… 91
SC取引…………………………………… 99
SLF ……………………………………… 282
SVB（Silicon Valley Bank）……355, 413
TB（Treasury Bill）………………… 83
T-bill …………………………………… 83
TONA…………………………………… 322
Treasury Discount Bill……………… 83
Treeモデル ……………………………… 440

索　引　449

Value at Risk ································ 363	英国債 ································· 209
VaR ·································380, 381	英国債務管理局 ····················· 224
VaRショック ························344, 345	英国予算管理局 ····················· 224
When-Issued取引 ··················· 93	エネルギー対策特別会計 ··········· 155
WI取引 ····························· 93	欧州安定化基金 ····················· 215
YCC ······························ 65	欧州安定メカニズム ················· 215
YCCアタック ······················ 282	欧州中央銀行 ······················· 215
	オフサイトモニタリング ··········· 363
あ	オプション ························· 304
	オプション戦略 ····················· 307
アーニング・アット・リスク（EaR）	オプション・プレミアム ··········· 306
······························· 77	
アウトライヤー基準 ···············363, 367	**か**
アキュムレーション（アキュム）··· 277	
アクティブ運用 ···············288, 289, 294	買入消却 ····················33, 69, 109
アクティブリターン ··············· 289	外国為替資金特別会計 ··············· 154
アセット・スワップ ············320, 321	価格（利回り）競争入札 ············· 86
アセット・スワップ・スプレッド	価格発見機能 ······················· 67
····························· 321	価格変動リスク ····················· 9
アベノミクス ······················· 64	カストディアン ····················· 328
アメリカン・オプション ··········· 305	カバード・コール ··················· 310
アモチ・アキュム ···············277, 279	借入諮問委員会 ····················· 202
アモチゼーション（アモチ） ········· 277	借換債 ················53, 59, 100, 103
暗黒の木曜日 ······················· 37	カレント債 ························· 282
イールドカーブ ···················274, 277	カレント銘柄 ······················· 282
イールドカーブ・コントロール	カレント物 ························· 282
（YCC）···················65, 281, 321	間接税 ····························· 123
異次元緩和 ·······················65, 349	ガンマショート ····················· 314
一般会計予算 ······················· 116	ガンマトレード ····················· 317
伊藤・木島のAA-Kijima Model····· 414	ガンマロング ······················· 312
イベントカレンダー ················· 441	機械学習 ··························· 439
イミュニゼーション型運用 ·····288, 293	機械学習モデル ····················· 444
インデックス型運用 ········288, 289, 293	基幹税 ····························· 123
インプライド・ボラティリティ ···· 272	期間損益 ··························· 420
ヴィンテージ・モデル ················· 414	基礎残高 ··························· 438

基礎的財政収支（プライマリー・
　バランス）………………………… 62, 63
機能度判断DI…………………………… 67
逆イールド………………………………18, 275
キャッシュフローマッチング型運用
　（デディケーション型運用）
　……………………………………288, 294
曲率……………………………………… 319
ギルト債 ……………………………… 209
金解禁…………………………………… 36
銀行ALM運営…………………………22, 372
銀行法…………………………………… 58
金融緩和の副作用……………………… 67
金融政策の正常化……………………… 359
金融調節………………………………… 15
金利ある世界…………………………24, 359
金利シナリオ …………………………364, 389
金利スワップ（取引）…………………78, 320
金利変動リスク………………………… 9
金利リスクコントロール …………… 362
国の債務管理に関する研究会 ……… 110
国の債務管理の在り方に関する懇
　談会 …………………………………… 110
国のバランスシート（連結ベース）
　………………………………………… 175
クライメート・トランジション利
　付国債…………………………69, 82, 87, 302
繰上返済………………………………… 403
グリーニアム ………………………… 302
グリッドポイントセンシティビティ
　………………………………………… 379
クロスカレンシー・レポ取引
　………………………………………328, 329
経済資本………………………………… 381

経常資産負債 ………………………… 364
決算……………………………………… 119
決算調整資金制度……………………… 120
現金担保付債券貸借取引（日本版
　レポ取引）……………………………99, 326
減債制度 ……………………………… 102
現先オペ ……………………………… 98
建設国債（4条国債）…80, 81, 103, 105
現物オプション ……………………… 305
コア預金 ……………………………… 409
公共事業関係費………………………… 143
公債依存度 …………………………… 122
勾配ブースティング決定木………… 444
交付税及び譲与税配付金特別会計
　………………………………………… 151
コール売り …………………………… 307
コール・オプション ………………… 304
コール買い …………………………… 307
顧客行動分析 ………………………… 419
国債及び借入金並びに政府保証債
　務現在高 ……………………………… 171
国債買入オペ…………………………186, 281
国債管理政策……………………27, 48, 76
国債残高………………………………… 170
国債市場懇談会………………………… 110
国債市場特別参加者…………………… 87
国債市場特別参加者会合（プライ
　マリー・ディーラー懇談会）…… 110
国債市場特別参加者制度……………… 84
国債整理基金 ………………………… 33
国債整理基金特別会計
　………………………………100, 104, 120, 154
国債整理基金特別会計法……………… 78
国債投資 ……………………………… 362

索　引　451

国債投資家懇談会⋯⋯⋯⋯⋯ 110
国債登録制度 ⋯⋯⋯⋯⋯⋯⋯ 33
国債と株式の相関⋯⋯⋯⋯⋯ 434
国債トップリテーラー会議⋯⋯ 110
国債に関する法律（国債法）⋯⋯ 33
国債入札 ⋯⋯⋯⋯⋯⋯⋯⋯⋯ 299
国債の運用体制⋯⋯⋯⋯⋯⋯ 360
国債発行額 ⋯⋯⋯⋯⋯⋯⋯⋯ 168
国債発行計画 ⋯⋯⋯⋯⋯⋯⋯ 76
国債費⋯⋯⋯⋯⋯⋯⋯⋯⋯⋯ 138
国債補完供給制度（SLF）⋯⋯⋯ 282
個人向け国債 ⋯⋯⋯⋯69, 83, 88
個人向け変動利付国債⋯⋯⋯⋯ 83
コスト・アット・リスク（CaR）⋯ 76
国庫短期証券 ⋯⋯⋯⋯⋯⋯⋯ 83
子ども・子育て支援特例公債（子
　ども特例債）⋯⋯⋯⋯⋯80, 104, 108
子ども・子育て支援法⋯⋯⋯ 79, 80
コラテラル・スワップ取引⋯⋯328, 330
コンベクシティ⋯⋯⋯⋯⋯⋯⋯ 271
コンベンショナル方式⋯⋯⋯⋯ 86, 87

さ

債券現先取引 ⋯⋯⋯⋯⋯⋯⋯ 97
債券先物⋯⋯⋯⋯⋯⋯⋯⋯93, 282
債券市場サーベイ⋯⋯⋯⋯67, 112
債券市場参加者会合⋯⋯⋯⋯⋯ 112
債券貸借取引 ⋯⋯⋯⋯⋯⋯⋯ 98
債券レポ取引 ⋯⋯⋯⋯⋯⋯⋯ 326
財政健全化⋯⋯⋯⋯⋯⋯⋯⋯ 179
財政歳出入 ⋯⋯⋯⋯⋯⋯⋯⋯ 2
財政支出⋯⋯⋯⋯⋯⋯⋯⋯⋯ 12
財政収支⋯⋯⋯⋯⋯⋯⋯⋯163, 193
財政投資⋯⋯⋯⋯⋯⋯⋯⋯⋯ 160

財政投融資 ⋯⋯⋯⋯⋯⋯81, 160
財政投融資計画⋯⋯⋯⋯⋯⋯ 116
財政投融資特別会計⋯⋯⋯⋯ 155
財政ファイナンス⋯⋯⋯⋯⋯ 6
財政法⋯⋯⋯⋯⋯⋯⋯⋯48, 79
財政リスク ⋯⋯⋯⋯⋯⋯⋯⋯ 4
最適化法 ⋯⋯⋯⋯⋯⋯⋯⋯ 293
最適通貨圏 ⋯⋯⋯⋯⋯⋯⋯ 219
財投債⋯⋯⋯⋯⋯⋯⋯⋯81, 104
歳入補填公債（赤字国債）⋯⋯⋯ 40
債務管理リポート⋯⋯⋯⋯⋯ 110
財務収益⋯⋯⋯⋯⋯⋯⋯363, 386
債務連動型運用⋯⋯⋯⋯⋯⋯ 226
先物オプション⋯⋯⋯⋯⋯⋯ 305
暫定予算 ⋯⋯⋯⋯⋯⋯⋯⋯ 117
資金繰り予測 ⋯⋯⋯⋯⋯⋯ 438
資金収益⋯⋯⋯⋯⋯⋯⋯⋯ 386
資金収益力 ⋯⋯⋯⋯⋯⋯⋯ 15
資金循環 ⋯⋯⋯⋯⋯⋯⋯⋯ 8
資金余剰 ⋯⋯⋯⋯⋯⋯⋯⋯ 8
資金流動性リスク⋯⋯⋯⋯⋯ 365
シグナリング機能⋯⋯⋯⋯⋯ 68
資産運用立国 ⋯⋯⋯⋯⋯⋯ 23
市場性国債⋯⋯⋯⋯⋯⋯200, 208
市場調節に関する意見交換会⋯⋯ 111
市場分断仮説 ⋯⋯⋯⋯⋯⋯ 277
市場流動性リスク⋯⋯⋯⋯⋯ 366
地震再保険特別会計⋯⋯⋯⋯ 151
社会保障関係費⋯⋯⋯⋯⋯⋯ 132
ジャパンプレミアム⋯⋯⋯⋯ 8
修正デュレーション⋯⋯⋯⋯ 270
重要性テスト ⋯⋯⋯⋯⋯⋯ 363
需給⋯⋯⋯⋯⋯⋯⋯⋯⋯296, 299
順イールド⋯⋯⋯⋯⋯⋯23, 275

純粋期待仮説 …………………… 275	その他有価証券 ………………… 324
上場オプション ………………… 305	ソブリンリスク ……………26, 437
消費税 …………………………… 128	
剰余金 …………………………… 120	**た**
昭和恐慌 ………………………… 37	ターゲットNII …………………… 422
昭和金融恐慌 …………………… 36	ターゲット・バイイング ……… 311
ショート・ストラドル ………… 314	第Ⅰ非価格競争入札 …………… 87
ショート・ストラングル ……… 314	第Ⅱ非価格競争入札 …………… 87
ショート・バタフライ ………… 319	対外資産負債 …………………… 4
所得税 …………………………… 123	対外収支 ………………………… 4
所要調達見通し ………………… 205	ダウングレード・トリガー条項 … 333
新型コロナウイルス感染症 …… 65	多角的レビュー ………………… 68
新規財源債 ……………………… 168	多項ロジットモデル ………402, 405
新現先取引 ……………………… 327	脱炭素成長型経済構造移行債
シンジケート団 …………34, 52, 70	（GX経済移行債）……………… 80
シンセティック・ショート …… 314	脱炭素成長型経済構造への円滑な
シンセティック・ロング ……… 314	移行の推進に関する法律（GX
人民元適格外国人機関投資家 …… 213	推進法）……………………79, 156
スイッチングモデル …………… 405	ダッチ方式 ………………… 86, 87
スティープナー ………………… 318	短期国債 …………………… 83, 87
ストリップス債 ………………… 97	ダンベル型 ……………………… 292
ストレスシナリオ ……………… 396	ダンベル型運用 ………………… 291
スマイル・カーブ ……………… 272	単利利回り …………………263, 269
政策金利残高 …………………… 439	チーペスト銘柄 ……………281, 282
政策保有株式 …………………… 432	地方交付税交付金等 …………… 139
清算機関 ………………………… 92	中期国債 ………………………… 82
税収 ……………………………… 123	中国の国債 ……………………… 212
政府総債務残高 ………………… 191	長期国債 ………………………… 82
政府短期証券 …………………… 83	徴税権 …………………………… 6
政府短期証券の引受け ………… 190	長短金利操作（イールドカーブ・
石油危機 ………………………… 339	コントロール）………………… 186
層化抽出法 ……………………… 293	超長期国債 ……………………… 82
即時銘柄統合（リオープン）方式	直接税 …………………………… 123
…………………………… 69, 87	直利利回り ……………………… 266

索　引　453

テール …………………………… 300
適格担保 ………………………… 326
デュレーション ………………… 270
デュレーション・コントロール …… 78
店頭オプション ………………… 305
店頭取引 ………………………… 90
ドイツ国債 ……………………… 210
東京短期金融市場サーベイ ………… 111
統合政府のバランスシート ………… 175
当初予算 ………………………… 117
特別会計に関する法律（特別会計法）
　………………………………79, 100
特別会計法 ……………………… 81
特別会計予算 …………………… 116
特例公債法 …………………… 79, 80
特例国債（赤字国債）
　…………… 49, 56, 80, 81, 103, 105
トライパーティ形式 …………… 332
トランジション・ボンド ……… 302
取引所取引 ……………………… 90

な

内部仕切りレート ……………… 372
内部モデル手法 ………………… 409
日銀ネット（日本銀行金融ネット
　ワークシステム） …………… 89, 91
日銀乗換 ……………………… 88, 189
日本銀行 ………………………… 32
日本銀行券（兌換銀券） ………… 32
日本銀行条例 ……………… 32, 46
日本銀行当座預金 ……………… 438
日本銀行による国債の直接引受け
　…………………………………… 188
日本銀行のバランスシート ………… 175

日本銀行法 ……………………… 46
日本国債清算機関（JGBCC）…… 92, 99
日本証券クリアリング機構（JSCC）
　…………………………………92, 100
入札前取引（WI取引） ………… 69
ネガティブコンベクシティ ……… 292
年金特例国債 …………………… 104

は

バーゼルⅡ ……………………… 421
ハードルレート機能 …………… 67
バーンアウト効果 ……………… 403
バイアンドホールド型運用
　…………………………288, 290, 291
バイライト ……………………… 311
バイラテラル形式 ……………… 332
バタフライ取引 ………………318, 319
発行日前取引 …………………… 93
パッシブ運用 ………………288, 289, 290
バッファーアセット …………… 10
バランスシート ………………… 20
バランスシートマネジメント会議
　…………………………………… 377
非価格競争入札 ………………… 86
東日本大震災 ……………… 63, 80
東日本大震災からの復興のための
　施策を実施するために必要な財
　源の確保に関する特別措置法
　（復興財源確保法） …………… 79
東日本大震災復興特別会計 ………… 159
非競争入札 ……………………… 86
非市場性国債 …………………… 201
ヒストリカル法 ………………… 383
ヒストリカル・ボラティリティ … 273

評価損益	386	米国四半期調達計画	202
標準的手法	409	米国貯蓄債券	201
標準物	93	平成不況	60
比例ハザードモデル	403	ベーシスポイントバリュー	379
ファンド	323	ベーシスリスク	314, 419
フェイル慣行	92	ベースラインハザード	403
フェイルチャージ	92	ヘッジ戦略	302, 304, 320, 323
複利利回り	264	ベンチマーク	290
物価安定の目標	64	変動利付国債	69, 83
物価連動国債	69, 84, 87	防衛関係費	142
復興債	63, 80, 81, 103, 106	法人税	128
復興財源確保法	80	ポジティブコンベクシティ	292
プット売り	309	補正予算	117
プット・オプション	304	骨太の方針	62, 180

索　引　455

や

ヨーロピアン・オプション ………… 305
予算 ………………………………… 116
予算執行 …………………………… 118
予算執行調査 ……………………… 162
予算編成 …………………………… 117
預貸運営 …………………………… 376
預貸バランス …………………… 12, 15
予兆管理 …………………………… 27
預超構造 …………………………… 20

ら

ラダー型運用 ……………………… 290
リーマン・ショック …………… 62, 346
リオープン ………………………… 277
リスクプレミアム ………………… 275
利付国債発行計画 ………………… 206
利回り ……………………………… 262
流動性供給入札 ……………… 69, 88

流動性プレミアム仮説 …………… 275
流動性リスクコントロール ……… 365
量的・質的金融緩和 …………… 64, 112
レバレッジ比率規制 ……………… 368
レポ・オペ …………………… 98, 99
レポ取引 …………………………… 327
連邦準備銀行（FRB：Federal
　Reserve Bank）………………… 202
ロールダウン効果 ………………… 292
ロクイチ国債暴落 ………………… 340
ロシア＝ウクライナ戦争 ………… 66
ロスカットリミット ……………… 431
ロング・ストラドル ……………… 312
ロング・ストラングル …………… 312
ロング・バタフライ ……………… 319

わ

割当資本 …………………………… 381
割引国債 …………………………… 83
割引債 ……………………………… 83

国債のすべて【改訂版】
―その実像と最新ALMによるリスクマネジメント―

2025年3月31日　第1刷発行
（2012年10月17日　初版発行）

著　者　三菱UFJ銀行資金証券部
発行者　加　藤　一　浩

〒160-8519　東京都新宿区南元町19
発　行　所　一般社団法人 金融財政事情研究会
出 版 部　TEL 03（3355）2251　FAX 03（3357）7416
販売受付　TEL 03（3358）2891　FAX 03（3358）0037
URL https://www.kinzai.jp/

DTP：株式会社アイシーエム／印刷：株式会社光邦

・本書の内容の一部あるいは全部を無断で複写・複製・転訳載すること、および
　磁気または光記録媒体、コンピュータネットワーク上等へ入力することは、法
　律で認められた場合を除き、著作者および出版社の権利の侵害となります。
・落丁・乱丁本はお取替えいたします。定価はカバーに表示してあります。

ISBN978-4-322-14503-8